강태호 선생님의 대입 컨설팅 시리즈 1

새로운

한 권으로 끝내는 학생부종합전형

강태호 선생님의 대입 컨설팅 시리즈 1

한 권으로 끝내는

학생부종합전형

채륜서

학생부종합전형의 공신력 있는 자료가 되길 소망하며

초기에는 상당히 낯설게 느껴지던 학생부종합전형(구 입학사정관제)이 이제는 수능 시험만으로 우수 학생을 변별할 수 없는 상위권 대학의 수시 전형의 주요 도구로 자리를 잡았습니다. 학생부종합전형은 변화하는 사회에 능동적으로 대응할 수 있는 문제 해결 능력을 함양시키고 그 결과로 학생의 문제해결능력을 평가할 수 있기 때문에 학생 선발의 도구로 사용되는 것이지, 오로지 입학시험에서 학생들을 성적순으로 줄 세우기 위해서 만들어낸 절차가 아님을 명심해야 합니다. 다시 말해 선택형 문항이 대부분인 수능으로는 전공적합성과 리더십 등을 측정하는 데 한계가 있기 때문에 학생부종합전형을 실시하는 것입니다.

모든 고등학교의 내신 성적이 신뢰도와 타당도가 보장되고, 대학수학능력시험이 대학 진학 후 학습능력을 정확하게 예언할 수 있을 정도로 변별력을 확보할 수 있다면, 대학은 굳이 논술이나 학생부종합전형과 같은 방법을 실시할 이유가 없을 것입니다. 하지만 현실적으로 내신과 대학수학능력시험만으로는 지원하는 학생들의 잠재력을 변별할 수 없기에 학생부종합전형(입학사정관제)에 관심이 집중되는 것은 당연한 현상입니다. 이러한 상황에서 많은 학생과 학부모들은 단위 학교의 학생부종합전형의 대비가 충분하지 않다고 인식하여 사교육에 의존하고 있습니다.

이 책에서는 학생부종합전형에 막연한 두려움을 가지고 있는 학생, 지도교사, 그리고 학부모님들에게 전형 대비 방법에 대해 어느 정도 공신력 있는 지름길을 제시하고자 하였습니다. 이 책에서는 새롭게 학생부종합전형을 실시하는 대학이 요구하는 방향을 점검하면서 정직하고 효과적으로 대비할 수 있는 방법을 충실히 제시하였습니다. 실제 학교현장의 구체적이고 다양한 사례를 예로 들어 공신력 있는 학습 자료로 거듭나고자 노력한 점이 이 책의 가장 큰 장점이라 하겠습니다.

교사로 살아온 지난 세월 동안 참으로 많은 분들에게 도움을 받아서 감사의 마음을 전하는 어떤 꾸밈말을 감히 넣을 수 있을까 싶습니다. 교사의 시작부터 지금까지, 그리고 지금부터 마지막까지 언제나 제가 하고자 하는 길 위에는 항상 아버지, 어머니, 장인, 장모님을 위시한 가족들의 헌신이 있었습니다. 특히 학문적 동지이자 삶의 동반자인 아내에게는 앞으로도 미안함과 고마움이 계속될 것 같습니다. 사랑하는 아들딸 승민이와 민지에게도 이 책으로 고마움을 대신하고 싶습니다.

마지막으로 부족한 원고를 다시 한 번 좋은 책으로 발간할 기회를 주신 채륜의 서채윤 사장님과 꼼꼼하게 편집해주신 김미정 선생님께도 고개 숙여 감사드립니다. 특히 김미정 선생님은 사소한 오타까지도 많이 바로잡아 주어 고마운 마음을 어떻게 다 표해야 할지 모르겠습니다. 앞으로도 여러 사람이 함께 읽으며 더 많은 것을 지적해 줄 수 있으리라 믿습니다.

아무쪼록 현재까지의 성과보다는 앞으로의 분발을 기대하는 것으로 받아들여 더 큰 포부와 도전 의식을 채우는 계기로 삼으려 합니다.

2016년 3월

성문고등학교 교사 강태호

Contents

세걸음 완벽한 준비로 입학사정관을 유혹하라

학생부종합전형, 이렇게 준비하자

더하기 합격으로 발돋움하는 비장의 자료 창고

한 걸음
학생부종합전형을
분석하라

학생부종합전형, 그게 도대체 뭔데?

1 학생부종합전형(입학사정관제)의 이해

사회는 점차 다양화, 다극화 되어가고 있습니다. 다양한 주체들의 다양한 의견들이 공존하는 사회에서는 우리가 예측할 수 없는 일들이 많이 일어나게 마련입니다. 변해가는 사회에서 과거와 같은 획일적인 상황에 기계적으로 대처해 온 방법으로는 살아남을 수 없습니다. 사회는 예측할 수 없는 순간적인 상황에 대처할 능력이 있는 '대응력'이 뛰어난 실전형 인재를 필요로 하고 있습니다. 사회의 그러한 요구에 발맞추어 대학도 그러한 인재를 선발하고 키워내고자 하는 것입니다.

최근의 대학 입학전형에서 비교과 영역에 대한 비중이 높아지는 것도 이러한 사회적 패러다임의 변화를 반영하고 있는 것입니다. 내신 성적이나 수능 성적만으로 학생의 단편적인 지식과 성실성을 판단할 수는 있겠지만 실제 사회에의 적응력과 대응력은 판별하기 어렵습니다. 또한 학교성적이 좋다는 것만으로는 다양화되고 있는 사회의 필요에 대응하는 다양한 인재를 선발하기엔 부족합니다. 따라서 학생의 실제적인 능력을 평가할 수 있는 다양한 잣대가 필요하고, 이는 비교과 영역을 통해서 평가하고자 하는 것입니다.

이처럼 학생부종합전형은 교과 성적뿐만 아니라 비교과 등 학생이 가진 다양한 능력과 잠재력, 자질 등을 고려하여 대학의 건학 이념과 모집단위별 특성에 맞는 학생을 선발하는 전형입니다.

학생부종합전형의 평가에서는 학교생활기록부의 교과성적과 비교과 이외에도 자기소개서, 추천서 등의 다양한 서류를 종합적으로 활용하기 때문에 객관적인 기준을 가지고 결과를 예측하기가 쉽지 않습니다. 지원 기준이나 목표대학 및 학과에 맞춰 준비해 나가기 위해서는 합격자들의 '합격사례'를 참고해서 활동 및 실적을 만들어 나가는 것이 중요합니다. 학생들의 능력, 잠재력이라는 요소는 단시간에 확실한 판단을 내리기 어려운 분야인 만큼 가장 효율적인 방법이 계속 개발되는 중이고, 앞으로 학생부종합전형은 더욱 중요해질 것으로 예상됩니다.

이 전형은 학생들의 진로와 관련한 전공적합성, 교내활동, 독서이력 등 정성적인 평가가 중요한데 이러한 정성적인 평가가 쉽지 않다는 점이 부담이 될 수 있지만, 대학 교육에 맞는 인재를 선발할 수 있다는 점, 그리고 앞으로의 발전가능성을 통해 사회적 동량이 될 수 있는 인재를 선발할 수 있다는 장점이 있기에 상위권 대학들로서는 학생부종합전형을 계속해서 확대 시행할 것입니다.

1) 학생부종합전형의 도입 이유

2008학년도 대입부터 입학사정관제로 시작된 학생부종합전형은 대입간소화지침이 적용된 2015학년부터 확대일로에 접어들어 모집인원과 비율 모두 증가추세에 있습니다. 서울대를 중심으로 상위대학의 움직임은 학생부종합전형을 수시의 대세로 굳힌 느낌입니다. 압도적인 선발인원의 위용으로 학생부종합전형의 선도역할을 하는 서울대에 이어 고려대가 수시선발인원의 절반을 학생부종합으로 선발하겠다는 계획을 밝히면서 학생부종합전형이 상위권 대입을 빠르게 재편할 것으로 보입니다.

양적 성장뿐 아니라 질적으로도 학생부종합은 변화하고 있습니다. 학생부종합은 그 동안 줄 세우기식 수능체제 대신 정성평가로 교육의 본질을 회복해가는 대안으로 자리잡아가고 있습니다. 학생부종합을 중심으로 한 수시체제는 고교현장의 변화를 이끌어내는 새로운 패러다임으로 각광받고 있습니다.

물론 10년이 지나는 동안에도 학생부종합전형은 여전히 스펙중심·심화중심의 전형으로 일반고 출신에 불리한 귀족전형이란 이미지가 덧씌워져 있지만, 종합전형은 양이 아닌 질 중심, 결과가 아닌 과정 중심의 평가입니다. 내신 성적의 추이와 과정에서의 성장과정까지 모든 서류를 종합해 수험생을 그려보고 성장가능성이 있다면 합격으로 이어집니다. 성적상위권 수험생 확보를 위한 대학 중심적 선발이었던 대입은 종합전형의 등장으로 고교에 새 바람을 불러일으키고 있습니다. 학교의 역량이 곧 실적으로 이어지면서 고교단위 내에서의 부단한 노력이 이어지는 것은 물론 고교-대학 간 연계를 통한 간극 좁히기와 오류 줄이기에 한창입니다.

가장 큰 오해는 공정성에 관한 부분입니다. 공정성에 대한 의심은 정량평가에 익숙한 시각에서 보면 어쩌면 당연할지 모릅니다. 줄 세우기식 입시의 시각에서 보면 측정 가능한 기준을 제시해 달라는 요구가 당연해 보이지만, 수능이나 논술전형이 공정성과 신뢰성이 담보된다는 강점에도 불구하고 더 이상 동일한 시험을 보고 시험성적에 따라 선발하는 줄 세우기식 방식은 곤란하다는 사회적 합의 때문에 학생부종합전형이 시작됐다는 점을 생각해 보아야 합니다.

2) 학생부종합전형의 실질적 확대(특별전형의 학생부종합전형화)

학생부종합전형은 특정 분야에 소질이 있는 학생 선발을 목적으로 실시하는 특별 전형*과 유사해 보이지만, 서류 활용에 있어 차이를 보이고 있습니다. 특별전형은 지원 자격에만 포함되면 전형 과정에서 서류보다는 성적이 평가요소로 작용되는 것에 비해 학생부종합전형에서는 서류가 지원 자격에만 그치지 않고 소질과 적성, 잠재력의 평가 자료로 활용되는 것이 차이라고 할 수 있습니다.

예를 들어 기존의 봉사 활동 우수자 전형(특별전형)의 경우 봉사 활동 시간은 지원 자격으로만 활용되고 실질적으로는 내신과 대학별고사 등의 성적으로 학생을 선발하는 것이라면, 학생부종합전형의 봉사 활동 우수자 전형은 봉사 활동이 단순히 지원 자격에 그치는 것이 아니라 입학사정관이 학교 방문이나 학생인터뷰 등을 통해 실질적인 봉사 활동 내역을 측정해 점수화하여 그 사실만으로도 입학이 가능하다는 것에 차이가 있습니다.

*** 특별전형이 뭔가요?**

특별전형은 쉽게 말해 특수 상황에 있는 수험생을 모집하는 전형입니다. 즉 농어촌학생, 기초생활수급대상자, 국가 유공자 자녀 등 특별한 지원 자격이 요구되는 전형을 말하는 것인데, 이러한 특별전형은 다시 크게 두 가지로 나눌 수 있습니다. 그 중 하나는 대학 독자적 기준에 의한 특별전형이고 다른 하나는 현행 교육법이나 국민기초생활보장법, 농·어촌 지역대상자 등 특수 상황에 있는 수험생을 모집하는 특별전형입니다. 하지만 전국 대학이 동일한 기준으로 분류하고 있기보다는 대학의 기준과 모집 구분에 따라 분류를 달리하고 있어 이를 명확하게 구분하긴 어렵습니다.

대체적으로 대학 독자적 기준에 의한 특별 전형은 대학의 교육 목표와 일정한 전형 기준에 의해 학생을 선발하는 전형으로 대학의 기준에 따라 리더십 전형, 어학 특기자 전형, 특수목적고 출신자 전형, 농어촌학생 전형, 사회적배려 대상자 전형 등 다양합니다.

특별전형은 학생부의 반영비율이 높으며 면접이나 논술 등 대학별 고사 성적, 서류가 함께 반영되는 경우가 많아 실제적으로는 대입의 모든 전형의 특징이 조금씩 골고루 합쳐진 전형이라고 할 수 있는데 최근에는 학생부종합전형과 매우 흡사하게 선발합니다. 또한 이 전형은 학생부종합전형에 비해 경쟁률이 비교적 낮고 수능최저학력기준이 거의 없기 때문에 내신 성적/비교과성적이 우수하며 학생부종합전형을 준비하고 있는 학생이 지원한다면 합격 가능성이 매우 높은 전형입니다. 따라서 학생부종합전형을 준비하고 있는 학생이라면 각 대학의 특별전형도 반드시 살펴보아야 합니다.

하지만 최근 들어 특별전형에서도 실질적으로 학생부종합전형으로 학생을 선발하는 대학이 많이 늘고 있어 그 경계선이 거의 유명무실해지고 있는 추세입니다. 따라서 학생부종합전형으로 대학진학을 염두에 두고 있는 학생이라면 각 대학의 특별전형에도 관심을 기울이고 잘 살펴보아야 합니다.* 이 책에서는 학생부종합전형 방식으로 학생을 선발하는 특별전형도 다루었으니 잘 확인하시기 바랍니다.

*** '학생부종합전형' 은 많지 않던데요?**
학생부종합전형이라고 해서 전형명칭이 학생부종합전형으로만 제한되는 것이 아닙니다. 잠재능력우수자 전형, 융합형인재 전형, 자기추천자 전형 등 대학마다 각각의 특성에 맞게 전형유형과 명칭을 세분화하여 선발하고 있으니 반드시 대학별 모집요강을 잘 확인해 보아야 합니다. 또한 대학별로 전형의 이름이 같다고 해서 똑같은 기준으로 선발하는 전형이 아니니 이 역시 주의할 부분입니다. 예를 들어 A라는 대학에서 잠재능력우수자 전형이 학생부종합전형이지만 B대학의 잼재능력우수자 전형이 학생부종합전형이 아닐 수 있습니다.

특히 최근 최상위권 대학의 학교생활기록부(이하 학생부) 중심 전형조차도 학생부종합전형을 활용하여 공부 잘하는 학생뿐만 아니라 잠재력이나 소질, 개인의 적성까지 종합적으로 평가함으로써 대학이 추구하는 인재상에 맞는 우수한 학생을 선발하고자 하는 경향을 보이고 있습니다. 서울대는 전체모집인원의 80% 가까운 인원을 학생부종합전형으로 선발하고 있고 서울소재 상위 15개 대학(건국대, 고려대, 동국대, 경희대, 서강대, 서울시립대, 서울대, 성균관대, 숙명여대, 연세대, 이화여대, 중앙대, 한국외대, 한양대, 홍익대)도 다른 대학에 비해 학생부종합전형의 선발인원이 월등히 많습니다. 즉 최상위권 대학은 내신 관리를 포함한 학생부종합전형으로 준비해야 합니다.

한편 학생부종합전형은 차후에도 계속 확대될 것으로 보이지만, 아직은 대학 전체 정원의 20%(2017년 기준 20.3%)가 조금 넘는 선발 전형에 해당함을 명심해야 합니다.** 이 말은 나머지 80%는 아직 학생부종합전형이 아닌 다른 전형들로 선발되고 있다는 뜻입니다. 특별전형에서 학생부종합전형으로 선발하는 비중이 높아짐에 따라 학생부종합전형의 실

**** 왜 모든 전형을 학생부종합전형으로 뽑지 않나요?**
학생부종합전형은 모든 전형에서 확대되어 실시되는 것이 아니라, 특기자 전형이나 농어촌 학생, 기회균형선발 등 일부 특별전형에서만 제한되어 실시되고 있습니다. 이는 모든 전형에 입학사정관을 활용하여 심층적인 서류평가와 면접 등을 실시하기에는 인력이나 시간 등에 한계가 있기 때문입니다. 실제로 입학사정관제가 발달한 미국에서도 주로 소수의 특기자나 소외계층 학생들의 잠재력 평가에 중점을 두고 실시되고 있습니다.

질적인 비중은 더 커질 것으로 예상되지만 지나치게 여론에 휩쓸리지 말고 관심은 갖되 신중하게 고려하는 것이 좋습니다.

왜냐하면 막연하게 학생부종합전형(입학사정관제)을 준비하겠다고 이것저것 벌여놓기만 하다가 오히려 대입에 실패하는 사례를 많이 보았기 때문입니다. 실제로 소논문을 작성하고, 봉사 활동, 동아리 활동까지 열심이었던 학생이 막상 학생부종합전형 접수 때는 모든 것에 깊이가 없어 학생부종합전형 지원을 포기하는 경우가 있었습니다. 학생부종합전형에 강점을 보이는 학생이라면 처음부터 관리해야 하겠지만 그렇지 않은 학생은 내신 성적과 수능에 더 비중을 두고 학업 계획을 세워야 하는 것입니다.

3) 수시모집의 실질적 합격 전략

보통 고3이 되면 이제까지와는 다른 마음에 전보다는 공부를 열심히 하게 되고 이에 따라 자신의 성적향상에 대해 과한 기대를 가지는 경우가 많습니다. 따라서 수시모집 철이 되면 합격 가능 대학에 대한 기대감이 너무 충만하여 여기저기 상향지원을 해놓고 요행을 바라는 학생이 매우 많은데, 대입 수시 모집은 특히나 요행심이 통하지 않는다는 사실을 잊어서는 안 됩니다.

왜냐하면 수시모집은 복수의 지원이 가능하기 때문에 실력이 좋은 학생은 여러 군데에 합격하지만, 상대적으로 실력이 부족한 학생에게는 합격의 차례가 그만큼 줄어들기 때문입니다. 즉, 현재의 수시 복수지원제도는 실력이 뛰어난 학생들에게 유리하게 작용하여, 합격의 부익부 빈익빈(富益富貧益貧) 현상이 대입 수시모집에서 광범위하게 발생한다는 사실을 알아야 하는 것입니다.

따라서 내신 성적 또는 논술·적성실력이 특출하거나 학생부의 비교과영역이 탁월한 학생을 제외하고는 일반적으로 전국연합학력평가 성적을 기준으로 삼아서 수시 지원을 하는 것이 좋으며, 수능성적으로 지원할 수 있는 정시모집보다 1~2단계 정도만 높여서 합격하겠다는 마음가짐으로 수시모집에 임하는 것이 실질적인 합격전략이라 할 수 있습니다.

대학입시의 합격선은 점수가 아니라 결국은 석차가 좌우한다는 것을 명심한다면 목표 대학을 과도하게 상향하여 설정하는 것은 무리수가 되기 쉽습니다. 나뿐 아니라 나의 경쟁자들도 열심히 공부를 하기 때문에 석차(백분위)를 좁히기가 좀처럼 쉽지 않기 때문입니다.

좀 더 구체적으로 설명하자면 고 1때부터 자신의 진로를 확실하게 정하고 이에 맞는 노력을 꾸준히 한 수험생은 학생부종합전형을 준비하는 것이 좋습니다. 전국연합학력평가 성적이 1등급~3등급 대 초반인 수험생들은 학생부종합전형이나 논술 위주 전형을 목표로 공부하는 것이 좋은데, 이들 대학은 서울 소재 상위권 대학이 많으며 수능최저학력기준이 있는 경우도 많기 때문입니다. 또한 전국연합학력평가 성적이 3등급 중반~5등급까지인 수험생들은 학생부 성적의 변별도가 적은 적성검사 전형 중심 대학을 목표로 공부하는 것이 좋습니다. 여기에 수능 최저학력기준이 없는 논술 위주 전형 대학 1~2군데 정도는 상향지원도 가능합니다. 마지막으로 6등급 이하 학생들은 대부분의 전문대학이 한 학년 내지 한 학기만의 내신 성적과 수능의 1, 2개 영역의 성적만 반영한다는 점을 고려하여 한 학기라도 집중적으로 내신 공부를 하거나, 본인이 자신있어 하는 수능 1, 2개 영역만 집중적으로 공부를 하는 것이 훨씬 효과적인 지원 전략이 됩니다.

4) 학생부종합전형의 확대에 따른 서류준비의 중요성

한편 학생부종합전형(입학사정관제)이 일부 전형에서만 제한되어 실시된다고 해도 그것이 대입 전형에 끼칠 영향은 결코 작지 않습니다. 학생부종합전형은 교육 당국의 재정지원 확대 방침과 더불어 확대 실시되면서 최근 입시의 가장 두드러진 특징으로 떠오르고 있기 때문입니다.

앞으로도 대학들은 학생부종합전형의 확대를 통해 설립이념이나 발전전략, 모집단위의 특성 등을 내세운 다양한 전형을 더욱 확대해 갈 것으로 보입니다. 그러나 이는 '잠재력 평가'라는 허울 아래 대입 전형의 객관성과 공정성을 약화시키는 요인으로 작용할 위험도 지니고 있습니다.

그렇기 때문에 학생부종합전형은 매우 '사실'적인 '근거와 입증자료'를 기반으로 한 '서류'를 중요시 할 수밖에 없습니다. 이 말은 우수한 내신 성적이나 봉사 활동의 양, 화려한 수상 실적 등으로 당락을 결정짓는다는 의미로 해석하기보다는 학생의 잠재력을 입증할 수 있는 다양한 실적이 존재하고 이 같은 실적을 입증할 수 있는 서류가 중요하다는 뜻으로 해석해야 합니다.* 잠재력은 수험생의 얼굴만 봐서 확인할 수 있는 것이 아니기 때문입니다.

*** 실적을 어떻게 입증할 수 있나요?**
예를 들어 국제 외교전문가가 되겠다는 학생이 외국어 교과 성적이 우수하지 못하다면 이는 학생의 잠재력을 평가하는 데 부정적일 수밖에 없습니다. 따라서 이 학생이 해당 학과에서 자신의 잠재적인 능력과 소질을 인정받기 위해서는 자신의 외국어 능력을 입증할 수 있는 별도의 입증자료를 제출해야만 합니다. 만약 이를 입증할 요소가 적다면 자기소개서나 교사 추천서 등을 통해서라도 충분히 납득할만한 설명이 있어야 하는데, 이런 것이 바로 학생부종합전형에 합격하기 위한 중요 포인트라고 할 수 있습니다.

실제 최근 대입에서는 학생부 교과 성적 이외에 동아리 활동, 봉사 활동, 자격증,

교내 수상 경력 등과 같은 비교과 영역이 차지하는 영향력이 갈수록 커지고 있습니다.* 명심해야 할 것은 어떤 비교과 요소든 자신의 잠재력 함양에 어떻게 영향을 주었는지 스스로 증명해 보여야만 관련 실적으로 인정받을 수 있다는 사실입니다. 그 과정에서 창의적인 논리를 전개하는 것이 좋은데, 그런 요소들은 또 다른 형태로 평가에 반영이 될 가능성이 높기 때문입니다. 다만, 누가 보더라도 자신이 주장하는 내용이 납득할만한 논리여야 함은 합격의 기본 전제 조건입니다.

*** 비교과는 공정성을 어떻게 확보하나요?**
결국 상당수의 대학들이 학생의 잠재력을 평가하는 과정에서 공정성을 확보하기 위해 학생부 교과 외에도 비교과와 교사 추천서, 자기소개서, 포트폴리오, 다양한 교내외의 활동 상황 등을 종합적으로 평가하는 서류 평가를 대입 전형에서 활용하고 있을 뿐 아니라, 그것을 중심으로 한 전형 유형도 경쟁적으로 확대하고 있는 것입니다. 학생부종합전형의 확대 실시도 이러한 흐름의 연장에 있으며, 그러한 흐름을 더욱 부추기는 요인으로 나타나고 있다고 볼 수 있습니다.

5) 진로 결정의 중요성

학생부종합전형은 '난 성적이 좋지 않으니, 교과 성적을 조금 덜 반영하는 전형으로 대학을 가겠다.'라는 막연한 기대심리로 고등학교 3학년 때 급작스럽게 선택할 수 있는 방법이 아닙니다. 이것은 자신의 목표 분야에 대한 지속적인 관심을 토대로 1학년 때부터 적극적으로 노력해 온 학생이라야 합격이 가능한 전형입니다. 따라서 학생부종합전형으로 대학에 합격하고자 하는 학생이 고등학교에 입학해서 가장 노력해야 할 일은 '나는 무엇이 되고 싶은가?'라는 고민에 대한 답을 구하고 그에 맞는 일을 일찍부터 찾아서 하는 것입니다.

진로선택에서 흥미와 적성이 중요하다는 것을 잘 알고 있지만, 정작 많은 학생들은 자신이 무엇을 좋아하고, 어떤 분야에 흥미를 갖고 있으며, 무엇을 잘 하는지를 모른다고 말하는 경우가 많습니다. 진로·진학 상담을 하다보면 이런 학생들을 많이 볼 수 있는데, 자신의 성격과 흥미와 적성을 알아보는 유용한 방법을 소개하면 다음과 같습니다.

첫째, 최근에 재미있게 읽고 있거나 읽은 책이 무엇인지 생각해봅니다. 기본적으로 독서는 자신의 흥미분야를 알 수 있게 해주는 비교적 신뢰할 수 있는 지표입니다. 즉, 좋아하는 분야가 있으면 궁금해서 관심을 갖게 되고, 그 궁금증과 관심은 자연스럽게 독서와 연결되기 때문입니다.

둘째, 한가로운 자유 시간에 자신이 어떤 일을 하고 있는지를 보는 것도 자신의 흥미를 파악하는 방법입니다. 어쩔 수 없이 공부해야 하는 시간이나 가족과 함께 TV를 시청하는 것이 아닌, 혼자 있는 한가로운 시간에 무엇을 하고 있는지를 보면 자신이 어떤 분야에 흥미를 갖고 있는지를 알 수 있습니다.

셋째, 부모님이나 친한 친구들, 선생님 등 주변 사람들에게 자신이 어떤 사람인지, 어떤 것을 잘하는지, 어떤 일은 하면 신나고 행복하게 보이는지를 물어보는 것도 좋은 방법입니다. 자신은 무엇을 좋아하는지를 모를 수 있지만, 주변 사람들은 의외로 쉽게 대답을 해줄 수 있기 때문입니다. 또한 가능하다면 내가 관심을 갖고 있는 분야의 직업에 종사하는 사람들과 직접 만나서 문의하고 설명을 들어보는 것이 가장 정확하고 생생하면서도 구체적인 정보를 얻을 수 있는 방법입니다.

넷째, 일반적으로 고등학교에 입학하면 진로·적성검사를 실시하게 되는데 이처럼 학교나 전문기관에서 성격과 직업흥미검사를 해보는 것도 한 방법입니다. 물론, 반드시 검사 후의 검사결과에 대한 개인 해석을 해 줄 수 있는 상담기관을 찾아가야 합니다. 단순히 검사만 하고, 검사결과지를 받아두는 것에 그친다면 자신의 성격이나 적성에 대해 구체적으로 잘 알지 못하게 될 것입니다. 따라서 반드시 검사결과에 대한 전문가의 해석을 받는 것은 성격이나 흥미적성검사에서는 필수라고 할 수 있습니다.

다섯째, 진로와 진학에 대한 목표는 자기 자신의 생각도 중요하지만, 부모님 또는 담임교사 등의 주변 사람들의 도움을 적극적으로 받는 것이 중요합니다.

특히 학교 진로진학상담실의 상담교사와의 면담, 진로관련서적 참고, 한국직업능력개발원 커리어넷(http://www.career.go.kr), 한국고용정보원(http://www.keis.or.kr) 등의 사이트를 이용하면 많은 정보를 얻을 수 있습니다.

자료 창고에 진로 결정을 위한 추천 사이트를 제시해 두었습니다. (423쪽 참고)진로 상담 및 대입 정보를 비롯한 양질의 정보를 손쉽게 얻을 수 있는 곳을 엄선했으니 분야별로 즐겨찾기 폴더를 만든 후 수시로 방문하기를 권합니다. 학생, 학부모, 교사 모두에게 도움이 되는 사이트만 골랐으니 꼭 참고하여 좋은 정보를 얻으시기 바랍니다.

합격에 한 걸음

입학사정관(Admissions Officer)은 어떤 사람들일까요?

학생부종합전형을 실시하는 각 대학들은 대입전형 전문가인 입학사정관을 두고 학생선발의 전권 또는 일부를 위임하게 되는데, 입학사정관들은 이러한 권한을 바탕으로, 학생부에 기록된 교과 성적 외에 또 다른 '무엇'인가를 면밀히 파악하려 애쓰고 있습니다.

여기서 '무엇'이라는 것이 중요한데, 이것은 앞서 말한 대학이 원하는 인재상, 수능과 내신 성적만으로 잘 드러나지 않는 학생의 적성과 잠재능력*, 장차 대학에 들어왔을 때 다른 학생보다 더 우수하게 수업에 임할 수 있는 준비상태 등이 해당됩니다. 쉽게 말해 입학사정관들은 대입전형 과정에서 비슷비슷한 수준의 지원자들 중 더 우수하고, 더 다듬어진 옥석을 가려내는 '감별사'의 역할을 수행한다고 생각하면 좋을 것입니다.

입학사정관은 단순히 수치화된 자료를 바탕으로 점수를 부여하는 평가가 아닌, 자료 이면에 숨겨진 내용을 발견하고, 보다 더 세분화된 접근으로 학생이 가진 잠재능력까지 들여다보는 평가를 위해 노력하는 사람입니다. 기존 입시제도에서는 봉사 활동이나 학생

*** 잠재력을 어떻게 평가할 수 있나요?**

잠재력(성장가능성)이 현재는 드러나지 않지만 장래에 곧 발휘될 어떤 능력을 의미한다고 본다면, 지금 드러나지 않은 부분을 어떻게 알 수 있겠는가가 학생부종합전형(입학사정관제)의 관건이라 할 수 있습니다. 학생부종합전형(입학사정관제)을 실시하는 대학에서는 이를 조금이라도 알 수 있도록 그 대학이 추구하는 인재상에 맞는 주요 역량을 개발하여 서류나 면접 평가를 통해 측정·확인하고자 노력 중입니다.

예를 들면, 잠재력을 알아보기 위해서는 지원자가 가진 열정이나 목표의식, 진로나 전공영역에 관련된 관심, 자기 주도적 학습능력, 창의력, 봉사정신, 리더십, 역경 극복 경험 등을 파악해야 합니다. 이상적으로 보자면 이 모든 요소를 최대한 반영하는 것이 가장 바람직하겠지만, 짧은 시간 내에 당락을 결정해야 하는 과정에서는 현실적으로 적용 가능한 수준을 설정할 필요가 있는 것도 사실입니다. 단계적으로 보면, 시간과 비용 면에서 가장 효율적인 시험성적 중에서 '능력'부분을 고려하면서 '오차'부분을 가장 많이 보충할 수 있는 부분(연구에 따르면 주로 지원자의 사회, 경제적 배경 변인이라고 함)을 고려하는 방식이 학생부종합전형이 말하는 '잠재력' 또는 '성장 가능성'을 측정하는 첫 번째 방식이라 할 수 있습니다. 이 방식이 어느 정도 정착한 뒤에, 시간과 비용을 적게 들이면서 확인할 수 있는 방식이 추가되는 것이 이후의 학생부종합전형의 과제가 될 것으로 보입니다.

회 활동 등을 질적인 성과보다는 단순히 수치로만 평가했지만 학생부종합전형에서는 입학사정관이 수치가 아닌 질적 성과, 즉 열정과 노력, 진정성 등을 상세한 자료를 통해 평가하는 것입니다.

이처럼 입학사정관은 성적을 포함하여 학생이 가진 다양한 전형자료를 통해 개인의 능력과 소질, 잠재력, 발전 가능성 등을 종합적으로 평가하여 입학 여부를 결정하는 대입전형 전문가를 말하는데 이를 쉽게 정리하면 다음과 같습니다.

입학사정관의 정의

입학사정관이란?	학생부를 읽을 줄 아는 사람 대학의 인재상에 맞는 전형 방법을 연구·개발하는 사람 과정을 중시하여 추적·평가하는 사람 전형자료를 분석·평가하는 사람 학생의 잠재력을 평가할 수 있는 사람 입학 후 학생의 학업과 학교 적응 정도를 관리하는 사람

이 같은 입학사정관은 대학마다 약간의 편차가 존재하기는 하지만 크게 세 가지의 범주로 나눌 수 있습니다.

입학사정관의 유형

순수 입학사정관	서류검토부터 면접, 최종 당락을 결정하는 입학사정관으로 입학사정관의 역할과 영향력이 매우 크기 때문에 지원 학생의 합격의 KEY를 쥐고 있는 사람을 말합니다. 다만 이 경우에도 최종 당락을 입학사정관 개인이 독단적으로 결정하는 경우는 거의 없으며 입학사정관들의 최종 협의를 통해 대학의 최종 결정을 의뢰하는 방식으로 이루어집니다.
입학사정관	서류만을 검토하여 1단계 통과자를 걸러내는 역할을 한다든지 서류 검토 후 서류 내용에 일정한 견해를 제공하는 사람을 말합니다.
위촉 사정관	일반적으로 전문성이 높은 일부 학과의 경우, 그 특성상 전문적인 내용으로 면접을 하거나 학생이 제출하는 포트폴리오의 내용을 특정학과의 전문가가 평가해야 하는 경우가 발생합니다. 따라서 해당 학과의 교수들이 위촉되어 입학사정관의 역할을 담당하게 되는 것입니다.

이러한 입학사정관이 대입 전형에서 하는 역할은 대학이나 전형 유형마다 달라, 서류 심사나 면접 등 전형의 일부 과정에만 참여하는 경우도 있고, 제출된 전형자료를 심사·평가하여 개별 지원자의 입학 여부를 최종적으로 결정하기도 합니다. 더 나아가 입학 후에 학생의 학업과 적응 정도를 관리하는 역할을 맡기도 합니다. 입학사정관의 역할과 사정절차를 정리해 보면 다음과 같습니다.

입학사정관의 역할

평상시	고교와 대학의 교육과정 분석을 통한 자료의 축적·관리 효과적인 전형방법에 대한 연구·개발과 우수사례 발굴
입학전형 관련	모집단위별 전형방법, 평가요소, 평가기준 등을 결정 제출된 자료에 대한 분석과 평가 개별 지원자의 입학 결정
학생 선발 후	선발된 학생의 학업과 학교적응도 등을 분석하여 이후 전형에 반영

입학사정관 사정 절차(서울대학교 입학사정관전형 안내 자료 참고)

준비과정	**정보수집 및 사전교육** 준비과정에서는 입학사정관을 대상으로 교육을 실시합니다. 실제 평가를 실시하기 전에 평가를 위한 정보를 수합하고 평가 목표를 설정하며 평가 방법을 확정합니다. 평가가 진행되는 중에도 필요한 정보가 있다면 지원자에게 추가 서류 제출이나 서류의 보완을 요구할 수 있으며, 현장 방문을 통해서 정보를 확인하기도 합니다.
1단계 평가	**평가 및 평가자료 작성** 지원자의 서류를 꼼꼼히 읽고 학업능력, 학업 외 활동, 교육환경, 모집단위 관련 적성, 발전 가능성 등 다양한 항목별로 정리하고, 이 내용을 주어진 기준에 따라 1차 평가를 실시합니다. 이 과정에서는 각 지원자의 특이사항이나 면접에서 확인해야 할 사항과 평가의견이 포함된 1차 평가서를 작성합니다. 1차 평가에서는 복수의 전임입학사정관이 참여하여 별도로 평가합니다.

2단계 평가	**1차 서류평가 결과 확인 및 검증** 1차 평가 결과를 확인하고 조정하는 과정입니다. 한 명의 지원자에 대해 복수의 전임입학사정관이 작성한 1차 서류평가서를 전임입학사정관들과 교수들이 모여서 평가 결과를 확인합니다. 서로 간의 토론과 협의를 거쳐서 이견이 조정되며 모집단위별 평가의 일관성을 갖추게 됩니다.
3단계 평가	**2차 서류평가 및 대면평가(면접)** 서류평가 및 대면평가(면접)로 구분되어 진행됩니다. 위촉입학사정관(교수)들은 1차 평가서와 조정 결과를 참고하여 지원자의 서류를 전면적으로 다시 평가하게 됩니다. 이 과정에서도 한 명의 지원자를 복수의 입학사정관이 평가합니다. 이 때 1차 및 2차 평가과정을 반복합니다. 복수의 평가자는 각자 평가한 뒤 면접에서 확인해야 할 사항에 대해서도 미리 의견을 교환합니다. 면접에서는 사전에 협의된 내용과 서류평가서를 바탕으로 모집단위 관련 전공 적성과 학업 수행 능력 등을 확인합니다.
최종 결정	**사정위원회에서 합격자 선정** 이전 단계의 평가를 수합하여 합격자를 선정하는 과정입니다. 전체 입학사정관들의 합의를 거쳐 학업능력, 학업 외 활동, 교육환경, 면접 결과와 모집단위의 특성 등을 종합적으로 고려하여 합격자를 선정합니다. 이 과정에서는 이전 단계에서 진행된 평가 과정을 다시 반복하여 확인합니다.

이렇게 입학사정관들은 고등학교의 교육철학과 교육과정의 특성을 참고하여 지원자의 교육성취의 질을 평가하고자 노력 중입니다. 결국 이런 식의 전형방법이 확산되면 각 학교에서는 입시위주의 교육만을 실시하는 것이 아니라, 학교별로 특색있는 교육과정을 신설하고 학생들에게 다양한 활동의 기회를 부여함으로써 학생 개개인의 창의력과 개성을 존중할 수 있는 교육으로 전환해야하는데 이것이 바로 우리 모두가 궁극적으로 추구하는 목표이기도 합니다.

2 학생부종합전형(입학사정관제)의 전형 절차

학생부종합전형을 통한 학생 선발 절차는 각 대학별로 추구하는 인재상이 다르고, 여기에 맞춰 입학상담, 인터뷰, 전형자료 평가, 고등학교별 정보 수집 등 다양한 입학 정보를 활용하고 있으므로 고정적인 선발 절차를 규정하기에는 어려움이 있습니다만 다음에서 일반적인 절차를 알아보도록 하겠습니다.

대교협의 예시 안에 따르면 학생부종합전형은 보통 사전 공지, 서류 심사, 심층면접·토론 및 최종 선발 등 4단계로 운영되고 있음을 알 수 있습니다.

학생부종합전형의 공통전형 절차(한국대학교육협의회 자료 참고)

사전 공지		서류 심사		심층면접/ 토론		최종선발
전형 취지 지원 자격 선발 기준 선발 방법 등	→	학생부 자기소개서 교사 추천서 포트폴리오 등	→	잠재력, 창의성 소질, 사고력 등 파악 인성 및 적성 파악	→	합격자 결정

1) 사전 공지

사전 공지는 그 이름처럼 전형 취지, 지원 자격, 선발 기준, 선발 방법, 제출 서류 등을 학생들에게 미리 안내하는 절차입니다.

2) 서류 심사

서류 심사는 지원자의 자격, 학생부 및 자기소개서, 교사 추천서, 포트폴리오 등을 심사하는 것인데, 학생부종합전형에서는 서류평가가 매우 중요하게 작용합니다. 대부분의 대학들이 서류평가만으로 1단계 전형을 실시해 모집인원의 일정 배수를 선발한 뒤에 심층면접으로 최종 합격자를 가리고 있기 때문입니다.

이러한 서류평가는 매우 심층적이고 세밀하게 진행되기 때문에 학생부종합전형에 합격하기 위해서는 지원 대학에서 중요하게 평가하거나 요구하는 내용이 무엇인지 파악하여 미리 관련 서류와 증빙 자료 등을 꼼꼼하게 준비해 두어야 합니다. 즉 자기소개서도 미리 써 두고, 수상 실적, 각종 교내외의 활동 상황 등을 증명할 수 있는 서류도 챙겨 두어야 하는 것입니다. 그밖에 자신의 특기 상황이나 적성, 잠재력 등을 나타낼 수 있는 자료도 미리 점검하고 준비해서, 서류 접수 과정에서 함께 제출하거나 면접을 할 때 지니고 갈 수 있도록 준비해 두어야 합니다. 아울러 각 대학의 모집요강 등을 살펴서 자신에게 적합하고 유리한 전형이 무엇인가를 꼼꼼하게 분석해 보고, 전년도 선배의 경험 등을 통해 면접고사의 실시방법이나 전형의 특성 등에 대한 정보도 상세하게 알아두는 것이 좋습니다. '서류'에 관해서는 관련 장에서 상세하게 다시 알아보도록 하겠습니다.

서류 평가 방법 예시

구분	평가내용	평가방법	평가 등급
1	학생부 비교과 자기소개서 추천서	- 상호 관련성(교과 성적, 학생부 비교과, 지원 학과)을 고려, 총체적으로 평가 - 입학사정관 3명이 각각 평가하여 평균점수 산출 - 입학사정관 3명의 점수 차가 3개 영역별 총점의 30% 이상일 경우, 입학사정관 1인이 추가 심사, 4인의 평균 점수 산출	모든 평가 요소에 대해 5등급 평가 (수/우/미/양/가)
2	학업능력 교과외 활동 참고사항	- 학업능력 평가 - 교과 외 활동(봉사 활동 10점, 동아리 활동 10점, 리더십 5점, 특별활동 5점, 출결사항 5점) - 참고사항(진로 계획 10점, 독서 경험 5점) ※ 위 항목 외에 특이 사항에 따라 추가 가산점 부여. 입학 사정관 3명이 각각 평가하여, 입학사정관 심의회에서 최종 심사	모든 평가 요소에 5등급 평가 (A/B/C/D/E)

3) 심층면접/ 토론

심층면접과 토론은 학생의 잠재력, 창의성, 소질, 사고력, 인성, 적성, 교육환경 등을 파악하는 과정이라고 이해하면 됩니다. 학생부종합전형에서는 심층면접이 최종 당락을 결정하는 데 매우 중요한 요소로 작용하기 때문에 평소에 꾸준히 이를 준비해 두어야 합니다.

대부분 여러 명의 담당 교수나 입학사정관들이 면접관으로 참여하여 학생 1명을 대상으로 15분 정도 면담하는데, 일부 대학에서는 집단 토론이나 발표 평가 등의 방법이 실시되기도 하며, 합숙 면접을 진행하는 곳도 있습니다. 이처럼 대학이나 전형마다 실시 방법이나 내용 등이 다르므로 선배의 경험 등을 참고하여 관련 정보를 자세히 알아 두는 것이 매우 중요합니다. 면접에 관해서는 관련 장에서 상세하게 다시 알아보도록 하겠습니다.

4) 최종 선발

위와 같은 단계가 모든 대학에 적용되는 것은 아니지만 학생부종합전형은 공정성과 평가 결과에 대한 신뢰가 핵심이므로, 대부분의 대학은 입학사정관 위원회를 통해 평가기준을 설정하고, 모의 평가를 통해 평가 과정을 합리화*하고 있습니다. 또한 각 단계마다 다수의 사정관이 평가에 참여하여 평가 기준표(배점 기준)에 의해 평가하고, 평가

*** 대학에서는 공정성 확보를 위해 어떤 노력을 하나요?**
서강대의 경우 1단계 전형을 통과한 수험생은 2단계에서 최종 선발 위원회 위원 전원이 동의해야 합격할 수 있으며, 입학사정관이 추천서를 써준 사람을 면담하는 '추천인 면담제'도 확대하고 있는 등 신뢰성을 확보하기 위한 노력을 기울이고 있습니다. 연세대의 경우 고교 교육과 연계한 서류평가 방안을 도입하여 내신 성적이 우수한 학생을 우선적으로 선발 대상에 포함시킴으로써 최소한의 학력 요건을 반영하고, 교사의 학생 평가권 존중 및 권위 회복을 위해 학생 평가에 교사의 추천서(수업시간의 학습태도와 학교생활의 성실성 및 동료 학생들과의 관계, 교사에 대한 태도 등)를 적극 반영하는 등 학생부종합전형의 핵심인 신뢰성을 확보하기 위한 노력이 지속되고 있습니다.

결과가 일치하지 않을 경우 심의 위원회 등을 통해 최종 협의를 도출해 냅니다.

이와 같은 다단계의 과정을 거쳐 선발하는 학생부종합전형은 학생 스스로 자신의 적성과 소질 및 미래에 대한 구체적인 계획과 확신을 갖고 있는 학생에게 가장 적합한 제도라 할 수 있습니다. 그렇기 때문에 학생 자신의 특정한 재능을 학교의 교육과정과 연계하여 어떤 준비를 해왔는지* 보여줄 때 높은 평가를 받게 됩니다. 따라서 특성과 연계된 교과목 성적의 향상이나 관련된 비교과 활동, 학교생활을 통한 리더십이나 봉사 활동 실적 및 다양한 대외활동을 통하여 지원자의 적성, 소질, 역량 및 성장 잠재력 등이 종합적으로 평가된다는 점을 숙지해야 합니다.

*** 어떤 내용을 보여야 좋은 평가를 받을까요?**
입학사정관은 여러 방면을 기웃거리기보다는 한 방면에 집중적으로 끼를 드러내는 학생을 선호하고 있습니다. 따라서 진로에 대한 목표가 섰다면, 일관되게 준비하는 것이 좋은 대비 방법입니다. 일부 학부모들은 왜곡된 정보를 바탕으로 스펙을 다양하게 하기 위해 사설 교육 기관들에 의존하려 하지만 그들이 준비한 스펙이라는 것은 대부분 어학, 경시대회, 체험활동 등에 불과한 경우가 많습니다. 이렇게 그 학생의 소질과 적성, 잠재력과는 무관한 것을 무분별하고 다양하게만 준비하는 것은 도움이 되지 않습니다. 소질과 적성에 맞는 창의적 체험활동에 참여하는 등 본인의 진로와 관련하여 고교생활을 일관되고 충실하게 보내야 합니다.

합격에 한 걸음

다음에서 각 대학의 입학사정관이 밝히는 실제 합격자의 주요 특징을 살펴보면 학생부종합전형을 어떤 식으로 준비해야 되는지에 대해 어느 정도 이해가 되리라 생각합니다.

입학사정관들이 밝히는 합격 요인

대학	학과	지원자 주요특징	높은 점수를 받은 이유
가톨릭대학교	사회과학부	① 5년여 간 학생을 지켜본 신부님의 강한 추천 : 학생의 책임감과 봉사 활동을 높이 평가하였는데 특히 독거노인 봉사 활동의 적극성에 대한 강한 추천이 있었음 ② 편모 슬하에서도 우수한 성적과 원만한 성격을 유지하며 또한 성당에서 수여하는 모범학생상도 여러 번 수상 ③ 총 봉사 활동 시간은 260시간이며 그 중 특히 한국 신장장애인들의 무의탁 숙소인 나눔의 집에서도 적극적으로 봉사하여 교내외에서 봉사상 및 선행상을 다수 수상함 ④ 봉사 및 성당활동을 수행하면서도 성적이 향상됨 ⑤ 사회복지사가 되고 싶은 열정과 수행력	① 본교 건학이념인 '진리, 사랑, 봉사'에 적합한 인성을 갖춘 학생 ② 자발적인 봉사 활동의 지속과 추천자의 강한 추천 ③ 사회복지에 대한 열정 인정
경희대학교	정치외교학과	① 사교육을 받지 않고 혼자 공부하면서도 교과 성적이 꾸준히 향상됨(1학년 : 2.5등급 →3학년 : 1.3등급) ② 특히 사회교과 성적이 우수한데 그 중 정치 과목은 전교 1등을 하여 교과 우수상을 수상함 ③ 학급반장으로서 교내 환경캠페인, 체육대회, 과학 골든벨 등의 행사에 주도적으로 참여	① 학교생활을 성실히 이수하면서 꾸준히 봉사하는 서번트 리더십(Servant Leadership)★을 갖춘 학생임 ② 전공 관련 교과 성적이 매우 우수함 ③ 자신의 능력을 발전시켜 어려운 사람에게 환원하고자 하는 미래계획이 돋보임
동국대학교	광고홍보학과	① 음악과 영상 등의 다양한 콘텐츠에 관심이 많았던 지원자는 공익광고, CF 등을 제작하였고, '레이디, 액션!'이라는 비영리단체를 창립하여 음악, 댄스, 패션 등에서 활동하는 여성 아티스트를 지원함 ② 영상촬영 및 편집, 작사·작곡, 안무창작, 노래, 시나리오 작성 등 많은 일들을 통해서 다양한 분야를 총체적으로 활용해 예술과 대중매체를 결합시키는 '광고'를 매우 매력적인 작업으로 판단하고 실력을 쌓기 위해 노력함 ③ 전공수업을 통해서 새로운 콘텐츠를 개발하여 프로듀서로서 기량을 계속 쌓은 뒤 광고 프로덕션을 경영할 것이라는 포부를 당당하게 밝힘	① 자기추천서와 포트폴리오의 내용이 일관성 있어 지원한 광고홍보학과와의 전공적합도가 매우 높음 ② 학교생활기록부에서도 자신의 추천내용과 관련한 다재다능한 능력을 보유하고 있음이 충분히 기록되어 있음 ③ 성취한 업적을 '레이디, 액션!'의 총 사업 집행결과 보고서에 초점을 두어 효과적으로 제시함 ④ '레이디, 액션!' 활동에 대해 구체적이고 당당하게 설명함

* 타인을 위한 봉사에 초점을 두며 그들의 욕구만족에 헌신하는 리더십.

대학	학과	지원자 주요특징	높은 점수를 받은 이유
한양대학교	철학과	① 어려서부터 전통 서당에서 한자와 인성교육을 접하였으며 중학교 때는 고문진보, 사자소학, 논어, 맹자 등을 꾸준히 공부함 ② 한자자격시험 최연소 사범시험 합격, 전국한문실력경시대회 장원, 대한검정회 특별공로상, 광주광역시 우수인재 표창 등 전공 관련 수상 다수 ③ 전공관련 교과목(한문, 도덕, 국어, 사회)의 상위권 내신 성적 유지 ④ 번역전문가로 활동하며 동양철학과 고전을 연계 연구하는 교수 희망	① 관련 교과목의 기초 학업능력과 성취가 뛰어나며, 관심 분야에 대한 꾸준한 관심과 심도 있는 활동을 인정 ② 전공관련 학업성취 정도가 매우 우수했으며, 이는 지원자의 관심과 열정에서 비롯되고 있음을 학교생활기록부를 통해 확인함 ③ 전공적합성이 뛰어나고 미래성장 가능성이 높다고 판단
서울시립대학교	컴퓨터 과학부	① 지역적·문화적·경제적으로 열악한 교육여건 및 환경 속에서도 자신의 관심분야를 스스로 개척해 나가는 모습이 인상적인 학생임 ② 도시지역 학생 같이 컴퓨터 학원 등을 통해 비교적 쉽게 관련 자료를 접할 수 없었던 이 학생은 스스로 관련 서적을 찾아 학습할 뿐만 아니라 부단히 인터넷을 활용하여 관련 전문사이트에 방문하면서 프로그래밍을 익히는 등 포기를 모르는 학생이었음 ③ 이러한 자기주도적 학습이 습관화된 이 학생에게는 자연히 정형화된 문제 해결방법이 아닌 창의적 사고능력이 배양될 수밖에 없었음을 확인할 수 있었음 ④ 무엇보다도 이 학생의 지역적 교육여건 및 환경을 감안하지 않는다 하더라도 심화다면평가에서 드러내 보인 탁월한 프로그래밍 실력을 통해 지원자의 컴퓨터과학에 대한 열정과 잠재력이 실로 대단함을 확인할 수 있었음	① 자기주도적 학습역량 ② 역경 극복의지 및 도전정신 ③ 관심분야에 대한 마니아적 열정과 소질 ④ 창의적 문제해결능력 ⑤ 서류와 면접에서 컴퓨터에 대한 자신의 열정을 초점화하여 구체적이고 일관적으로 제시함 ⑥ 동아리 활동과 관련 자원봉사 활동도 열심히 하며 자신의 삶을 주도적으로 이끄는 능동적인 학생임이 학교생활기록부에 기록됨
서울여자대학교	경제 학과	① 어린 시절 아버지의 사업실패로 가족과 떨어져 지내는 등 여러 어려움을 겪었지만 자신의 어려움을 긍정적으로 전환하고자 하는 노력의 과정을 자기소개서에 구체적으로 나타냄 ② 가정의 어려움 때문에 사교육을 받을 기회는 없었지만, 힘든 상황과 갈등을 겪으면서도 학교 내에서 적극적으로 활동함 ③ 고등학교 3년 동안 꾸준히 봉사에 참여하였고, 교내 영자신문 동아리 활동 등을 하며 교내에 있는 프로그램에 충실히 참여함 ④ 특히 교내 진로 프로그램 중 My Life Planner에 참여하면서 자신의 적성과 흥미에 맞는 진로를 찾았고, 경제학 관련 분야에 관심과 열정을 갖고 지원함	① 자신이 겪는 어려움과 위기 등을 주변 친구, 선생님들과 잘 해결해 나갔고, 무엇보다 학교 내 활동에 적극적으로 참여함 ② 교과 성적은 우수하지 않았지만 학생의 환경을 고려해 볼 때 성취한 결과로는 우수하게 평가됨 ③ 긍정적인 가치관이 우수하고 역경극복의 의지가 강하므로 앞으로 더욱 자신을 개발하여 발전할 수 있는 잠재력을 가진 학생으로 평가함 ④ 자신이 키운 전문성을 통해 경제적으로 어려움에 처해 있는 사람들도 꿈과 희망을 가지고 회생할 수 있는 건전한 경제 체제를 만드는 데 일조하고자 하는 목표를 제시함

대학	학과	지원자 주요특징	높은 점수를 받은 이유
성균관대학교	생명공학부	① 부모님이 일찍 이혼하고 조부모님과 생활하는 어려운 환경에도 불구하고 웃음을 잃지 않는 긍정적 태도로 전교 최상위권 성적을 유지하였으며, 특히 전공과 관련된 수학, 생물교과 성적이 우수함 ② 어려운 경제형편에도 용돈을 쪼개어 장기기증센터에 후원하고, 꾸준히 장애인 요양원에서 봉사 활동을 하였으며, 학급반장과 국악관현악단 부단장으로서 학우들을 통솔하는 리더십을 보여줌	① 학업에 대한 열의와 역경을 극복하는 강한 의지를 높게 평가하여 입학사정관 전원의 동의로 1단계를 통과함 ② 2단계에서 치러진 교과면접(수리영역)에서도 탁월하였을 뿐 아니라, 커뮤니케이션 능력, 문제해결능력도 탁월해 높은 점수를 받음 ③ 자신의 환경과 실적에 대해 지나치게 겸손하지도, 필요 이상으로 과장하지도 않는 당당하고 진실된 태도로 높은 평가를 받음
이화여자대학교	과학교육과	① 어릴 적부터 과학 분야에 대한 관심이 남달라 과학관련 교육저널을 구독하면서 과학도의 꿈을 키움 ② 고등학교 진학 후에도 고교 3년 동안 '창의 발명반'이라는 발명 동아리에서 활동하며 물리공부에 열중함 ③ 특히 옵스키아라는 작은 카메라를 완구형태로 만든 제품을 통해 초등학생들에게 카메라와 볼록렌즈의 원리를 쉽게 설명할 수 있도록 하는 연구를 수행함	① 과학실험에 대한 관심과 열정을 오랜 기간 지속해서 발전시킴 ② 일반고에서 과학 동아리 활동에 적극적으로 임함으로써 자신의 능력을 발전시킴 ③ 재능과 관련된 의미 있는 활동들을 스스로 찾아다닌 노력의 흔적이 돋보임
중앙대학교	생명과학과	① 학생부 교과 평균등급은 2.7등급이나 영어와 과학 과목이 특히 우수함 ② 교내 과학 작품 경진대회(발명품)우수상, 교내 과학경시대회(생물)최우수상, 교내 Watch21 발표대회 장려상, 교내 과학 작품 경진대회(발명 아이디어) 최우수상 등 과학에 대한 열정이 높음 ③ 생물자원보전 청소년 홍보대사로서 강화도에 서식하는 멸종위기종 저어새 보호활동을 수행하는 등 바쁜 일정 가운데에서도 280시간의 봉사 활동을 실시함 ④ 교내 과학 동아리 'GOG'활동, 해양탐구, 천체관측활동 참여함	① 평소에 수학과 과학 분야에 큰 흥미를 가지고 생명과학자라는 목표를 위해 꾸준히 노력함 ② 활발하고 다양한 과학 활동으로 성실하게 과학도의 길을 걸어옴 ③ 일반고 학생으로서 물리토너먼트에 참가하고 영어 토론에 도전하여 성공함 ④ 적극적인 봉사 활동으로 따뜻한 마음씨를 보여주었으며 온화하고 포용적인 성격으로 리더십을 발휘함
한국외국어대학교	언론정보학부	① 영상물 제작에 대한 관심이 높아 다수의 영상물 제작 경험이 있으며, 지속적인 봉사 활동 경험을 통해 장애인의 희망과 좌절을 그린 〈Tell me〉라는 영화를 제작하여 다수 영화제에서 수상함(청소년 영상페스티벌 금빛대상, 부천 영상제 최우수상, 금강청소년영상예술제 대상) ② 영화제작을 통해 사회개선에 기여, 향후 영상제나 영상페스티벌, 블로그 기자단 활동을 통해 사회적 안목을 키워나가겠다는 포부를 밝힘 ③ 영화에 대한 사회적 역할에 대한 이론적 지식 습득을 위해 언론정보학부 지원	① 영상분야에 재능과 관심이 있을 뿐만 아니라 자기계발을 위한 지속적인 노력이 두드러짐 ② 봉사 활동을 통해 얻은 감동을 영상으로 제작하였다는 점에서 모집단위의 인재상에 부합하다고 판단됨 ③ 영화를 통해 사회 현실을 알리고자 하는 의지가 강하고, 실적의 창의성과 우수성이 인정되어 향후 발전가능성이 큰 인재라고 판단됨

입학사정관들은 전형의 각 단계에서 학생의 잠재력, 소질이나 적성 등을 주로 살피며 학업성적과 수상경력도 합격 여부를 결정하는 데 중점적으로 반영하고 있습니다. 학교생활기록부와 자기소개서, 교사 추천서, 학교 프로파일을 평가 자료로 활용하며 개인 면접, 집단 면접, 합숙 면접 등을 통해 제시된 자료의 실제 여부를 파악하거나 주로 심층면접을 통해 추천서 등 서류에 나타난 다른 전형요소의 진위 여부와 학생의 논리적 · 비판적 · 창의적 사고력을 확인합니다.

학생부종합전형의 주요 평가내용 (한국대학교육협의회 자료 참고)

요소	주요 내용
학생의 특성	· 인지적 특성 - 사고력 : 이해력, 분석력, 논리적 사고력, 창의력, 문제해결능력 등 - 적성 및 역량 : 관련 분야에 대한 소질, 학업적성, 대학 또는 학과 수학 능력, 현장경험 등 - 표현력 : 의사소통 능력(토론/설득력) 등 · 정의적 특성 - 인성 : 자신감, 적극성, 리더십, 책임감, 목표지향성, 사회봉사성, 자기조절능력, 도덕성, 사회성 등 - 흥미 : 지적호기심, 열정, 학습동기 등 - 태도 : 가치관, 학습태도 등 · 잠재력, 미래 성장 가능성, 전공 적응 가능성 등
대학 및 모집전형과의 적합성	· 건학이념 및 학과 특성에 부합하는 학생인지 여부 · 리더십전형, 사회배려대상자전형 등 모집전형에 부합하는지 여부 등
교육환경	· 가정환경, 교육여건, 고등학교의 교육과정 특성 등

학생부종합전형의 공통전형요소 (한국대학교육협의회 자료 참고)

구분	세부 평가 내용
학교생활기록부	· 교과 성적 : 지원한 전공과 관련된 과목의 성취 여부 · 학년 변화에 따른 성적의 변화 추세 · 비교과 영역 : 각종 교내 활동, 봉사 활동, 독서활동, 출결사항 등

구분	세부 평가 내용
자기소개서	· 전공 적합성, 충실도, 일관성, 탁월함, 다양함 · 설득력 있는 지원 동기 · 학업 및 진로계획 · 전공 준비도 및 적합성 · 다양한 체험활동을 통한 자기계발 · 위기 극복 스토리 · 글로벌 마인드, 리더십 및 팀워크, 사교성 · 자기관리능력, 성실성, 책임감, 겸손함, 봉사정신 · 목표 의식, 도전 의식 · 창의성, 논리적 사고, 문제해결능력 · 전문가적 재능
교사 추천서 학교 프로파일	· 참고 자료로 활용
심층면접	· 서류 확인 · 교내외 체험활동에 대한 비판적인 질문들을 집중적으로 제기 · 각종 역량 평가(탐구, 대인, 내적, 특정 역량 등) · 토론면접, 합숙면접도 병행

공통전형요소의 세부평가내용을 더 자세히 살펴보면 다음과 같습니다.

① 학교생활기록부

• 교과 성적: 학생부종합전형이 학생의 특기나 적성, 잠재능력을 중시하므로 서류 평가에서 활동 경력이나 수상 실적 등의 요소들만 강조되는 것으로 생각하기 쉽습니다. 하지만 학생부종합전형에서는 학생부를 포함하여 여러 가지 활동 상황이 종합적으로 평가되며, 당연히 학생의 평소 생활 태도와 잠재 가능성 등을 평가하는 데 학생부 교과 성적도 중요한 요소로 작용할 수밖에 없습니다. 따라서 좋은 교과 성적을 유지할 수 있도록 최대한 성실히 노력해야 합니다.

• 비교과 영역: 특히 봉사 활동은 시간의 많고 적음보다는 그 경험이 지니는 내용과 의미가 더욱 중요하게 평가된다는 사실을 염두에 두어야 합니다. 따라서 무조건

시간만 많이 쌓으려 하기보다는 자신의 사고와 가치관의 형성에 영향을 끼칠 수 있는 남다르고 의미 있는 경험을 해 보는 것이 중요합니다. 그리고 학생부종합전형은 모집단위의 특성에 알맞은 잠재력과 소질을 지닌 학생을 선발하겠다는 취지에서 실시되고 있으므로, 지원하려는 모집단위의 전공과 관련된 활동을 꾸준히 해 가는 것이 중요합니다. 아무래도 전공과 관련된 계획과 목표의식이 뚜렷하고, 필요한 자질과 능력을 계발하려고 일관되게 노력해 온 학생이 좋은 평가를 받게 마련이기 때문입니다. 자세한 내용은 관련장에서 다시 살펴보도록 하겠습니다.

② 자기소개서

자기소개서에는 진실성, 신뢰성에 관한 심사가 무엇보다 중요하게 여겨진다는 사실을 반드시 염두에 두어야 합니다. 그리고 단순히 수상 실적 등의 활동 상황을 단순히 나열하는 식으로 기술하는 것도 피해야 합니다. 무엇을 얼마나 많이 했느냐보다 왜, 어떻게 했으며, 그 활동으로 어떠한 의미를 이끌어냈는지가 더 중요하기 때문입니다.

• 전공 적합성: 불합격한 사례를 통해 전공 적합성의 중요성을 알아보겠습니다.

– 희망학과와 관련이 없다면 잡다한 수상 실적이나 외국 생활, 체험 활동 등의 특이한 경험도 플러스 요인이 되지 못합니다. 예를 들어 인문적 재능이 발견되지 않는 인문학과 지망생과 수리적 재능이 보이지 않는 자연 계열 학과 지망생이 예상 외로 많아 불합격하고 있습니다.

– 대량의 포트폴리오가 제시되더라도 많은 이들에게 관심을 불러일으키는 소재가 아니라면 인정을 받지 못합니다. 예를 들어 3년 동안 꾸준히 출판한 인터넷 판타지 소설 저자는 불합격되었는데, 그 이유는 소설의 내용이 자기만의 세계에 빠져 일반적으로 읽힐 수 있는 소재가 아니었기 때문이라고 합니다.

– 교과 성적과 스펙은 화려하지만 전공과 관련된 일관성이 없으면 목적을 이루

기가 힘듭니다. 스펙을 쌓을 때도 교외 활동이나 해외 활동보다는 교내에서 쌓아야 합격할 수 있습니다. 예를 들어 연세대 수시모집에서 1단계 내신 성적으로 선발된 학생 중 서류전형과 면접을 거친 후 최종 선발에서 40%가 당락이 뒤바뀐 사실은 우수한 성적이 합격을 보장하지는 않는다는 것을 의미한다고 볼 수 있습니다. 자세한 내용은 관련장에서 다시 살펴보도록 하겠습니다.

③ 교사 추천서

특히 교사 추천서는 구체적인 경험에 근거해 최대한 자세하게 기술되어야 좋은 평가를 받을 수 있습니다. 필요할 경우 입학사정관들이 직접 추천인을 만나 사실 여부를 확인하기도 하므로 사실에 근거하지 않거나 틀에 박힌 일반적인 표현은 삼가야 합니다. 많은 학생부종합전형에서는 이러한 추천서를 매우 중요한 전형자료로 사용하고 있는데, 추천서가 정말로 유효한 전형자료가 되기 위해서는 고등학교 교사가 학생의 학업과 진로에 대해 깊이 이해하고 있어야 합니다. 대학에 따라 교사 추천서를 누적적으로 보관하여 이를 참고하는 대학도 있어 신뢰성이 담보된 추천서를 제공하는 것이 점점 더 중시되고 있습니다. 자세한 내용은 관련장에서 다시 살펴보도록 하겠습니다.

이상에서 살펴본 학생부종합전형의 주요 평가 관점을 요약해보면 다음과 같습니다.

학생부종합전형의 주요 평가 관점

1	학생 개인을 대상으로 그가 성장한 과정을 평가
2	학생이 자신의 꿈을 이루기 위해 어떠한 노력을 했는지 파악
3	잠재능력과 소질, 가능성 등을 종합적으로 평가, 판단
4	각 대학의 인재상이나 모집단위 특성에 맞는 신입생을 가려서 선발

3 학생부종합전형(입학사정관제)의 기본 준비 요소

1) 학생부종합전형에서 '성적'이 갖는 의미

대학이 추구하는 인재상이 무엇인가를 알기 위해서는 그 대학이 신입생을 선발함에 있어 어떤 전형요소로 몇 명의 학생을 선발하는가를 보면 쉽게 알 수 있는데, 대부분의 대학들이 대학수학능력시험에서 높은 성적을 받은 학생들을 가장 선호해 왔습니다. 그동안 대학들이 계속해서 실질적으로 수능으로 선발하는 전형의 정원을 최대한 확대시켜왔다는 것이 그 결정적 증거라 할 수 있습니다. 그 밖에 학교생활기록부에 나타난 고교학업 성적과 대학별 논술시험 성적을 주요 자료로 활용하고 있습니다.

문제는 이런 시험 성적의 1~2점 차이, 또는 4~5점 차이(경우에 따라서는 10~20점 차이)는 '실력'에 상관없이 여러 종류의 오차에 의해 결정될 수도 있다는 점입니다. 그렇다면 과연 몇 점의 차이부터 진정한 '실력'의 차이로 인정할 것인가? 대학에 따라 다르지만 학생부종합전형은 어느 정도의 시험점수의 차이는 '오류'나 '운' 또는 '학생 개인의 환경 차이' 등에 의한 것으로 해석하여 약간의 점수 차이를 실력의 차이로 인정하지 않습니다.* 그리하여 일정점수 영역에 속한 학생들의 경우 오히려 다양한 다른 자료를 평가하여 입학을 결정하는 데 반영합니다. 이런 점에서 학생

*** 학생부종합전형은 기존의 수시 모집과 많이 다른가요?**
기존의 수시 모집에서는 각종 경시대회 등 화려한 경력이 분명 입시 결과에 영향을 많이 주었습니다. 그러나 학생부종합전형에서는 학교교육 내에서 그러한 활동이 전공과 얼마나 연관성을 가지느냐, 왜 그 활동을 하게 되었는가, 활동 속에서 무엇을 느끼고 내 가치관과 인생관이 어떻게 바뀌었는가 하는 것이 주요 평가요소가 되고 있습니다. 또한 초기에는 이 전형에서 각종 수상 실적이나 외국어 공인 성적, 자격증이 상당히 유리하게 작용했지만 사교육 유발, 외고출신 편법선발, 수상실적 위조 등의 역효과를 유발하고 있습니다. 공교육 정상화를 목표로 하는 학생부종합전형은 교내 수상실적이 없거나 교과 성적이 탁월하지 않으면 사교육 의존도가 높다고 판단되어 선발되기 어려우니 주의해야 합니다.

부종합전형에서 '성적'의 평가는 시험성적을 고려하지 않거나 그 반영 정도가 미미하다는 의미가 아니라, 어느 정도의 점수는 같은 것으로 볼 수 있다는 의미로 이해할 필요가 있습니다.

2) 학생부종합전형의 기본 평가 요소, 영역, 지표

그렇다면 도대체 학생부종합전형은 무엇을 보고 학생을 선발한다는 것일까요? 다음의 표를 보면 앞으로의 학생부종합전형을 준비하기 위해서는 가장 먼저 내신 성적을 잘 관리하면서 창의적 체험활동을 성실히 수행한 뒤 비교과 영역의 란을 하나하나 채워 나가는 것이 중요함을 확인할 수 있습니다.

학생부종합전형의 평가요소 및 평가기준 모형 (한국대학교육협의회 자료 참고)

평가요소	평가기준	종합평가
〈교과 관련 요소〉 교과성적·학년별 성적 추이·학업관련 탐구 활동·교과 관련 교내 수상실적·방과 후학교 활동 등 〈창의적 체험활동〉 독서활동·자격증 및 인증·진로탐색·체험활동·동아리활동 봉사 활동·방과 후학교 활동 등 〈학교생활 충실도, 인·적성〉 공동체 의식·리더십·학업의지·특별활동·출결상황·교사의 평가·교우관계 등 〈학습환경〉 가정환경·학교여건·지역의교육여건·학업수행의장애극복 등	학업의지 및 전공적합성 창의성 인성 학업성취도 성장잠재력 및 발전가능성	종합평가(holistic approach)에 의한 최종 등급 평가 → 합격/불합격 결정

그럼 다음에서 상세한 내용을 알아보겠습니다.

(1) 교과 관련 요소

'교과 관련 요소'는 최근 들어 학생부종합전형에서 학생의 학업능력을 평가하는 가장 중요한 요소로 활용되고 있습니다. 학생이 지원한 모집단위와 관련이 있는 교과의 성적 및 성적 추이가 중요하게 검토되고 있는데, 예를 들어 국어국문학과를 지원한 경우 입학사정관은 교과 관련 요소에서 관련 교과인 국어교과의 성적 및 성적추이, 관련 탐구활동 등을 종합적으로 검토하게 됩니다. 구체적인 평가 항목을 예로 들면 다음과 같습니다.

① 학생부 교과 성적이 우수한가?

② 학년별 성적이 계속 상승하고 있는가?

③ 학업관련 탐구활동의 내용 및 기간, 참여의 적극성, 활동 후 변화 모습 등이 구체적으로 기록되어 있는가?

④ 전공 관련 교내 수상실적이 있는가?

⑤ 방과 후 활동의 참여 분야, 참여 동기와 목적, 소감, 결과 등이 구체적으로 나타나 있는가?

(2) 창의적 체험활동

'창의적 체험활동'은 학생부 비교과 활동으로 학업적 요소와 함께 관련 있는 활동을 평가하는 요소로 활용됩니다. '창의적 체험활동'의 구체적인 평가 항목을 예로 들면 다음과 같습니다.

① 전공 관련 독서는 물론 다양한 분야의 책을 읽고 긍정적인 변화가 있는가?

② 자격증 및 인증 활동 획득의 목적과 활용계획 등이 잘 나타나 있는가?

③ 진로 체험활동에 적극적으로 참여하였는가?

④ 창의적 체험활동이 전공과 관련성은 있는가?

⑤ 동아리에서의 역할, 자기주도적 참여도 및 성실성 등이 구체적 사례로 기록되어 있는가?

⑥ 봉사 활동을 하게 된 동기와 그 활동 과정에서 겪은 일, 그 활동을 하고 난 후의 소감과 깨달음 등이 구체적 사례로 나타나 있는가?

(3) 학교생활 충실도, 인 · 적성

'학교생활 충실도, 인·적성'은 학업태도, 교우관계, 리더십 등 학생의 인성적 특성을 이해하고, 특별활동 등을 통해 학교생활의 충실성을 파악하기 위한 주요 요소로 활용됩니다. 구체적인 평가 항목을 예로 들면 다음과 같습니다.

① 타인을 배려하고 존중하며 협동하는 사례가 구체적으로 있는가?

② 어떤 일을 주도적으로 계획하고 실행에 옮긴 구체적 경험이나 사례가 있는가?

③ 전공 학과에 대한 관심도나 열정이 구체적 사례로 잘 나타나 있는가?

④ 자치/적응/행사활동과 관련하여 활동의 전 과정과 활동의 결과, 활동 후 소감 등이 구체적으로 잘 나타나 있는가?

⑤ 무단결석이나 조퇴, 결과 등이 있는가?

⑥ 학생부나 추천서의 교사 의견란에 학생의 소질, 적성, 인성, 학교생활 충실도 등이 구체적으로 나타나 있는가?

(4) 학습환경

'학습 환경'은 학생의 환경적 특성을 이해하기 위한 요소로 활용됩니다. 입학사정관은 학생이 어떠한 환경에서 어떤 노력을 기울여 왔는지를 확인하고, 성장가능성을 평가하게 됩니다.

(5) 종합평가

앞서 예를 든 것처럼 국어국문과를 지원한 학생의 전공적합성을 평가하는 경우 교과 관련 요소에서 국어 교과 성적, 학년별 성적추이, 학업관련 탐구활동 등을 검토하고, 창의적 체험활동 영역에서 국어(문학) 관련 동아리 활동, 방과 후 학교 활동 등을 검토하며, 학교생활 충실도 영역에서 관련 인성적 특성을 고려하고, 학습 환경 영역에서 가정환경, 교육환경 등을 검토하여 종합적으로 평가하게 된다는 뜻입니다.

학생부종합전형의 평가영역, 지표, 자료모형 (한국대학교육협의회 자료 참고)

평가영역	평가요소	평가지표 및 내용	평가자료
교과 관련 활동	교과성적	· 교과 내신등급 또는 수능성적	학생부, 수능성적
	학년별 성적 추이	· 학년별 학업성취도의 등락 추이 및 정도	학생부
	학업 관련 탐구 활동	· 활동의 내용 및 기간 · 참여의 적극성	학생부, 자기소개서 창의적 체험활동시스템
	교과 관련 교내 수상 실적	· 수상 내용 및 난이도 등(상의 권위, 참여인원)	학생부
	방과 후 학교 활동	· 동기와 목적, 소감 · 학습 분야	학생부, 창의적 체험활동시스템
창의적 체험활동	독서활동	· 독서량 · 내용 이해도 등	학생부, 자기소개서 독서교육지원시스템
	자격증 및 인증	· 획득 목적, 분야, 활용계획 등	학생부, 창의적 체험활동시스템
	진로탐색·체험활동	· 진로·체험활동의 영역 · 참여의 적극성	학생부, 창의적 체험활동시스템
	동아리활동	· 동아리활동에서의 역할 · 참여도 및 성실성	학생부, 창의적 체험활동시스템
	봉사 활동	· 봉사 활동의 내용 등	학생부, 창의적 체험활동시스템
	방과 후 학교 활동	· 동기와 목적, 소감 · 참여 분야 및 참여 정도	학생부, 창의적 체험활동시스템

평가영역	평가요소	평가지표 및 내용	평가자료
학교생활 충실도 및 인·적성	공동체 의식	· 사회활동에 대한 참여 · 공동목표를 위한 협동	자기소개서, 면접, 학생부, 교사 추천서
	리더십	· 리더십을 발휘한 경험 및 내용	자기소개서, 면접, 학생부, 교사 추천서
	학업의지	· 해당 모집단위에 대한 관심도	자기소개서, 면접, 학생부, 교사 추천서
	특별활동	· 자치/적응/행사활동의 내용 · 참여도 및 성실성	학생부, 교사 추천서
	출결상황	· 결석 일수 · 결석 사유	학생부, 면접, 교사 추천서
	교사의 평가	· 소질과 적성 · 학교생활 충실도 · 평가내용	교사 추천서, 창의적 체험활동시스템 (교사 총괄의견)
	교우관계	· 교류활동 및 내용	자기소개서, 교사 추천서
학습환경	가정환경과 자기극복의지	· 사회·경제적 여건 고려	자기소개서
	학교 여건	· 학교의 특성 및 프로그램	학교 프로파일
	지역의 교육여건	· 지역사회의 교육여건	관련자료

(6) 독서활동

독서활동은 분명한 목표와 일관성이 중요하므로 계획적으로 책을 읽은 뒤 기록하는 것이 중요하며 그로 인해 변화한 모습 등을 꼼꼼히 정리하는 습관을 들이는 것이 필요합니다. 진로와 연관 있는 독서는 일관성을 가져야 하며, 자신의 가치관 및 진로 결정에 미친 영향을 설명할 수 있어야 합니다. 간혹 읽지 않은 책을 기록하는 경우가 있을 수 있는데 이는 매우 위험한 일입니다. 한편 학교에서 이루어지는 독서경시대회, 독서퀴즈, 독서 이벤트 등 다양한 행사에 참여하는 것도 필요합니다. 많은 대학에서 3~5권의 읽은 책을 자기소개서에 쓰기를 요구하기 때문입니다. 깊이 있는 독서활동을 통해 일반적인 교양·논리력·창의력 향상과 함께 자신이 진학을 희망하는 해당 전공분야의 지식함양에도 힘을 쏟아야 합니다. 독서활동을 통해 학생의 가치관이나 세상을 바라보는 안목, 지적 능력 등 성장에 어떤 도움을 주었는지를 파악할 수 있으므로 신경을 써서 준비하는 것이 좋습니다. 독서종합지원시스템(www.reading.go.kr)에 꾸준히 기록한 독후감을 제출하는 것은 매우 좋은 자료로 활용될 수 있습니다.

입학사정관이 말해주는 Q&A

조선일보 '입학사정관의 리얼 토크' 중에서
김용기 광주교육대학교 입학사정관

Q: 교사를 꿈꾸는 학생들이 많은데요. 어떤 부분을 중점적으로 평가하시나요?

A: 입학사정관으로 근무하며 종종 학부모에게서 "자녀를 교대에 보내고 싶은데 어떻게 하면 되느냐"는 질문을 받습니다. 고용 불안으로 안정적 직장을 선호하는 사람이 급증하면서 자녀를 교대에 보내려는 학부모도 늘고 있는 것입니다. 이 같은 현상을 증명이라도 하듯 매년 개최되는 권역별 전국 교원양성대학 설명회장은 학부모들로 인산인해를 이룹니다. 대다수의 학부모가 교대를 높이 평가하는 점, 초등 교사를 꿈꾸는 우수 수험생이 많은 점은 교대 입학사정관 입장에서 무척 고마운 일입니다. 하지만 현실을 직면할 때마다 안타까운 것 역시 사실입니다.

한번은 입학설명회장에서 한 학부모와 대화를 나누게 됐습니다. "자녀를 왜 교대에 보내려고 하십니까?" 제 질문에 그 학부모는 이렇게 답하더군요. "교사처럼 안정된 직장이 없으니까요. 전 제 아이가 편하게 살았으면 좋겠습니다." 실제로 자녀를 교대에 보내려는 학부모는 대부분 자녀의 진로나 적성보다 고용 안정성과 주위 평판을 중시합니다. 수험생 본인의 입장도 크게 다르지 않습니다. 대학 지원 동기에 대한 질문을 받았을 때 "부모님과 선생님의 권유에 의해서"란 답변이 의외로 많은 게 그 증거입니다. 교대는 단순한 '초등 교사 양성소'가 아닙니다. 대한민국 초등 교육을 책임지는 인재가 배출되는 전문 교육기관입니다. 이 때문에 교대 입학사정관은 초등 교사가 마땅히 갖춰야 할 인성과 사명감, 교직관을 우선적으로 평가합니다.

Q: 그렇다면 평가를 하시면서 기억에 남는 좋은 예와 나쁜 예를 하나씩 말씀해주세요.

A: 우리 대학에 지원한 한 여학생의 사례가 기억납니다. 그 여학생은 지원 동기에 대해 "초등 교사인 부모님의 영향으로 자연스레 교사를 꿈꾸게 됐다"고 말했습니다. 하지만 정작 그 학생의 지원서 속 '장래 희망'란에 '의사'란 두 글자가 선명하게 적혀 있었습니다. 알고 보니 이미 모 의대에 원서를 넣었고 우리 대학은 그저 '안전장치' 삼아 지원한 것이었습니다. 유독 기억에 남는 또 다른 학생이 있습니다. 이 학생은 초등생 시절, 다문화가정 자녀와 짝꿍이 되었습니다. 그는 짝꿍이 공부를 못해 친구들에게 놀림 받는 게 너무 속상했습니다. 이후부터 이 학생은 매일 조금씩 짝꿍의 공부를 도와주기 시작하였고 '가르치는 즐거움'을 깨닫게 되었습니다. 중학교 진학 이후에도 모교인 초등학교를 찾아가 학업에 어려움을 겪는 후배를 위해 봉사 활동을 계속하였습니다. 면접 당시 이 학생은 "다문화가정 자녀 교육 분야에서 특화된 초등 교사가 되고 싶다"고 말했습니다. 절 비롯한 입학사정관 전원은 경험과 꿈을 정확하게 일치시킨 이 학생에게 '합격'이란 선물을 건넸습니다.

Q: 마지막으로 학생들에게 해주고 싶은 말이 있으신가요?

A: 우리 대학에선 학업 수행 능력 못지않게 인성과 교직관, 학생에 대한 헌신, 배려를 갖춘 수험생을 원합니다. 그래서 추후 교사가 됐을 때 학생들과 학교현장을 누비며 책임감과 즐거움을 느낄 수 있는 수험생을 기다리고 있습니다.

입학사정관이 말하는 면접 실패의 3가지 유형

비상에듀 자료 중에서

<table>
<tr><th>구분</th><th colspan="2">세부내용/입학사정관의 조언</th></tr>
<tr><td rowspan="2">동문서답형</td><td colspan="2">〈질문의 의도를 명확하게 파악해야 합니다〉
면접에서 사정관이 던지는 질문에는 학생의 자질을 평가하기 위한 의도가 담겨 있습니다. 따라서 질문에 담긴 평가자의 의도가 무엇인지 우선 파악하는 것이 중요합니다.</td></tr>
<tr><td>김수연
경희대 입학사정관</td><td>자기소개서에 존경하는 독립운동가에 대한 이야기가 쓰여 있어 존경하는 이유를 물었더니, 감명 받았던 상황에 대한 설명과 자신이 얼마나 해당 인물을 존경하는지에 대해 설명하는 학생이 있었습니다. 감정적인 답변보다는 질문의 논지를 잘 이해하고 구체적이고 논리적으로 이야기하는 것이 바람직합니다.</td></tr>
<tr><td rowspan="2">선언형</td><td colspan="2">〈구체적인 근거가 없는 주장은 속 빈 강정입니다〉
근거 없는 주장을 하는 학생도 적지 않습니다. '성실하다', '책임감 있다', '창의적이다', '친구가 많다'와 같은 이야기가 쏟아져 나오는 천편일률적인 자기소개서가 대표적입니다. 하지만 구체적 경험에서 나오는 근거가 없으면 오히려 활동의 진정성을 의심받을 수 있습니다.</td></tr>
<tr><td>김창민
한국외대 입학사정관</td><td>학생들이 제출한 서류 내용을 기초로 해 지원자가 예상하고 준비할 수 있는 질문을 던지는데도 추가적인 질문을 2~3개만 이어가면 제대로 답변을 못하는 경우가 많습니다. 전형과 면접관의 특성에 따라 한 가지 활동에 대해서만 집중적으로 물어보는 경우도 있는데, 이때 말문이 막히는 학생도 많습니다.</td></tr>
<tr><td rowspan="2">청산유수형</td><td colspan="2">〈입학사정관은 '능언앵무(能言鸚鵡)'에게 속지 않습니다〉
유창하게 말을 한다고 해서 좋은 평가를 받는 것은 아닙니다. 일부 학생은 질문에 대한 답변을 끊임없이 이어 나가지만 자세히 들어보면 별다른 내용이 없는 경우가 많습니다. 사정관이 묻지 않은 내용까지 3분 이상 말하는 경우도 있는데, 이럴 경우 자신이 다른 질문을 받을 기회를 잃어버릴 수 있습니다. 묻는 말에만 짧고도 분명한 근거로 답변하고 다음 질문의 여지를 남겨놓음으로써 질문과 답변이 많이 오가도록 하는 것이 바람직합니다.</td></tr>
<tr><td>유권창
한양대 입학사정관</td><td>사정관들은 지원자의 유창한 말에 현혹되지 않고 답변 내용에 집중해서 평가합니다. 학생들은 답변이 끊어지지 않고 진행되었으면 면접을 잘 봤다는 느낌을 스스로 받을 수 있지만 유창하게 말하는 데만 신경 쓰면 오히려 중언부언해서 좋은 평가를 받지 못하는 경우도 적지 않습니다.</td></tr>
</table>

서울대 입학사정관실 자료를 통해 본 학년별 준비 전략

서울대학교 입학사정관실 자료 중에서

학년	준비 전략
1	· 바쁘고 힘들다는 고등학교에 입학했습니다. 당연히 고등학교 3년을 어떻게 보내야할지 계획을 세워봐야겠지요? · 대학에 입학하면 어떤 전공, 어느 분야의 공부가 나의 적성과 맞을지를 미리 생각해보고, 폭넓은 학과 공부를 하는 동시에 내가 원하는 분야에 맞는 공부 계획을 세웁니다. - 무슨 책을 읽을까? 어떤 책으로 공부할까? - 각 과목 선생님께는 어떤 도움을 받을까? - 깊이 공부하기 위해서 어떤 활동을 해 보면 좋을까? · 학교는 제2의 집, 학교생활을 보다 즐겁게 할 수 있는 교내외 활동을 알아보고 참여하여 나를 키웁니다. ↓ 학년 초에 목표로 정하고 계획했던 공부와 학교 활동이 나의 적성과 흥미에 맞는지 점검해가며 하루하루 열심히!
2	· 2학년은 고등학교 생활의 꽃, 이제 어느 정도 목표도 정해지고 진로의 방향도 정한 다음 1학년 때보다 깊이 있는 공부에 빠져봅시다. · 주어진 학습 과제 이외에도 많이 찾아보고, 읽고, 또 읽고, 끊임없이 생각하는 노력이 계속되어야 합니다. · 시간관리 능력은 대학생활의 힘. 주어진 시간 동안 집중하여 시간관리 능력을 키웁니다. ↓ 3학년이 되기 전에 무엇인가 보여주겠다는 조급한 마음이 들겠지만, 꾸준한 노력을 하고 있는 그 자체가 큰 발전으로 가는 힘!
3	· 이제 서울대학교 입학 지원 방법에 대해서도 미리미리 챙겨야겠죠? 3월이면 전체적인 서울대학교 입학전형계획이 발표됩니다. · 입학지원시기 약 2개월 전 서울대학교 입학전형 안내, 자기소개서 양식 등을 틈틈이 점검하고, 준비 서류에 소개할 만한 경험이나 과제물 등을 때때로 메모하여 정리해 둡니다. · 그 동안 열심히 노력해온 학교생활을 보여주세요. 서울대학교 입학지원 서류에는 여러분의 고등학교 생활의 모든 것을 담아 주세요. - 가장 힘들게 또는 신나게 공부했던 과목 이야기, 어떻게 공부했는지 등 - 고등학교 생활 중 가장 소중했던 경험 - 내가 정말 열심히 노력해온 일, 많은 시간을 쏟은 일 ↓ 이제 대학생이 되기 위한 준비가 마무리 되어갑니다. 대학에 보여주기만을 목표로 열심히 생활해 온 것은 아니지만, 서울대학교는 학교생활 모습을 담은 여러분의 이야기를 기다립니다.

효과적인 탐구영역 과목 선택 방법

경기도 교육연구원 '대입정보 119' 자료 중에서

탐구과목은 수능 시험의 난이도에 따라 과목 간의 표준점수 차이가 심합니다. 이러한 문제점 때문에 대부분의 대학은 탐구과목(제2외국어 과목 포함) 반영 시 표준점수를 활용하지 않고 백분위 점수에 기준을 둔 변환표준점수(혹은 보정 점수라고도 함)로 산출하여 반영하고 있습니다. 따라서 탐구 과목의 선택기준은 표준점수의 유/불리가 아니라, 백분위에 유리한 과목을 선택하는 것이 합리적입니다.

백분위에 유리한 탐구과목은 수능에서 응시자 수가 많은 과목입니다. 예컨대, 수능에서 한국지리 과목 선택자 수는 30만 명이고, 경제지리 과목은 5만 명이라고 할 때, 백분위 90이내에 들 가능성은 어느 과목일까를 생각해보면 알 수 있습니다. 수능시험이 처음 시작된 1994년부터 지금까지 수능 시험에서 가장 많은 수험생이 선택한 사탐 과목의 순서는 1위 사회문화, 2위 한국지리, 3위 윤리, 4위 근현대사 순이었습니다. 과탐에서는 생물, 화학, 물리, 지구과학 순이었습니다.

또한 백분위 점수는 일종의 석차이므로 여러 과목을 공부하는 학생보다는 일부 과목에 집중하여 공부하는 학생이 더 유리합니다. 대부분의 대학은 두 과목을 반영하지만, 일부 대학은 한 과목만을 반영하기도 합니다. 더구나 일부 상위권 대학은 인문사회계열의 경우 제2외국어를 사탐 한 과목으로 대체해주기도 하기 때문에, 제 2외국어(한문 포함)를 잘 하는 학생이라면 전략적으로 한 과목만 공부해도 됩니다.

그런데 이보다 더 중요한 최우선 선택 기준은 자신이 지원해야 할 학과와 관련 있는 과목입니다. 자신이 생물 관련학과에 지원한다면 전략상 불리하더라도 생물을 선택하여 공부하는 것이 면접 등에서 유리하게 작용할 수 있습니다.

진로를 확실하게 결정하지 않은 학생들의 경우에는 고교에서 개설된 과목, 특히 3학년 때 배우는 과목을 선택하는 것이 유리합니다. 내신 공부와 수능 공부를 일치시킬 수가 있기 때문입니다. 2학년 탐구 과목을 완벽하게 공부하는 것도 아닌 상태에서 3학년 때 배우는 탐구 과목이 자신이 택한 수능 과목과 일치하지 않는다면, '내신 공부 따로 수능 공부 따로'가 되어 학습 부담이 생기고, 3학년 탐구 과목 수업 시간이 부담스러워질 수밖에 없습니다. 특히 수능 시험이 쉬워지는 추세에서는 상대적으로 내신의 중요성이 커질 수밖에 없기 때문에 내신공부와 수능 공부를 일치시켜 부담 없는 공부를 하고 싶다면 3학년에 개설된 탐구과목을 선택하는 것이 현명합니다.

대학별 반영비율과 가중치, 가산점을 고려한 대학별 수능 점수 계산법

경기도 교육연구원 '대입정보 119' 자료 수정 제시

일반적으로 수능 4개 영역 모두를 반영한다면, 각 영역별 25%씩 동일 비율로 반영하는 것이 일반적이나 대학에 따라서는 특정 영역을 더 많이 반영하기도 합니다. 예를 들어 국어영역 30%, 수학영역 20%, 영어영역 30%, 탐구영역 20%를 반영한다면 국어와 영어의 반영비율을 높게 적용한다는 것입니다. 이처럼 같은 총점이라도 영역별 반영 비율의 차이에 따라서 반영 점수는 달라질 수 있습니다.

구분	국어	수학 가	수학 나	영어	탐구1	탐구2	합계
강승민	124	113		127	73	69	506
강민지	118		128	130	64	66	506

위 표는 각 영역별로 25%씩 적용한 것으로 강승민과 강민지의 총점은 506점으로 같습니다. 하지만 이들을 수학과 영어를 각각 35%반영하고, 국어와 탐구를 각각 15%씩 반영하는 것으로 계산하면, 강민지가 강승민보다 14.6점이 높게 산출됩니다.

구분	국어(15%)	수학(35%)	영어(35%)	탐구(15%)	합계
강승민	74.4	158.2	177.8	85.2	495.6
강민지	70.8	179.2	182.0	78.0	510.0

한편 이들을 국어와 영어를 각각 35%반영하고, 수학과 탐구를 각각 15%씩 반영

하는 것으로 계산하면, 반대로 강승민이 2.4점 높게 산출됩니다.

구분	국어(35%)	수학(15%)	영어(35%)	탐구(15%)	합계
강승민	173.6	67.8	177.8	85.2	504.4
강민지	165.2	76.8	182.0	78.0	502.0

정시모집에서는 수능 반영 방법이 무척 다양합니다. 따라서 자신의 점수를 100% 활용할 수 있는 조합을 찾아내는 것이 정시 지원에 있어 가장 중요합니다.

가중치와 가산점은 특정 영역의 점수에 일정 비율을 더해서 계산하는 것을 말합니다. 교차지원을 할 때, 가중치와 가산점은 무척 중요한 변수가 될 수 있습니다. 수학 가형과 나형을 응시한 사람들이 모두 지원할 수 있는 대학이 많지만, 자연계의 경우 수학 가형에 가산점을 부여하는 대학들이 많이 있습니다. 또한 가중치는 취득 점수의 몇 %를 반영하는 것이고, 가산점은 총점의 몇 % 또는 해당 영역에 일정 점수를 주는 방법입니다. 따라서 가산점 부여 방식에 따른 유·불리를 잘 고려해야 합니다.

위 표의 강승민과 강민지의 점수에 가산점 부여하는 것을 예로 들어보겠습니다. 총점이 506점으로 같지만, 수학과 영어를 각각 35%, 국어와 탐구를 각각 15% 반영할 경우, 강민지가 강승민보다 14.6점이 높게 산출되었습니다. 강승민은 과탐을 응시하고, 강민지는 사탐을 응시했다고 가정하고, 수학B형에 10%, 과탐에 5%를 가산하면, 강민지는 510.0점 그대로이지만, 강승민은 오히려 5.7점 높은 515.7점이 됩니다.

구분	국어(15%)	수학(35%)	영어(35%)	탐구(15%)	합계
강승민	74.4	174.0	177.8	89.5	515.7
강민지	70.8	179.2	182.0	78.0	510.0

대학별 수능 성적을 계산하는 방법은 각 대학의 정시 모집요강의 '대학수학능력 시험 반영방법'에 제시되어 있습니다. 지원자는 해당 대학 모집요강에 따른 영역별 가중치, 가산점을 참고로 자신의 점수를 직접 계산할 수 있어야 합니다. 아래 표와 설명은 대학별 수능성적 계산방법을 이해하기 위한 것입니다.

예시) ○○대의 요강- 전형별, 모집단위(계열)별 수능 반영영역(백분위점수 활용)비율

전형구분	모집단위 계열	수능성적 영역별 반영비율(%)					수능 총점
		국어	수학	영어	탐구		
					사회	과학	
일반학생	인문사회	30%	20%	30%	20%		
	자연	20%	30%	30%		20%	

※ 수능 70%와 내신 성적 30%로 학생을 선발함

※ 수능성적은 영역별 백분위점수를 활용하여 반영함

※ 가산점 부여: 자연계열 모집단위 지원자 중 수학 가형 선택자는 입시 총점에 15% 가산점 부여

〈2○○○학년도 대학수학능력시험 성적통지표(예시)〉

※ 강민지 학생은 국어, 수학 나, 영어, 사회탐구 응시, 강승민 학생은 국어, 수학 가, 영어, 과학탐구 응시라고 가정함.

구분	국어	수학	영어	사회/과학탐구		제2외국어
				세계지리 생물	정치 물리	일본어I
표준범수	131	137	141	64	73	69
백분위	93	95	97	93	97	95
등급	2	2	1	2	1	2

① ○○대는 백분위를 반영하므로 인문사회계열 모집단위 계산식은

(국어 백분위×가중치 3.0)+(수학 백분위×가중치 2.0)+(영어 백분위×가중치 3.0)+(탐구 백분위×가중치 1.0+탐구 백분위×가중치 1.0)=1,000점으로 이루어집니다. 그런데 수능반영 비율이 70%이기에 총점은 다시 700점 만점으로 환산하는 과정을 거쳐야 합니다. 따라서 수능 총점은 1,000×(700/1,000)=700점이 됩니다.

따라서 인문사회계열에 응시한 강민지 학생이 ○○대에 지원할 경우 국어영역의 백분위 93점에 3을, 수학영역의 백분위 95점에 2를, 영어영역의 백분위 97에 3을, 사회탐구영역 중에서는 가장 높은 성적인 정치의 백분위 97에 1을, 다음으로 높은 세계지리에 1을 곱하여 모두 더하면 968점이 됩니다. ○○대는 수능을 70%를 반영하고 내신을 30% 반영하기 때문에 계산의 편의를 위해 1,000점으로 계산된 수능성적을 다시 700점 만점으로 환산하는 과정을 거치면 677.6이 되며, 이것이 이 학생의 수능점수가 되는 것입니다.

구체적으로 수능 성적 계산식을 세워 보면 다음과 같습니다.

(93×3.0)+(95×2.0)+(97×3.0)+(97×1.0+93×1.0)=279+190+291+190=968, 700점 환산식 968×(700/1,000)=677.6

② 마찬가지로 강승민 학생의 자연계열 모집단위 계산식은 가중치만 바꿔주면 됩니다.

(국어 백분위×가중치 2.0)+(수학 백분위×가중치 3.0)+(영어 백분위×가중치 3.0)+(탐구 백분위×가중치 1.0+탐구 백분위×가중치 1.0)=1,000점으로 이루어집니다. 그런데 수능반영 비율이 70%이기에 총점은 다시 700점 만점으로 환산하는 과정을 거쳐야 합니다.

이 식에 따라 구체적으로 수능 성적 계산식을 세워 보면, (93×2.0)+(95×3.0)+(97×3.0)+(97×1.0+93×1.0)=186+285+291+190=952점이고, 700점 만점으로 환산하면 952

×(700/1,000)=666.4점이 됩니다.

그러나 강승민 학생의 경우 수학 가형에 응시했기 때문에 수학 영역 백분위 95점에 대한 가산점 15%인 14.25점을 수능총점인 666.4점에 가산해야 합니다. 따라서 이 학생의 ○○대 자연계열의 수능점수는 680.65점이 되는 것입니다.

고등학교 지원 시 고려해야 할 사항

고등학교 선택에 있어서는 본인이 직접 확인하고 선택한다는 마음이 중요한데, 항간에 떠도는 소문만 믿고 섣불리 판단하지 않는 것이 중요합니다. 또한 일반고냐, 특목고냐라는 이분법적 구분보다는 교육과정, 방과 후 학교 진행, 학교의 특성화 프로그램 등을 고교 홈페이지 또는 학교 알리미를 통해 확인하고, 학생의 의견을 존중해서 진학지도를 하는 것이 필요합니다.

1. 교육과정 확인

① 교육과정이 편법으로 운영되는 학교는 오래 가지 못합니다.

② 자녀가 원하는 과목이 설치되어 있는지의 여부도 확인해야 하는데, 특히 제2외국어의 경우에는 원하는 과목이 설치되지 않을 수 있으니 어학에 특기가 있는 학생의 경우 주의해야 합니다.

③ 학생부종합전형이 확대되고 있으므로 각종 체험활동과 동아리활동이 풍부한지도 확인해야 합니다. 즉 동아리 활동은 어떻게 구성되어 있는지, 행사활동으로는 어떤 것들을 진행하고 있는지 등을 학교 교육계획서 등을 통해 확인해 볼 필요가 있습니다.

④ 학교 알리미 서비스(http://schoolinfo.go.kr)나 지원하려는 고등학교 홈페이지를 통해서도 이러한 내용을 확인할 수 있습니다.

2. 학교의 진로진학 역량 확인

① 명망 있는 진로진학 전문가가 그 학교에 있는가를 확인하는 것이 좋습니다. 요

즘 입시는 복잡하기 때문에 전문가의 정보력과 역량이 그 학교의 진학에 큰 영향을 미치게 됩니다.

② 교사들의 진학에 대한 관심도와 전문성에 의해 대학진학의 결과가 나타나기 때문에 교사의 열정이 높은 학교를 선택해야 합니다.

③ 그 학교가 체계적인 맞춤식 진로진학을 하고 있는가를 확인합니다.

④ 3개 학년이 유기적으로 연결되어 진로진학에 매진하는지를 확인합니다.

⑤ 대세는 수시모집이므로 수시에 노하우가 많은 학교를 선택하는 것이 유리합니다. 가급적 진로진학관련 시스템이 잘 되어 있는 학교를 선택합니다.

⑥ 신입생 성적 분포와 대학 합격자를 비교해 보는 것이 좋습니다. 흔히 학부모들은 모든 조건을 무시하고 '서울대 몇 명 보냈는지'와 같은 단순 논리로 고등학교를 평가하는 경우가 많습니다. 그런데 고입성적 130점 이하의 학생들만 받아서 서울 소재 상위권 대학에 전체 수험생의 20%를 합격시킨 A고등학교와 고입성적 190점 이상의 학생들만 받아서 서울 소재 상위권 대학에 30%를 합격시킨 B고등학교가 있다면 당연히 A고등학교가 진로진학을 훨씬 더 잘 하는 학교로 평가받아야 하는 것입니다.

3. 학교별 특성화 교육프로그램 현황 확인

① 학생부종합전형이 확대된 시점에서 학교별 특성화 교육프로그램이 무엇인지는 학교의 교육력 평가 차원에서 중요합니다.

② 이 부분은 학교교육계획서의 '중점 추진사항 및 특색사업' 등을 확인해 보면 알 수 있습니다.

4. 대학진학률 확인

① 학교 알리미나 직접 방문을 통해서 그 학교의 전년도 수시 진학률을 확인해

봐야 합니다. 수능 성적만 잘 받으면 되는 정시에 비해 수시의 경우 합격하기 위해서는 여러 가지 노하우가 필요하기 때문에 학생의 역량에 비해 수시를 잘 보내는 학교가 진학지도에 뛰어난 학교라고 할 수 있습니다.

② 서울의 일반계 고등학교 중 수능 성적 상위 100개 고교의 4년제 대학 평균 진학률은 때에 따라 50%에도 못 미치는 경우가 많은데, 보통 90% 이상의 진학률이라고 발표하는 경우 데이터의 절반 정도는 재수생 이상의 학생들이라고 볼 수 있습니다. 예를 들면 현 고3학생의 4년제 대학 진학률이 50%에 불과한데도 재수생 이상 합격자를 대부분 통계에 집어넣어 마치 고3 정원의 90% 이상이 대학에 진학한 것처럼 보이게 하는 학교들이 많다는 얘기입니다. 그렇기 때문에 해당 고등학교가 수시 지도에 있어 진짜 내실이 있는지의 여부를 판단하기 위해서는 재수생을 제외한 고3 재학생이 수시를 통해 서울 지역대학, 수도권 대학, 지방의 주요대학에 얼마나 진학을 했는지를 살펴보는 것이 중요합니다.

두 걸음

내게 맞는 전형과 합격 비법을 준비하라

나는 어떤 전형에 유리할까?

학생부종합전형의 취지에 부합하는 요건

최근의 학생부종합전형 시행 현황을 살펴보면 주요 전형 요소에 따른 경쟁력을 확보하는 것이 합격의 지름길입니다. 아울러 학생부종합전형의 취지와는 무관한 자료와 자격 요건에만 집착하지 않도록 주의해야 합니다.

학생부종합전형에 유리한 학생★과 불리한 학생(단국대학교 입학사정관실 자료 참고)

유리한 학생	기본적으로 학교 내신, 즉 교과활동을 성실하게 한 학생 + 자기 주도적으로 학습하는 태도와 능력을 지닌 학생 논리적 표현력과 비판적인 사고 능력, 창의적 사고능력을 지닌 학생 진로와 관련된 학습계획을 세워 일관되고 꾸준하게 노력해 온 학생 자신의 특성에 맞는 전형을 미리 준비한 학생 자신의 역경을 극복하기 위해 노력한 학생 머릿속에는 꿈을, 가슴 속에는 열정을 담고 있는 학생
불리한 학생	학교생활은 충실히 하지 않고, 사교육에 의존하여 포트폴리오만 작성한 경우 뚜렷한 진로설정 없이 여러 가지 활동만 한 경우 과도한 스펙으로 포장을 한 경우 서류(자기소개서 등)의 내용이 허위로 드러난 경우

결국 입학사정관전형 도입 초기에서 나타났던 '스펙'에 의한 합격은 이제 더 이상 기대하기 어렵다고 할 수 있는데, 이는 본 전형 초기 특목고 출신 학생, 공인어학시험 성적, 올림피아드 입상 성적 등으로 지원 자격을 제한하거나 이를 중심 전형 요

*** 어떤 학생에게 유리한 건가요?**

구체적으로 예를 들어 설명하자면 다음과 같습니다.

① '자신만의 스토리'를 가지고 있는 학생

수상경력이 없고 내신이 다소 낮아도 수험생이 특정분야에서 노력한 과정을 잘 드러내면 합격할 수 있습니다. 또한 외부 경시대회 입상이나 특이한 봉사 활동 등 화려한 스펙(조건)이 있지 않은 학생들도 자신만의 이야기가 있다면 좋은 점수를 받을 수 있습니다. 예를 들어 A 학생의 경우 스스로 신체적인 장애를 극복하고 '주변에서 받은 도움을 갚기 위해' 직접 봉사동아리를 조직해 봉사 활동을 하면서 동시에 지역 신문 복지 분야 기자로 활동한 경험이 높이 평가받았습니다. 대단한 스펙은 없었지만 고난을 극복하면서 '사회복지 전문기자'라는 꿈을 위해 노력한 과정 · 동기로 '스토리텔링'에 성공한 것입니다. 인생의 굴곡이 없는 학생들도 자신의 경험 · 지원학과 · 장래희망을 하나로 연결시켜 '이야기'를 만들면 입학사정관들의 주목을 끌 수 있습니다. 예를 들어 경희대 영어학부에 합격한 U양의 경우, 특별한 수상경력이 없고 비교과 영역도 화려하지 않았지만 '영어방송 아나운서'라는 장래희망을 중심으로 소소한 경험들을 하나의 이야기로 엮어 합격하였습니다.

② 잠재력과 발전가능성이 있는 학생

예를 들어 1학년 때 내신 성적이 5등급이었지만 꾸준히 공부하여 2학년 때 3등급 그리고 3학년 때 1등급으로 성적향상이 된 학생일 경우, 대학에 진학하여 향후 성장가능성이 높다고 평가되어 좋은 점수를 받을 수 있습니다.

③ 지원학과와 일관성이 있는 학생

'장래희망, 특기, 창의적 체험활동, 봉사, 수상, 대외활동'의 내용이 지원학과와 일관성이 있어야 합니다. 생활기록부 내용과 지원하는 학과가 일관되지 않다면 그 학생은 학과에 관심이 없다고 생각되어 좋은 점수를 받을 수 없습니다. 따라서 자신의 관심 분야나 진로에 비춰 필요하다고 생각하는 '나만의 찰떡궁합활동'을 선택해 집중하는 것이 좋습니다. 예를 들어 영어에 관심과 소질이 있는 경우에는 이를 중심으로 한 영어자격시험도전이나 사이버 외교단 반크(VANK)활동, 영어통역봉사 등 외국어와 관련된 경험을 쌓는 것이 필요합니다.

④ 잠재력을 증명할 수 있는 증빙자료를 체계적으로 준비한 학생

"그동안 꼼꼼하게 모아왔던 활동사진과 기록들이 큰 힘이 되었다."라고 연세대에 합격한 학생이 밝힌 것처럼, 1학년부터 해 왔던 봉사, 창의적 체험활동의 사진을 찍고, 대외활동의 과정에서 무엇을 느끼고 배웠는지 에듀팟(www.edupot.go.kr)에 정리해 놓고 그 증빙자료를 파일에 보관하는 것이 중요합니다. 또한 단순한 여행이더라도 여행지의 문화 유적지, 또는 관심분야 박물관 등을 방문해 사진, 감상문 등의 기록물을 남겨둔다면 자기소개서 등에 유용한 자료로 첨부할 수 있습니다. 예를 들어 B군의 경우 평소 인터넷과 책을 찾아 읽으면서 궁금했던 내용을 스크랩한 과학스크랩북 2권을 제출했고, 이것이 그를 차별화시킨 자료가 되었습니다. A교수(입학사정관)는 "점수를 따기 위해 공부한 것이 아니라 자신이 즐기면서 공부했고, 또 그 노력의 히스토리(역사)까지 엿볼 수 있는 확실한 증거물이었다."고 밝히기도 하였습니다.

소로 활용하면서 사교육을 오히려 부추긴다는 문제점이 제기되었기 때문입니다. 이에 대교협은 학생부종합전형에서 토플, 토익 등의 공인어학시험 성적이나 올림피아드 등의 입상성적을 지원 자격으로 제한하거나 주요 전형 요소로 반영하는 것을 금지하도록 하는 학생부종합전형 운영 공통 기준을 발표하였습니다.

학생부종합전형 운영 공통 기준(대학교육협의회 자료 참고)

연번	학생부종합전형 취지에 부합하지 않는 지원 자격 예시
1	토익, 토플, 텝스, JLPT, HSK 등 공인어학시험의 성적으로 지원 자격 제한
2	특목고 졸업(예정)자 또는 해외 고교 졸업(예정)자로 지원 자격 제한
3	수학·물리·과학 등 교과 관련 올림피아드 입상 성적으로 지원 자격 제한
4	논술대회, 음악 콩쿠르, 미술대회 등 교외 입상 성적으로 지원 자격 제한
5	일반 고교에 개설되기 어려운 전문교과 이수 또는 이수단위로 지원 자격 제한
6	해당 대학이 개설한 교과 관련 특별 교육프로그램 이수로 지원 자격 제한
7	자기소개서 및 증빙서류 등을 반드시 영어로 기술하게 하는 경우
8	해외 봉사실적 등 사교육기관 의존 가능성이 높은 체험활동을 반영하는 경우
9	구술 영어 면접 등을 주요 전형요소로 반영하는 경우

이러한 것은 현재 주요 대학의 전형 평가요소를 통해 확인할 수 있는데 대학에 따라 기존 학생부종합전형의 지원 자격 및 전형 요소가 대교협의 '학생부종합전형 운영 공통기준'과 맞지 않는 경우 특별전형으로 전환하는 등 각 대학의 학생부종합전형 종류 및 지원 자격, 전형 방법에 변화가 나타나고 있습니다.

예를 들어 자연계 학생의 경우 교내 과학 동아리 활동, 교내 발명왕 대회 수상 실적, 학생부의 수학·과학 교과 성적, 관심 분야와 관련된 봉사 활동이나 체험활동, 과학 분야의 독서활동 등 사교육 없이도 가능한 활동들이 주요 평가 요소로 반영되고 있습니다.

실질적 학생부종합전형인 특별전형

그런데 여기서 정말 주의할 점은 위에서 언급한 '학생부종합전형 취지에 부합하지 않는 지원 자격'은 말 그대로 순수한 학생부종합전형에서 되도록 쓰지 않는다는 의미이고, 실질적 학생부종합전형인 특별전형에서는 여전히 사용되고 있는 자격 기준입니다. 따라서 올림피아드 대회 등 교외 대회에 나갈 기회가 주어지는데도 굳이 응시하지 않는 것은 옳지 않습니다. 왜냐하면 특별전형은 그 특성상 학생부종합전형에 비해 경쟁률이 낮은 경우가 많기 때문입니다. 공인어학시험이나 공공기관에서 선발된 해외봉사도 마찬가지입니다. 할 수 있는 기회가 주어지는데도 도움이 안 된다고 착각해서 일부러 거부할 필요는 없습니다. 가끔 이러한 교외수상이나 활동은 생활기록부에 기재되지도 않고 대학에서도 전형자료로 사용하지 않는다고 하니 필요없다고 생각하는 학부모나 학생들을 많이 보게 되는데, 이는 매우 큰 오산입니다.

각 대학에서는 교외 수상이 많거나 교외 활동을 충실히 했음에도 불구하고 학생부종합전형에 불합격한 사례를 종종 언급하고는 하는데, 이를 가지고 교외 활동 자체가 의미가 없는 것이라고 착각해서는 안 됩니다. 사실 교내 활동만 있는 학생보다 전공과 관련한 교외 활동도 성실히 한 학생이 특별전형 뿐만 아니라 학생부종합전형에서도 당연히 유리한 것이 사실입니다. 다만 대학에서 이런 사례의 학생을 언급하는 이유는 학교생활에 충실하지 않은 채 교외 수상만 많거나 전공 관련성이 없는 대회에 참가하는 것은 목표의식이 부족하다고 판단되어 불합격할 수도 있다는 것을 알리기 위한 것이지, 교외 수상이나 활동 자체가 의미가 없다는 말을 하려는 것이 아님에 유의해야 합니다.

서두에서 밝혔듯이 현재 각 대학들의 특별전형은 실제로 학생부종합전형과 거의 비슷하게 선발하기 때문에 사실상 학생부종합전형의 범주에 포함된다고 할 수 있습니다. 따라서 교내 활동과 더불어 전공 관련 교외 활동을 성실히 한 학생들은 이를 반영하는 특별전형에 지원하거나, 제출을 인정하는 대학의 학생부종합전형에 지원하면 되는 것입니다. 교내 활동과 더불어 교외 활동을 잘 활용한다면 오히려 선택의 폭이 넓어지게 됩니다.

현재 학생부에 교외상 수상 실적을 기록할 수 없게 되면서 교내상 수상 실적이 상대적으로 중요하게 된 것은 사실입니다. 하지만 이때의 수상실적도 수험생 본인의 자발적 노력 과정이 포함되지 않거나 지원하고자 하는 전공과 관계없는 것은 의미가 없으므로 주의해야 합니다.

한편 대학에 따라 제출서류로 활동기록보고서를 제출하라고 하는 곳이 있는데 이 경우 3~5개 정도의 활동을 작성할 수 있습니다.(분량제한 있음) 이 때 자신의 진로목표와 관련된 기록물, 예를 들면 꾸준히 작성한 과학 실험 일지, 수학·과학 오답노트, 관련 논문 등 자신의 재능과 소질을 꾸준히 키워왔다는 과정을 보일 수 있는 결과물을 제시하면 좋은 평가를 받을 수 있습니다. 이 경우 관련내용이 학생부에도 서술되어 있으면 입학사정관의 신뢰를 얻을 수 있으니 담임선생님과 상담할 때 본인이 진로를 위해 어떻게 노력하고 있는지에 대해 미리 알리는 것이 좋습니다.

결국 학생부종합전형이라고 해서 다 같은 것이 아니며 실질적 학생부종합전형인 특별전형을 포함해서 자신에게 유리한 전형을 찾아야만 합격할 수 있음에 유의해야 합니다. 해마다 대학별로 전형방식이 다르나 큰 틀은 다음과 같이 나눌 수 있기 때문에 다음에서 자신에게 유리한 전형을 찾아 미리 준비하는 것이 필요합니다. 이 책에서 소개하는 다음의 열두 가지 유형은 크게 보아 모두 학생부종합전형(입학사정관제)이라고 볼 수 있는 전형입니다. 여기에는 학생부종합전형 방식으로 선발하는 특별전형도 포함되어 있습니다.

1 학생부교과전형

1) 특징

학업능력이 우수하고 학생부 교과 성적이 뛰어난 학생들에게 적합한 전형입니다. 특히 모집단위와 관련된 교과의 성적이 탁월하거나 성적이 꾸준히 상승하고 있는 학생에게 유리한 전형입니다.

2) 지원 시 주의할 점

(1) 명칭만 보고 속단하지 말 것

학생부교과전형이라고 하면 자칫 내신 100% 전형으로 오해하기 쉽습니다. 그러나 교육부 방침이 전형요소 중 주가 되는 요소를 명칭으로 쓰도록 했기 때문에 그렇지 실제 주요 상위권 대학의 대부분에서 순수한 교과 성적 100% 전형은 거의 없다고 할 수 있습니다.

예를 들어 학생부 교과 60%+서류 40%로 학생을 선발한다면 이 경우 교과 성적이 전형의 주가 되기 때문에 학생부종합전형이 아니라 학생부교과전형으로 분류되는 것입니다. 교과 70%+논술 30%의 경우도 실제로는 논술성적이 당락을 좌우하게 해 놓았음에도 불구하고 논술 위주 전형이 아니라 학생부교과전형으로 분류되는 것입니다.

즉, 교과 성적 반영 비율이 서류나 논술, 실기, 심층면접 등 다른 전형요소 반영 비율보다 크면 모두 학생부 교과전형에 포함되는 것입니다. 따라서 학생부 교과중심 전형일지라도 내신 성적 반영비율, 학생부 반영교과, 최저 학력 기준 제시 여부, 타 전형요소(논술, 심층면접 등) 유무 등을 반드시 확인해야 합니다. 학생부는 교과 외에도 비교과를 포함하는 말이기 때문에 비록 전형명칭은 학생부교과전형일지라도 실질적으로 논술이나 학생부종합전형으로 준비해야 하는 전형이 상당수 존재하기 때문입니다.

그 이유는 학생부 교과 전형은 지원하는 학생들이 제한적이며 등록률 또한 높지 않고 고등학교의 수준차가 존재하는 반면, 학생부 종합 전형(입학사정관제)은 학생부 교과와 비교과 · 자기소개서 · 추천서 · 심층 면접 등 다양한 방법으로 우수한 학생을 선발할 수 있으며, 합격생들이 학교와 학과에 대한 애정 · 높은 학업 성취도와 더불어 취업성공률도 높기 때문입니다.

이처럼 학생부 종합전형(입학사정관제)은 대학이 무척 선호하는 전형이기 때문에 실제 주요 대학의 경우 겉으로는 교육부의 권고대로 학생부를 과반수 이상 반영하는 학생부 교과전형을 많이 내세웠을지라도 실제로는 서류와 면접이 당락을 결정하는 학생부 종합전형인 경우도 많다는 점에 유의해야 합니다.

한편 학생부 교과 전형은 학교 간 수준편차 때문에 대부분 수능최저학력기준을 함께 적용하는데 2015학년도부터는 백분위 사용이 금지되고 등급만 사용하고 있습니다. 백분위 적용의 경우 한 과목 점수가 낮더라도 다른 과목 점수가 높으면 평균값으로 평가하지만, 등급은 한 두문제만 틀려도 당락이 달라질 수 있기 때문에 등급 경계선에 있는 수험생은 되도록 취약과목이 없도록 준비를 해야 할 것입니다.

(2) 외형상 학생부 반영비율에 속지 말 것

이 전형에서는 학생부 내신등급* 실질 반영비율을 잘 살펴보아야 합니다. 실제로 대학이 발표한 전형별 반영비율을 보면 우리를 현혹시키는 경우가 많습니다.

* 내신등급이 무엇인가요?
내신등급이란 백분위 점수를 가지고, 전체 수험생을 9등급으로 나누어 개별 수험생이 속해 있는 해당 등급을 표시한 점수체제입니다. 전체 응시생의 상위 4%까지를 1등급으로, 1등급을 제외한 전체 응시생의 상위 11%까지를 2등급으로 하여 순차적으로 9등급까지의 등급을 부여하며 등급별 비율은 다음과 같습니다.
예) 1등급: 4%/ 2등급: 11%/ 3등급: 23%/ 4등급: 40%/ 5등급: 60% /6등급: 77%/ 7등급: 89%/ 8등급: 96%/ 9등급: 100%
단, 각 등급 간 경계점에 속한 동점자는 상위 등급으로 기재합니다.

예를 들어, 수시 1차 모집에서 총점 1,000점을 기준으로 내신반영비율이 90%, 서류비율이 10%인 학생부교과전형은 한눈에 보기에 내신 성적만 좋으면 합격할 확률이 높은 것 같지만 따져보면 그렇지 않은 경우가 있습니다. 이는 외형상 똑같은 학생부성적을 갖고 있더라도 실질반영비율에 따라 크게 차이가 나는 경우가 많기 때문에 각 영역의 내신 실질반영비율**을 계산하여 지원전략을 세워야 한다는 뜻입니다.

아래 표를 기준으로 하여 A대학의 학생부교과전형에 지원한 내신 1등급 학생이 받는 점수가 900점이라면 내신 9등급 학생은 0점이 아니라 기본점수인 890점을 받게 됩니다.

A대학의 학생부교과전형 학생부 실질반영 비율 계산

전형	총점	반영비율			실질반영비율
		내신	서류	내신기본점수	
학생부 중심전형	1,000점	90%(900점)	10%(100점)	890점	1%(총점기준)

** 학생부 최고점과 최저점(기본점수)의 차이를 전형 총점으로 나누어 백분율로 나타낸 비율

이런 경우 결국 내신 1등급과 내신 9등급의 차이는 1,000점 만점에서 10점밖에 되지 않기 때문에 실질 반영비율은 90%가 아니라 1%에 불과한 것입니다. 그나마 이 경우도 가장 많이 차이가 났을 때를 산정한 것일 뿐 내신 1등급과 9등급이 경쟁하는 경우는 사실상 없다고 할 수 있기 때문에 실제 차이는 더 적다고 볼 수 있습니다.

즉, 이런 실질반영 비율을 가지고 있는 대학의 경우에는 내신 성적이 무조건 1등급 초반이어야 합격하는 것이 아니라 5~6등급(전공 관련 과목 기준)의 학생도 서류준비를 잘하면 충분히 합격이 가능하다는 뜻이 됩니다. 쉽게 말해 위 표의 전형은 아무런 특징이 없는 1등보다는 장점이 뚜렷한 10등을 선발할 수 있는 전형이라고 할 수 있습니다.

만약 내신 실질 반영비율이 높은 대학이라면 상당히 높은 점수(서울소재 최상위권 대학 기준 내신 1.0~1.5이내)에서 거의 1차 합격자가 정해지기 때문에 비교과 서류가 우수한 학생이라 할지라도 내신 성적이 낮은 학생들은 절대 지원해서는 안 됩니다.

하지만 수시모집에서 학생이나 학부모 모두 내신 90% 반영이라는 숫자에만 현혹이 되는 경우가 많습니다. 이런 실질반영을 가지고 있는 전형의 경우 겉으로 보기에 10%에 불과한 서류가 당락을 결정하게 되기 때문에 내신 성적이 극히 좋은 학생이라도 실질적으로는 서류준비에 만전을 기해야 하는 것입니다.

사실 일부 대학이 내신에서 이렇게 기본점수를 많이 주는 이유는 현재의 학생부 9등급제가 학교 간 학력 차를 반영하지 못한다고 생각하기 때문입니다. 대학의 입장에서는 우수한 수험생이 많은 학교일수록 학생부가 불리하게 작용한다고 생각합니다.

실제로 A외국어고등학교(특목고) 내신 6등급 학생이 B고등학교(일반고) 내신 1등급 학생보다 수능 성적이 우수한 경우도 많이 있기 때문에 대학에서는 이 같은 학교 간의 학력 차를 반영하기 위해 등급 간 점수 차도 최소화하고 기본 점수를 많이 부여하여 내신의 실질반영비율을 축소하곤 합니다. 따라서 수시 지원을 하기 전에 해당 대학 홈페이지를 방문해서 대학별 내신 실질반영비율을 반드시 확인해야 합니다.

이처럼 학생부교과전형에서 가장 중요하게 봐야 할 부분이 바로 내신의 실질반영비율이며, 다음으로 반영교과목, 학년별 반영비율*과 교과 성적 산출지표 등입니다. 또한 반영교과에 속한 과목이 전 과목인가 상위 일부 과목인가(주로 지방대)에 따라 성적이 다르게 산출되기 때문에 반드시 꼼꼼하게 살펴봐야 합니다.

*** 성적 반영비율이 학년별로 다를 수 있나요?**
학년별 반영비율이란 학생부 성적산출 과정에서 고등학교 1, 2, 3학년 성적을 어떤 비율로 반영하느냐를 나타내는 것을 말합니다. 예를 들어 학년별 반영비율이 20:30:50의 경우 3학년 때 성적을 가장 많이(50%) 반영한다는 뜻이므로 1학년 때 성적이 다소 낮다가 점점 성적이 상승한 경우의 학생이 지원하기에 유리합니다. 대부분 1, 2, 3학년 성적을 모두 반영하는 대학이 많지만 대학에 따라 학년 구분 없이 반영하거나 특정 학년의 성적만을 반영할 수도 있습니다. 일반적으로 수시모집의 경우, 3학년 1학기까지의 성적만을 반영합니다.

예를 들어 A대학교가 전 과목이 아닌 반영교과별 상위 3과목을 반영한다고 가정하고, B라는 학생이 국어교과에 해당하는 과목의 점수를 아래 표와 같이 받았다고 가정해 보겠습니다.

B학생	1-1학기	1-2학기	2-1학기	2-2학기	3-1학기
국어	5등급	4등급			
문학			**1등급**	**2등급**	
화법과 작문					**1등급**

수시모집에서는 3학년 1학기 내신까지만 반영하는데 반영교과별 상위 3과목만 반영한다고 했으므로 B학생은 국어교과목에서 가장 잘한 성적 3개만 선택하고 나머지는 버리면 되는 것입니다. 결국 A학생의 국어교과 내신 성적은 A대학교에서만큼은 1.33등급으로 수직상승하게 되는 것입니다. 이처럼 전 과목이 아닌 몇 개의 과목으로만 성적을 반영하는 대학은 실제 계산했을 때 내신 등급의 엄청난 차이를 가져오기 때문에 미리 알고 준비를 해야 합니다.

(3) 전 과목 내신을 골고루 관리해야 보다 많은 대학에 지원이 가능

학생부교과전형에 지원을 희망하는 인문계 학생의 경우 국어, 영어, 수학, 사회과목만 잘하면 되고 자연계 학생의 경우 국어, 영어, 수학, 과학과목만 잘하면 된다는 인식에 사로잡히는 경우가 많습니다. 그래서 2학년 때부터 계열이 확실히 결정되면 다른 과목을 아예 포기하고 특정 과목에만 집중하는 것이 효율적인 내신 관리법이라고 착각하는데, 이는 절대로 올바른 생각이 아닙니다.

알다시피 모두 열심히 노력하는 과목에서는 경쟁이 매우 치열해서 내신 등급을 잘 받기가 어렵기 때문에 이렇게 전략을 짰을 때 오히려 최악의 상황(사회나 과학 과목 모두 낮은 등급)에 직면하게 되는 경우가 오히려 비일비재합니다. 사실 이를 역으로 생각하면 자연계열에서는 사회과목이, 인문계열에서는 과학과목이 좀 더 유리한 내신 성적을 받을 확률이 훨씬 높다고 할 수 있기 때문에 다른 학생들이 등한시하는 과목에 조금 더 투자해서 좋은 등급을 받아 두는 것이 나중을 위한 올바른 전략이 되는 것입니다. 고3이 되면 성적에 맞추느라 계열을 바꿔서 진학하게 되는 경우도 많이 발생하기 때문입니다.

또한 외국어교과 성적 대신 제2외국어 성적으로 반영하거나 사회교과에 기술·가정이나 정보사회와 컴퓨터와 같은 과목을 포함시키는 대학도 있기 때문에 반영과목도 잘

살펴볼 필요가 있습니다. 요컨대 내신은 전 과목이 고루 관리되어야만 나중에 보다 많은 대학의 수시 전형에 지원할 수 있는 기회를 얻을 수 있다는 사실을 명심해야 합니다.

더구나 전문대학의 경우 수시모집에서 1학기 또는 한 학년의 내신만 반영하는 경우가 대부분이기 때문에 1학년 때 내신 성적이 좋지 않다고 본인 스스로 미리 내신을 포기하는 실수를 해서는 안 됩니다. 한 학년 혹은 한 학기의 내신만 잘 관리해도 전문대학의 좋은 학과에 진학할 수 있기 때문입니다.

이처럼 대학마다 학생부 반영 방법이 다르고 더구나 매년 달라지기 때문에, 학생부 성적을 기준으로 지원 가능한 대학이나 학과를 찾는 것은 쉬운 일이 아닙니다. 따라서 혼자 섣불리 판단하지 말고 고3 담임선생님과 대학별 내신산출 프로그램을 통해 따져보는 것이 좋습니다.

즉, 수시에서 학생부 성적은 학생부 반영 비율, 반영 교과, 반영 방법 등에 따라 대학 간 유·불리가 현격히 달라질 수 있기 때문에 담임선생님과의 상담을 통해 교과와 비교과의 실질반영비율과 등급 간 점수 등을 살펴보고, 대학별 환산 점수를 산출하여, 지원 가능 대학들 사이의 비교를 통해 가장 합리적인 최적의 선택을 해야 합니다. 이처럼 학생부교과전형은 대학별로 학생부 교과 반영방법이 다르기 때문에 자신에게 유리한 대학을 찾는 것이 합격의 관건이 됩니다.

합격에 한 걸음

따뜻한 리더십의 '히든 챔피언'을 위한 학생부종합전형

권오현 서울대학교 입학본부장(독어교육과 교수)

우리 사회에서 인물을 보는 눈이 많이 바뀌고 있습니다. 이전에는 어떤 분야에 뛰어난 능력을 갖춘 '대가'가 존경을 받았다면 지금은 그 능력을 사회적 맥락에 맞게 실행할 역량을 갖춘 '인재'를 더욱 높이 평가하는 시대입니다. 이러한 '인재'가 되기 위해서는 단순히 지적능력을 소유하는 데서 한 걸음 더 나아가 열정·자기주도 학습능력·신중함과 같은 내적 근력을 기르고, 구성원들과 공동의 가치를 실현할 공공 리더십을 골고루 갖추지 않으면 안 됩니다.

대학이 이러한 인재를 발굴해 교육시키려면 학생이 지닌 지적능력만을 확인하는 평가로는 부족합니다. 즉 다양한 역량을 균형 있게 아우른 상태임을 확인할 수 있는 새로운 평가방식이 필요한데, 오늘날 학생부종합전형이 그 해답을 제공한다고 볼 수 있습니다. 학생부종합전형은 내신이나 수능처럼 점수를 단순히 합산하는 방식으로는 평가할 수 없던, 지원자의 학업 역량과 태도, 인성과 성장가능성을 함께 진단하면서 우리 사회에 맞는 인재를 선발하려고 노력하는데 부합하는 전형입니다.

우리 사회에 학생부종합전형의 정성적 평가 체제가 어느 정도 자리 잡음에 따라 소위 '히든 챔피언' 형 인재가 대학에 들어올 가능성도 커지고 있습니다. '히든 챔피언' 형 인재란 뛰어난 잠재력을 지녔으나 환경 조건으로 인해 성취도가 낮은 학생을 말합니다. 이런 학생들은 대개 내적 근력을 잘 갖추고 있어서 세월이 가면 갈수록 참 모습을 드러내는 회복탄력성이 큰 인물이라 할 수 있습니다.

대입전형에서 균형주의 관점은 이런 잠재력이 큰 학생들을 발굴해 학업의 기회를 부여하는 데 적극적인 관점을 말합니다. 이러한 균형주의 관점은 일정한 점수 척도에 따라 기계적으로 합격자를 선발하기보다는 공공의 목적에 의거하여 기회를 적절히 안배하는 차원에서 합격 여부를 판정하고 있습니다. 예를 들어 서울대의 지역균형선발전형과 기회균형선발특별전형은 균형주의 관점에서 입시의 사회적 기능에 초점을 맞춘 방향으로서 지원자의 환경 조건을 비롯해 대입전형이 공동체에 주는 영향과 반응을 중요하게 여기고 있습니다.

결국 이러한 과정을 통해 서울대가 선발하고 싶은 학생은 어떤 학교를 다니든 교실 수업과 교내 활동에 충실히 참여하면서 우수한 학업 능력과 바른 소양을 차근차근 쌓아 온 히든 챔피언들입니다. 더불어 이러한 인재들이 자기 주도적으로 탐구하는 학업태도와 사회구성원에 대한 배려심을 지니고 있다면 지역과 자신이 처한 환경적 불리함을 떠나 원하는 대학에서 공부할 기회를 더 많이 가질 수 있을 것입니다.

정의론의 측면에서 보면, 히든 챔피언의 선발은 마이클 샌들이 주장하는 선(善)과 관계있는 정의의 원칙(선에 대한 중립적 입장에서 벗어나 사회 정의를 먼저 논의해야 한다는 공동체주의 원칙)을 따릅니다. 특히 우리나라는 대학교육이 사회적 지위 이동과 깊은 연관을 맺기에, 환경적 혹은 지역적으로 불리한 조건에 놓인 집단에게 대학교육의 기회를 제공하는 균형주의 관점의 전형은 사회 공생발전을 이루는 하나의 축으로서 늘 국민들의 애정과 감시의 대상이 되어 온 것도 사실입니다.

그러나 앞으로는 대학이 균형주의 관점의 전형을 운영함에 있어서 지역과 계층에 따른 정책적 안배보다는 성장잠재력이 큰 히든 챔피언을 찾아 인재로 키우려 하는 교육적 비전을 전면에 내세울 필요가 있습니다. 다시 말하면 그들을 단순히 배려대상자로 보아 선발하는 것이 아니라 그들이야말로 인재로 성장하는 데 필요한 독특한 경험과 주목할 만한 역량을 갖춘 초빙 대상자라는 인식을 갖는 게 바람직하다는 것입니다.

미래 한국이 찾는 인재는 해당 분야의 전문성뿐 아니라 우리 사회가 요구하는 가치관을 실현할 수 있는 따뜻한 리더십으로 무장한 사람입니다. 그런데 그러한 사람은 환경적 어려움을 이겨내며 다양한 경험을 성장 동력으로 내면화하고 있는 청소년들에게서 만들어질 가능성이 큽니다. 국가 인재 양성의 싱크탱크 역할을 수행해야 하는 대학이 학생의 선발과 교육에서 보다 개방적 자세로 학교와 사회와 협력하며 각 분야의 히든 챔피언을 발굴하고 육성한다면, 대학입시와 국민들 사이의 심리적 거리는 훨씬 가까워질 것이라 생각합니다.

★ 전형 소개

전형 유형	학생부교과전형(인하대학교 사회과학부)
고사 종류	학생부 + 면접
전형요소 및 반영비율	1단계: 교과 100%(3배수 이내) 2단계: 1단계 성적 70% + 면접 30%
학생부 반영방법	국어, 영어, 수학, 사회
최저학력기준	없음

※ 대입제도의 특성상 고정된 전형이 아니며 하나의 사례에 해당합니다.

★ 지원자의 주요 이력

내신성적	전과목 1.34등급
수능성적	국어(3등급), 수학(4등급), 영어(2등급), 사탐(2, 3등급)
수상실적	교과우수상, 교내토론대회(최우수), 화성시 토론대회(우수), 교내 영어맞춤인증제(1등급), 한국사능력검정시험, 교내 모범상 · 봉사상 · 선행상, 경기도교육감상 수상
봉사 활동	총 80시간 (교내영어카페도우미, 경로잔치 도우미, 동사무소 서류정리, 바자회 참여, 공원 환경정화활동 참여)

★ 합격 비법

이 학생은 내신 성적이 1등급 초반대로 매우 우수하였고, 평상시 토론대회 참여 등을 통해 사회 문제 해결 방법을 배우기 위해 노력하였으며, 한국사능력검정시험에도 응시하는 등 전공과 관련한 준비를 철저히 한 것이 눈에 띕니다. 또한 교내 영어카페 도우미 역할을 자청하여 원어민 교사와의 시간을 많이 가지면서, 자신의 영어회화능력 신장을 위해 열심히 노력한 점도 높게 평가되었습니다.

학생부우수자전형은 보통 학생부 100%로 단계별로 선발하기 때문에 내신 관리를 잘한 학생에게 유리한 전형입니다. 2단계에서는 비교과를 위주로 한 서류 전형이나 면접이 포함되므로 지원한 학과와 관련한 활동을 많이 해두면 합격 가능성이 그만큼 높아지기 때문에 고1 때부터 미리 관심을 가지고 꾸준히 준비하는 것이 바람직합니다.

★ 합격 수기

제가 합격한 전형은 1차에서 학생부 100%로 3배수를 선발하고, 2차에서는 학생부 70%와 면접30%로 최종 선발하는 전형으로 학생부 성적이 매우 중요한 전형입니다. 학생부 성적이 비교적 좋은 대신 수능 점수가 약한 저는 애초에 학생부교과 전형에 제 모든 것을 쏟아붓기로 마음을 먹고 관련 활동을 준비해 왔습니다.

1차 합격자 발표 후 2차 면접 심사에서는 비교과 내용을 서류로 만들어 답변을 준비했는데, 여기에는 수상 경력, 임원활동 경력, 자격증 등 다양한 영역에 대한 질문을 예상하고 꼼꼼하게 준비했습니다. 모든 활동실적이 중요하지만 특히 지원한 전공과 관련이 깊을수록 더욱 좋은 점수를 받을 수 있다는 얘기를 들었기 때문에 특히 여기에 중점을 두고 대답하기 위해 노력하였습니다. 영어카페 도우미는 부족한 영어실력을 쌓는 데 큰 도움이 되었으며, 토론대회는 상대방과 보다 심도 있게 의견을 교류할 수 있는 방법을 터득하게 된 근거로 강조하였습니다. 또한 한국사 능력 검정시험은 자국의 역사에 대한 바른 인지를 할 수 있는 계기가 되었다고 강조하였는데 이것이 입학사정관들에게 좋은 인상을 준 것 같습니다.

한편 저는 대학진학이 다 결정된 고3 겨울 방학에 모의 유엔활동에 참가하게 되었습니다. 친구들은 '이미 대학교가 결정되었는데 뭐하러 나가느냐'는 식으로 말하였지만, 제가 후회한 점이 있다면 오히려 '왜 좀 더 빨리 이런 경험을 해보지 못했는가' 하는 아쉬움입니다. 모의유엔에서는 참가자들과 하루 종일 마주보며 의견을 교환하고 조율해 나가면서 저보다 나이가 어린 친구들의 해박한 지식과 훌륭한 언변을 마주하고 오히려 저의 부족함에 대한 부끄러움을 느끼게 된 좋은 기회였기 때문입니다. 고등학교 시절에는 입시공부도 중요하지만 무엇보다도 장래에 자신이 하고 싶은 일에 관련된 대회 1~2개쯤은 참가해보는 것이 학생부종합전형은 물론이고 자신의 발전을 위해 좋은 일이라고 생각합니다. 후배님들께서도 일찍 진로를 정하고 그에 맞는 일을 찾아서 하시기 바랍니다.

★ 총정리

① 학생부 성적이 비교적 좋은 대신 수능 점수가 약하기 때문에 애초에 학생부교과전형 준비 매진하기로 마음을 먹고 1학년 때부터 내신 관리에 들어감.

② 1차 합격자 발표 후 2차 면접 심사를 대비하기 위해 비교과 내용을 서류로 만들어 답변을 준비하였는데 영어카페 도우미는 부족한 영어실력을 쌓는 데 큰 도움이 되었으며, 토론대회는 상대방과 보다 심도 있게 의견을 교류할 수 있는 방법을 터득하게 된 근거로 강조함. 또한 한국사 능력 검정시험은 자국의 역사에 대한 바른 인지를 할 수 있는 계기가 되었다고 강조함으로써 입학사정관들에게 좋은 인상을 줌.

③ 후배들에게 당부하는 말

고등학교 시절에는 입시 공부도 중요하지만 무엇보다도 장래에 자신이 하고 싶은 일에 관련된 대회 1~2개쯤은 참가해보는 것이 학생부종합전형은 물론이고 자신의 발전을 위해 좋은 일이라고 생각함. 학생부종합전형은 일찍 진로를 정하고 그에 맞는 일을 찾아서 하는 것이 중요하다고 봄.

2 독자적 기준 특별전형(추천자)

1) 특징

추천자 전형은 학교장이나 교사, 교육감, 지방자치단체장 등의 추천을 받은 학생을 대상으로 한 전형입니다. 독자적 기준 특별전형은 대학마다 전형의 유형이나 지원 자격 등이 다르므로 모집요강 내용을 자세히 확인해 보아야 합니다.(추천자 유형에 따른 분류: 학교장, 지방자치단체장, 교육감, 자기추천 등)

추천자 전형에서는 자기소개서 및 특기사항을 입증할 수 있는 증빙서류 등의 서류 평가 비중이 높으며, 교사 추천서 등도 평가에서 매우 중요하게 반영됩니다. 대부분의 대학들이 교사 추천서는 온라인으로 주어진 기간 내에 교사가 직접 입력하도록 하고 있으며, 붙여넣기의 기능을 차단하고 있는 대학도 있으므로 추천인과 서류 입력 등의 절차와 내용에 관해 충분히 의논을 해야 합니다. 따라서 추천을 부탁하기 전에 미리 관련 서류나 증빙 자료의 목록을 정리해 두는 것이 필요합니다.

추천자 전형은 다른 전형과 비교하여 상대적으로 모집인원이 많으며, 모집단위에도 제한이 없는 편입니다. 또한 서류 평가나 면접의 비중이 크므로 원칙적으로는 학생부 성적이 다소 낮더라도 다양한 특기 활동을 지니고 있는 학생에게 적합하다고 할 수 있습니다.

2) 지원 시 주의할 점

학생부 성적만으로 선발하는 대학도 있지만 일반적으로 서울 지역 주요 대학의 독자적 기준 특별전형에서는 학생부와 면접, 서류 평가가 당락을 좌우합니다. 따라서 이들 요소들에 대한 준비를 체계적으로 해 두는 것이 필요합니다. 또한 이 전형은 대부분의 수시일반전형과 동일하게 수능최저학력기준을 적용하는 대학도 많으므로 수능 준비에도 최선을 다해야 합니다.

한편 KAIST, 서울대학교, 고려대학교의 경우처럼 학교별 추천인원을 제한하고 있는 전형의 경우는 일단 학교에서 대상자로 선발되어야 하므로 학생부의 영향력이 가장 클 수밖에 없습니다. 이러한 전형은 그 특성상 다른 전형에 비해 경쟁률이 상대적으로 낮으므로 전년도의 결과를 참고하여 1단계 통과 가능성 여부를 신중하게 따져보고 전략적으로 추천학생을 정해야 합격가능성이 높습니다.

★ 전형소개

전형 유형	학교장추천전형(카이스트 무학과) ※ 무학과: 입학 후 1학년 말에 학과를 자유롭게 선택함
고사 종류	서류 및 면접
전형요소 및 반영비율	1단계 : 서류평가(2.5배수) 2단계 : 1단계 성적 70% + 면접 30%
학생부 반영방법	종합평가
최저학력기준	없음

※ 대입제도의 특성상 고정된 전형이 아니며 하나의 사례에 해당합니다.

★ 지원자의 주요 이력

내신성적	전과목 1.7등급(수학, 과학 1.1등급)
수상실적	교과우수상(10개), 논술능력평가(우수상)
봉사 활동	총 150시간(초등학생 무료 과외 봉사, 동아리 봉사)

★ 합격 비법

KAIST의 학교장 추천전형은 학교에서 추천 대상자로 선발한 학생을 심층면접을 통해 수학, 과학에 대한 학생의 관심과 잠재력을 평가하여 선발하는 전형입니다. 이 전형은 대학에서의 학업수준을 따라갈 정도의 학업능력을 갖추고 있는지를 살펴보는 것을 가장 우선으로 하고 있기 때문에 일차적으로 수학, 과학과목의 내신성적이 뛰어나야 하며, 우수한 모의고사 성적도 학생의 학업능력을 어필하는 데 큰 도움이 됩니다. 입학사정관의 면접은 사소하지만 예리한 질문이 주어지며, 2단계의 심층면접은 주로 수학, 과학과 연관된 창의성을 평가하는 질문들로 구성되므로 평소에 과학 관련 잡지나 도서를 많이 읽어 두는 것이 도움이 됩니다. 지원자의 전 과목 성적은 최상위권은 아니었지만 수학, 과학 성적과 모의고사 성적이 최상위권이었기 때문에 입학사정관들에게 좋은 평가를 받을 수 있었습니다.

★ 합격 수기

제가 카이스트에 합격할 수 있었던 가장 큰 이유는 바로 지원 동기에 있지 않나 생각합니다. 저는 다른 합격생들에 비해 소위 스펙도 부족하고 내신 성적이 뛰어난 것도 아니었기 때문에, 1학년 때부터 계속된 확실한 믿음이 있어 카이스트에 지원했다는 점을 자기소개서와 포트폴리오의 구체적인 사례를 통해 강조하였습니다.

자기소개서를 작성해보니 저의 열정을 증명할 수 있는 근거가 많이 필요하였는데, 저는 그 부분이 매우 부족하였기 때문에 모의고사 성적이 우수하다는 점으로 아주 조금이나마 부족함을 메우게 되었습니다. 여기서 제가 1, 2학년 학생들에게 당부하고 싶은 것이 바로 교내 수상 경력을 채우는 것입니다. 사실 수시 전형에서 수상 경력은 개개인의 능력을 내보이는 데 가장 좋은 증거자료가 됩니다. 따라서 1, 2학년 때부터 자신감을 가지고 전공과 관련한 여러 대회에 참가하는 것이 좋으며, 만약 상을 얻지 못하더라도 그런 경험 자체를 '에듀팟'에 기록하여 자신이 얻은 교훈이나 깨달음을 남겨두면 입학사정관들에게 크게 어필할 수 있을 것입니다.

자기소개서에 무조건 자신의 열정만을 얘기하는 것은 바람직하지 않습니다. 열정은 그 전형에 지원하는 수험생 모두의 공통분모일 것이고 입학사정관은 그것을 당연히 알고 있습니다. 즉 입학사정관이 원하는 것은 그 학생이 남들보다 뛰어나다는 것을 확인할 수 있는 증거이기 때문에, 자기소개서 문항을 작성할 때는 자신의 장점과 함께 열정을 드러낼 특정 경험을 근거로 제시해야 합니다.

저는 형편상 교외 활동에 집중할 형편이 못되었기 때문에 학교에서 제공해주는 프로그램에 열심히 참여하였습니다. 특히 2학년 때에 상동 사회종합복지관에서 초등학생 무료 과외 봉사를 몇 달 동안 지속적으로 하였던 것이 봉사성 부분에서 좋은 평가를 받을 수 있었던 것으로 보입니다. 저보다 더 어려운 학생들을 대상으로 한 봉사였기 때문입니다. 3학년 때는 '과학 토론반' 활동을 했는데 흔히 지나칠 수 있는 여러 과학적 사실을 바탕으로 토론한 내용을 포트폴리오로 작성하여 제출한 것 역시 큰 도움이 되었다고 생각합니다.

또 한 가지 후배들에게 당부하고 싶은 것은 다양한 독서활동입니다. 학교생활기록부의 독서 활동 상황을 남길 때, 자신이 이과라고 해서 과학 분야의 책만을 읽거나, 문과라고 해서 사회 관련 책만을 읽고 기록하는 것은 좋지 않습니다. 이과라고 해도 인문이나 예술분야의 책을 많이 읽으면 심사 시 그 학생이 다방면으로 지식을 가지고 있다는 것을 증명하게 됩니다. 저는 다방면의 책을 많이 읽어서 독서기록이 많은 편이었고, 입학사정관의 확인 질문 시 자세하게 답할 수 있어 좋은 평가를 받았던 것 같습니다.

1차 면접 전에는 자기소개서와 추천서, 포트폴리오(독서록, 과학토론반 활동, 창의력 올림피아드 경력), 학생생활기록부를 꼼꼼하게 읽어보며 관련된 예상 질문과 그에 대해 제시해야 할 답변을 생각해 보았습니다. 특히 제가 제출한 포트폴리오에 대한 사실 확인 질문이 나올 것 같아 하나하나 충분히 숙지하였습니다.

그렇게 시작된 1차 면접에서는 자기소개서에 대한 사실 확인 질문이 대부분이었고, 포트폴리오 활동의 준비과정 및 역할 등을 물어보셨습니다. 봉사 활동 부분에서도 복지관에서 가르쳤던 학생과의 관계를 물어보시는 등 진위여부를 확인할 수 있을 만한 질문들을 많이 하셨습니다. 또 과학 토론반 과제에 있던 과학적 지식에 대해서도 물어보셨고, 영어로 저의 인생 계획을 물어보시기도 하였습니다. 영어 질문은 전혀 예상하지 못했던 것이라 몹시 당황하여 대답을 잘하지 못한 것이 무척이나 신경 쓰였습니다. 그래서 사정관께서 마지막으로 자신이 준비한 답변이나 질문이 있는가를 물어보셨을 때 “죄송하지만 노래를 불러도 되겠습니까?”라고 다소 생뚱맞은 요구를 하였고, 결국 허락을 받아 평소에 자신 있던 노래를 부르게 되었고 덕분에 면접 분위기를 밝게 마무리를 지을 수 있었습니다.

1차 면접에서의 합격이라는 결과가 나온 후 2차 영어 면접에 대비해서 예상 질문 3가지에 대한 답변을 미리 준비해두었고, 뇌 관련 도서와 과학 동아 수개월 치를 학교 도서실에서 구하여 뇌와 인공지능 관련 글을 모두 읽어두었습니다. 그뿐 아니라 과거 카이스트 면접의 기출 문제들을 자세히 살펴보았습니다. 2차 면접까지는 시간이 별로 없었기 때문에 수학이나 과학 논술에서 가장 많이 나오는 주제들만 골라 읽었고, 1차 면접에서 합격한 지역 학생 5명이 모여 그룹토의를 연습하였습니다.

드디어 2차 면접 날이 되어 카이스트에 가니 학교에서 학생들을 6명씩 묶어서 조를 만들어 주었습니다. 그리고 6명이 함께 고사장에 들어가 하나의 문제를 놓고 그 문제에 대한 해결방안을 내는 형식으로 토의를 하였습니다. 그룹 토의가 끝나고 개인 면접에서는 1명씩 고사장에 들어가 3명의 교수님 앞에서 면접을 하였습니다. 가장 좋아하는 단어와 싫어하는 단어를 물어보시는 등 간단하면서도 대답하기 어려운 질문이 꽤 많았고, 물리 한 문제와 구두로 내주시는 수학 두 문제를 칠판에 나가서 풀기도 하였습니다.

불안했던 1차 면접에 비해 2차 면접은 준비를 많이 해서인지 꽤 수월한 편이라고 느껴졌습니다. 여기서 제 스스로 가장 잘했다고 느낀 것은, 긴장한 모습을 보이지 않고 시종일관 웃으면서 면접에 임했다는 점입니다. 그래서 결국 길게 느껴졌던 1, 2차 면접을 끝내고 최종합격의 영광을 안을 수 있었습니다.

저는 학생부종합전형에 대하여 아주 긍정적인 생각을 가지고 있습니다. 서류에 쓰여 있는 숫자만으로 학생의 자질을 평가하는 것이 아니라 학생을 직접 대면하여 학생의 인성, 열정, 가치관 등을 입학사정관이 직접 평가하여 뽑기 때문입니다. 자신의 전공에 대한 열정과 그에 걸맞은 노력을 조금씩 해나가고 있다면, 학생부종합전형에 지원하는 것에 대해 두려움을 가질 필요는 전혀 없다고 봅니다.

★ 총정리

① 자기소개서와 포트폴리오의 구체적인 사례를 통해 카이스트를 지원하게 된 동기가 1학년 때부터 계속된 확실한 믿음에 있다는 점을 강조함.

② 학교에서 제공해주는 프로그램에 열심히 참여하였으며, 특히 2학년 때에 상동 사회종합복지관에서 초등학생 무료 과외 봉사를 몇 달 동안 지속적으로 하였던 것이 봉사성 부분에서 좋은 평가를 받음.

③ 3학년 때는 '과학 토론반'활동을 하면서 흔히 지나칠 수 있는 여러 과학적 사실을 바탕으로 토론한 내용을 포트폴리오로 작성하여 제출함.

④ 1차 면접 전에는 자기소개서와 추천서, 포트폴리오, 학생생활기록부를 꼼꼼하게 읽어보며 관련된 예상 질문과 그에 대해 제시해야 할 답변을 충분히 숙지함.

⑤ 예상하지 못한 질문에 당황하기도 했지만 순간적인 기지로 극복함.

⑥ 2차 영어 면접에 대비해서 예상 질문 3가지에 대한 답변을 미리 준비해두었

고, 전공과 관련된 도서와 잡지를 구하여 해당 분야의 내용을 탐독함. 또한 과거 KAIST 면접 기출 문제를 살펴봄.

⑦ 1차 면접에서 합격한 지역 학생 5명을 모아 그룹토의를 연습함.

⑧ 후배들에게 당부하는 말

- 수시 전형에서 수상 경력은 개개인의 능력을 내보이는 데 가장 좋은 증거자료가 되기 때문에 1, 2학년 때부터 자신감을 가지고 전공과 관련한 여러 대회에 참가하는 것이 좋음.

- 상을 타지 못하더라도 그런 경험 자체를 에듀팟에 기록하여 자신이 얻은 교훈이나 깨달음을 남겨두는 것이 필요함.

- 자기소개서 문항을 작성할 때는 자신의 장점과 함께 열정을 드러낼 특정 경험을 근거로 제시하는 것이 좋으며, 다양한 분야의 독서활동이 중요함.

3 독자적 기준 특별전형(리더십)

1) 특징

리더십 전형은 대학마다 전형의 명칭이나 유형 등이 다르므로 전형요강을 주의 깊게 살펴보아야 합니다.

2) 지원 시 주의할 점

이 전형에서 유의해야 할 점은 리더십 전형으로 대학을 가기 위해서 반드시 전교(부)회장 혹은 학급(부)반장을 할 필요는 없다는 점입니다.* 실제로 학급 임원을 하는 것이 학생부종합전형에 도움이 된다는 소문이 퍼져 강남의 일부 학교에서는 반장 선거에서도 거창한 공약이나 선물 등이 오간다는 웃지 못할 기사를 본 적도 있습니다.

> *** 리더십 증명은 학생부 기록으로는 부족한가요?**
> 대학 관계자의 말을 빌리자면 자신이 만든 학습 사이트 관리자로서 저소득계층 학생들을 위해 애쓰는 등 탁월한 능력을 발휘한 경우나 학교나 지역사회의 발전을 위해 혁신적인 아이디어를 제시하여 변혁을 가져왔다면 이는 임원이 아니어도 리더로서의 자질을 충분히 발휘한 사례라고 할 수 있다는 것입니다.
> 즉 예전과는 달리 단순히 전교학생회장을 했다고 리더십을 당연히 인정하는 것이 아니라 실제적으로 회장으로서 어떤 리더십을 발휘했는지를 검증하는 추세로 바뀌고 있기 때문에 임원이 되었다면 리더십을 발휘한 각종 관련 자료를 에듀팟 등의 포트폴리오로 남기는 것이 중요합니다.

예전에는 일반적으로 대학마다 고등학교 재학 중에 총학생(부)회장, 학년학생(부)회장, 학급(부)반장, 동아리 임원으로 1학기 이상 활동한 고교 졸업예정자를 지원 자격으로 명확히 정했습니다만, 최근에는 학생부종합전형이 확대 실시됨에 따라 '리더십 우수자' 등의 포괄적인 범위로 지원 자격을 표시하고 있습니다. 즉 임원 경력은 지원 요건의 하나에 불과하며, 최근에는 단순한 임원 경력보다는 실제 리더십을 발휘한 활동을 서술한 내용을 평가하는 비중이 높아지고 있으며, 학생부(교과)의 반영비율이 매우 높다는 점에 유의해야 합니다.

실제로 대부분의 대학은 리더십 전형 지원 요강에서 '리더로서 자질을 갖춘 자' 나 심지어 '고교 졸업(예정)자'라고 매우 포괄적으로 지원 자격을 규정하고 있는데, 이는 학생회장 등의 특별한 이력이 없더라도 리더십에 뛰어난 소질이 있음을 증명할 수 있는 학생이라면 뽑겠다는 뜻으로 받아들일 수 있습니다.

결국 이 전형은 실제로 지원 자격의 범위가 매우 넓어서 생각보다 경쟁률이 매우 높게 형성됩니다. 따라서 반장이나 회장 등의 경험이 많다고 해서 무조건 지원할 것이 아니라 내신 성적, 모집 인원, 지원자의 범위, 전년도 경쟁률 등을 꼼꼼히 따져 신중하게 지원해야 합니다.

일반적으로 학생회 활동 등의 경력이 많은 학생일수록 본 전형에 대한 집착으로 학생부나 수능에 대한 준비를 소홀히 하는 경우를 많이 보는데 이는 매우 잘못된 선택이라 할 수 있습니다. 수시모집은 몇 차례의 기회를 좀 더 다양하게 활용해 볼 수 있는 방법일 뿐이라고 생각해야 하며, 그것에만 지나치게 의존하여 학생부와 수능 준비를 게을리 해서는 안 됩니다. 학생부종합전형 역시 최저학력기준이 존재하는 대학이 있으며, 최저학력기준이 높을수록 실제 경쟁률이 급격하게 감소하여 합격할 수 있는 확률이 높기 때문입니다.

리더십 전형은 일괄 합산 전형보다는 단계별 전형으로 실시되는 경우가 많은데 대부분 1단계에서 학생부와 서류 평가를 기준으로 일정배수를 선발하기 때문에 우선 내신 성적이 뛰어나야 1단계를 통과할 수 있습니다. 그리고 서류 평가 과정에서 리더십 평가가 이루어지므로 각 대학의 선발 경향을 파악하고 자신의 잠재력을 나타낼 수 있는 활동 자료를 빠짐없이 챙기는 것이 중요합니다.

★ 전형 소개

전형 유형	성균인재전형(성균관대학교 공학계열)
고사 종류	서류
전형요소 및 반영비율	서류 100%(학생부, 자기소개서, 교사추천서를 종합적으로 정성평가함)
학생부 반영방법	종합평가
최저학력기준	없음

※ 대입제도의 특성상 고정된 전형이 아니며 하나의 사례에 해당합니다.

★ 지원자의 주요 이력

내신성적	전과목 2.1등급
수상실적	교과우수상, 교내 봉사부문 표창장, 봉사 활동 소감문대회 장려, 교외 봉사협력정신 부문 표창장, 교외 표창장(선행상), 글로벌리더십 심화과정 표창장(협동상)
봉사 활동	총 270시간(천리포해수욕장 기름제거작업, 1M 1원 자선 걷기대회, 사랑방노인요양원 봉사 활동 등)
특기사항	초등학교 시절부터 고3때까지 임원경험 다수(10회)

★ 합격 비법

학생부종합전형은 기본적으로 안정된 내신 성적을 바탕으로 지원학과와 관련된 교외 활동, 봉사 활동, 학생회 활동 등의 비교과영역을 고려하여 선발을 하게 됩니다. 성균인재전형은 기본적인 내신 성적이 있어야 하며 서류를 통해 해당 전형에서 요구하는 학생인지를 보여줄 수 있는 것이 중요합니다. 지원자는 초등학교 때부터 임원을 10여 차례 하면서 학급을 위해 봉사한 경험이 풍부하며 소외계층을 위한 교외 봉사 활동을 일관성 있게 200시간 가까이 하였습니다. 또한 성균관대학교에서 주최하는 입학사정관 캠프에도 참가하여 수상을 한 경험도 있기 때문에 해당 전형에 지원하는 것이 매우 적합하다고 판단되었습니다.

★ 합격 수기

저는 초등학생 때부터 임원을 계속해서(10번) 해왔기 때문에 스스로 해당 전형에 지원할 만한 자산을 가지고 있다고 생각했습니다. 그래서 고1때부터 리더십 배양과 관련된 다양한 활동에 적극 참여하였습니다.

리더십과 관련한 많은 활동이 있지만 그중에서도 저는 각 대학에서 주최하는 리더십 관련 캠프에 참여하는 것을 적극 추천하고 싶습니다. 예를 들어 자신이 지원할 대학교에서 주최한 캠프에 적극적으로 참여하여 대표로 상을 받는다면, 캠프에 참여했던 경험이 그 대학교에 지원할 포트폴리오를 만들 때 정말 유용하게 쓰일 수 있을 뿐만 아니라, 이전부터 그 대학에 관심이 있었다는 것을 증명할 수 있는 자료가 됩니다. 저 역시 이런 점에서 많은 도움을 받았습니다. 그러니까 여러분도 지원하고 싶은 대학이나 학과, 혹은 전형과 관련된 캠프에 참가하는 것을 권하고 싶습니다.

또한 꾸준하게 정기적인 봉사 활동을 하는 것 역시 중요합니다. 사실 봉사 활동 시간만으로 대학에 진학하는 것은 매우 어려운 일입니다. 물론 전공과 관련된 풍부한 비교과 활동에다가 의미 있고 정기적으로 해 온 봉사 활동 시간까지 더해진다면 최선이 되겠지만 중구난방식의 봉사 활동은 오히려 감점 요인이 된다고 봅니다. 저는 2학년 때부터 정기적으로 요양원에 찾아가서 봉사 활동을 하여 총 200시간 정도의 일관성 있는 교외 봉사시간을 확보했기 때문에 면접 때 봉사성과 성실성 부분에서 다른 지원자들에 비해 높은 평가를 받은 것 같습니다.

학생부종합전형은 일견 막막해 보이지만 꾸준히 노력한 사람에게는 오히려 가장 쉬운 전형이 아닐까 생각합니다. 여러분도 자신의 미래를 조금이라도 빨리 준비하시기 바랍니다.

★ 총정리

① 초등학생 때부터 임원을 계속 해왔기 때문에 리더십 배양과 관련된 다양한 활동에 적극적으로 참여함.

② 각 대학에서 주최하는 리더십 관련 캠프에 적극적으로 참여함.

③ 2학년 때부터 정기적으로 요양원에 찾아가서 봉사 활동을 하여 총 200시간 정도의 일관성 있는 교외 봉사 활동에 참여함.

④ 후배들에게 당부하고 싶은 말

– 학생부종합전형은 일견 막막해 보이지만 꾸준히 노력한 사람에게는 오히려 가장 쉬운 전형이기 때문에 자신의 미래를 조금이라도 빨리 준비하기 바람.

– 자신이 지원할 대학이나 학과, 전형과 관련된 캠프에 참가하는 것을 권함. 자신이 지원할 대학교에서 주최한 캠프에 적극적으로 참여하여 대표로 상을 받는다면, 캠프에 참여했던 경험이 그 대학교에 지원할 포트폴리오를 만들 때 정말 유용하게 쓰일 수 있을 뿐만 아니라, 이전부터 그 대학교에 관심이 있었다는 것을 증명할 수 있는 자료가 됨.

4 고른 기회전형(사회배려대상자, 기회균형)

1) 특징

고른 기회전형(사회배려대상자)은 국가 유공자 등의 보훈대상자의 자녀나 공무에 일정기간 종사한 공익 기여자의 자녀를 배려하기 위한 전형입니다. 예전에는 보훈대상자를 대상으로 한 국가유공자 전형과 그 밖의 전형이 구별되어 실시되었으나, 최근에는 통합해서 실시하는 대학들이 많습니다. 일부 대학은 기회균형선발 전형과도 지원 자격을 통합하여 실시하기도 하기 때문에 실제로는 거의 대다수의 대학에서 이 전형을 실시한다고 보아도 무방합니다.

이 전형으로 지원하고자 할 때에는 지원 자격을 면밀히 검토해야만 합니다. 최근에는 저출산이 사회적인 문제가 되면서 3자녀 이상의 다자녀 가정 출신자에게도 지원 자격을 부여하는 대학이 많습니다. 또한 벽·오지에서 근무하는 공무원이나 군인, 환경미화원, 집배원의 자녀 등을 대상으로 실시되는 전형도 이들에 대한 사회적 배려 차원에서 실시되는 것이므로 '사회적 배려'의 뜻을 너무 협소하게 판단해서는 안 됩니다. 따라서 전형의 명칭에 얽매이지 말고 지원 자격을 기준으로 자신의 조건에 알맞은 다양한 전형을 폭넓게 활용하는 것이 좋습니다.

많은 대학에서 사회적 배려 대상자를 위한 문호를 많이 개방하고 있는 추세*이기 때문에 자격기준에 해당하는 학생들은 해당 전형에 반드시 응시하는 것이 중요합니다. 최저학력기준도 정시 합격선에 비해 상당히 낮기 때

*** 왜 사회배려대상자 전형이 늘어나나요?**
최저학력기준 등의 요인 때문에 농어촌학생과 특성화고출신자 전형만으로는 정원 외 특별전형의 모집인원을 다 채우지 못하는 경우가 많았던 것도 이 전형의 정원이 늘어나게 된 이유라고 할 수 있습니다.

문에 내신 성적이 우수한 대신 모의 성적이 낮게 나오는 학생들이 상대적으로 쉽게 합격이 가능합니다.

이 전형은 수능보다 내신 성적(교과뿐 아니라 비교과도 중요하기 때문에 자기소개서, 교사 추천서, 포트폴리오 등 서류준비에 신경을 써야 함)에 의해 당락이 거의 결정되므로 자격요건이 된다면 1학년 때부터 전략적으로 내신과 수능의 비율을 70:30 정도로 잡아서 내신 관리를 꾸준히 하는 것이 매우 중요합니다.

해당 자격이 되는 학생들만 경쟁하는 것이기 때문에 특별한 지원 조건에 해당한다면 1학년 때부터 아예 내신 성적에만 집중하여 수능최저학력기준이 없는 대학에 지원하는 것도 좋은 방법입니다. 물론 내신에만 집중할 경우 지원할 수 있는 대학의 선택폭이 많이 줄어들기 때문에 수능에 정말 소질이 없는 경우에만 이렇게 하는 것이 좋습니다.

2) 지원 시 주의할 점

똑같은 유공자 전형이라 하더라도 대학마다 지원 자격의 범위가 다 다르므로 모집 요강을 잘 살펴보아야 합니다. 예를 들어 국가유공자를 지원 자격으로 하는 경우에도 '국가유공자 등 예우 및 지원에 관한 법률'의 제4조 이외에 제73조에서 규정하고 있는 6·18 자유상이자나 '특수임무수행자 지원 및 단체설립에 관한 법률'의 제3조에 해당하는 자의 자녀 등을 지원 자격에 포함하는지의 여부가 대학마다 다릅니다. 따라서 모집요강에서 모호한 부분이 있으면 해당 대학의 입학처에 문의하여 지원 자격에 해당하는지를 반드시 확인해 보아야 합니다.

고른 기회전형(기회균형)의 경우도 마찬가지입니다. 소년소녀가장의 경우 국민기초생활보장법에 의한 수급자이어야 지원 자격을 주는 대학이 있고, 행정관청에 소년소녀가장으로 등재되기만 해도 지원 자격을 주는 대학도 있습니다. 그리고 가정위탁보호 아동이나 아동복지시설 생활자까지 지원 자격의 범주에 포함되는지도 다릅니다. 졸업년도에 따라 지원 자격에 제한을 두는 대학도 있고, 대학이 위치한 지역의 저소득층 자녀에게 따로 인원을 배정해서 선발하는 대학도 있습니다. 따라서 지원을 희망하는 대학의 모집요강을 자세히 살펴보고 자신이 지원 자격에 해당하는지를 파악해 두는 것이 무엇보다도 우선되어야 합니다. 만약 모호한 부분이 있을 경우 대학 입학처에 반드시 문의해 두고 관련 기관에서 발급하는 확인서나 추천서 등 필요한 서류도 미리 확인해서 준비해 두어야 합니다. 또한 서울 소재 상위권 대학들은 대부분 수능 최저학력기준을 두고 있으므로 수능 준비도 소홀히 해서는 안 됩니다.

사회배려대상자 지원 자격기준

※ 아래 지원 자격 중 하나에 해당 되어도 모든 대학의 사회배려대상자에 지원할 수 있는 것은 아니므로 반드시 모집요강을 숙지해야 합니다.

사회배려대상자 지원 자격기준	
기회균등	기초생활수급자, 차상위 계층, 차상위 복지 급여를 받지 않고 있는 차상위 계층, 소년소녀가장 및 아동복지시설 재원자
국가기여자*	독립유공자의 직계 (손)자녀(외손 포함) 국가유공자 및 국가유공자의 자녀 고엽제후유의증 환자의 자녀 5·18민주유공자의 자녀 특수임무수행자 본인 및 자녀 지원공상(순직)군경, 공무원 및 그의 자녀 민주화운동관련자 명예회복자 제주 4·3항쟁 희생자의 자녀 국위선양자 자녀 및 손자녀

* 정부(국가보훈처)에서 발행한 특별 전형증명서를 발부 받을 수 있는 자.

사회적 배려대상자 지원 자격기준	
장애인 및 사회기여자	장애인의 자녀 군인의 자녀 경찰공무원의 자녀 소방공무원의 자녀 교도관의 자녀 집배원의 자녀 환경미화원의 자녀 공무원 및 교사의 자녀 도서벽지근무 공무원 및 국영기업체 임직원의 자녀 사회복지기관 근무자의 자녀 산업재해자의 자녀 백혈병·소아암 병력자 자녀 한부모 가정 자녀, 조손가정 다문화가정 자녀 다자녀가정 자녀 북한이탈주민 및 그 자녀

위 표의 자세한 지원 자격 기준은 다음과 같습니다.

(1) 기회균형

① 기초생활수급자: '국민기초생활보장법' 제2조 제1호에 따른 수급권자 또는 그의 자녀

② 차상위 계층: '국민기초생활보장법' 시행령 36조에 따른 기초수급자가 아닌 자로서 소득인정액이 최저생계비의 120% 이하인 자 또는 그의 자녀

③ 소년소녀가장: 행정관청에 소년소녀가정으로 등재된 자(해당 주민 센터 담당자 인장 날인)

(2) 국가기여자

① 독립유공자: '독립유공자예우에 관한 법률' 제 4조 제1호와 제2호(순국선열

및 애국지사)에 해당하는 자

② 국가유공자: '국가유공자 등 예우 및 지원에 관한 법률' 제4조 제1항 제3호부터 제15호에 해당하는 자

③ 고엽제후유의증 환자: '고엽제후유의증 환자지원 등에 관한 법률' 제2조 제3항에 해당하는 자(수당 지급 대상자)

④ 5·18민주유공자: '5·18민주유공자예우에 관한 법률' 제4조 제1호에서 제3호에 해당하는 자

⑤ 특수임무수행자: '특수임무수행자 지원 및 단체설립에 관한 법률' 제3조 제1호에서 제3호에 해당하는 자

⑥ 지원공상(순직)군경, 공무원: '국가유공자 등 예우 및 지원에 관한 법률' 제73조의 2에 해당하는 자

⑦ 민주화운동관련자 명예회복자: '민주화운동관련자 명예회복 및 보상 등에 관한 법률' 제2조 제1호에 해당하는 자

⑧ 제주 4·3항쟁 희생자: '제주 4·3 사건 진상규명 및 희생자 명예회복에 관한 법률' 제2조 제3항에 해당하는 유족

⑨ 국위선양자: 국내·외에서 활동하면서 학술, 문화, 예술, 과학기술, 산업, 체육 분야 등에서 세계적으로 권위 있는 상을 수상하였거나 업적을 내어 대한민국의 국위를 선양한 자

(3) 장애인 및 사회기여자

① 장애인: 부모 중 1인 이상이 장애인 복지법 제32조에 의하여 장애인 등록을 필한 장애등급 1, 2, 3급 해당자

② 군인: 일반적인 요강에는 부사관 이하 직으로 최소 10년 이상 재직한 자의 자녀로 되어있으나 20년 이상 재직한 경우를 요구하는 대학도 있으므로 대

학별로 구체적인 세부 요강을 반드시 확인해야 함. 계급의 제한 없이 일정 기간의 재직기간만을 요건으로 한 대학도 있음.

③ 경찰공무원: 일반적인 요강에는 경사 이하 직으로 최소 10년 이상 재직한 자의 자녀로 되어있으나 20년 이상 재직한 경우를 요구하는 대학도 있으므로 대학별로 구체적인 세부 요강을 반드시 확인해야 함. 계급의 제한 없이 일정 기간의 재직기간만을 요건으로 한 대학도 있음.

④ 소방공무원: 일반적인 요강에는 소방장 이하 직으로 최소 10년 이상 재직한 자의 자녀로 되어있으나 20년 이상 재직한 경우를 요구하는 대학도 있으므로 대학별로 구체적인 세부 요강을 반드시 확인해야 함. 또한 계급의 제한 없이 일정 기간의 재직기간만을 요건으로 한 대학도 있음.

⑤ 공무원: 일반적인 요강에는 읍·면 단위 지역에서 6급 이하 공무원(일반직·기능직) 이하 직으로 최소 10년 이상 재직한 자의 자녀로 되어있으나 20년 이상 재직한 경우를 요구하는 대학도 있으므로 대학별로 구체적인 세부 요강을 반드시 확인해야 함. 계급의 제한 없이 일정 기간의 재직기간만을 요건으로 한 대학도 있음.

⑥ 교사: 공립학교의 교사만을 대상으로 하는 곳도 있고, 사립학교 교원의 자녀에게도 지원 자격을 주는 곳이 있으니 반드시 모집요강을 살펴보면서, 지원 자격에 해당하는지의 여부를 꼼꼼히 확인해 보아야 함.

⑦ 도서벽지 지역: 구체적으로는 산간지, 낙도, 수복지구, 접적지역 및 광산지구로서 교육부령이 정하는 지역을 말함.

⑧ 산업재해자: 근로복지공단으로부터 3급 이상의 산업재해자로 판정을 받은 자

⑨ 한부모 가정: 사별, 이혼, 비혼(미혼), 별거 등으로 인해 한 부모가 자녀를 양육하는 가족으로 모·부자복지법 및 국민기초생활보장법에 의해 생활보조금을 지원받는 자

⑩ 자녀, 조손가정: 부모의 별거와 경제적 사정 등으로 조부모가 대신 돌보는 가정(65세 이상인 조부모와 만 18세 이하인 손자녀로 구성)으로 아동복지법상의 가정위탁 사업에 따라 정부로부터 양육비를 지원받는 가정

⑪ 다문화가정: 서로 다른 국적, 인종, 문화를 가진 남녀가 이룬 가정이나 그런 사람들이 포함된 가정

⑫ 다자녀가정: 일반적으로 가족관계증명서 상 3자녀 이상 가정을 말하나 4자녀 이상의 경우도 있으므로 꼼꼼히 확인해야 함

사실 기회균형선발 전형의 확대는 학생부종합전형의 확대 실시와도 그 흐름을 같이하는데, 객관적인 지표로 나타내는 성적만이 아니라 학생의 환경이나 의지, 잠재력과 생활 태도, 인성 등을 종합적으로 평가하여 선발하겠다는 취지에 가장 잘 부합하는 전형이기 때문입니다. 그래서 상당수의 대학은 기회균형선발 전형을 학생부종합전형으로 실시하고 있습니다.

서류 평가에서는 학생부를 포함하여 생활환경이나 여러 가지 활동 상황 등이 종합적으로 고려되고 평가되지만, 어려운 여건에서도 꾸준히 노력한 학생에게 교육 기회를 주겠다는 것이 이 전형의 기본 목적이기 때문에 사회배려대상자 전형에서 무엇보다 기본이 되는 것은 학생부라 할 수 있습니다. 따라서 학생부 교과 성적을 잘 관리해 두어야 하며, 봉사 활동이나 동아리 활동, 임원 경력 등의 다양한 활동 경험을 쌓아 두려고 노력해야 합니다.

★ 전형 소개

전형 유형	기회균형전형(국민대학교 수학과)
고사 종류	서류 + 심층면접(2인 면접관과 개별면접)
전형요소 및 반영비율	1단계: 서류 100%(3배수) 2단계: 1단계 성적 60% + 심층면접 40%
학생부 반영방법	교과 성적 90% + 출결성적 10% 종합평가
최저학력기준	없음

※ 대입제도의 특성상 고정된 전형이 아니며 하나의 사례에 해당합니다.

★ 지원자의 주요 이력

내신성적	전과목 1.44등급(수학, 과학 1등급)
수상실적	교내과학의 달 행사(과학영화감상문 부문 우수), 경기도 중등 논술능력평가 교내대회(동상), 한글날기념교내백일장대회(동상), 봉사상, 선행상, 학력우수상 등
봉사 활동	총 98시간(교내봉사)

★ 합격 비법

수능 최저학력기준을 적용하지 않는 대학이 많다고 할 수는 없지만, 이 학생의 경우 내신 성적만 잘 관리해도 대학에 진학할 수 있다는 사실을 단적으로 보여주는 예라고 할 수 있습니다. 특별한 교외 활동 실적은 없으나 매우 성실하게 학교생활을 했으며, 특히 가정형편이 어려운데도 불구하고 수학과 과학은 모두 1등급으로 매우 우수하다는 점이 높은 평가를 받았습니다. 대부분의 대학이 기회균형 전형이나 사회배려자전형을 실시하고 있는데 이 전형은 경쟁률이 다른 전형에 비해 상대적으로 낮으므로 해당되는 조건을 가진 학생은 반드시 지원하는 것이 좋습니다.

★ 합격 수기

저는 남들보다 가정형편이 어려워서 많은 입시 정보를 얻을 수 있는 환경에 있는 것도 아니었고 모의고사 성적이 월등하게 좋은 것도 아니었습니다. 사실 중학교 때는 공부를 열심히 하지 않아서 성적이 하위권에 머물렀는데, 고등학교에 와서 학교생활에 점점 재미를 느끼게 되었고, '내신 성적이 우수하면 어떠한 입시에서든 유리할 것'이라는 믿음을 가지고 무엇보다 내신 관리에 충실하려고 노력하였습니다.

종종 주변의 친구들을 보며 안타까웠던 것은 대부분의 친구들이 내신 관리의 중요성을 크게 느끼지 못한다는 것이었습니다. 하지만 대학에서는 학생의 열정이나 잠재력 못지않게 수학할 수 있는 기본능력 역시 중요하게 생각한다는 얘기를 듣고 저의 학업 능력과 성실함을 보여주기 위한 방법으로 좋은 내신 성적을 유지하는 길을 선택하였습니다.

내신 성적을 관리하는 방법은 아주 작은 것에서부터 시작했습니다. 예를 들어 오늘 배운 것은 적어도 한 번은 다시 읽어본다든지 오늘 배운 교과서에 있는 영어 단어를 10개씩 외운다든지 하는 방법입니다. 또 학교 시험은 적어도 한 달 전부터 차근차근 준비를 해 나갔습니다. 이렇게 공부를 하니 자연스럽게 공부에 대한 관심도 높아지고 자신감도 늘어났습니다.

봉사 활동은 교내 선도부 등의 활동을 통해 약 100시간 정도를 수행하였습니다. 수시모집에 지원할 때 유리할까 싶어 교외 봉사기관을 찾아볼까 하는 생각을 해 보지 않은 것은 아니지만, 정보력이 부족한 저로서는 쉽지 않은 일이었습니다. 대신에 교내에서 할 수 있는 봉사 활동에는 누구보다도 적극적으로 참여하였습니다.

그러다 고3이 되었을 무렵 수능시험을 준비하는 문제로 고민에 빠지게 되었습니다. 사교육을 받을 기회가 전혀 없기도 했지만, 내신에 비해 모의고사 성적은 아주 형편없었기 때문입니다. 그러나 모의고사 성적을 올리자고 내신과 수능을 동시에 준비하다가는 둘 다 놓칠 것만 같았기에 과감히 수능을 버리고 내신 성적을 유지하는 데 더 큰 비중을 두고 공부하였습니다. '대학은 인재를 원하지만 성실한 학생 역시 원한다'는 믿음을 굳게 가졌고, 내신 성적만 우수해도 갈 수 있는 대학이 반드시 있을 것이라고 믿었습니다. 그리고 후에 이 전형으로 대학에 합격하면서 제 생각이 옳았다는 것을 실감하게 되었습니다.

저는 수능 성적이 많이 낮았기 때문에 현재의 결과에 매우 만족하고 감사하고 있습니다만, 여러분은 1학년 때부터 내신과 수능을 같이 준비해 나가기를 바랍니다. 내신 성적만 관리할 경우 최저학력기준 등의 문제 때문에 아무래도 대학 선택의 폭이 많이 줄어들기 때문입니다. 그래서 저는 여러분에게 기본적으로 내신을 잘 관리하면서 수능 시험에도 충분히 대비할 것을 당부하고 싶습니다.

★ 총정리

① 대학에서는 학생의 열정이나 잠재력도 중요하게 생각하지만 대학에서 수학할 수 있는 기본능력을 무엇보다도 중요시 한다는 얘기를 듣고 자신의 학업능력과 성실함을 보여주기 위한 가장 좋은 방법으로 내신 성적을 좋게 유지하는 것을 선택함.

② 학교시험은 적어도 한 달 전부터 차근차근 준비를 해 나갔으며, 가능한 한 교내에서 이루어지는 봉사 활동에는 누구보다도 적극적으로 참여함.

③ 모의고사 성적은 내신에 비해 형편없었기 때문에 과감히 수능을 버리고 내신 성적 유지에 더 큰 비중을 두고 공부함.

④ 후배들에게 당부하고 싶은 말

내신 성적만 관리할 경우 최저학력기준 등으로 아무래도 선택의 폭이 많이 줄어들기 때문에 수능시험에도 충분히 대비할 것을 권함.

5 고른 기회전형(농어촌 학생)

1) 특징

농어촌 학생 전형은 대학의 장이 정하는 농어촌 지역의 학생이 지원할 수 있는 전형* 입니다. 사실 이 제도는 도시학생에 비해 상대적으로 교육여건이 열악한 농어촌 학생에 대해 대학진학의 기회를 부여하여 이농현상을 방지하고 교육격차해소를 줄이기 위해 실시되었습니다. 2013학년도부터는 고등교육법 시행령이 개정되어 '도서·벽지 교육진흥법' 제2조에서 정하고 있는 도서·벽지 지역의 학생들도 이 전형에 지원할 수 있게 되었습니다.

*** 농어촌의 기준은 누가 정하나요?**
이 전형은 일견 단순해 보이지만 농어촌 지역이라는 개념이 대학의 장에 따라 다르게 정해질 수 있기 때문에 사실 매우 혼란스러운 전형입니다. 쉽게 말해 농어촌에 산다고 모두 농어촌 학생 전형으로 지원할 수 있는 것이 아니라 해당 대학의 장이 농어촌지역이라고 인정한 곳에 살아야만 한다는 것입니다. 이런 연유로 실제로는 도시에 가깝지만 대학으로부터 농어촌 지역으로 인정받는 바람에 많은 학생들이 불법 위장전입을 하는 사례가 많았습니다. 실제로 2012년 감사원 감사결과 위장전입을 통한 부정입학사례가 많이 발견되어 정부는 관계기관 합동으로 지원 자격의 기준을 정비하고 편법·부당 운영관리의 제제조치 강화 등 종합적인 제도 개선을 추진키로 했기 때문에 2016학년도부터는 정책적으로 중·고등학교 6년을 농어촌 지역의 학교에서 이수하고, 학생과 부모 모두가 농어촌 지역에 거주한 경우에만 지원할 수 있게끔 바뀌었습니다.

농어촌 학생을 학생부종합전형으로 뽑는 이유는 성적 뿐 아니라 학생의 환경이나 의지를 중요하게 평가하는 학생부종합(입학사정관)전형이 어느 정도 정착되면서 선발 과정이 그만큼 투명해졌기 때문입니다. 따라서 농어촌 학생 전형으로 합격하기 위해서는 도시 지역 학생에 비해 상대적으로 얼마나 열악한 환경에서 자신의 꿈을 위해 어떠한 노력을 했고 그 결과 어떤 것을 얻었는지를 강조하는 것이 중요합니다. 실제로 사교육을 전혀 받을 수 없는 섬 지역에서 스스로의 힘만으로 공부하여 토익 700점을 맞은 학생이 토익 900점 이상을 받은 다른 학생보다 잠재력이 높이 평가되어 합격한 사례도 있습니다.

이 전형은 전체입학정원의 4% 이내(모집단위별 입학정원의 10% 이내)에서 정원 외로 선발할 수 있는데 대부분의 대학에서 실시하고 있고 인원도 1만 명 이상으로 모집규모가 꽤 큰 편입니다. 해당지역에서 자격이 되는 학생들의 관심도가 높은 전형이어서 전형방법도 일반전형과 큰 차이가 없으며 중상위 대학의 경우 최저 학력기준을 적용하고 있지만 정시 모집의 수능 점수에 비하면 여전히 낮은 편에 속합니다. 더구나 농어촌 학생끼리만 경쟁하여 정원 외로 선발하는 전형이기 때문에 다른 전형에 비해 경쟁률도 비교적 낮은 편입니다.

하지만 농어촌학생 특별전형이 일반전형보다 항상 유리한 것은 아닙니다. 특히 상위권 대학일수록 모집인원이 적어 일반전형과의 점수 격차가 줄어들기 때문에 유리하다고 단언할 수는 없습니다. 하지만 일반적으로 특별전형은 일단 해당 자격이 되어야만 지원할 수 있기 때문에 대체로 일반전형보다는 경쟁률이나 합격 점수가 낮게 나타나는 것은 사실입니다. 따라서 지원 자격이 된다면 이 전형의 기회를 잘 살리는 것이 중요합니다.

2) 지원 시 주의할 점

일반적으로 농어촌 학생 전형의 지원 자격은 '지방자치법 제3조에 의한 읍·면(광역시·도, 도·농 통합시 관할 구역에 있는 읍·면도 포함)소재 고등학교의 전 교육과정을 이수한 고등학교 졸업(예정)자로서 재학 기간 중 본인 및 부모가 농어촌 지역에 거주한 자'로 하고 있습니다. 하지만 이 부분은 대학이 자체적으로 결정하는 것이기 때문에 대학에 따라 중·고등학교 재학 기간이나 학생과 부모의 거주지 및 거주 기간을 달리하는 경우가 있습니다.

현재 많은 대학들은 부모의 거주 요건에 대해 예외 조항을 함께 두고 있어서, 부모의 거주 조건을 충족하지 않아도 지원할 수 있는 곳도 있고, 학생과 부모 모두가 해당 지역에 거주했을 때에만 지원할 수 있도록 정하고 있는 대학도 있습니다. 따라서 대학별 입시 요강을 반드시 확인하고 난 후 지원해야 합니다.

또 대학에 따라서 읍·면 지역 뿐 아니라, 특정 지역에 대해서는 시에 포함된 지역에도 지원을 허용하는 경우도 있습니다. 신활력지역(낙후 지역)*이 그 대표적인 예입니다. 현재는 대부분의 대학이 농어촌학생 전형의 지원 자격 범위에서 신활력지역을 제외하고 있는데, 일부 대학의 경우에는 대학이 위치한 지역 인근의 신활력지역을 선별해서 특별히 지원 자격을 부여하기도 합니다. 이 경우 현실적으로 시 지역에 살고 있더라도 지원이 가능하니 농어촌 학생 전형에 지원하고자 하는 학생들은 희망 대학의 구체적인 지원 자격을 반드시 살펴보고 입학처에 문의해야 합니다.

*** 신활력지역이 어디인가요?**
신활력지역(낙후지역)에 속한 다음의 11개 시 지역은 농어촌지역으로 간주함
1기: 태백시, 남원시, 김제시, 나주시, 상주시, 문경시
2기: 삼척시, 제천시, 정읍시, 안동시, 영천시
(단, 이들 지역은 2011학년도부터는 농어촌지역으로 거의 인정하지 않는 추세임)

한편, 농어촌 지역에 있는 학교라고 해서 어디든 농어촌 학생 전형에 지원이 가능한 것은 아닙니다. 과학고·외국어고·예술고·체육고 등 특수목적고 출신자나 대학입학 검정고시 합격자는 농어촌 학생 전형에 지원이 불가능합니다. 만일 고등학교 입학 당시 읍·면이던 행정구역이 재학 중이나 졸업한 뒤에 동으로 개편된 경우에는 농어촌 지역으로 적용해 지원이 가능합니다. 또한 부 또는 모의 사망, 이혼 등의 사유로 지역 변동 등의 사유가 발생한 경우에는 각 대학의 규정 및 입학전형관리위원회가 정하는 바에 따라 지원 자격을 부여하니 학교 측에 문의를 하고, 심의를 기다려야 합니다.

농어촌 특별 전형의 전형방법은 일반전형과 큰 차이가 없습니다. 수시모집에서는 대부분 학생부 성적과 서류, 대학별고사(논술, 적성, 면접 등)를 반영하고, 최저학력기준을 적용하고 있으며, 정시모집에서는 학생부 성적, 대학별고사, 수능을 반영하고 있습니다. 최근 들어서는 농어촌 학생 전형을 학생부종합전형으로 선발하는 대학이 점점 늘고 있기 때문에 이에 대한 대비가 필요합니다.

농어촌 학생 특별전형은 모집단위에서도 특별한 제한을 두지 않는 편이므로 의학계열의 진학을 계획하는 학생도 농어촌학생 특별전형의 기회를 활용해 볼 수 있습니다. 다만 의학계열 모집단위는 대부분의 대학들이 모집시기별로 선발인원을 1~3명 이내로 제한하고 있으므로 경우에 따라서는 일반전형보다 불리한 결과가 나타날 수도 있습니다. 따라서 지원 자격과 전형 방법 등을 자세히 살펴서 자신에게 유리한지의 여부를 판단해 보고 지원여부를 결정해야 합니다. 또한 의학계열(의예/한의예/치의예/수의학/간호 등)의 경우 대부분 수능 최저학력기준을 적용하고 있기 때문에 수능준비에도 최선을 다해야 합니다.

★ 전형 소개

전형 유형	농어촌특별전형(경희대학교 회계세무학과)
고사 종류	학생부+논술
전형요소 및 반영비율	일괄합산 : 학생부 50%+논술 50%
학생부 반영방법	국, 수, 영, 사 상위 5개 과목의 성적
최저학력기준	반영 안함

※ 대입제도의 특성상 고정된 전형이 아니며 하나의 사례에 해당합니다.

★ 지원자의 주요 이력

내신 성적	전과목 1.66등급
수상 실적	교과우수상, 봉사상, 으뜸상 등 교내상 수상
봉사 활동	총 50시간
특이 사항	1학년 때부터 꾸준하게 독서록 작성

★ 합격 비법

일반전형은 경쟁률이 24.52:1로 상당히 높았지만 농어촌 특별전형 경쟁률은 6.75:1로 비교적 낮은 경쟁률을 나타냈습니다. 지원자가 논술실력이 크게 뛰어난 학생이 아님에도 합격한 이유는 이처럼 일반전형보다 낮은 경쟁률이 유리하게 작용하였기 때문이며, 또한 대부분의 지원자들이 비슷한 논술 실력을 지닌 상태에서 지원자가 내신 성적에서 상대적인 우위를 차지하여 합격한 것으로 보입니다. 따라서 내신 성적이 좋고 농어촌 특별전형에 해당하는 지원 자격을 갖춘 학생이라면 이 같은 전형에 지원하는 것이 유리할 것으로 판단됩니다. 지원자는 학교에서 진행하는 방과 후 학교 수업을 들으며 논술고사에 대비하다가 3학년 2학기 여름방학 때부터 집중적으로 논술을 준비하기 시작하였으며, 꾸준한 스터디 플랜 작성과 풍부한 독서활동이 성실성을 인정받아 입학사정관들에게 좋은 인상을 남길 수 있었습니다.

★ 합격 수기

저는 매일 아침마다 스터디 플랜을 작성하는 것으로 하루를 시작했습니다. 오전에는 영어단어를 암기하고 언어 영역의 어휘·어법 부분을 공부하였습니다. 그리고 쉬는 시간이면 졸음을 쫓기 위해 수학 문제를 풀었고, 점심시간에는 영어듣기문제를 풀었습니다.

수업시간에는 선생님께서 칠판에 적어 주시는 내용을 한 번에 알아볼 수 있도록 나름대로 연구한 방식으로 필기를 하였고, 선생님께서 말씀해 주시는 모든 것을 적어 둔 다음 나중에 복습을 하면서 이 부분을 정리하였습니다. 야간자율 학습시간에는 언어, 수리, 외국어를 집중적으로 공부하였으며, 집에 와서는 EBS 사탐강의를 들으며 하루를 마무리하였습니다. 내신 성적 관리에도 소홀함이 없도록 중간고사나 기말고사 한 달 전부터 별도의 계획을 세워 준비하였습니다.

3년 동안 공부하면서 깨달은 것은 절대로 학원 강의나 과외 등의 사교육에만 기대려 해서는 안 된다는 사실입니다. 모든 공부가 그렇지만 특히 내신 성적은 수능시험과 비교할 때 자신이 얼마나 집중하고 열심히 하느냐에 따라 성적이 좋게 나오는 경향이 있기 때문에, 3학년이 되어 후회하지 않으려면 저학년 때부터 꾸준히 대비를 하는 것이 중요합니다.

한편 저는 논술을 고3 여름 방학 때부터 준비하기 시작했는데 이때 가장 많이 연습했던 것은 요약하기와 이해하기였습니다. 뒤늦게 준비하면서 논술에서는 지문분석과 요약이 가장 중요하다는 사실을 깨달았기 때문입니다. 그리고 야자시간을 이용해 기본적 내용들을 복습하고 대학교별로 모의문제나 기출문제를 찾아 풀었습니다.

사실 제 경험으로는 논술은 3학년 초부터 열심히 준비해도 늦지 않다고 생각합니다. 그러니 늦었다고 생각마시고 열심히 도전해보시기 바랍니다. 논술실력향상에는 EBS 강의를 적극적으로 활용하는 것도 좋은 방법이 될 수 있으며 그것으로 부족하다 싶으면 논술학원을 다니는 것도 좋습니다.

그러나 이 전형에서도 주의할 점은 수능시험 공부를 절대로 소홀히 해서는 안 된다는 점입니다. 수능을 소홀히 하게 되면 대학 선택의 폭도 좁아지고 무엇보다도 합격확률이 무척 떨어지게 됩니다. 경희대 농어촌 학생 전형에서는 다행히 최저학력기준이 없었기 때문에 합격할 수 있었지만 수능 최저학력기준이 있는 대학에서는 불합격의 아픔을 겪었습니다. 논술을 뒤늦게 준비하는 바람에 수능시험 공부에 소홀할 수밖에 없었던 점은 여전히 저에게 아쉬움으로 많이 남아 있습니다.

★ 총정리

① 스터디 플랜을 작성하여 효율적으로 공부할 수 있도록 노력함.

② 내신 관리를 위해 중간고사나 기말고사 한 달 전부터 별도의 계획을 세워 준비함.

③ EBS 강의를 이용하여 논술공부를 함.

④ 후배들에게 당부하고 싶은 말

논술을 뒤늦게 준비하는 바람에 수능준비에 소홀하여 최저학력기준이 있는 대학에 불합격함. 다른 것을 준비하는 과정에서 수능 공부를 소홀히 하지 않도록 주의.

6 고른 기회전형(특성화고교 출신자)

특성화고출신자 특별전형은 특성화(전문계고) 졸업자나 졸업예정자를 대상으로 동일계열에 한하여 실시하는 전형입니다. 2004년부터 특성화고 출신자들에게 고등교육의 기회를 넓혀주기 위해 실시되었으며, 초기에는 모집정원의 3% 이내에서 정원외로 선발하도록 되어 있었으나 5% 이내까지 선발할 수 있도록 모집인원이 확대되었습니다. 하지만 특성화고가 산업인력 양성보다는 대학 진학을 위한 수단으로 변질되는 문제가 나타나면서 특성화고 출신자 특별전형을 점진적으로 폐지하고 특성화고교를 졸업하고 3년 이상 산업체에 재직한 사람을 대상으로 한 특성화고졸 재직자 전형으로 대체하기로 하였습니다.

특성화고출신자 전형은 농어촌학생·기회균형선발 등 다른 정원 외 특별전형들과 합해서 모집정원의 7% 이내에서 대학들이 자율적으로 모집인원을 정해 선발하도록 되어 있는데, 위에서 든 이유 때문에 점차 대학들이 농어촌 학생이나 기회균형선발 전형의 모집인원보다는 특성화고 출신자 전형의 모집인원을 줄여가고 있습니다.

그러나 이렇게 모집인원이 줄었다고는 해도 특성화고출신자 전형은 일정한 자격기준을 갖춘 특성화고 출신자만을 대상으로 하고 있기 때문에, 특성화고 출신자가 대학 진학을 목표로 한다면 이 전형을 활용하는 것이 가장 효과적이고 확실한 방법일 것입니다. 특성화고재직자 전형이 확대 실시되지만, 이 전형은 졸업 이후 3년 이상 재직 중이어야 지원 자격이 생기고, 나아가 대학 재학 중에도 재직 상태를 유지해야 한다는 단서가 붙습니다. 따라서 특성화고졸 재직자 전형은 지원할 수 있는 모집단위가 야간이나 주말제 등으로 운영되는 일부 모집단위로 한정될 수밖에 없다는 단점이 있습니다.

특성화고출신자 전형에서는 대학이 특성화고에 설치된 학과와 동일계열이라고 인정하는 모집단위에만 지원할 수 있습니다. 동일계열의 범위는 대학이 모집단위의 학문 특성을 고려하여 자율적으로 정하도록 되어 있으므로 지원하려는 대학의 모집요강을 자세히 살펴서 관련 내용을 확인해 보아야 합니다. 지원이 가능한지 확실하지 않을 때에는 반드시 대학에 문의를 해보고 지원 여부를 결정해야 합니다. 대학이 정하고 있는 계열별 수능 영역을 응시해야 지원할 수 있도록 지정하고 있는 곳도 있으므로 모집단위별로 수능 응시영역을 지정하고 있는지도 주의 깊게 살펴보아야 합니다.

또한 대학에 따라서는 특성화고출신자 전형의 제도를 악용하는 것을 막기 위해 일반계 고교에서 전학한 학생의 지원을 제한하기도 합니다. 그리고 일반계고, 종합고 등에 설치된 직업반 출신자도 지원할 수 있는지의 여부도 대학마다 차이가 있습니다. 일반계 고등학교의 직업 위탁 과정 위탁생에 대해서는 많은 대학이 지원 자격을 인정하지 않으며, 졸업년도에 따라 응시 자격에 제한을 두는 대학도 있습니다. 이처럼 대학마다 지원 자격에 큰 차이가 있으므로 모집요강을 자세히 살펴서 지원 자격에 해당하는지의 여부부터 꼼꼼하게 확인해 보아야 합니다.

수시모집에서는 대부분의 대학들이 학생부와 면접고사로 전형을 실시합니다. 1단계에서 학생부로 일정배수를 선발한 뒤에 2단계에서 면접과 서류평가로 합격자를 뽑는 대학도 있으며, 적성고사를 실시해 선발하는 대학도 있습니다. 하지만 일반적으로 학생부의 반영비율이 매우 높으므로 교과 성적 관리를 잘해 두는 것이 무엇보다 중요합니다. 그리고 지난해에 학교 선배들이 어느 정도의 성적으로 대학 진학에 성공했는지를 알아보는 것도 지원 계획을 세우는 데 매우 중요합니다.

특성화고는 직능 교육 중심으로 교육과정이 편제되어 있으므로 학교 수업과 수능 준비 사이에 약간의 거리가 있습니다. 따라서 수능을 준비하는 학생은 전문 교과의 성적 관리에 소홀해지기 쉬운데, 이들 교과의 성적 관리에도 최선을 다해야 합니다. 그리고 특성화고 학생은 수능 반영비율이 높은 정시모집에서는 상대적으로 불리할 수 있으므로 내신 성적을 잘 관리해서 수시모집을 다양하게 활용하는 것이 유리할 수 있습니다. 또한 굳이 특성화고출신자 특별전형이 아니더라도 각종 자격증이나 기능, 경력 등을 활용해 지원할 수 있는 전형들도 많습니다. 따라서 수시모집의 다양한 전형들의 특성들을 활용할 수 있도록 다양한 자격 조건을 갖추어 주는 데도 최선을 다해야 합니다.

특성화고 학생들은 일반적으로 수능을 피해서 대학에 들어가려는 경향이 있습니다. 하지만 학생부 성적만으로 전형을 실시하는 대학은 그만큼 경쟁률이 높게 나타나기 때문에, 수능 성적이 어느 정도 뒷받침된다면 수능 최저학력기준이 있는 대학에 지원하는 것이 훨씬 유리할 수 있습니다. 따라서 수시모집에 지원하더라도 수능 준비를 게을리 하지 말아야 좀 더 좋은 결과를 얻을 수 있습니다.

특성화고에 재학 중인 학생은 상대적으로 수능 준비의 부담이 크므로 일반계 고등학생보다 그만큼 입시에 대한 계획을 분명하게 세워 두어야 합니다. 특성화고출신자 특별전형에만 제한해서 지원 계획을 세울 필요는 없으며, 자격증이나 취업 경력 등의 조건을 활용해 취업자 전형이나 특기자 전형 등도 활용해 보는 것이 좋습니다. 여기서 가장 중요한 것은 자신의 조건을 객관적으로 파악해 실현 가능성을 염두에 두고 계획을 세워야 한다는 것입니다. 막연히 이곳저곳 지원해 보겠다고 생각해서는 안 되며, 수능이나 학생부 성적·비교과 요소 등을 면밀히 분석해서 최선의 결과를 얻을 수 있는 방법이 무엇인가를 판단해 맞춤형으로 입시 계획을 세울 필요가 있습니다.

7 고른 기회전형(특성화고교졸 재직자)

특성화고졸 재직자 전형은 특성화고를 졸업한 뒤에 산업체에서 3년 이상 재직하고 있는 사람을 대상으로 실시하는 전형입니다. 특성화고가 산업인력의 양성이라는 본래의 목적보다는 대학 진학을 위한 수단으로 악용되고 있다는 비판 때문에 기존의 특성화고출신자 전형의 모집인원을 줄이는 대신 특성화고졸 재직자 전형의 모집인원을 늘리는 방향으로 변화하고 있습니다.

정부의 '선취업 후진학' 정책에 따라 지난 2010년부터 도입된 재직자 특별전형은 그동안 직장인 학생에 대한 배려가 부족하고 모집 학과가 주로 상경·공학 계열이어서 전공 다양성이 낮다는 지적을 받았는데 현재 이에 대한 개선이 매우 빠르게 이루어지고 있습니다. 모집인원 역시 폭발적으로 증가하고 있는 추세이기 때문에 특성화고를 졸업하고 취업한 학생들이라면 반드시 관심을 가지고 도전해보아야 할 전형입니다.

한편 2개 이상 산업체에서 재직한 경우 재직기간을 합산하여 3년 이상이 되어야 합니다. 재직이 인정되는 산업체는 근로기준법이 적용되는 사업장뿐 아니라 4대 보험 가운데 1개 이상이 가입되어 있는 사업체는 모두 포함됩니다. 국가·지방자치단체·공공단체도 해당되며, 사업자등록이 되어 있는 자영업자도 포함되는 경우가 많습니다. 그러나 대학마다 산업체의 범위를 다르게 정하고 있으므로 반드시 모집요강 등을 통해 지원자격의 범위를 확인해 보아야 합니다. 확실하지 않은 부분이 있을 경우에는 대학 입학처에 직접 문의를 해 보는 것이 가장 확실합니다.

특성화고졸 재직자 전형으로 입학한 경우에는 거의 대부분이 대학을 졸업할 때까지 재직 상태를 유지해야 학생 자격을 인정하고 있습니다. 대학 재학 중에 본인의 뜻으로 산업체를 퇴직한 경우에는 제적 처리되며, 이직을 위해 일시적으로 퇴직한 경우에도 8개월 이내에 다시 취업을 해야만 합니다. 그래서 특성화고졸 재직자 전형은 야간이나 시간제 주말반 등으로 운영되는 특수 모집단위에서 선발하므로 대학마다 모집하는 학과나 전공이 제한되어 있습니다. 따라서 지망하는 대학에서 모집하는 전공이나 학과가 무엇인지도 반드시 확인해 보아야 합니다.

8 고른 기회전형(장애인 등 대상자, 특수교육 대상자)

장애인 등 대상자 전형은 각종 장애나 지체 때문에 특별한 교육적 요구가 있는 학생을 대상으로 하는 정원외 특별전형입니다. 모집인원을 입학정원의 4%와 1.5% 이내로 제한하고 있는 농어촌학생 전형이나 특성화고 출신자 전형 등과는 달리 모집인원을 제한하지 않고 선발할 수 있습니다. 대학에 따라서는 '특수교육대상자'라는 명칭으로 전형을 실시하기도 합니다.

장애인 등 대상자 전형의 지원 자격은 '장애인 등에 대한 특수교육법' 제15조 규정에 의거해 특수교육대상자 지원신청서를 제출하여 면접 심사 결과 특수교육대상자로 선정된 자로 시각장애, 청각장애, 언어장애, 지체부자유(뇌성마비 포함) 등의 장애가 있는 자입니다. '장애인 복지법' 제32조에 의해 장애인으로 등록되어 있는 자만이 아니라 '장애인 복지법'에 이중 등록되지 않는 '국가유공자 등 예우 및 지원에 관한 법률' 제4조 등에 의한 상이등급자도 선발 대상자로 포함됩니다.

하지만 구체적인 선발 대상은 대학마다 자체의 교육 여건을 고려해 '대학입학전형관리위원회'의 심의를 거쳐 결정하므로 조금씩 차이가 있습니다. 예를 들면 어떤 대학은 지체 장애가 있는 경우에만 지원을 허용하며, 어떤 대학은 청각 장애가 있는 경우에만 지원을 허용한다는 식입니다. 따라서 지원자들은 대학별 장애 인정 범위와 등급 등을 반드시 미리 확인해야 합니다.

장애인 등 대상자 전형에 지원하고자 하는 학생들은 앞서 언급했듯이 대학이 지원 자격에 어떤 조건을 제시하고 있는지 먼저 정확히 알아보고, 본인의 장애가 그에 해당하는지를 확인해서 지원 여부를 결정해야 합니다. 또한 지원할 수 있는 모집단위를 제한하는 경우도 많으니 자신이 지원하려는 모집단위를 선발하는 대학이 어디인지도 미리 확인해 둘 필요가 있습니다.

학생 선발 방법은 기존의 입학사정관제 방식인 서류평가를 중심으로 하는 대학이 많습니다. 즉 1단계는 학생부를 포함한 서류평가, 2단계는 면접고사로 이루어지는 것입니다.

한편 이 전형에서는 많은 대학들이 지원자의 학업 능력을 평가하기 위해서 수능 최저학력을 적용한다는 점도 유의해야 합니다. 따라서 지원자들은 서류준비 외에도 수능 준비를 게을리 하지 말아야 훨씬 좋은 결과를 얻을 수 있습니다.

9 특기자 특별전형(문학, 컴퓨터·IT, 조리, 체육, 방송·공연·모델·영상)

1) 특징

특정 분야에 뛰어난 자질(관심, 열정, 잠재력, 가능성, 소질 등)과 재능이 있고, 그와 관련된 분야에서 수상 실적이나 활동 실적이 있는 학생에게 알맞은 전형입니다.

특기자 전형은 수시 4개 전형 중 원래 실기위주전형에 속합니다. 대학들이 내놓은 학생부교과전형, 학생부종합전형, 논술전형 외에 '실기위주전형'에 특기자 전형이 포함되는 것입니다.

한편 논술고사를 시행한 대학이라 하더라도 논술점수를 학생부교과점수와 합산해 운영하는 전형에서 학생부교과점수의 비중이 더 높은 경우(예를 들어 학생부 60%+논술 40%) 논술전형이 아니라 학생부교과전형에 포함되는 것과는 달리, 특기자전형이 명목상 학생부교과 혹은 학생부종합전형에 속할 가능성은 상대적으로 적다고 할 수 있습니다.

왜냐하면 특기자의 특성상 내신 성적 반영비중이 지나치게 높다면 특수목적고 학생들에게 매우 불리한 상황이기 때문입니다. 하지만 재정지원 감소카드를 내세우는 정부방침을 따르지 않을 수도 없는 입장이기 때문에 대학에서는 이 점을 염두에 두고 학생부교과 실질반영비율을 줄이고 어학점수/올림피아드실적 등의 교외실적에서 변별력을 내는 식으로 편성할 가능성이 높습니다. 그렇게 되면 명목상 실기위주(특기자)전형이라 할지라도 학생부교과전형이나 학생부종합전형에 편성될 수도 있기 때문에 이 부분도 간과해서는 안 될 것입니다.

2) 지원 시 주의할 점

이 전형은 대학이나 전형 유형 및 특기 분야에 따라 지원 자격과 인정하는 수상 경력 기준 등에 차이가 있을 뿐 아니라 선발 방법도 대학별로 차이가 매우 크기 때문에 지원 요건을 갖추었다고 해서 모두가 지원할 수 있는 것은 아닙니다. 예체능 관련 분야의 일부 전형을 제외하고는 입상 실적 외에도 학생부 성적이나 면접, 수능 성적을 더 중시하는 경향으로 바뀌고 있기 때문입니다.

또한 학교에 따라 수상실적이 반드시 필요한 경우도 있지만 그렇지 않은 경우도 있기 때문에 자신의 입상 실적 등 지원 자격 요건과 학생부 성적을 잘 따져보고 지원 여부를 결정하는 것이 중요합니다. 즉 최근에는 입상실적 외에도 전공과 관련한 과목의 우수한 내신 성적이나 체험활동에 높은 가산점을 주고 있다는 사실에 유의해야 합니다.

특기자 전형 합격 사례(메가스터디 자료 참고)

대학	주요 실적
중앙대 다빈치형인재 전형 컴퓨터공학부	· 고교 진학 후 로봇연구 동아리 부원으로 활동하며 로봇개발에 몰두 · 지식경제부 주최 '임베디드 소프트웨어 공모대전 주니어부문' 로봇분야 최우수상 수상 · 초등학교 때부터 독학으로 각종 컴퓨터 관련 자격증 취득 · 3학년에 올라와서 백분위 69%(3월 모의고사)였던 수리 '가'성적을 92.42%까지 끌어올림
연세대 창의인재 전형 생물학과	· 초등학교 1학년 때부터 여러 종류의 곤충을 기르면서 곤충 관찰일지를 기록 · 국내 전문가 등과 교류하며 곤충에 대한 전문가 수준 지식 보유 · 고2때 '산맴돌이 거저리 유충의 주성 및 생태를 통한 배 마디끝 형질의 이해'연구로 교내 학술대회 최우수상 수상 · 제56회 강원도과학전람회에서 '산란 습성에 의한 하늘소과의 성적 이형 형상 이해 및 방재와 유충의 수목 적응성'에 관한 논문으로 동물 부분 우수상 수상

참고로 문학특기자와 컴퓨터(정보화)·IT 특기자의 지원 자격을 살펴보겠습니다.

(1) 문학 특기자

문학 특기자는 대부분의 대학들이 신춘문예 및 공인된 문예지를 통해 등단했거나 언론기관, 국내 정규 4년제 대학, 권위 있는 문예지 등에서 주최한 전국 규모의 대회에서 입상한 학생들에게 자격을 주고 있습니다. 따라서 문학특기자로 지원을 희망하는 학생들은 대학에서 인정하는 주요 대회에 많이 참가할 필요가 있습니다.

문학특기자 전형 지원 자격 인정 주요 대회

대회	주최기관
대산청소년문학상	대산문화재단
청소년문학상	문학사상사
중앙시조백일장	중앙일보
마로니에 백일장	한국문인협회
개천예술제 백일장	개천예술재단
새얼 전국 학생 백일장	새얼문화재단
청소년 통일백일장	흥사단, 한국일보
전국 고교생 백일장, 푸른 작가 청소년 문학상	한국작가회의
만해백일장, 만해청소년 문학상	대한불교청년회
세종날, 한글날 기념 글짓기 대회	세종대왕기념사업회
전국고교생소설공모전	한국작가교수회
전국청소년민속백일장	국립민속박물관
최명희문학상	혼불기념사업회·전북대
4년제 대한 주최 전국 고교 문예 관련대회	해당 대학
일간신문 신춘문예 및 명망 있는 문예지를 통한 등단	주요일간지 및 문예지

(2) 컴퓨터(정보화) · IT 특기자

컴퓨터(정보화) · IT 특기자는 보통 정보통신 분야와 관련된 전국대회 이상의 대회에서 수상한 경력이 있는 사람을 지원 자격으로 합니다. 국가기관이나 대학에서 주최하는 대회가 인정되는데, 대회마다 평가 방식이 조금씩 다르기 때문에 각 대회의 기출문제를 풀어보면서 유형에 맞추어 준비하는 것이 필요합니다. 이러한 대회에 참여하려면 단지 컴퓨터를 잘 다루는 것만으로는 부족하고, 컴퓨터 소프트웨어 제작의 기반이 되는 프로그래밍 언어를 익혀야 하며, 문제 해결을 위한 알고리즘도 익혀야 합니다. 프로그래밍 언어는 단기간 안에 익힐 수 없기 때문에 오랜 기간 꾸준히 준비를 해 온 사람만 지원이 가능하다는 점에 유의해야 합니다.

컴퓨터(정보화)·IT 특기자 전형 지원 자격 인정 주요 대회

대회	주최 기관	지원 자격
국제정보올림피아드	과학기술부	참가자 및 입상자
한국정보올림피아드(KOI)	행정안전부	동상 이상 개인 입상자
컴퓨터창의성대회	행정안전부	동상 이상 수상자
컴퓨터 경진대회	시도 교육청	동상 이상 개인 입상자
전국컴퓨터경시대회	한국학원총연합회	프로그래밍(퍼스널 컴퓨터), 컴퓨터활용(사무자동화), 인터넷, 컴퓨터그래픽스, e-비지니스 부문 은상 이상 수상자
전국 기능경기대회 및 국제기능 올림픽 대회	국제기능올림픽대회 한국위원회	자동제어, 공업전자기기, 통신기기수리, 정보처리, 기계제도/CAD, 전자기기 컴퓨터 조립 등의 분야 동상 이상 입상자
국제공인자격 인증 및 취득자 : MS, HP, ORACLE, SUN, Novel, ISACA, Learning Tree Int'l, IBM, CISCO		

대회	주최 기관	지원 자격
전공관련 국내 공인자격 인증자 및 전문자격증 취득자 : 1급 또는 PCT 700점 이상의 국내공인자격(상공회의소/한국정보통신자격협회/한국정보산업연합회/한국정보통신진흥협회/한국능률협회/한국정보과학회), 기사 1급 이상의 국가기술자격	한국산업인력공단	
4년제 대학 주최 정보경시대회	해당 대학	동상 이상 개인 입상자

(3) 조리 특기자

국내 고등학교 졸업(예정)자로서 보통 다음의 인정 대회나 자격증 중 하나에 해당하면 지원 가능합니다. 단, 대학에 따라 학교생활기록부 계열별 반영 교과 중 각 교과별로 해당하는 세부과목이 전혀 없는 경우 지원할 수 없는 경우도 있으니 반드시 대학에 문의하여 지원 자격을 확인해야 합니다.

조리 특기자 지원 자격 인정 주요 국내·외 대회

대회	주최 기관
국제기능올림픽대회	국제기능올림픽 한국위원회, 한국산업인력공단
전국기능경기대회	국제기능올림픽 한국위원회, 한국산업인력공단
International Young Chef Challenge (IYCC)	WACS인준대회
IKA 독일 세계요리올림픽	WACS인준대회
FHA 싱가포르 국제요리대회	WACS인준대회
세계월드컵요리대회	WACS인준대회
시도별(특별시,광역시,도) 기능경기대회	국제기능올림픽 한국위원회, 한국산업인력공단
우리축산물요리경연대회	농수산홈쇼핑, (사)한국조리학회

대회	주최 기관
대한민국국제요리경연대회	(사)한국조리기능인협회
서울국제요리경연대회(SICC)	(사)한국조리사중앙회
대한민국국제빵과자경진대회	(사)대한제과협회
베이커리페어	(사)한국제과기능장협회

조리 특기자 지원 자격 주요 인정 자격증

조리기능장(Master Craftsman Cook)	제과기능장 (Master Craftsman Confectionary Making)
조리산업기사(한식) (Industrial Engineer Cook, Korean Food)	조리산업기사(양식) (Industrial Engineer Cook, Western food)
조리산업기사(일식) (Industrial Engineer Cook, Japanese Food)	조리산업기사(중식) (Industrial Engineer Cook, Chinese Food)
조리산업기사(복어조리) (Industrial Engineer Cook, Blowfish)	제과기능사 (Craftsman Confectionary Making)
제빵기능사(Craftsman Breads Making)	중식조리기능사 (Craftsman Cook, Chinese Food)
복어조리기능사(Craftsman Cook, Blowfish)	한식조리기능사 (Craftsman Cook, Korean Food)
양식조리기능사 (Craftsman Cook, Western Food)	일식조리기능사 (Craftsman Cook, Japanese Food)
식품가공기능사 (Craftsman Food Processing)	

(4) 체육특기자

아래에 제시된 일반적인 자격 기준이 모든 대학에 적용되는 것은 아니니 접수 전 해당 자격 여부를 반드시 대학 입학처에 문의하시기 바랍니다.

단체종목 입학 후 본교 소속으로 대회출전이 가능한 자 중 다음 각 호의 어느 하

나에 해당하는 자

① 국가대표, 청소년대표, 국가상비군 등에 선발된 자 또는 2012년 3월 이후 재임한 전직 대표선수

② 대한체육회 가맹 경기단체인 협회(연맹) 또는 산하단체에서 주최/주관하는 전국규모 대회에서 16강 이내 입상자(동호회 및 생활체육대회 입상자는 제외)

③ 종목별 지원자의 경우 아래 경기실적 이상 보유자

• 축구

『고교 3학년 재학 중 대한축구협회 주최 고교리그에서 소속팀 총 경기시간의 30% 이상 출전한 자로서』

- 전국규모 대회에서 8강 이내의 입상실적(해당대회, 해당종목의 1회 경기시간 50%이상 출전 시 인정)이 있는 자.(동호회 및 생활체육대회 입상자는 제외)
- 대한축구협회에서 인정하는 U-17, 18, 19 대표. 청소년대표, 청소년상비군에 선발된 자.
- 대한축구협회가 주최하는 전국규모 대회의 개인상 수상자.

• 야구

『고교 3학년 재학 중 경기실적이 있는 자로서』

- 고교야구 주말리그에서 소속팀 경기 숫자의 30% 이상 출전하고, 왕중왕전(대한야구협회 주최)에 진출한 자. 단 주말리그에서 투수 8이닝 이상, 타자 15타석 이상 출전한 자.
- 고교야구 주말리그 왕중왕전에 진출하지 못한 경우에는 고교야구 주말리그에서 소속팀 경기 30%이상 출전하고 투수의 경우 20이닝 이상, 타자의 경우 25타석 이상 출전한 자.
- 대한야구협회에서 인정하는 우수 선수.

• 농구

『고교 3학년 재학 중 경기실적이 있는 자로서』

- 전국규모 대회에서 8강 이내의 입상실적(해당대회, 해당종목의 1회 경기시간 30%이상 출전 시 인정)이 있는 자(동호회 및 생활체육대회 입상자는 제외)로서 대한농구협회 산하 고교연맹에 선수로 등록된 자.
- 대한농구협회에서 인정하는 국가대표, 국가상비군, 청소년대표, 청소년상비군, 고교상비군에 선발된 자.
- 대한농구협회에서 인정하는 우수 선수.
- 대한농구협회가 주최하는 전국규모 대회의 개인상 수상자.

• 테니스

『고교 3학년 재학 중 경기실적이 있는 자로서』

- 고교재학 중 ITF(국제테니스연맹)에서 인정하는 국제대회 또는 전국규모의 대회에서 8강 이내의 입상실적이 있는 자.

• 육상

『고교 3학년 재학 중 경기실적이 있는 자로서』

- 고교 3학년 재학 중 전국규모의 대회(중장거리)에서 6위 이내의 입상실적이 있는 자.

• 골프

『고교 3학년 재학 중 경기실적이 있는 자로서』

- 2010. 3. 1 이후 대한골프협회가 인정하는 세계대회 및 전국규모대회 예선통과자 및 단체전 3위, 시·도대회에서 개인전 3위, 오픈 골프선수권대회 개인

전 25위, APGA Tour 개인전 35위 이내의 입상자.

- PGA, LPGA(정회원) 및 세미프로(준회원), 국가대표 상비군에 선발된 자.

④ 대학 체육특기자 심사위원회에서 별도로 선정된 우수 선수.

(5) 방송·공연·모델·영상 특기자

아래에 제시된 일반적인 자격 기준이 모든 대학에 적용되는 것은 아니니 접수 전 해당 자격 여부를 반드시 대학 입학처에 문의하시기 바랍니다.

① 일반전형 지원 자격에 해당하는 자로서 아래 특기자 지원 자격에 해당하는 자

• 방송·공연

- 공중파 방송국 또는 CATV 등 전국규모의 상업방송국에서 주관하는 연기상(대상, 주연상, 신인상, 조연상)을 수상한 자.
- 한국연극협회, ITI(국제극예술협회) 등의 전국규모의 연극제에서 연기상(대상, 주연상, 신인상, 조연상)을 수상한 자.
- 국제영화제, 국내영화제, 청소년영화제 등의 전국(국제)규모의 영화제에서 연기상(대상, 주연상, 신인상, 조연상)을 수상한 자.
- 뮤지컬의 경우 '한국뮤지컬대상', '더 뮤지컬 어워즈'에서 연기상(대상, 주연상, 조연상, 신인상)을 수상한 자.
- 현재 방송 또는 연예분야에서 활동 중인 자로서 등급이 있는 자(예 : 공채탤런트, 특채연기자, MC, DJ, VJ, CF모델, 리포터 등은 주연 또는 조연급으로 2회 이상 출연경력자).
- 국내·외의 연극, 뮤지컬, 영화, 방송(TV), 무용 관련분야의 공인된 대회에서 개인상을 수상한 자.
- 연극, 뮤지컬, 영화, 방송(TV), 무용 관련분야에서 주·조연급 경력자(CF 포함).
- 공식음반을 발표하고 방송(TV) 가요 프로그램에 출연한 경력을 소유한 자(단,

문화체육관광부등록 음반사 또는 기획사에서 출반된 공식음반만을 인정함).

- 기타 연극, 뮤지컬, 영화, 방송(TV), 무용 관련분야에서 활동 중인 자로서 각 대학교 예체능실적우수자 전형 실적심사위원회에서 인정할 만한 경력을 소유한 자(CF 포함).

• 모델

아래 항 중 적어도 한 항에 해당되는 자

- 슈퍼모델, 포드모델, 엘리트모델 등과 같은 공인된 단체에서 주관하는 전국 규모의 각종 모델대회 에서 3위 이내 입상한 자 또는 특별상 등을 수상한 자.
- 인지도 있는 패션쇼(서울컬렉션, SFAA, SIFAC 등), 국내외 라이센스 매거진, TV광고, 지면광고 등에서 모델 활동을 활발하게 한 자.

• 영상

- 영상제작능력을 입증할 수 있는 문화·예술관련 국내 또는 국제대회 입상자.
- 예술 고등학교 및 특수목적 고등학교(영상, 애니메이션, 미디어, 만화, 디자인, 컴퓨터그래픽 등) 실기과목 성적 우수자.
- 영상 관련 작품 제작 유경험자.

★ 전형 소개

전형 유형	효원인재전형(부산대학교 기계공학부)
고사 종류	면접+구술
전형요소 및 반영비율	1단계 : 교과 40% + 비교과 60%(3배수) 2단계 : 면접 및 구술 100%
학생부 반영방법	전학년 수학 60%, 과학 40%
최저학력기준	없음

※ 대입제도의 특성상 고정된 전형이 아니며 하나의 사례에 해당합니다.

★ 지원자의 주요 이력

내신성적	전교과(6등급), 수학(5등급), 과학(4등급)
수상실적	경기도학생과학발명품경진대회, 대한민국학생발명전시회 참가자 체험수기 공모(개선상), 대한민국 발명콘텐츠 공모전(입선), 편의시설 문화예술대회(은상), 경기도학생발명품 경진대회(장려상), 대한민국 학생발명전시회(동상)
봉사 활동	총 70시간(태안 기름유출 제거작업, 가평꽃동네 간호 및 급식 봉사)

★ 합격 비법

부산대학교 효원인재전형은 전공 관련 내신(수학, 과학)만을 반영하는데 1단계에서 교과의 실질반영률이 낮고 비교과 성적이 60% 반영되었기 때문에 대외적으로 많은 활동과 수상 경력이 있는 이 학생의 경우 내신이 무척 약하였음에도 불구하고 충분히 극복할 수 있었다고 판단되어 지원을 하게 되었습니다. 지원자는 위의 수상 경력 외에도 특허청과 ETRI가 공동 주최하는 발명캠프에 참가하였고, 국제지식재산연수원 및 특허청이 주관하는 창의발명캠프 등을 수료하는 등 장래 희망과 관련한 일관된 활동으로 높은 점수를 얻어 합격할 수 있었습니다.

부산대학교의 효원인재 전형은 내신을 적게 반영하고 학생의 잠재력과 재능을 크게 반영하는 전형이라 저에게는 둘도 없이 좋은 기회였습니다. 이 전형은 대학교에서 인정하는 특화된 활동 경험과 수상경력이 있어야만 지원할 수 있는데, 저는 평소 기계에 관심이 많았기 때문에 발명에도 자연스레 관심을 가지게 되었고 발명동아리 지도 선생님의 도움을 받아 많은 대회에 참가하여 상을 탄 적이 있기 때문에 이것으로 저의 잠재력을 증명할 수 있었습니다.

하지만 이런 활동을 단순히 대입의 수단으로만 이용했다면 지금과 같은 결과는 없었을 것입니다. 물론 고등학생에게는 대학 입시가 아주 중요한 부분을 차지합니다만 취미와 특기를 살린 활동을 자기계발을 위한 것으로 생각하지 않고 오로지 대입을 위한 수단으로 생각한다면 그 활동은 즐거운 활동이 되지 못하여 좋은 결과를 얻기가 힘들어집니다.

또한 후배들에게 강조하고 싶은 것은 학생부종합전형이라고 하여 절대 성적을 등한시해서는 안 된다는 점입니다. 학생부종합전형에서는 특히 자신이 지원하는 학과와 관련된 과목에서 좋은 성적을 거두면 합격에 훨씬 유리하게 작용할 수 있으므로 관련 과목의 내신을 잘 관리해 두면 나중에 큰 힘이 될 것입니다. 저 역시 내신 성적이 조금만 더 좋았다면 대학 선택의 폭이 훨씬 더 넓었을 것이라는 아쉬움이 남기에 드리는 말씀입니다.

그리고 마지막으로 진로는 될 수 있으면 빨리 정하는 것이 좋다는 말씀을 드리고 싶습니다. 저는 1학년 때부터 기계, 특히 자동차 관련 분야로의 진로를 생각했기 때문에 학생부의 장래 희망란에는 3년 내내 자동차 엔지니어로 기록되어 있으며, 기계나 자동차와 관련된 도서를 지속적으로 읽고 독서활동을 기록해 왔습니다. 나중에 알게 된 사실이지만, 학생부에 기록된 이런 내용이 발명과 관련된 자기소개서 및 교사 추천서와 일치하면서 입학사정관들에게 매우 좋은 인상을 주었다고 합니다.

여러분도 자신이 정말 하고 싶은 일이 무엇인지 진로를 빨리 결정하여, 관련 활동을 지속적으로 해나가고, 내신을 꾸준히 관리한다면 꼭 합격할 수 있으리라 믿습니다. 지금은 힘이 들더라도 조금만 참고 이 시간을 견뎌내면 좋은 결과를 얻을 것이니 모두들 남은 고등학교 생활을 알차게 보내기를 바랍니다.

★ 총정리

① 내신의 실질반영률이 적으며 학생의 잠재력과 재능을 크게 반영하는 전형(자신에게 적합한 전형)을 찾음.

② 대학교에서 인정하는 특화된 활동 경험과 수상경력을 많이 쌓음.

③ 1학년 때부터 기계, 특히 자동차에 관련된 분야로의 진로를 빨리 결정하여 학생부의 장래 희망란에는 3년 내내 자동차 엔지니어로 기록되어 있으며, 기계나 자동차와 관련된 도서를 지속적으로 읽고 독서활동을 기록해 온 것이 좋은 인상을 줌.

④ 후배들에게 당부하고 싶은 말

- 취미나 특기를 살린 활동을 자기계발을 위한 것이라는 생각으로 즐겁게 참여할 것.

- 학생부종합전형에서는 지원하는 학과와 관련된 과목의 성적이 좋으면 합격에 유리하게 작용할 수 있으므로 관련 내신 성적을 잘 관리해 두는 것이 중요. 본인 역시 내신 성적이 조금 더 좋았다면 대학 선택의 폭이 훨씬 더 넓었을 것이라는 아쉬움이 듦.

- 진로를 빨리 결정하여 관련 활동을 지속적으로 준비하고, 내신을 꾸준히 관리하는 것이 중요함.

10 특기자 특별전형(어학)

1) 특징

어학 특기자 전형은 이름 그대로 어학능력이 우수한 학생을 뽑는 전형으로 대학마다 독자적 기준에 따라 다양한 명칭과 형태로 실시되고 있습니다.

그동안 어학(외국어) 능력 특기자의 경우 대학 및 학과에 따라 요구하는 공인어학 성적이 매우 다양하고 경시 대회 입상을 요구하는 등 지원 자격에 차이가 있었습니다. 그러다가 2010년 대교협에서 공교육 활성화를 저해하는 전형요소에 '토익·토플·텝스, JLPT, HSK 등 공인어학시험 성적' 등을 포함시킴으로써 이들 성적을 중심으로 선발하였던 어학 특기자 전형의 지원 자격 및 전형 방식에도 많은 변화가 생기기 시작하였습니다. 즉 성적만 보는 것이 아니라 '외국어에 대한 잠재 가능성'을 본다는 명목으로 전형방식에 변화가 생긴것입니다.

그렇다면 공인어학능력 시험은 어떤 것이 있는지 조금 더 자세히 알아보겠습니다. 공인어학능력 시험 성적은 원서 접수 마감일 기준으로 2년 이내에 응시하여 취득한 성적만 인정하는 것이 일반적이며, 대학에서 요구하는 주요 공인어학능력 시험은 다음과 같습니다.

① 영어: TOEIC, TOEFL(IBT/CBT 등), TEPS, G-TELP 등

② 중국어: HSK, CPT(주로 HSK성적을 반영)

③ 일본어: JPT, JLPT, NPT(주로 JPT와 JLPT를 반영)

④ 프랑스어: DELF, DALF 등

⑤ 독일어: 독일문화원에서 주관하는 ZD

⑥ 한자: 한국어문회에서 주관하는 한자능력검정시험

한편 교육부에서 주관하는 전국 고등학생 외국어 학력 경시대회나 국가기관, 대학, 언론기관에서 주최한 외국어 경시대회에서 입상한 학생들에게 지원 자격을 주는 경우도 있습니다. 대학마다 인정하는 공인외국어 성적의 종류나 기준이 다르므로 자신이 지원하려는 대학에서 어떤 시험의 성적을 인정하는지 미리 확인해 보아야 합니다.

2) 지원 시 주의할 점

본 전형에 지원하고자 하는 학생은 어학 성적만 준비해서는 안 되며 자신의 능력과 잠재력을 나타낼 수 있는 자료를 준비하여 학생부종합전형에 대비하는 것이 중요합니다.

한편 이 전형에서는 제출한 어학능력시험을 바탕으로 면접과 학생부성적이 반영되어 종합적으로 합격이 결정되는데 대학에서 제시하고 있는 지원 자격 점수는 해당 전형에 지원을 할 수 있는 최소한의 지원 자격이었지만 그동안 실제적으로는 거의 만점에 가까워야 합격할 수 있었습니다.

그런데 최근 주요 대학 입시에서 공인어학시험의 중요성은 점점 낮아지는 추세입니다. 왜냐하면 그동안 외국어 우수자 전형으로 선발했던 학생들이 외국어 능력만 뛰어나고 실제 수업에서는 기대에 미치지 못하는 성취도를 나타냈기 때문입니다. 실제로 연세대, 중앙대, 서강대, 한양대 등은 지원자의 공인어학시험 점수가 일정 수준 이상만 되면(TOEFL 110점, TOEIC 930점, TEPS 870점, JLPT 1급, JPT 850점, 신HSK 6

급, DELF 1단계, ZD gut 이상 취득) 모두 동점으로 처리하기 때문에 공인 어학시험 점수 1~2점 더 올리려고 돈과 시간을 낭비할 필요는 없습니다. 요컨대 어느 정도의 기준을 충족시키면 공인외국어 성적은 지원 자격으로서의 의미만 지닐 뿐이며, 면접 등의 전형 요소가 실질적인 당락을 결정*한다고 할 수 있습니다.

* 어학 특기자 전형임에도 정말 다른 게 더 중요한가요?
실제 일부 대학에서는 공인외국어성적이 만점인 학생은 불합격했지만, 어학성적은 그에 미치지 못하지만 기타 언어의 성적과 수상 실적 등 다양한 비교과 평가 요소를 지녀서 면접에서 좋은 평가를 받은 학생이 합격했던 사례가 나오고 있습니다.

또 어학 특기자 수시 전형은 공인어학시험 성적과 영어 능력의 비중 차이에 따라 두 부류로 나뉜다고 할 수 있는데, 학생부와 서류 비중이 높은 대학은 연세대, 고려대, 성균관대 등이 있습니다. 이들 대학은 1단계에서 자기소개서와 학생부에 나타난 지원자의 학업성취도, 성실성 등을 토대로 2단계 시험 응시자를 선발하는데, 학생부로 1단계 전형을 치른 대학은 대부분 2단계 전형에서 심층 영어 면접을 진행하는 경우가 많습니다. 연세대나 고려대의 경우, 모든 강의가 영어로 진행되므로 '단순히 의사소통 능력이 높은 학생'이 아니라 실제로 '영어로 대학 수준의 학업을 수행할 수 있는 학생'이 선발 기준이라고 할 수 있습니다.

반면, 중앙대, 한양대, 서강대 등은 서류 비중이 낮은 편에 속합니다. 이들 전형의 특징은 공인어학시험 점수에 의존하던 평가를 영어 에세이 작성 시험으로 대체했다는 것이라 할 수 있는데, 곧 주어진 영어 지문에 대한 자신의 생각을 영어로 써 내면 됩니다. 따라서 이들 대학에 입학하기 위해서는 영어 작문 공부를 게을리 하지 말아야 하며 글을 통해 논리성과 창의성을 동시에 보여주어야 합니다.

따라서 이 전형을 목표로 한다면 일정 기준 이상의 공인외국어 성적을 취득해 두어야 하겠지만 외국어 성적만으로 좋은 결과를 얻을 수 있다고 기대해서는 안 됩니다.

학생부 성적 관리와 다양한 비교과 활동 등의 실적을 쌓고, 영어 이외의 제2외국어 성적도 함께 준비해 두는 것이 좋습니다. 2개 이상의 외국어에서 일정 기준 이상의 공인 성적을 지니고 있는 학생에게 지원 자격이나 가산점을 주는 대학이 점점 늘고 있기 때문입니다. 그리고 어학 특기자 전형을 목표로 하지 않더라도 입시에서 공인외국어 성적은 다양하게 활용되고 있습니다. 특히 텝스(TEPS) 등은 수능 공부와 효과적으로 병행해 준비할 수 있으므로,* 되도록 2학년 때까지는 하나 이상의 공인 외국어 성적을 취득해 두는 것이 좋습니다.

> *** 공인외국어 성적이 다른 전형에도 도움이 되나요?**
> TEPS 점수는 대부분 대학에서 유효하나 시험의 특성상 영어 논술이나 영어 면접을 대비하기에는 부족한 점이 있습니다. 그런 점에서 영어의 4개 영역을 골고루 다루면서 수시 면접과 논술을 준비할 수 있는 TOEFL도 병행하여 공부하는 것이 효과적인 방법입니다.

어학 특기자 전형 유형도 학교마다 매우 다르기 때문에 자신에게 유리한 전형을 찾아 지원해야 합니다. 어학 특기자 전형이라고 해서 어학점수만 반영하는 것이 아니기 때문입니다. 어학실력이 탁월한 학생이라면 어학점수로만 선발하거나 어학점수의 비중이 높은 대학에 지원하는 것이 유리하고, 학생부 성적이 좋은 학생이라면 학생부 성적이 합산되는 대학에 지원해야 하는 것입니다. 이처럼 같은 어학점수를 가지고도 전형유형에 따라 결과가 엄청나게 달라질 수 있으니 반드시 대학별 요강을 확인**하고 지원해야 합니다.

> **** 대학별 요강을 효과적으로 확인하는 방법**
> 매년 수시 원서 접수 전, EBS 주최로 각 대학에서 수시 박람회를 개최하는데 여기에 가 볼 것을 권합니다. 이때 자신의 내신 성적과 자기소개서, 포트폴리오, 어학성적 등을 미리 준비해 가서 희망 대학 교수님들께 보여드리면 부족한 점을 보완할 수 있습니다. 또한 이곳에서 나누어 주는 각 학교의 학생부종합전형 팸플릿에는 합격수기도 나와 있으므로 그 수기를 보고 자기소개서를 작성하면 도움이 됩니다.

★ 전형 소개

전형 유형	국제학특기자전형(이화여자대학교 국제학부)
고사 종류	서류 + 영어면접
전형요소 및 반영비율	1단계 : 서류 100%(3.5배수) 2단계 : 1단계 성적 70% + 영어면접 30%
학생부 반영방법	종합평가
최저학력기준	없음

※ 대입제도의 특성상 고정된 전형이 아니며 하나의 사례에 해당합니다.

★ 지원자의 주요 이력

내신성적	전과목 3.3등급, 외국어교과 상위 15단위 (1등급)
수능성적	국어(2등급), 수학(3등급), 영어(1등급), 과탐(1, 2등급)
수상실적	교과우수상, 교내축제 전시회(장려상), 경기도 영어 의사소통능력인증평가(최우수상 2회)
공인외국어성적	TOEIC 950점

★ 합격 비법

지원자는 1, 2학년 연속하여 영자 신문반에서 활동하였고, 2학년 때는 영자 신문반 회장으로 리더십을 발휘하였습니다. 글로벌 전형에 지원한 학생치고는 글로벌 체험활동 실적이 미미하나, 생활기록부 상에 영자 신문반 활동이나 영어 관련 신문기사 스크랩 및 토론 등 영어에 관련된 적극적 활동이 일관되게 기술된 점이 높이 평가되었습니다.

일정 수준의 공인외국어시험 능력을 지원조건으로 하는 특기자전형에 지원하는 학생들의 경우 외국어 실력은 뛰어나지만 대부분 내신 성적이 떨어지는 특징이 있습니다. 타 대학에 비해 이화여대에서는 공인외국어시험 성적, 외국어 관련 체험활동과 더불어 반영되는 외국어교과 상위 15단위 반영비율만 30%에 이를 정도로 높았습니다.

지원자의 경우 전 교과 성적은 낮은 편이나 특히 외국어 교과 내신 성적 상위 15단위 평균이 1등급이었기 때문에 1단계를 무사히 통과할 수 있었습니다. 특히 영어 말하기 능력이 뛰어난 지원자가 지원하면 상당히 합격 가능성이 높은 전형이라 판단하였고, 평소 영어 구술·면접 관련 준비를 집중적으로 하였습니다.

★ 합격 수기

저는 이 전형을 비교적 늦게 준비했기 때문에 글로벌 활동 실적이 다른 학생들에 비해 아주 많이 부족했고, 토익 성적도 그리 높은 편이 아니었습니다. 그래서 모든 대학이 가장 중요하게 여기는 심층면접을 잘 치러야만 합격할 수 있을 것이라 판단하고, 면접 준비에 최선을 다했습니다. 매일 '중앙 데일리'나 '코리아 헤럴드'에서 시사성 있는 영어 기사를 찾아 하루에 2~3개씩 읽고 요약하는 연습을 했고, 말하기 연습을 위하여 학교 원어민 선생님을 찾아가 일주일에 한 번씩 영어로 시사적인 이슈에 대해 토론을 하기도 했습니다. 또한 '해커스 토익'이라는 인터넷 사이트에서 만난 영어 특기자 지망생 4명과 스터디 그룹을 만들어 시사적인 내용에 대해 영어로 대화하고 토론했는데, 나중에는 서로 사적인 농담을 영어로 주고받을 정도로 실력이 늘게 되었습니다.

또한 영어 면접을 가장 효과적인 대비할 수 있는 방안은 영어를 생활화하는 것이라고 생각했습니다. 그래서 항상 영어로 생각하고, 영어로 혼잣말을 하는 습관을 들여 언제든지 영어로 말할 수 있도록 노력하였습니다. 갑작스런 질문에도 영어로 대답할 수 있도록 진로, 가치관, 신념 등에 대한 말하기 연습도 빠뜨리지 않았습니다.

한편 이 전형에서는 제출 서류로 글로벌인재 전형 관련 활동 보고서를 요구했는데, 저는 고1 때 교내 영자 신문부 차장으로, 고2 때는 영자 신문부 부장으로 활동한 경력이 있었기 때문에 이를 제1활동으로 제출하였습니다. 제2활동으로는 한국정치학회에서 주최한 '한국정치 세계학술대회'에서 자원봉사 활동을 한 내용에 대해 제출하였고, 제3활동으로는 교내 'Global Festival'에서 활동했던 것을 제출했습니다. 사실 같이 지원한 다른 학생들의 활동 실적에 비하면 저의 활동 실적은 그리 뛰어나지 못했습니다. 지원한 학생들 중에는 국제축제 참여는 물론, 해외 봉사나 국제 행사 인턴십 활동, 또는 고아원에서 영어 강사로 활동한 학생들도 있었기 때문입니다.

영어면접 준비를 열심히 하여 다행히 합격하기는 했지만 저는 영어특기자로 대학에 진학하려는 계획을 처음부터 세우지 못했기 때문에 이에 맞는 다양한 활동을 할 수 없었다는 점이 아쉬움으로 남습니다. 후배 여러분께서는 하고 싶은 일을 빨리 정하고 그것에 맞도록 여러 가지 활동을 해 나간다면 나중에 활동 실적에서도 좋은 점수를 받을 수 있을 것이라고 생각합니다.

★ 총정리

① 심층면접을 위해 매일 '중앙 데일리'나 '코리아 헤럴드'에서 시사성 있는 영어 기사를 찾아 하루에 2~3개씩 읽고 요약하는 연습을 했고, 말하기 연습을 위하여 학교 원어민 선생님을 찾아가 일주일에 한 번씩 영어로 시사적인 이슈에 대한 토론

을 함.

② '해커스 토익'이라는 인터넷 사이트에서 만난 영어 특기자 지망생 4명과 스터디 그룹을 만들어 시사적인 내용에 대해 영어로 대화하고 토론하여 실력을 쌓음.

③ 영어를 생활화하기 위해 항상 영어로 생각하고, 혼잣말을 하는 습관을 들여서 언제든지 영어로 말할 수 있도록 노력함. 갑작스런 개인적 질문에도 영어로 대답할 수 있도록 진로, 가치관, 신념 등에 대한 말하기 연습을 계속함..

④ 영어와 관련된 일관된 활동을 활동보고서로 제출함.

⑤ 후배들에게 당부하고 싶은 말

처음부터 하고 싶은 일을 빨리 정하고 그것에 맞도록 여러 가지 활동을 쌓아 간다면 나중에 활동 실적에서 좋은 점수를 받을 수 있을 것임.

11 특기자 특별전형(수학·과학 우수자)

1) 특징

이 전형은 수학, 과학 관련 국제 및 전국 대회 입상, 자격증 취득 등 자연과학, 공학 분야에 뛰어난 이력을 가지고 있다면 지원할 수 있는 전형입니다.

즉 특정한 분야에 전문가적 열정과 꾸준한 노력을 보인 학생으로 그 분야에 대한 지속적인 관심과 활동 그리고 일정 부분에 가시적인 성과를 보인 학생들이 지원하는 전형이라고 할 수 있습니다. 따라서 전체 교과 성적은 다소 낮더라도 수학·과학 부문에서 남다른 활동 실적이나 성취도를 나타낸 학생이라면 이 전형에 지원 계획을 세울 필요가 있습니다. 물론 이 기준에 해당하는 학생은 대부분 과학고, 영재고 출신이기 때문에 사실상 특수목적고 전형이라 해도 무방합니다.

예컨대 일부 대학의 경우 과학고나 영재고 출신이 아니더라도 올림피아드 수상 경력이 있으면 지원할 수 있지만, 일반고 출신 학생이 이러한 조건을 충족시키는 경우가 거의 없다는 점을 감안하면 실제로는 과학고나 영재고 출신자들을 대상으로 한 전형이라고 볼 수 있습니다.

2) 지원 시 주의할 점

하지만 이 전형이 사실상 특목고 중심의 전형이라고 하더라도 일반계 고교 학생들이 아예 지원이 불가능한 것은 아닙니다. 일부 대학에서는 수학·과학의 이수 단위를 기준으로 지원 자격을 두고 있는 만큼 이수단위에서 지원이 가능한 일반고 학생이나 수학·과학 중점고등학교 학생들 중 비교과 실적이 우수한 학생들은 적극적으로 지원여부를 검토할 필요가 있습니다.

특히 자연 계열이며 모의고사와 내신에서 수학, 과학 점수가 뛰어나고 동 분야에 탁월한 능력이 있다면 반드시 지원하는 것이 좋습니다. 특히 이 전형에서는 의학계열 모집단위에서도 학생을 선발하는데 고려대, 단국대, 성균관대, 연세대, 고신대, 인제대, 한양대 등이 의학계열 모집단위에서 학생을 선발합니다. 따라서 의학계열 진학을 목표로 하는 학생도 이러한 전형에 관심을 가지고, 대학에서 요구하는 다양한 활동 실적을 쌓아두는 것이 좋습니다.

이 전형은 대체로 1단계에서 서류 평가만으로 일정 배수를 선발한 뒤에 2단계에서 면접고사를 실시해 합격자를 선발하는 방식을 취하고 있습니다. 1단계 서류 평가에서는 학생부 교과 성적과 비교과 활동 실적 등이 종합적으로 평가되는데, 올림피아드나 경시대회 등의 수상실적, 대학과목 선이수제 등의 활동실적, 연구보고서와 같은 연구실적 등이 중요하게 평가됩니다.

3) 지원 전략

한편 이 전형에 지원하려는 학생들이 명심해야 할 가장 중요한 항목은 '연관성'입니다. 본인이 해당분야에 특별한 자질을 가졌다고 생각하거나 그와 연관된 수상경력을 두루 갖추고 있다고 했을 경우, 지원하고자 하는 학과와 어떤 관계가 있는지를 꼭 생각해 보아야 합니다. 또한 수험생들은 어느 대회에 나가서 누가 주는 상을 받았느냐만 중요하게 생각하는 경우가 많은데 대학에서는 '참가상'에도 주목함을 알아야 합니다. 이 전형 역시 학생부종합전형과 마찬가지로 결과보다 과정을 평가하는 데 주안점을 두고 있기 때문입니다.

면접고사는 대부분 수학·과학적 사고력과 이해 수준을 평가하려는 심층면접의 형태로 실시되므로 이에 대한 체계적인 준비가 필요합니다. 최근에는 지필고사의 형태로 전형을 실시하는 대학도 늘고 있습니다. 또한 일부 대학에서는 논술고사를 실시하는데 전체 문항수가 6~8문항으로 많은 편이기 때문에 미리 대학의 출제유형에 맞추어 준비를 충분히 하지 않으면 해결에 어려움을 겪을 수밖에 없습니다.

따라서 기출문제나 모의고사 문제 등으로 미리 문제의 유형을 충분히 익혀 두어야 하며, 평소에 공부를 할 때에도 그러한 유형에 맞추어 사고를 확장시키는 연습을 해야 합니다. 특히 현재는 외부 경시대회 실적 등으로 지원 자격을 제한하지 않으므로 자신의 실력을 특화하기 위해서는 대학의 입시요강을 분석하여 지원전략을 세우는 것이 필요합니다.

★ 전형소개

전형 유형	탐구형 인재전형(중앙대학교 화학신소재공학부)
고사 종류	서류
전형요소 및 반영비율	서류 100% (학생부, 자기소개서, 교사추천서, 선택서류 10매 이내)
학생부 반영방법	종합평가
최저학력적용	없음

※ 대입제도의 특성상 고정된 전형이 아니며 하나의 사례에 해당합니다.

★ 지원자의 주요 이력

내신 성적	수학 1.4등급, 과학 2.0등급
수상 실적	○○시장 표창장(모범학생부문), 부모님과 함께 읽는 과학도서감상문대회(우수), 표창장(봉사부문, 선행부문), 3년 개근상, 교과우수상
봉사 활동	총 223시간(노인 요양원 봉사 활동 등)
특이사항	전공에 대한 꾸준한 열정으로 서울대학교 청소년 과학기술 진흥센터 교육과정 수료(20주), 서울대학교 농생명 과학 공동기기원 생명공학체험학습 참여(3일), 대전 대덕 연구단지 탐방(2일), 안성천문대 교육과정 수료(4주). 과학 동아리에 속해 전공을 열심히 공부하면서도 교내 그룹사운드 동아리를 창단, 기장을 맡아 교내 축제에서 장려상을 수상하는 등 열정을 드러냄.

★ 합격 비법

지원자는 과학 동아리 활동을 통해 전공에 대해 관심과 노력을 기울였으며, 관련 캠프 참가 등으로 일관성 있는 목표지향태도를 보여 왔습니다. 또한 학급반장과 그룹 사운드 동아리 초대 기장으로 활동하면서 자기주도적인 태도로 적극적으로 활동하여 리더십을 꾸준히 길러왔을 뿐만 아니라 희망학과 준비에 맞게 자기 스스로 계획하고 학습하여, 수학, 과학 과목에서도 우수한 성적을 거두었습니다. 비슷한 전형을 준비하는 학생들과 서로 정보를 공유하였습니다.

★ 합격 수기

제가 이 전형을 자세히 알아본 것은 고2 여름방학이 끝날 무렵이었습니다. 당시에는 실시된 지 얼마 안 된 전형이었고, 명확한 합격기준도 없는 전형이라 준비하면서 걱정을 많이 했지만, 수학과 과학을 좋아하는 저에게 가장 적합하다는 생각으로 준비를 하게 되었습니다.

앞서 밝혔듯이 저의 관심 분야는 수학·과학입니다. 그래서 수학·과학을 다른 과목들보다 훨씬 더 열심히 하였고, 관련된 행사가 있으면 모두 참여하였습니다. 강의를 들으러 대학교에 다니기도 하였고, 과학캠프와 대덕연구단지와 천문대 체험학습도 갔습니다. 이러한 활동을 자기소개서와 선택서류에 잘 반영하기 위해 고3 여름방학 내내 글을 쓰고 수정하기를 반복했습니다.

제가 이 전형에 합격하게 된 것에는 저의 꿈인 생화학자와 관련된 과학 활동들이 일관성 있게 이루어졌고, 제가 동아리를 직접 만들어서 활동을 했다는 점 등이 입학사정관들에게 강한 인상을 주었기 때문이라고 생각합니다.

그래서 지금 대입을 준비하고 있는 후배들에게 목표를 빨리 설정하라는 말을 해주고 싶습니다. 저의 경우는 1학년 때부터 하고 싶은 일을 빨리 정했기 때문에 그와 관련된 활동들을 즐겁게 참여했고, 관련 공부도 열심히 할 수 있었습니다. 대입을 준비할 때만이 아니라 무슨 일을 하더라도 목표 설정을 하고 그에 맞는 계획을 세워 실천한다면, 어떤 일을 하더라도 반드시 기회가 올 것이라 믿습니다. 다들 힘내시기 바랍니다.

★ 총정리

① 수학·과학과 관련된 내신 준비 뿐 아니라 대학 강의를 듣는 등 진로와 관련된 일관된 활동을 적극적으로 하여 높은 평가를 받음.

② 오랜 시간 자기소개서와 포트폴리오를 수정하는 노력을 함.

③ 관련 전형을 준비하는 친구들과 정보공유를 함.

④ 후배들에게 당부하고 싶은 말

목표를 빨리 설정하고 그와 관련된 활동에 적극적으로 참여할 것을 권함.

12 특기자 특별전형(전문교과 이수자, 특목고, 해외고)

1) 특징

특수목적고는 1980년대 이후 과학, 어학 등 특정 분야에 있어서 우수한 인력을 양성하기 위해 세워진 학교로 과학고, 외국어고, 국제고, 예술고, 체육고 등이 있습니다. 즉 특목고 학생들은 애초에 특정 분야에 우수한 인재로 키우기 위해 선발한 학생이기 때문에 그것만 놓고 본다면 사실상 학생부종합전형에 가장 적합한 학생이 되는 것입니다. 그래서 수시모집에서 주요 대학들은 이들을 대상으로 한 특별전형을 다양하게 실시하고 모집인원도 해마다 늘리는 경향을 보이고 있습니다.

대학에서는 수능성적을 포함한 기타 성적은 우수하나 상대적으로 내신 성적으로 인한 불리함을 받을 수 있는 특수목적고 학생들을 선발하기 위한 전형을 많이 만들고 있는데, 이 전형은 특수목적고 학생 중에서도 내신 성적이 우수한 학생이라면 합격률이 상당히 높은 전형입니다. 이 전형의 지원 자격 중 하나는 '외국어, 국제(혹은 수학, 과학)에 관한 전문 교과* 이수자'인데 일반고에서는 이러한 과목을 이수하지 않는 경우가 대부분이므로 이런 식으로 지원 자격이 공지되어 있

*** 전문 교과가 무엇인가요?**

현 고등학교 교과과정은 보통 교과와 전문 교과로 나뉘어져 있습니다. 보통 교과 영역은 기초, 탐구, 체육·예술, 생활·교양으로 구성되며, 전문 교과는 농생명 산업, 공업, 상업 정보, 수산·해운, 가사·실업, 과학, 체육, 예술, 외국어, 국제에 관한 교과로 구성되어 있습니다. 일반적으로 졸업하기 위해 이수해야 할 교과 영역별 이수단위가 정해져 있는데(현재 창의적 체험활동을 포함하여 고등학교 졸업에 필요한 '최소 이수 단위'는 204단위이며, 1단위는 주당 수업시수를 가리킴. 예를 들어 주 3회 수업인 과목은 3단위가 됨) 대학에서 특정 교과를 최소이수단위를 정할 경우 전 학년 동안 대학에서 정하는 최소이수단위만큼 이수해야 지원 자격이 주어지게 됩니다. 예를 들어 대학에서 전문 교과인 심화영어 40단위를 최소이수단위로 명시한 경우 보통 교과인 영어Ⅰ, 영어Ⅱ을 50단위 들어도 이 조건을 충족시킬 수 없습니다. 즉, 최소이수단위란 대학에 지원하기 위해 최소한 이수해야 할 단위수를 말하는 것으로 이를 이수하지 않을 경우 지원이 제한됩니다. 전문 교과는 그 이름에서 알 수 있듯이 보통 교과보다 더 어렵기 때문에 과학고, 국제고, 외국어고 등의 특목고에서 많이 이수하게 됩니다.

는 것은 사실상 특목고 생을 별도로 선발하기 위함입니다.

일부 대학의 경우 인문계열에서는 외국어나 국제 전문 교과를 이수하거나 외국어 능력 등 글로벌리더로서의 자질과 역량을 갖춘 학생을 지원 자격으로 하고 있는데, 이는 실질적으로 외국어고, 국제고 출신자만 지원할 수 있는 전형이라 할 수 있습니다. 또한 자연계열은 과학에 관한 전문 교과를 이수하거나 수학, 과학에 탁월한 역량을 갖춘 학생을 지원 자격으로 하고 있지만 이는 실제로 과학고나 영재고 출신자가 지원할 수 있는 전형인 것입니다.

한편 해외생활을 오래 한 학생의 경우 해당 국가의 언어실력이 기본적으로 갖추어져 있기 때문에 국제전문가를 양성하기 위한 목적으로 해외고 출신 학생들을 별도의 기준을 정해 뽑고 있습니다.

★ 전형 소개

전형 유형	일반전형(서울대학교 불어불문과)
고사 종류	면접 및 구술고사
전형요소 및 반영비율	1단계 : 서류 100% (2배수) 2단계 : 1단계 성적 100% + 면접 및 구술고사 100%
학생부 반영방법	전과목
최저학력기준	없음

★ 지원자의 주요 이력

내신성적	전과목 2.09등급
수능성적	국어(1등급), 수학(1등급), 영어(1등급), 사탐(1, 2등급), 프랑스어(1등급)
수상실적	제2회 전국고등학생프랑스어대회(알리고 싶은 우리의 역사 대상), 프랑코포니 사진 콘테스트(가작), 제10회 전국 고교생 프랑스 시 낭송대회(은상)
어학성적	TEPS 1+, DALF C1

★ 합격 비법

서울대학교의 경우 모든 영역을 모두 골고루 잘하는 학생을 선발하려고 합니다. 따라서 다른 성적이 뛰어나더라도 내신이 불리할 경우 1차에서 떨어질 가능성이 높습니다. 위 학생의 경우 외국어 고등학교에서 내신뿐 아니라 어학성적, 비교과에서 모두 뛰어난 재능을 보인 학생입니다. 또한 전공과 관련된 프랑스어 관련 다양한 행사에 참여하였고, 여러 경시대회에서 입상을 한 바 있으며, 특히 외국에서 공부한 경험이 전혀 없는 국내파 학생으로 프랑스어를 공부하여 DALF C1을 받은 점이 높이 평가되었습니다.

★ 합격 수기

입학할 때부터 프랑스어에 대해 관심이 많았기 때문에 외고에서도 망설임 없이 불어과를 선택하였습니다. 하지만 처음 배우는 프랑스어는 배우기가 쉽지 않아 처음에는 발음을 연습하는 것도 힘들어서 말하기 대회를 준비하면서는 좌절도 많이 경험하였습니다. 하지만 교과서 내용을 바탕으로 한 나만의 정리노트를 따로 만들어 공부하면서 조금씩 프랑스어에 적응할 수 있었습니다.

이렇게 열심히 노력한 덕분에 전공과에서 단 한 명만 받을 수 있는 프랑스어 관련교과 우수상을 3년 내내 받을 수 있었습니다. 또 방과 후 학교 수업으로 DELF, DALF를 꾸준히 준비해 결국 DALF C1에 합격한 것은 큰 보람이었습니다. 시험을 준비하기 위해 RFI, RTL이나 France Info와 같은 사이트들을 이용하여 뉴스를 들으며 수없이 받아쓰기를 하였으며, 다양한 시사주제에 대하여 원어민 선생님과 토론하고, 생각을 정리하여 글로 써 보았습니다. 이처럼 교과서 내용에서 벗어나 실제적으로 프랑스어를 접한 것이 실력 향상에 매우 큰 도움이 되었습니다.

저는 제가 하는 모든 활동을 장래의 목표와 연결시키기 위해 노력하였습니다. 번역가가 되는 것이 꿈인 저는 어학만을 주로 공부하면서 생기는 문화에 대한 갈증을 충족시키기 위해 프랑스 문화 관련 행사 참가, 프랑스어 관련 경시대회 참가 등을 계속해 나갔습니다. 또한 프랑스 식사 문화와 예절에 대해 조사하고 이를 바탕으로 '초대'라는 제목의 짧은 소설을 써보거나, Gallimard Jeunesse의 "Conte"와 "잠자는 숲속의 공주"를 번역해 작은 책을 만들어 보는 등 다양한 분야에서 진로와 관련된 활동을 해보려 노력하였습니다.

물론 학교 공부도 충실하게 해야 했습니다. 서울대의 경우 학교 내신이 중요하기 때문에 수업시간에 성실히 참여하면서 선생님들이 강조하는 부분을 잘 짚어내는 것이 중요했습니다. 특히 고3 5월경에는 수능, 내신과 더불어 DALF를 준비해야했기 때문에 무척 힘들었지만 되도록 시간 관리를 효율적으로 하려고 노력하였습니다. 내신공부는 주로 수업시간을 활용하였고, 자습시간에는 DALF, 나머지 시간에는 수능으로 나누어서 공부하였습니다.

이렇게 학기 중에는 교과 공부를 하는 데 주력했고 방학에는 자기소개서 준비 및 지금까지 했던 자료들을 정리하는 시간을 가졌습니다. 평소에 신문을 많이 읽고 기출문제를 풀어보면서 준비했는데 선생님들께 많은 도움을 받았습니다.

돌이켜보면 지난 3년의 시간이 힘들기는 했지만 제 꿈을 실현할 수 있는 곳에 한 발짝 더 가까이 다가가기 위한 노력이었기 때문에 뿌듯하게 느껴집니다. 후배 여러분께서도 남들보다 좀 더 노력해야 더 나은 결과를 얻을 수 있다고 믿고 끝까지 포기하지 않겠다는 굳은 의지를 가지시기 바랍니다.

★ 총정리

① 교과서 내용을 바탕으로 한 나만의 정리노트를 따로 만들어 공부함.

② 방과 후 보충 수업으로 DELF, DALF를 꾸준히 준비해 결국 DALF C1에 합격함.

③ RFI, RTL이나 France Info와 같은 사이트들을 이용하여 뉴스를 들으며 수없이 받아쓰기를 하였으며, 다양한 시사주제에 대하여 원어민 선생님과 토론하고, 생각을 정리하는 등 실제생활에서 프랑스어를 접하기 위한 노력을 계속함.

④ 짧은 소설을 쓰거나 번역을 하는 등 다양한 분야에서 진로와 관련된 활동을 지속함.

⑤ 효율적인 시간관리로 내신, 수능, 어학시험 모두를 대비함.

⑥ 후배들에게 당부하고 싶은 말

남들보다 좀 더 노력해야 더 나은 결과를 얻을 수 있다고 믿고 끝까지 포기하지 않는 굳은 의지를 가지길 바람.

이상에서 살펴본 학생부종합전형(특별전형 포함)을 간단히 정리하면 다음과 같습니다.

첫째, '수시 4개 전형 이내'라는 팩트는 일반 대중이 인식하고 있는 '4개'와는 다른 모습이기 때문에 대입 전형에서 실제 주가 되는 방식이 무엇인가를 알 필요가 있습니다. 교육부에 따르면 수시모집의 경우 각 대학이 전형방법을 총 4개 이내에서 해결해야 하는데, 이는 학생부교과, 학생부종합(입학사정관전형), 논술, 실기/특기자 등 총 4가지 종류로 구성될 수 있습니다. 교육부의 발표는 마치 한 대학이 학생부교과 1개, 학생부종합 1개, 논술 1개, 실기/특기자 중에서 1개 이런 식으로 총 4개의 전형을 생각하게 하지만, 실상은 그렇지 않습니다.

그 이유는 대학에서 적성전형이나 특별전형 등을 곧바로 모두 폐지할 수 없는 상황에서 수시 4개전형이라는 숫자를 맞춰야 했기 때문에 결국 이들 전형을 위의 4가지 대표 전형의 내용 속에 편입키는 고육책을 쓸 수밖에 없었다는 점입니다. 즉 적성전형은 실제 당락은 아직도 적성시험점수가 좌우하더라도 학생부의 실질반영비율을 줄여 학생부60%+적성40%라는 눈속임 방식으로 학생부교과전형에 집어넣는 방식을 택했으며, 특별전형의 경우에도 서류70%+특기30%의 식으로 학생부 종합 전형에 편입시킨 방식을 택한 대학도 많습니다.

결국 이런 연유로 2015학년도 입시부터 학생부종합전형의 선발인원이 대폭적으로 증가하였는데, 이는 대학에서 인정하는 입학사정관제의 긍정적인 영향 외에도 학생부와 수상실적, 다양한 활동 사항 등을 반영하는 특별전형 선발 인원이 학생부종합전형에 상당수 포함되었기 때문이라 분석할 수 있습니다. 따라서 학생부종합전형(입학사정관제)을 준비하는 학생들은 그 이름에만 집착하지 말고 학생부 교과전형이나 논술전형, 실기/특기자 전형 모두를 살펴보고 실질적으로 서류와 면접 등 학생부 비교과전형을 통해 입학사정관이 학생을 선발하는 대학을 찾을 수 있어야 합니다.

둘째, 나의 강점을 살릴 수 있는 전형을 찾아야 합니다.

인재상*과 자격조건은 각 대학마다 다르기 때문에 스스로를 분석하고 강점을 살릴 수 있는 전형을 찾는 것이 무엇보다도 중요합니다. 예를 들어 뚜렷한 활동 실적은 없으나 체계적인 학습 계획을 세워서 학교생활에 충실했던 학생은 자기독자적 기준 특별전형에 지원할 수 있습니다. 이처럼 대학별·전형별로 요구하는 자격 조건이 다르기 때문에 지원하고자 하는 대학의 홈페이지나 안내책자를 통해서 자신에게 적합한 전형을 찾는다면 합격 가능성이 더욱 높아질 것입니다.

*** 대학이 요구하는 인재상을 효과적으로 확인하는 방법?**
자신의 활동이 각 대학의 인재상에 맞아야 학생부종합전형 합격에 유리하기 때문에 각 대학의 인재상을 아는 것은 아주 중요합니다. 하지만 현실적으로 학생들이 이를 파악하기가 쉽지 않습니다.
인재상을 쉽게 파악할 수 있는 방법을 한 가지 소개해 드리면 다음과 같습니다. 입학을 희망하는 대학의 홈페이지에 회원으로 가입하고 메일수신에 동의하면 대학교의 홍보메일이나 추천하는 학과, 어떤 학과가 어떤 일을 했는지 등의 메일이 수시로 옵니다. 메일을 읽어보고 자기소개서나 면접에 필요할 것 같은 내용을 저장해두면 학생부종합전형 준비에 큰 도움이 됩니다. 만약 시간이 없다면 메일 제목만 보고 메일을 분류한 뒤 필요한 것만 찾아서 읽는 것도 좋은 방법이 될 것입니다.

셋째, 학교생활기록부(교과+비교과)관리는 필수입니다.

학교생활기록부는 서류의 한 부분이기도 하지만 그 자체가 매우 중요한 전형요소입니다. 학생부종합전형에서 학교생활기록부, 자기소개서, 교사 추천서 이외에 별도의 서류를 받지 않는 대학이 점점 늘어가고 있다는 것도 학교생활기록부를 잘 관리해야 하는 이유라 할 수 있습니다. 학교생활기록부에는 학생들의 학교 활동이 고스란히 기록되기 때문에 학교 활동과 더불어 이를 통한 성장 과정이 충실히 기록될 수 있도록 적극적으로 학교 활동에 참여하는 자세가 필요합니다.

출결이나 독서활동상황, 교외체험학습상황 등도 꼼꼼하게 관리할 필요가 있으며 특히 봉사 활동은 활동량보다는 그 경험이 지니는 내용과 의미가 더욱 중요하게 평가된다는 사실을 염두에 두어야 합니다. 따라서 자신의 사고와 가치관의 형성에 영향을 끼칠 수 있는 남다르고 의미 있는 경험을 해 보는 것이 중요합니다. 그리고 학생부종합전형은 모집단위의 특성에 알맞은 잠재력과 소질을 지닌 학생을 선발하겠다는 취지에서 실시되고 있으므로 지원하려는 모집단위의 전공과 관련된 활동을 꾸준히 해 가는 것이 중요합니다. 이를 통해 목표 의식이 뚜렷하다는 것을 증명할 수 있기 때문입니다.

한편 학생부종합전형이 학생의 특기나 적성, 잠재능력을 중시하므로 서류평가에서 활동 경력이나 수상 실적 등의 요소들만 강조되는 것으로 생각하기 쉽습니다. 하지만 서류 평가에서는 학생부를 포함하여 여러 가지 활동 상황이 종합적으로 평가되며, 당연히 학생의 평소 생활태도와 잠재 가능성 등을 평가하는 데 학생부 교과 성적이 가장 중요한 요소로 작용합니다. 따라서 좋은 교과 성적을 유지할 수 있도록 성실히 노력해야 합니다.

넷째, 수능 준비는 끝까지 해야 합니다.

학생부종합전형이라고 해서 수능의 영향력이 없는 것이 아닙니다. 일반적으로 학생들이 선호하는 수도권 소재 중상위권 이상의 대학에서는 학생부종합전형에서도 수능 최저학력기준을 적용하고 있습니다. 수능 최저학력기준을 충족하면 합격 가능성이 높아지기 때문에 중상위권 대학을 학생부종합전형으로 합격하기를 원하는 학생들은 마지막까지 수능공부에 매진하여야 합니다.

자신에게 유리한 학생부종합전형 유형

학업능력이 우수하고 학생부 교과, 비교과 성적이 뛰어난 경우	학생부교과전형
학업능력이 우수하고 관심 있는 분야와 관련하여 교내 활동(봉사, 동아리, 학생회 등)에 꾸준히 참여한 경우	독자적 기준 특별전형(추천자)
특정 분야에 재능이 있고 두각을 드러낸 경우	특기자 특별전형(문학, 컴퓨터·IT, 체육, 방송·모델·공연·영상)
기초생활수급자자녀, 차상위계층자녀 또는 소년소녀가장인 경우	고른 기회전형(기회균형)
부모님이 군인, 경찰, 소방공무원, 국가유공자, 환경미화원, 장애인 등일 경우	고른 기회전형(사회배려대상자)
전교학생회임원, 학년장, 학급임원, 동아리회장으로 리더십을 발휘한 경우	독자적 기준 특별전형(리더십)
TOEIC, TOEFL, TEPS, JPT 등 어학성적이 우수할 경우	특기자 특별전형(어학)
특수목적고, 해외고 출신인 경우	특기자 특별전형(전문교과 이수자, 특목고, 해외고)
올림피아드에서 입상하는 등 수학, 과학 관련 성적이나 성취가 매우 뛰어난 경우	특기자 특별전형 (수학·과학 우수자)
대학의 장이 정하는 농어촌 지역에 살고 있는 경우	고른 기회전형(농어촌 학생)
특성화고에서 학업능력이 우수하고 학생부교과성적이 뛰어난 경우	고른 기회전형(특성화고교 출신자)
특성화고를 졸업한 뒤 산업체에서 3년 이상 재직한 경우	고른 기회전형(특성화고교졸 재직자)
특수교육대상자로 선정되어 학업능력이 우수한 경우	고른 기회전형(장애인 등 대상자)

그럼 이제 자녀, 제자 혹은 본인이 학생부종합전형에 지원가능한지 다음 표에 한 번 체크해 보시기 바랍니다. 우수에 해당하는 내용이 많을수록 학생부종합전형에 지원했을 때 좋은 결과가 예상됩니다.

학생부종합전형 지원을 위한 자가 진단표

영역	평가요소	자기평가진단	평가			확인
			우수 5점	보통 3점	미흡 1점	
교과 관련 활동 25점	전체 교과 성적	- 8~9등급 과목은 몇 개나 있는가? * 우수 : 없음 * 보통 : 1과목 * 미흡 : 2과목 이상				
	학년별 교과 성적 추이	- 3개년 동안 전 과목 평균 등급이 향상되었는가? * 우수 : 5개 학기 평균 1~2등급 유지, 또는 전학년 대비 등급이 2단계이상 향상 * 보통 : 5개 학기 평균 등급이 비슷 * 미흡 : 전 학년 대비 평균 등급이 하락				
	학업 관련 탐구 활동	- 전공 관련 과목의 평균 등급 성적은 우수한가? * 우수 : 1~2등급 * 보통 : 3~4등급 * 미흡 : 5등급 이하				
	전공 관련 교내 수상	- 전공 관련 과목의 교내 경시대회 실적이 있는가? * 우수 : 전공 관련 교내 경시대회 및 각종 수상 있음 * 보통 : 전공과 무관한 경시대회 및 각종 수상 있음 * 미흡 : 교내 경시대회 등 교내 수상 거의 없음				
	방과 후 학교 활동과 자기주도학습	- 방과 후 학교 참여 등 자기주도학습을 하였는가? * 우수 : 결석 없이 적극적으로 참여하여 학생부 교과세부능력 특기 란에 전공 관련 과목이 모두 기록되어 있고, 보고서, 논문 등 작성 실적이 있음 * 보통 : 학생부 교과세부능력 특기 란에 몇 개 기록 * 미흡 : 학생부 교과세부능력 특기 란에 기록 없음				

영역	평가요소	자기평가진단	평가			확인
			우수 5점	보통 3점	미흡 1점	
창의적 체험 활동 25점	독서활동	- 독서량이 풍부하고, 태도의 변화를 가져왔는가? * 우수 : 고교 시절에만 50권 이상 읽은 기록이 있으며, 태도 변화가 생활기록부에 기록됨 * 보통 : 30권 이상 기록 * 미흡 : 20권 이하				
	자격증 및 인증	- 전공 관련 자격증 및 인증을 취득하였는가? * 우수 : 2개 이상 있음 * 보통 : 1개 * 미흡 : 없음				
	동아리 활동	- 전공 관련 동아리 활동을 지속적이고 주도적으로 하였는가? * 우수 : 동아리를 결성하여 임원을 맡아, 5개 학기 동안 주도적으로 하면서 이뤄낸 실적을 제시할 수 있음 * 보통 : 교내 동아리에서 단순히 임원 역할만 맡았음 * 미흡 : 별다른 실적 없이 교내 동아리 부원으로만 활동				
	봉사 활동	- 진정성을 가지고 지속적으로 봉사 활동을 하여, 태도의 변화가 있었는가? * 우수 : 일관성 있는 봉사를 누계 100시간 이상 지속적으로 하여 태도변화가 생활기록부에 기록됨 * 보통 : 봉사시간은 100시간 이상이나 전공과 관련되지 않았고 태도 변화도 기록되지 않음 * 미흡 : 봉사시간이 60시간 미만임				
	진로탐색·체험활동	- 진로 목표가 뚜렷하고, 진로탐색 활동을 하였는가? * 우수 : 진로를 고민하며, 전공체험 활동 프로그램에 참여, 지원 대학 전공학과 홈페이지 방문 등을 수시로 함 * 보통 : 진로에 대한 고민을 하면서, 학교에서 안내해주는 진로 탐색 활동만 함 * 미흡 : 진로 고민을 별로 하지 않는 편임				

영역	평가요소	자기평가진단	평가			확인
			우수 5점	보통 3점	미흡 1점	
학교생활충실도 및 인·적성 25점	공동체 의식과 협동심	- 학교행사 / 학급행사 등에서 활동을 적극적으로 하였는가? * 우수 : 학교·학급행사 활동은 물론 지역 및 사회단체에서 적극적인 활동을 함 * 보통 : 주어진 학교, 학급 행사만 참여함 * 미흡 : 학교, 학급 행사 참여 기록 없음				
	리더십	- 학교/학급/사회단체 등에서 임원을 맡아 실적을 남겼는가? * 우수 : 임원직을 맡아 어떤 실적을 제시함 * 보통 : 임원직만을 맡았음 * 미흡 : 리더십을 발휘해본 경험이 없음				
	학업 의지	- 5개 학기 동안 개근하면서 계획한 학습 목표를 달성하였는가? * 우수 : 개근을 하였고, 학습 계획 노트를 제시하여 목표 달성을 보일 수 있음 * 보통 : 5개 학기 동안 5회 이하의 결석을 함 * 미흡 : 사고결석 등이 10회 이상임				
	교우 관계 및 의사소통능력	- 학생부 행동특성 및 종합의견 란에 교우관계 / 의사소통 능력 / 협동심에 대한 교사의 의견이 좋게 기술되어 있는가? * 우수 : 교우관계 및 의사소통에 대한 언급이 긍정적으로 상세히 기술되었음 * 보통 : 별 다른 언급이 없음 * 미흡 : 교우관계 및 의사소통에 대한 언급이 부정적으로 기술되었음				
	교사의 평가	- 추천서를 써 주시는 선생님께서 자신의 소질과 적성 / 학교생활태도 / 수업태도 / 독창적 사고력 / 책임감 등을 탁월하다고 써주었는가? * 우수 : 탁월 * 보통 : 우수 * 미흡 : 부진				

<table>
<tr><th rowspan="2">영역</th><th rowspan="2">평가요소</th><th rowspan="2">자기평가진단</th><th colspan="3">평가</th><th rowspan="2">확인</th></tr>
<tr><th>우수
5점</th><th>보통
3점</th><th>미흡
1점</th></tr>
<tr><td rowspan="3">교육적 환경
15점</td><td>지역/
학교/
가정환경</td><td>- 어려운 교육적 환경에도 불구하고 학업 수행의 장애를 극복하려는 의지가 있는가?
* 우수 : 극복사례를 제시할 수 있음
* 보통 : 평범함
* 미흡 : 없음</td><td></td><td></td><td></td><td></td></tr>
<tr><td>자기 극복 의지</td><td>- 지적 호기심과 도전 정신을 가지고 공부한 것이 있는가?
* 우수 : 학교에 개설되지 않는 과목 또는 기피 과목을 공부한 것이 있음
* 보통 : 학교에서 개설된 과목만 열심히 공부하였음
* 미흡 : 불리하다고 생각한 학교 개설 과목을 피함</td><td></td><td></td><td></td><td></td></tr>
<tr><td>자신의 평가</td><td>- 자기소개서를 작성할 때 나만의 이야기를 쓸 거리가 풍부한가?
* 우수 : 풍부함
* 보통 : 약간 있음
* 미흡 : 별로 없음</td><td></td><td></td><td></td><td></td></tr>
<tr><td colspan="2" rowspan="2">입학사정관 종합평가</td><td>- 자신의 특기, 진로 희망, 활동내역, 전공관련 교과성적, 수상 실적 등이 종합적으로 일치하는가?
* 우수 : 뚜렷하게 일치함
* 보통 : 약간 일치함
* 미흡 : 일치하는 것이 없음</td><td></td><td></td><td></td><td></td></tr>
<tr><td>- 대학의 인재상과 부합하는가?
* 우수 : 뚜렷하게 일치함
* 보통 : 약간 일치함
* 미흡 : 일치하는 것이 없음</td><td></td><td></td><td></td><td></td></tr>
</table>

법학전문대학원(로스쿨)

법학전문대학원(로스쿨)은 일반 4년제 대학 이상의 학력을 소지한 사람들을 선발하여 6학기(3년제)석사학위 과정으로 교육하는 대학원을 말합니다. 즉, 법률이론을 가르치는 기존의 법과대학과 실무위주의 사법연수원을 합쳐놓은 대학원이라고 생각하면 됩니다. 로스쿨을 졸업한 후에 별도의 변호사시험을 치르게 되는데, 법학전문대학원의 학생 선발 시 반영요소는 다음과 같습니다.

법학전문대학원 신입생 선발 시 반영요소	
1	법학적성시험(LEET)
2	학부성적(GPA)
3	외국어 시험 성적
4	사회활동·봉사 활동 경험 및 면접

전형 내용 및 반영비율(예시)

전형형태	전형내용 및 반영비율		배점
서류전형 (60%)	전공분야를 포함한 학부성적(15%)		120
	법학적성시험(LEET) 성적(15%)		120
	외국어능력(15%)		120
	사회 및 봉사 활동의 경력을 포함한 자기소개서(10%)		80
	수학(修學) 및 졸업 후 활동에 관한 계획서(5%)		40
	서류전형 총점		480
심층면접 (40%)	서면질의 (20%)	글로 표현된 인류보편의 가치관, 공적 기여의 품성, 직업적 소명의식, 논리적 사고력 및 판단력	160
	대면질의 (20%)	말로 표현된 인류보편의 가치관, 공적 기여의 품성, 직업적 소명의식, 논리적 사고력 및 판단력	160
	심층면접 총점		320
전형총점			800

법학전문대학원이 설치된 대학 및 모집 정원

대학명	모집정원(명)	대학명	모집정원(명)
강원대학교	40	서울대학교	150
건국대학교	40	서강대학교	40
고려대학교	120	충남대학교	100
성균관대학교	120	충북대학교	70
연세대학교	120	전남대학교	120
이화여자대학교	100	전북대학교	80
한양대학교	100	원광대학교	60
경희대학교	60	제주대학교	40

대학명	모집정원(명)	대학명	모집정원(명)
서울시립대학교	50	경북대학교	120
아주대학교	50	영남대학교	70
인하대학교	50	부산대학교	120
중앙대학교	50	동아대학교	80
한국외국어대학교	50	총계	2,000

재외국민과 외국인 특별전형의 지원 자격

재외국민과 외국인 특별전형의 지원 자격 대상은 영주교포자녀, 해외근무자(공무원, 상사직원 등) 자녀, 기타 재외국민의 자녀, 전 교육과정 이수 재외국민, 외국국적 취득 외국인, 부모 모두 외국인인 외국인 학생, 전 교육과정 이수 외국인 학생, 북한이탈주민이 있으며 지원 자격은 대학마다 다를 수 있으나 일반적으로 살펴보면 아래와 같습니다.

① 영주교포 자녀

일반적으로 보호자와 배우자 및 학생 모두가 외국에서 2년 이상 거주(학생의 경우 고등학교 과정 1년을 포함한 중·고등학교 과정을 연속적으로 2년 이상 재학)해야 하며, 보호자와 배우자의 근무, 거주 및 체류기간이 학생의 재학, 거주, 체류기간과 중첩해야 합니다. 즉 특별전형 자격 인정을 위한 외국학교 재학기간(2년) 동안 반드시 부모와 함께 영주교포로서 거주해야 합니다. 반면 배우자(보통 '모')의 체류기간은 학생 및 보호자의 1/2로 설정하는 등 대학별로 기준 기간이 다양하므로 반드시 해당 대학의 자격기준을 확인해야 합니다.

- 해외거주기간: 재학 및 근무를 위해 해당국에 거주한 기간으로 재외국민등록부 등본상에 기재된 기간
- 해외체류기간: 출입국증명서상 해당국의 거주기간에서 국내체류일수를 제외한 기간
- 해외영주기간: 영주권을 발급받은 후 해외 해당국에 거주한 기간

② 해외근무자(공무원, 상사직원 등) 자녀

일반적으로 외국에서 2년 이상 근무한 자의 자녀로서 고등학교 과정 1년을 포함하여 외국의 중·고교 과정을 2년 이상 이수로 설정하고 있습니다. 단, 해외근무자는 외국에서 상근하는 경우에 국한(연수·유학·출장 형식의 단기 근무자는 제외)됩니다. 또한 해외 파견 근무자의 배우자에 대한 동반 체류 및 거주 의무 여부, 기간 등은 대학별로 자율 설정이기 때문에 반드시 해당 대학의 자격기준을 확인해야 합니다.

• 해외근무기간: 증명서상(재학 및 경력증명서) 해외근무 발령일로부터 귀임발령일까지의 기간

• 해외거주기간: 재학 및 근무를 위해 해당국에 거주한 기간으로 재외국민등록부 등본상에 기재된 기간

• 해외체류기간: 출입국증명서상 해당국의 거주기간에서 국내체류일수를 제외한 기간

③ 기타 재외국민의 자녀

재외국민과 외국인 특별전형의 일반대상 외에 적법한 절차에 의해 외국에 거주(근무)하는 자의 자녀를 대상으로 보호자의 직업 특성에 따른 국가 기여도 등을 감안하여 대학 자율적으로 그 대상 및 자격기준(해외재학기간 및 거주, 근무기간 등)을 설정하고 있으니 반드시 해당 대학의 자격기준을 확인해야 합니다.

• 보호자의 직업 유형: 자영업, 현지 회사 근무, 해외 선교활동, 해외 파견 교직원 등

• 재학·거주·체류기간에서의 1.5는 1년 6개월을 의미함.

④ 전 교육과정 이수 재외국민

우리나라 초·중등교육에 상응하는 교육과정(12년)을 연속하여 전부 이수하여야 하며, 12년 교육과정 중 국내 학교에 조금이라도 재학한 사실이 있으면 자격 인정이

되지 않습니다. 다만 2개국 이상에서 12년 이상의 초·중등 과정을 이수한 자가 제3국의 학교에 전·편·입학하는 과정에서 해당국 간의 학제차이로 불가피하게 총재학기간이 1개 학기(6개월)이내에서 부족하게 된 경우는 예외적으로 인정합니다.

⑤ 외국국적 취득 외국인

외국국적 취득 후 외국의 고교 과정을 2년 이상 이수를 해야 합니다. 한편 개정국적법에 의하여 '이중국적자'는 '복수국적자'로 용어가 변경되었으며, 복수국적자는 국내에서 대한민국 국민으로만 처우함을 명확히 규정하였으므로, 복수국적자는 외국인전형에 지원할 수 없습니다.

⑥ 부모 모두 외국인인 외국인 학생

부모 및 학생 모두 생득적 외국인(순수 외국인)인 경우와 생후 외국 국적 취득자(시민권 획득 등)인 경우 모두 해당되며, 외국 소재 학교 또는 국내소재 학교(외국인 학교)를 불문하고 초·중등 12년 이상의 전 교육과정을 이수해야 합니다.

⑦ 북한 이탈주민

초·중등 12년 이상의 전 교육과정을 이수하고 고등학교 졸업(예정)자이면서 '북한이탈주민의 보호 및 정착지원에 관한 법률'에 의해 북한이탈주민으로 등록된 자로 통일부장관이 고등학교 졸업자격을 인정한 자입니다.

한편 북한이탈주민의 학력인정에 관한 사항을 심의하기 위해 교육감 소속으로 학력심의위원회를 두고 있습니다. 따라서 학력을 인정받고자 하는 북한이탈주민은 교육감이 정하는 바에 따라 학력인정 신청을 하여야 하고 교육감은 학력심의위원회의 심의를 거쳐 학력을 인정합니다.

대학 지원방법과 유의사항
– 복수지원 허용범위, 복수지원 금지에 대해

복수 지원 허용 범위는 수시모집과 정시모집, 추가모집과 관련이 있습니다.

① 수시모집은 6회 내에서 복수 지원이 가능합니다.(교육대학 포함, 단, 산업대학 · 전문대학 · 특수목적대학 · 각종 전문학교는 제외) 또한 해당 대학에서 금지하고 있지 않을 경우 동일 대학 내 복수지원이 가능하나 지원 횟수에 포함됩니다.

② 정시모집은 모집기간 군이 다른 대학 간 또는 동일 대학 내 모집기간 군이 다른 모집단위 간 복수지원이 가능합니다. 분할 모집을 하는 동일 대학도 군이 다르면 복수지원 가능하나, 군별 지원 횟수 1회 제한이 적용됩니다.

③ 추가모집은 수시모집 불합격자, 정시모집 불합격자 및 미등록자는 지원이 가능합니다.

④ 대학(산업대학 및 교육대학, 전문대학 포함)과 '특별법에 의해 설치된 대학', '각종 전문학교' 간에는 복수지원과 이중 등록을 할 수 있습니다.

※ 특별법에 의해 설치된 대학: 경찰대학교, 육군 · 해군 · 공군 · 사관학교, 국군 간호 사관학교, 육군제3사관학교, 한국과학기술원(KAIST), 광주과학기술원(GIST), 한국예술종합학교, 한국전통문화학교, 한국방송통신대학교 등

※ 각종 학교: 구세군사관학교, 한민학교, 순복음총회신학교 등

※ 단, 이중등록 가능 여부와 관련해서는 대학별 학칙에 따름

복수지원 금지 역시 수시모집과 정시모집, 그리고 추가모집과 관련이 있습니다.

① 수시모집 대학(산업대학, 교육대학, 전문대학 포함)에 최종합격자(최초합격자 및 충원합격자

포함)는 등록여부와 상관없이 "정시모집 및 추가모집"에 지원이 금지됩니다.

② 정시모집 지원 시 모집 "군"별로 한 개의 대학에만 지원하여야 하며, 한 개의 모집 "군"에 2개 대학 이상 또는 동일 대학 내 모집기간 '군'이 같은 모집단위(일반전형과 특별전형 포함)간 복수지원이 금지됩니다. 다만, 산업대학 · 전문대학 · 특수목적대학 · 각종 학교는 "군"에 관계없이 지원이 가능합니다.

③ 추가모집은 수시모집 합격자(등록여부에 관계없음), 정시모집에 합격하고 등록한 자(최초 등록 및 미등록 충원과정 등록 포함)는 지원이 금지됩니다. 단, 추가모집 기간 전에 정시모집 등록을 포기한 자는 추가모집에 지원이 가능합니다.

※ 한국대학교육협의회는 개별 대학으로부터 관련 자료를 제출받아 이를 검색 · 분석하여 지원방법을 위반한 자의 명단을 각 대학에 통보하고, 이를 통보받은 대학은 해당자의 입학을 지체 없이 무효로 함.

경찰대학과 사관학교의 입시준비에 대해

경찰대학과 사관학교의 전형요소는 학생부, 1차(지필고사) 및 2차 시험(면접 및 체력검정) 그리고 수능입니다. 이 중에서 절대적인 영향을 미치는 것은 수능 성적이라고 할 수 있습니다. 그러나 기본적인 체격 및 체력조건이 지원자격의 우선 조건임을 유의하고 입시 준비를 해야 합니다.

경찰대학과 사관학교에서 자체적으로 실시하는 1, 2차 시험에 대비하는 방법은 다음과 같습니다.

1차 학과시험의 대비는 기출문제를 집중적으로 정리해 두는 것이 중요합니다. 경찰대학의 경우 교수들이 직접 출제에 참여하고, 사관학교는 1차 시험의 난이도를 일정하게 유지하기 위해 출제위원의 50%를 전년도 출제 위원으로 구성하기 때문입니다. 따라서 기출문제를 충분히 풀어봐야 출제경향과 흐름을 파악할 수 있습니다. 1차 시험의 과목은 국어, 수학, 영어이며 범위는 고교 전 교육과정에 해당하고 수능과 비슷한 유형으로 출제됩니다.

2차 시험인 면접에 대비하기 위해서는 지원 학교의 홈페이지에서 교육목표와 인재상을 확인하여 각 학교에서 요구하는 직업의식과 덕목을 확인해 두는 것이 좋습니다. 또한 그동안 자신이 해온 교내외 활동 중 군인 또는 경찰 직종의 엄격한 조직체계에 조화롭게 적응할 수 있는 인재라는 점을 검증할 수 있는 부분이 있는지 되돌아볼 필요가 있습니다. 이를 바탕으로 준비한 내용을 설득력 있게 전달할 수 있도록 모의면접 상황을 거듭 연습해보는 것이 좋습니다.

체력검정은 학교별로 반영하는 시험 종목에 차이가 있으므로 지원 학교에서 요구하는 종목을 중심으로 평소에 훈련을 해두는 것이 좋습니다. 사관학교의 경우 오래 달리기, 윗몸 일으키기, 팔굽혀 펴기 등의 세 종목은 모든 학교의 공통 사항이나 해사는 100m 달리기가 추가되고, 육사와 공사는 100m 달리기와 함께 제자리 멀리 뛰기도 평가합니다. 경찰대는 오래 달리기, 윗몸 일으키기, 100m 달리기의 세 종목이 시험 종목입니다.

핵심을 요약하자면 사관학교 입시에서는 수능과 학생부 성적이 가장 중요하고, 경찰대학은 수능과 1차 시험이 중요합니다. 특히 사관학교의 경우 최종 선발에서 1, 2차 성적의 비중은 상대적으로 적은데 반해 수능의 비중은 70%가 넘습니다. 육사가 1차 성적을 5% 반영하는 것을 제외하면 다른 사관학교에서는 가산점 외에 1차 성적을 반영하지는 않습니다. 2차 성적의 반영비율 역시 15%를 넘지 않는 수준입니다. 그에 비해 수능 성적의 반영비율은 70~78%정도로 높은 편입니다. 여기에 학생부 성적을 더하면 80~89% 정도의 압도적 비중을 차지하므로 최종선발 단계에서 수능과 학생부의 위력은 가히 절대적이라고 할 수 있습니다. 따라서 전형 결과가 나오는 마지막 순간까지 자신의 모든 역량을 발휘하기 위해 최선의 노력을 다해야 합니다.

교사가 되는 방법

최근 한국직업능력개발원의 연구에 의하면, 지난 10년간 청소년들이 직업을 선택할 때 가장 중요하게 여기는 것은 '능력발휘'와 '보수'로 나타났으며, 직업선택 기준은 남학생과 여학생이 약간 차이가 있었는데, 남학생은 '안정적인 직업'을, 여학생은 '사회적 인정을 받는 직업'을 선호했다고 합니다.

이처럼 직업가치관이 점차 현실적으로 변하고 있으며, 남학생들은 보다 분명하게 현실적인 접근을 하고, 여학생들은 현실적인 선택을 중시하면서도 자기 성취에 대한 욕구도 중요시 하는 것으로 이해할 수 있습니다. 그 결과 현재 교사를 희망하는 학생들의 숫자가 갈수록 늘고 있습니다.

먼저, 교사가 되기 위해서 반드시 필요한 것은 '교사 자격증'입니다. 이 교사 자격증이 있어야 공개 채용에 지원할 수가 있기 때문입니다. 사립학교의 경우는 결원이 발생할 때마다 학교의 사정에 따라 수시로 교사를 채용하고 있지만, 국·공립학교는 매년 10월~11월 사이에 교사 임용후보자 선정경쟁시험(이하 교원임용고시)을 통해 신규 교사를 선발합니다. 따라서 교사 자격증을 취득하는 것이 교사가 되는 길의 시작이라고 할 수 있겠습니다.

① 유치원 교사

유치원 교사가 되려면 유아교육학과를 졸업해야 합니다. 2년제 유아교육과를 졸업하면 초등학교 병설유치원 교사가 될 수는 없습니다. 왜냐하면, 학사학위가 아닌 전문학사학위를 받기 때문입니다. 따라서 초등학교 병설 유치원 교사가 되려면 4년제 대학교를 졸업하여 학사학위를 받고 '유치원 교원임용고시'에 합격해야 합니다.

② 초등학교 교사

초등학교 교사가 되기 위해서는 초등교사 자격증이 있어야 합니다. 초등교사 자격증이 있다면 사립초등학교에서 수시로 채용할 때 지원할 수가 있습니다. 하지만 국공립 초등학교 교사가 되기 위해서는 초등교사 자격증을 취득한 상태에서 매년 10월~11월 사이에 초등교사 임용후보자 선정경쟁시험(이하 교원임용고시)에 합격하여야 합니다.

초등교사 자격증을 취득하려면 교육대학교에 입학하거나, 초등교육학과가 개설된 일반 4년제 대학교에 입학하는 방법이 있습니다. 먼저, 경인교대, 공주교대, 광주교대, 대구교대, 부산교대, 서울교대, 전주교대, 진주교대, 청주교대, 춘천교대 등 전국 10개의 교육대학교에 입학해서 졸업하면 초등교사 자격증을 받을 수가 있습니다.

다음으로 이화여대, 제주대, 한국교원대의 초등교육학과에 입학해서 졸업하면 초등교사 자격증을 받을 수가 있습니다. 또한, 교사 자격증을 취득한 일반 4년제 대학교 졸업생이 교육대학교 3학년으로 편입하여 졸업해도 초등교사 자격증을 받을 수가 있습니다. 그리고 교육대학교에 있는 교육대학원을 졸업해도 초등교사 자격증을 받을 수 있지만, 교육대학원의 지원 자격이 초등교사 자격증을 갖고 있는 자이기 때문에 일반학과나 사범대학, 유아교육학과를 졸업했어도 교육대학원 초등교육학과로는 지원이 불가능합니다.

③ 중등교사

중등학교 교사가 되는 방법은 세 가지가 있습니다.

첫 번째 방법은 국어교육학과, 영어교육학과처럼 ○○교육학과라는 명칭의 사범대학에 진학해서 졸업을 한 경우입니다. 대체로 사범대학에 입학한 학생들은 졸업논문이나 졸업 시험을 통과하면 교사 자격증이 발급되기 때문에 입학한 학생은 대체로 모두 교사 자격증을 받는다고 볼 수 있습니다.

두 번째 방법은 교직이수과정이 개설된 학과에 입학해서 대학교 2학년 때부터 '교직과정'을 이수하면 역시 사범대학을 졸업한 학생과 마찬가지로 교사 자격증을 받을 수 있습니다. 하지만 이 교직과정을 이수하는 것이 매우 제한적입니다. 즉, 학과 정원의 10% 이내로 제한되어 있기 때문에 정원이 50명인 학과에서 교직 이수가 가능한 학생은 5명인 것입니다. 따라서 일반학과에 입학한 후 교직과정을 이수하려고 한다면 대학교 1학년 때의 학점관리가 매우 중요하다는 것도 잊어서는 안 됩니다.

마지막 세 번째 방법은 사범대학을 진학하지 못했고, 일반학과로 대학에 입학했지만 졸업한 학과와 유사한 전공의 '교육대학원'에 진학하여 졸업을 하면 역시 교사 자격증을 받을 수가 있습니다.

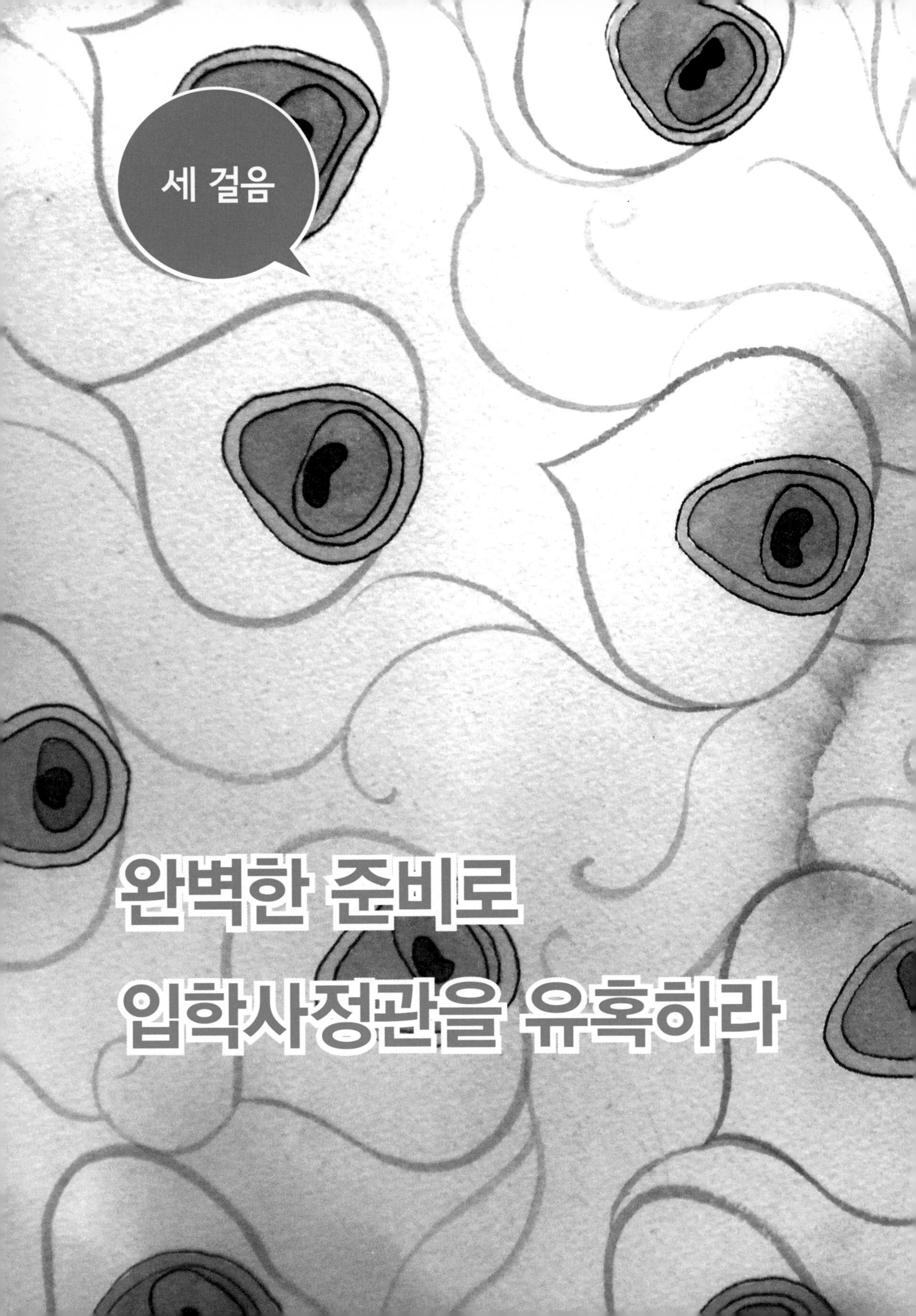

세 걸음

완벽한 준비로 입학사정관을 유혹하라

학생부종합전형, 이렇게 준비하자

학생부종합전형의 평가 요소

학생부종합전형의 주요한 평가 요소

평가 요소	내용
학생부	기초 성적산출 자료(교과) 자기소개서 내용 확인자료(비교과) 지원자의 관심 및 주요 활동 내용(비교과) 관심분야와 활동의 연관성, 지속성(비교과) 활동 동기와 과정, 성과(비교과)
자기소개서	지원자의 학업능력 확인 지원동기, 열정, 학업계획 확인 교과 외 활동 내용 개인 자질 및 계발 과정 개인적·교육적 환경에서의 대처 과정
교사 추천서	자기소개서 내용 확인 지원자의 학업능력에 대한 객관적 평가 자료로 활용 학생 인성·적성 평가 자료 개인적 자질 학교 생활태도 잠재적 능력 교육환경 특성
학교 프로파일	학교 개관 고교별 교육과정 현황 고교 수능 성적 대학별 진학률 고교별 합격자의 GPA(대학평점)
기타 지원 자격 서류 및 면접	예비심사에서 지원 자격 확인

↓

개인적·사회적·학업적 역량을 균형적으로 갖춘 인재를 선발하기 위해 종합적 평가로 진행

↓

개인적 역량	사회적 역량	학업적 역량	교육 및 사회경제적 환경
·창의력, 논리력, 사고의 독창성 ·적극성, 도전정신, 자기확신, 성실성, 책임감 ·자기주도적 자기관리, 위기대응 능력	·공동체 구성원으로서 책임감 ·관심영역, 참여 동기, 지속성, 참여도, 역할과 성과 ·활동을 통해 구체적으로 변화된 태도나 행동	·자발적인 성취동기 ·관심 학문 분야 및 지적 성취 ·학업성취도의 변화 추이 등	·개인의 교육 여건 및 사회경제적 환경 ·고교의 환경과 교육과정의 특징 ·전형의 목표에 따라 탄력적으로 적용

학생부종합전형 서류 평가 항목 및 기준

구분	서류	평가항목	평가기준
공통요소	자기소개서	- 가족 소개 및 성장과정 - 장단점 및 단점 개선 노력 - 가장 의미 있는 경험 - 모집단위 지원 이유와 준비노력 - 입학 후 학업계획과 졸업 후 진로계획 - 자신을 가장 잘 나타내는 5가지 단어	- 일관성과 다양성 - 열정과 적합성 - 구체성과 잠재력 - 구성능력 및 표현력 - 가정형편 곤란자(가산점)
	교사 추천서	- 교사의 추천점수 - 사례 및 근거	- 사례의 구체성 - 객관성과 신뢰성 - 추천 의지
특기요소	학생부 비교과영역	- 특기분야 총학생회장, 반장, 동아리 회장 등 리더십 분야 효행·선행·봉사·모범·공로 등 표창분야 외국어 성적 분야 학업 관련 분야 자격증 등 기타 분야 - 학생부 비교과 영역 과목별 세부능력 및 특기사항, 행동특성 및 종합의견, 수상실적, 독서활동상황, 봉사 활동실적, 특별활동상황 등을 중점적으로 평가	- 참여횟수, 시간, 인원, 성적, 규모 - 열정과 노력 - 모집단위 적합성 - 일관성과 다양성 - 잠재력
	기타실적	- 고등학교 활동자료(포트폴리오) - 창의적 체험활동 종합관리시스템(에듀팟)	
학업요소	학생부 교과영역	- 교과학습발달상황	- 석차등급 - 학년별 / 교과영역별 성적변화 추이

학생부종합전형에서는 제출요소로 '서류'라는 항목으로 포괄적으로 표기하고 있는데, 여기서 말하는 '서류'란 위에서 언급한 학생부, 자기소개서, 추천서, 입상 실적 증빙 서류 등을 의미합니다. 하지만 서류는 조금 더 포괄적인 의미로 해석될 여지가 있습니다. 서류 평가에서는 학업 능력(교과 성적, 학업관련 탐구 활동, 교과 관련 교내 수상 실적 등), 교과 외 활동(주요 봉사 활동, 학업 이외 수상, 리더십 발휘 내용, 창의적 체험활동, 출결 사항 등 참고 사항), 기타(자기소개서, 추천서, 학교 프로파일 등) 항목이 모두 포함되며, 대학이나 전형에 따라 비중을 달리하여 선택적 반영이 가능합니다.

효과적 서류제출 전략

각 대학마다 제출하는 서류를 모두 접수하는 곳도 있지만 그렇지 않은 대학도 있기 때문에 서류의 범위는 대학마다 다르다고 볼 수 있습니다. 따라서 각 대학별 서류 접수의 범위를 아는 것도 매우 중요하며 각 대학이 선호하는 서류 제출 방식도 정확하게 알 필요가 있습니다.

왜냐하면 입학사정관(서류검토)의 인원은 제한적이며 학생들이 제출하는 서류는 무제한적일 수 있기 때문에 학생이 제출하는 서류를 가장 효과적으로 전달할 수 있는 방식을 고민할 필요가 있습니다. 그런 의미에서 포트폴리오를 잘 구성하는 것*이 매우 중요합니다.

이렇게 하기 위해서는 서류의 범주를 제출의 목적이나 지원하는 전형과 상관성을 지니게 할 필요가 있습니다. 입학사정관이 평가하는 잠재력과 소질은 정확히 말해 '전형 유형 및 모집 단위 특성과 관련 있는' 잠재력과 소질을 말합니다. 즉, 단순히 봉사시간이나 자격증, 수상경력이 많은 것이 중요한 것이 아니라 지원하고자 하는 전형 유형이나 모집 단위의 특성, 진로와 일맥상통하면서 일관성이 있는 성과라야 합니다.

> *** 활동이 많으면 무조건 유리한 것 아닌가요?**
> 봉사 시간이 많거나 반장을 맡은 적이 있다고 해서 무조건 유리한 것은 아닙니다. 다양한 활동은 분명 플러스 요인이지만, 그보다는 활동의 의도와 그것을 통해 느낀 점이 더 중요합니다.
> 예를 들어 CEO가 되겠다는 계획이 있는 학생이 경제 문제 토론 동아리 등에서 주도적인 역할을 했다면 반장이 아니더라도 리더십을 인정받을 수 있습니다. 봉사 활동 역시 단순히 시간을 채우기보다는 본인이 주도하여 역할을 수행하고, 그 과정에서 리더 역할의 중요성이나 어려움 등을 깨달은 봉사실적을 중심으로 포트폴리오를 구성하는 것이 좋습니다.

'없는 것보다는 낫겠지'하는 마음으로 이것저것 통일성 없는 서류들을 모두 제출하는 것은 그다지 큰 도움이 되지 않습니다. 진로를 선택하게 된 동기나 앞으로의 계획 등을 표현할 수 있는 서류들과 전공에 관련된 성취 활동을 나타낼 수 있는 서류를 맥락에 맞게 구성해서 제출하는 것이 더 바람직합니다.

만약 환경공학을 전공하고 싶다는 목표가 있다면 여러 기관에서 채워 넣은 물리적 봉사시간의 양보다는 녹색연합 등에서 꾸준히 봉사 활동을 하는 것이 더 유리하며, 언론홍보학부에는 다양한 논술대회 수상경력이, 과학인재 전형에서는 다양한 과학 관련 동아리 활동 내용이 플러스 요인이 됩니다.

각 대학의 자기추천전형 결과 중요시했던 주요 서류 예시 (한국 대학교육협의회 자료 참고)

학과	주요 서류
국어국문학과	문학 공모전 수상, 작품 분석 보고서, MBC나레이션 활동
수학과	교내 학력 우수상, 과학실험 보고서
물리학과	발명 관련 수상, 교내 과학대회 수상, 장학생 선발, 특허 출원
화학과	토론 대회상, 학생 과학 기자, 발명 관련 글 기고, 특허 교실 수료
IT학부	지적재산 UCC 경진대회, 동아리 경진대회, 도전 골든벨 최후 1인
영화영상학과	단편 영화제 수상, 국제 실험 영화제 스태프 활동, 시나리오 공모
광고홍보학과	광고 스토리보드 독후감 대회 수상, 출판기획안, 청소년 미디어 활동 연대
생명공학전공	초등학교 5학년부터 전자기파의 파동을 연구하여 국제학술지에 논문을 실음
신문방송학과	중고등학교 시절 꾸준한 방송반 활동, 국가청소년위원회 청소년 리포터활동

즉, 많은 자료를 내는 것이 중요한 것이 아니라 목적과 취지 그리고 전형의 특성과의 상관성을 늘 고민하며 제출해야 힘이 있는 서류*가 될 수 있습니다. 많은 학생들이 '그 많은 학생들이 낸 서류를 설마 일일이 확인하겠어?'라고 생각하곤 하는데 학생부종합전형의 특성상 당연히 중요한 것은 전부 확인하며, 해당 서류의 진실성은 심층면접이

*** 힘이 있는 서류가 무엇인가요?**

실제로 입학사정관이 지원자 모두의 성장배경과 학업 성취 과정에 대해 일일이 현장 조사를 실시한다는 것은 불가능하기 때문에 지원자들이 제출한 자료를 토대로 평가할 수밖에 없습니다. 따라서 학생부종합전형에 지원하고자 하는 학생은 해당 전공에 대한 자신의 잠재력을 입증할 수 있는 증빙자료를 최대한 충실하게 제출해야 합니다. 사소한 동아리 활동이나 봉사 활동이라 할지라도 지원하고자 하는 전공과 관련이 있다면 반드시 '기록'으로 남겨야 하는 것입니다.

자신의 열정과 잠재력을 면접에서 모두 보여주겠다는 생각은 버려야 합니다. 면접을 실시할 때에는 이미 서류에 대한 심사가 어느 정도 이루어진 후이기 때문에 서류가 충실하지 못하면 면접에서도 좋은 인상을 주기가 어렵습니다. 따라서 한 가지 서류를 준비하더라도 최선을 다해 자신의 열정과 잠재력을 나타내도록 노력해야 합니다.

나 해당 기관/학교의 방문 및 전화 등을 통해 확인하기 때문에 거짓 서류는 결국 들통 나게 됩니다.

서류 평가 시 나타난 주요 불합격 사례

내용	예시
허위, 과장 혹은 누락사례	- 무단 결과의 이유를 선생님과의 의사소통의 문제라고 거짓말 한 경우(담임교사와 통화) - 읽지도 않은 도서 목록을 허위 기재한 경우(책에 대한 질문) - 동아리가 전체 수상한 실적을 자신이 수상한 것처럼 작성한 경우(동아리 담당교사에게 확인) - 진로 선택을 최근에 했으면서 마치 원래부터 좋아하고 준비했던 것처럼 작성한 경우(3학년 1학기 실적만 과도하게 많은 경우)
문항의 의도를 잘못 이해하고 작성한 사례	- 진학을 위해 고교 재학기간 중 어떤 노력과 준비를 했는지를 물었는데 모집전형과 전혀 상관없는 동아리 활동에 대해서만 이야기 한 경우(자신이 지원한 학과와의 관련성이 터무니없이 부족한데도 억지로 끼워 맞추는 행위) - 질문 문항과는 상관없이 자기가 쓰고 싶은 내용만 작성한 경우
기재내용이 너무 적거나 없는 사례	- 인재상과 모집단위의 특성에 맞는 역량을 찾기 위해 살펴 본 파트가 기재되지 않은 경우(세부능력 및 특기사항란이나 행동특성 및 종합의견에 관련 내용의 기재가 없는 경우)
내용은 많지만 평가요소 및 모집단위 특성과의 관련이 없는 사례	- 비교과 내용에 대해 아주 많은 내용을 기재했지만 모집단위의 특성과는 상관없는 내용이 많고, 같은 내용의 반복 기재를 통해 서류의 신뢰도를 떨어뜨린 경우(비슷한 내용의 반복기재로 신뢰성 상실) - 앞으로 어떻게 공부하고, 무슨 일을 할 것인가에 대한 내용만 있고 전에 어떤 노력과 경험을 했는가는 기재되지 않은 경우 - 교외체험활동이나 수상실적, 독서 실적이 많지만 모집단위와 관련성이 없는 경우(인정받지 못함)
구체적 상황과 행동, 결과가 드러나지 않은 사례	- 자신이 우수한 인재라고 주장하지만 왜 우수한지에 대한 근거는 없거나 만약 자신을 뽑지 않으면 후회할 것이니 제발 뽑아 달라고 감정에 호소하는 경우 - 학급실장, 우수과학반 활동을 했다고 하지만 무엇을 어떻게 했는지에 대한 구체적 내용이 없는 경우 - 무조건적인 미사여구를 남발한 경우
모집 단위의 특성을 모르거나 오해/착각하고 작성한 사례	- 교사 추천서에서 수의예과에 지원한 학생을 "예비 건축인"으로 표현한 경우나 대학의 이름을 잘못 쓴 경우(교사 실수) - 모집단위의 특성을 알고 있는지를 파악하기 위해 학업계획을 물어봤지만 그저 열심히 하겠다, 앞으로 알아가겠다는 식으로만 작성한 경우

대학별 인재상과 전형별 인재상 파악의 중요성

학생부종합전형이 확대되면서 대학별 인재상과 전형별 인재상을 정확하게 파악하는 것이 더욱 중요해졌습니다. 대학별, 전형별로 선발하고자 하는 대상과 방식이 다양하기 때문에 같은 학생부종합전형이라고 해도 대학별로 일정 부분 다르게 평가가 됩니다. 예를 들어 같은 농어촌학생전형이라고 해도 어느 대학은 학생부의 영향력이 크게 나타나고, 다른 대학은 서류 및 비교과의 영향력이 크게 나타납니다. 따라서 지원하기 전 반드시 대학에서 밝히고 있는 전형의 특징을 꼼꼼하게 확인하고, 반영요소와 반영비율을 면밀하게 분석한 후 지원계획을 세워야 합니다.

전형별 당락을 결정한 서류(청솔학원 "수시路" 자료 참고)

대학	학과	1단계	최종	주요교과	교과평균	비교과 및 활동내역/수상실적	전형의 특징/당락을 결정한 요소
①건국대	생명과학부	합	합	2.38	2.43	-학급반장 2회 -수리 탐구반 활동 -봉사 활동 60시간 -대학 전공체험 -교내 선행 표창장 -교과성적(과학)우수상 3회 -수학연구 동아리 활동 -약초에 관한 연구 블로그 운영	[전형특징] 이 전형은 특정분야의 자질이나 재능이 있고 그것을 발현하기 위한 동·정적 노력의 과정을 평가합니다. [합/불요인] 1단계를 모두 통과했기 때문에 서류상 큰 차이가 없어 보이지만, 2단계 합숙면접에서 1번 학생이 2번 학생에 비해 뛰어난 평가를 받았을 것으로 추정할 수 있습니다. 1번 학생은 봉사 활동 내역에도 전공 관련 활동이 다수 있었으며, 약초에 관한 블로그를 운영하는 등 전공과 관련된 분야에 자발적인 관심과 노력이 있었다는 것이 면접을 통해 크게 어필되었을 가능성이 큽니다.
②건국대	생명과학부	합	불	2.36	2.71	-학급부회장 1회 -과학연구반, 수학사연구반 활동 -봉사시간 60시간 -리더십 캠프 참여 -교내 과학경시(지구과학)수상 -교내 모범상 표창	

대학	학과	1단계	최종	주요교과	교과평균	비교과 및 활동내역/수상실적	전형의 특징/당락을 결정한 요소
③고려대	경영학부	합	합	2.25	2.54	-전교학생회장 -영어연극 동아리 회장 -봉사 활동 127시간 -TEPS 910점 -HSK 9급 -지역 청소년 과학탐구대회 금상 -전국 청소년 과학탐구대회 은상	[전형특징] 이 전형은 세계를 선도할 역량을 갖추고 외국어분야에 탁월한 재능과 열정이 있는 지원자를 선발하는 전형입니다. [합/불요인] 두 학생 모두 비교과나 활동내역이 화려하지만, 3번 학생이 4번 학생보다 어학 성적을 중심으로 한 전형의 인재상에 부합하는 것을 알 수 있습니다. 영어와 중국어에 대한 능력과 리더십 경험이 긍정적으로 평가되었을 가능성이 큽니다.
④고려대	경영학부	합	불	1.91	2.12	-영자신문반 2년 -봉사시간 253시간 -교과 우수상 17회 -전국연합학력평가 우수상 6회 -생글생글 논술대회 은상 -TEPS 885점 -포트폴리오경연대회 대상 -교육감상 2회 -전국공모전 은상	
⑤동국대	정치외교학과	합	합	2.2	2.1	-학급반장 1회 -학급부반장 1회 -봉사 활동 105시간 -영자신문반 부회장 -리더십 캠프 수료 -교과우수상 4회 -모범상(봉사부문) 1회	[전형특징] 이 전형은 리더로서의 자격을 갖춘 학생을 선발하고자 하는 전형이지만 1단계에서 학생부의 영향력이 크게 나타나는 특징을 가지고 있습니다. [합/불요인] 1단계에서 학생부 60%, 서류 40%로 3배수만 선발했기 때문에 학생부의 영향력이 크게 작용합니다. 1단계를 통과했다면 6번 학생의 합격 가능성이 높았겠지만 학생부 성적으로 인해 1단계에서 탈락하고 말았습니다.
⑥동국대	법학과	불	-	3.20	2.91	-학급반장 2회 -학급부회장 2회 -봉사시간 101시간 -표창장(선행) -교내 영어 에세이 최우수 -과학 발명품 경진대회 은상 -교육감상 1회	
⑦부산대	영어영문	합	합	2.05	2.05	-영자신문반 회장 2년 -교과 성적 우수상 2회 -교내 모범상 2회 -봉사시간 87시간 -TEPS 740점	[전형특징] 이 전형은 교과, 비교과에서 지원학과와 연계된 전문성이 있거나 창의적 활동 내역이 있는 학생을 선발하는 전형입니다. 1단계의 경우 학생부의 영향력이 절대적이고, 2단계에서는 비교과의 영향력이 절대적입니다. [합/불요인] 학생부 성적으로 보면 8번 학생이 유리하지만, 2단계에서는 학생부 성적보다는 비교과의 영향력이 크게 나타납니다. 8번 학생은 전공 관련 활동 내역이나 서류가 부족하지만, 7번 학생의 경우 전공 관련 동아리 회장과 공인어학성적이 있었기 때문에 2단계에서 좋은 평가를 받을 수 있었습니다. 2단계에서 면접고사가 없는 전형은 서류나 비교과의 영향력이 크게 나타납니다.
⑧부산대	영어영문	합	불	1.63	1.72	-영자신문반 활동 -영시감상반 활동 -교내 백일장 우수 -봉사 활동 145시간 -교과 성적 우수상 5회 -리더십 교육 수료	

<table>
<tr><th>대학</th><th>학과</th><th>1단계</th><th>최종</th><th>주요교과</th><th>교과평균</th><th>비교과 및 활동내역/수상실적</th><th>전형의 특징/당락을 결정한 요소</th></tr>
<tr><td>⑨ 서울대</td><td>경영대학</td><td>합</td><td>합</td><td>1</td><td>1</td><td>-학생회부회장 1회
-한국수학올림피아드 참가
-봉사 활동 186시간
-간부학생 글로벌리더 과정 수료
-교내수학경시대회 우수상
-교대 논술경시대회 최우수상
-지역 수학/과학 경시대회 입상
-TEPS 910점
-한국사능력시험 1급</td><td rowspan="2">[전형특징] 이 전형은 교과 성적을 중심으로 학교장 추천을 받은 학생의 지원이 가능한 전형입니다. 경영대학은 인문계적 소양과 더불어 자연계적 소양도 평가합니다. 따라서 수학이나 과학에 관련된 교과 성적도 중요하고 그와 관련된 비교과 내역이 있는 경우 조금 더 경쟁력을 지닐 수 있습니다.
[합/불요인] 경영대학은 최상위층이 몰리는 학과로 비교과나 활동내역의 범위가 인문계열로 국한되지 않습니다. 9번 학생은 어학성적을 비롯한 문과적 소양에 수학 올림피아드 참가를 비롯한 이과적 소양을 겸비하고 있기 때문에 서류의 경쟁력이 좋다고 볼 수 있습니다.</td></tr>
<tr><td>⑩ 서울대</td><td>경영대학</td><td>합</td><td>불</td><td>1.08</td><td>1.10</td><td>-학생회간부 2회
-봉사 활동 120시간
-교육감상 2회
-교내 학력 우수상 5회
-교내 전국학력평가 우수상 6회
-TEPS 840점
-TOEIC 885점
-생글생글 논술대회 은상
-한국사능력시험 1급
-한자능력시험 2급
-리더십 캠프 수료
-사단법인주최 백일장 금상
-모범학생 시장상</td></tr>
</table>

1 학생부*

1) 교과 성적의 중요성

> **** 왜 학생부 성적이 중요할까요?**
> 학생부종합전형은 학생의 잠재력과 특기적성을 위주로 선발하지만 이러한 평가 요소들을 판단하는 데 가장 기본이 되는 것은 학생부 성적입니다. 만약 특정한 소질을 가지고 있는 학생이 모든 과목의 성적이 다 좋지는 않지만, 자신의 적성과 소질과 밀접한 연관성이 있는 교과에서 유독 좋은 성적을 거두고 있거나 그 교과와 연관된 다양한 활동 경험을 쌓고 있다면 이 학생은 잠재력과 가능성의 측면에서 더 좋은 평가를 받을 수 있을 것입니다. 목표가 뚜렷하고 선택한 전공에 대한 학습 열의가 큰 학생이라면 전공과 관련 있는 과목에서 대부분 두각을 나타낼 것이라고 생각하기 때문입니다. 따라서 지원하는 학과와 관련이 있는 과목의 성적은 종합적 평가에서 매우 중요한 참고자료가 되므로 내신 성적이 떨어지지 않도록 신경 써야 합니다. 학생부 성적관리는 필수이며 특히 본인이 지원하려는 전공과 관련된 교과의 성적관리가 중요합니다. 예를 들어 수학과에 지원한 학생의 수학교과 성적이 낮으면 합격 가능성은 거의 없다고 볼 수 있습니다.

학생부종합전형의 여러 유형들이 학생부 성적**을 기본 자료로 반영하고 있음에도 수상실적이나 면접, 서류 평가 등이 부각된 합격 사례에 관심이 고조되곤 합니다. 즉 학생부종합전형으로 '잠재력'을 평가한다고 하면, '학교 성적'은 상관없다고 생각하기가 쉽습니다. 사정이 이런 탓인지 학생부종합전형에서 그 중요성에 비해 주목받지 못하는 것이 교과 성적입니다. 하지만 학생부종합전형 관련 기사나 대학 홍보용 책자의 합격 수기 등은 눈에 띄는 학생들을 중심으로 구성되는 것이지 일반적인 내용이 아님을 꼭 생각해야 합니다.

상황이 이런 까닭에 대학교육협의회는 학생부종합전형에서 학생부(특히 교과)가 주요한 전형자료라는 점을 적극적으로 알리고 있으며, 실제로 최근 1~2년 사이에 학생부의 충실도는 상당히 높아졌음을 밝히고 있습니다. 현실적으로 적성이나 소질을 계발할 기회가 많지 않은 상황에서 교과 성적은 학생의 잠재력을 일정 부분 설명할 수 있으므로 모집 단위와 연계된 과목이나 관련 특기사항은 1, 2학년부터 충

* 학생부=교과(각 교과목의 성적)+비교과(교과 이외의 활동내역)

실히 준비하여 대학수학 능력 시험에 필요한 자질을 갖추는 것이 중요합니다.

학업 수행 능력은 학생의 잠재력을 파악할 수 있는 가장 기본적인 판단자료입니다. 대학에서 어떤 방법으로 학생을 선발하든 가장 중요하게 여기는 것은 대학 진학 후의 학업 수행 능력입니다. 대부분의 학생부종합전형이 단계별 전형*을 택하고 있는데, 1단계를 통과해야 2단계에 임할 수 있기에 첫 번째 관문에 해당되는 교과 성적은 아주 중요한 요소일 수밖에 없습니다. 특히 학년이 올라가면서 성적이 점차 상승하는 것을 보여줄 수 있다면 잠재력이 우수하다고 평가받을 수 있습니다.

＊단계별 전형이 뭔가요?
단계별전형은 한 번에 일괄적으로 합격자를 선발하는 것이 아니라 여러 단계를 거치면서 합격자를 선발하는 것을 말합니다. 1단계에서 모집정원의 몇 배수를 선발한 후 1단계 전형방법과 다르게 2단계나 3단계를 거치면서 모집정원의 100%를 선발할 수도 있으며, 혹은 단계에서 모집정원의 일부분을 뽑고, 2단계나 3단계에서 나머지 모집정원의 일부를 선발할 수도 있습니다.
예) 단계별 전형
1단계: 모집 정원의 250%를 내신 성적만으로 선발→ 1차 합격
2단계: 모집 정원의 20%를 수능 특정 영역 점수만으로 선발→ 최종 합격
3단계: 모집 정원의 80%를 학생부, 심층면접, 수능 성적을 합산하여 선발 → 최종 합격

즉 서울이나 경기도 지역 주요 대학의 학생부종합전형에 지원하기 위해서는 반영교과 내신 성적이 최소한 3등급 이내가 되어야 하며, 만약 전체적인 내신이 낮다면 자신이 지원한 전공과 관련된 교과의 탁월한 성적은 필수적입니다.** 취약과목의 경우에도 고3때 다양한 노력과 열정으로 성적을 올리면 발전 가능성 부분에서 좋은 평가를 받을 수 있습니다. 모든 학생부종합전형에서 학생부 교과 성적은 가장 큰 비율로 반영된다는 사실을 반드시 명심하여야 합니다.

수능, 내신, 논술 등 성적만으로 학생을 선발하는 기존 전형과는 달리 학생부종

** 인문계: 국어, 영어, 수학, 사회 교과 평균 3등급 이상, 자연계: 국어, 영어, 수학, 과학 교과 평균 3등급 이상

합전형은 다양한 학생의 특기와 가능성을 본다는 부분이 너무 강조된 나머지 성적을 올리기보다는 다른 활동이나 자기소개서에 너무 집중하는 학생들이 있는데 이는 큰 오류를 범하고 있는 것입니다. 많이 발전되기는 했지만 우리나라는 아직 학생부종합전형 초기 단계로 입학사정관이나 평가를 위한 사전 준비가 완벽하지 않아 대학 내에서도 너무 급하게 추진되고 있다는 우려의 목소리가 높습니다. 이렇다보니 교과 성적이 합격에 미치는 영향이 학생들이 생각하는 것보다 훨씬 크므로 학교생활이나 학습을 소홀히 하는 일이 없어야 합니다.

쉽게 말해 대학과 전형 방법에 따라 차이는 있지만, 일반적으로 학생부종합전형에서 잠재력과 소질을 평가한다는 것은 성적을 아예 고려 대상에서 제외한다는 뜻이 아니라 성적만으로 평가하지 않겠다는 뜻으로 해석해야 하는 것입니다.

학교생활기록부에는 학생들의 학교활동 내용이 고스란히 기록되기 때문에 자신의 학교활동과 이를 통한 성장 과정이 충실히 기록될 수 있도록 적극적으로 학교활동에 참여하는 자세가 필요합니다. 교과·비교과 영역을 포함한 학생부는 학교생활을 어떻게 했느냐를 보여주는 가장 중요한 지표가 되는 것입니다.

교과 성적 자료

- 전공과 관련된 교과목의 성적이 좋을수록 유리합니다.
- 성적의 상승은 잠재성을 보여줄 수 있습니다.
- 정시에서 치러지는 학생부종합전형에서는 수능 성적도 평가 요소로 활용되므로 이에 대한 대비도 필요합니다.

학생부 교과 성적은 1단계 전형에서만 영향을 끼치고 최종 당락은 서류 평가와 면접이 좌우하는 전형에서는 같은 모집단위에서도 교과 성적이 더 우수한 학생이 떨어지고 그렇지 않은 학생이 합격한 사례가 많습니다. 이는 교과 성적은 1차적인 기준으로만 사용하고, 2단계에서는 학생이 가진 잠재력과 학업의지, 생활태도 등을 중점적으로 평가한 결과라고 볼 수 있습니다.

서울대 수시모집에서 나타난 사례

지원학과	전과목등급	1단계	최종
경제학부	1.00	합격	합격
	1.09	합격	합격
	1.15	합격	합격
	1.19	합격	합격
	1.00	**합격**	**불합격**
교육학과	1.17	합격	합격
	1.30	합격	합격
	1.31	**합격**	**불합격**
사회학과	1.02	합격	합격
	1.14	합격	합격
	1.10	**합격**	**불합격**
	1.21	**합격**	**불합격**
	1.25	**합격**	**불합격**
인문계열(광역)	1.21	합격	합격
	1.04	**합격**	**불합격**
	1.33	합격	**불합격**
공학계열	1.03	합격	합격
	1.19	합격	합격
	1.31	합격	합격
	1.43	**합격**	**불합격**

모집단위	전과목등급	1단계	최종
의예과	1.06	합격	합격
	1.23	합격	합격
	1.02	**합격**	**불합격**
	1.17	**합격**	**불합격**

연세대 수시모집에서 나타난 사례

지원학과	주요교과성적	교과평균성적	1단계	최종
심리학과	**1.17**	**1.15**	**합**	**불합격**
	1.28	1.25	합	합격
경제학부	**1.19**	**1.16**	**합**	**불합격**
	1.26	1.19	합	합격
국어국문학과	**1.19**	**1.19**	**합**	**불합격**
	1.22	1.24	합	합격
경영학과	**1.09**	**1.06**	**합**	**불합격**
	1.14	1.16	합	합격
수학과	**1.07**	**1.10**	**합**	**불합격**
	1.11	1.10	합	합격

하지만 위의 표에서 알 수 있듯이 서울 소재 최상위권 대학의 경우 교과 성적이 일정 수준이 되지 않는다면 애초에 1단계 전형조차도 통과하지 못하기 때문에 내신을 우수하게 관리하는 것은 학생부종합전형에서 매우 중요합니다. 즉 학생부종합전형에서는 교과 성적을 정량적으로 평가하는 것이 아니라, 입학사정관의 판단에 따라 정성적으로 평가를 한다고 보면 됩니다.

한편 어떤 학생이 객관적으로 드러난 교과 성적은 떨어지지만 그 성적이 학생이

처한 환경에서 수많은 어려움을 극복하고서야 얻어낼 수 있는 결과라면 훨씬 더 높은 의미를 부여할 수 있을 것입니다. 이런 의미에서 학생부종합전형은 학생부 교과 성적을 따로 수치로 분리해서 평가하지 않고 서류 평가라는 틀에서 종합적으로 해석하는 전형이라 할 수 있습니다.

즉 어느 수준까지의 내신 성적을 기준으로 한계선이 정해지면, 그 외에는 대학이나 전공의 특성, 지원자의 진로에 들어맞는 실적과 학습과정같은 비교과 영역이 중요한 평가요소가 됩니다.

2) 희망하는 전공과 관련된 비교과 경험

학생부 비교과 영역은 학생의 관심, 열정, 리더십, 봉사의식 등 학생의 자질을 알기 위해 활용되는 중요한 전형자료입니다. 비교과 영역은 각 대학이 독자적 기준으로 평가하므로 대비하기 쉽지 않지만, 고교 1~2학년부터 차분하게 준비하면 3학년 때는 수학능력시험에만 전념할 수 있어 일거양득(학생부종합전형과 정시대비)의 효과를 거둘 수 있습니다.

학생부종합전형 준비에서 흔히 말하는 '스펙 쌓기'란 비교과 활동을 일컫는 것으로, 독서활동, 창의적 체험활동, 봉사 활동, 교외체험활동 등 학교 안팎의 다양한 경험을 말합니다. 학생부종합전형이 공교육 활성화를 지향하는 제도인 만큼, 대학에서 원하는 '스펙'은 주로 학교생활 내에 포함되어 있기 때문에 교내 활동이라도 자신이 주도적으로 설계하여 가꿔나간다면 좋은 평가를 얻을 수 있습니다.

입학사정관들은 지원자가 진로계획에 맞게 일관성 있는 활동을 해 왔는지를 가장 눈여겨봅니다. 따라서 수험생은 봉사 활동이든, 창의적 체험활동이든 자신이 지원을 희망하는 전공과 관련 있는 분야에서 꾸준히 노력하고 그 근거를 남겨 놓는 것이 중요합니다.

예를 들어 문예창작과에 지원하고자 하는 학생은 인문학에 뜻을 두고 꾸준히 창작 활동을 벌여 성과를 내는 것이 좋으며, 사회복지학과에 지원하고자 하는 학생은 봉사 활동에 대한 경험을 꾸준히 쌓을 필요가 있습니다. 마찬가지로 이공계를 선택하고자 하는 학생은 지속적으로 과학 분야에 관심을 가지고 관련 동아리 활동이나 대학에서 주최하는 캠프 등에 열심히 참여하는 것이 좋습니다.

서울대 합격생의 교과, 비교과 사례 예시(비상에듀 자료 참고)

모집단위	내신	주요 비교과 활동
경영대학	1.3	TEPS 858, TOEIC 950, Korea Times 영어경시대회 전국 동상, 한국외대 주최 영어경시대회 장려상, Korea Essay 경시대회 장려상, 국제실용수학2급, AP Calculus AB 5점, AP Microeconomics 5점, AP Macroeconomics 5점, 글로벌 국제외교 심포지엄 참가
	1.2	TEPS 774, 경제 한마당 장려상, 성균관대학교 수학경시대회 장려상, 교내 논술경시대회 동상, 교내 독후감쓰기대회 장려상, 영어 토론반 동아리 활동
사회과학대학	1.3	교내 영어단어 골든벨 대회 최우수, 교내 독서경진대회 최우수, 교육청 청소년독서능력경진대회 금상, 교내 독서감상문대회 최우수, 교내 팀별 탐구활동 발표대회 장려, 생명나눔 백일장 특별상
	1.5	TEPS 924, 교내 영어경시대회 동상, 성균관대학교 전국영어경시대회 동상, AP Calculus AB 5점, AP Microeconomics 5점, AP Macroeconomics 5점

모집단위	내신	주요 비교과 활동
자율전공(인문)	1.3	TEPS 843, 한국사검증시험 2급, 한자능력검정시험 3급, 교내 논술 최우수, 교내 수학경시대회 장려, 교내 과학독후감대회 동상, 펜팔동아리활동, 반크활동, 한국은행 경제교육 수료, 서울대 리더십 컨퍼런스 참가
	1.2	TEPS 840, 한국사검증시험 2급, 교내영어에세이대회 우수, 교내 심화반 자기주도학습, KBS 시사기획 "쌈" 우등생의 조건 출연
자율전공(자연)	1.9	TEPS 916, 한자능력검정시험 3급, 교내 다독상 최우수, 과학탐구토론대회 금상, 환경독후감대회 금상, 백일장 차상, 독서포트폴리오 대회 우수, 독서경시대회 우수, 컴퓨터활용 경진대회 금상, 교내 영어경시 최우수, 교내 생물경시 금상, 성균관대 영어경시대회 장려상, 서울대 산업공학캠프 참가, 서울대 데이터마이닝캠프 참가
	1.2	TEPS 605, 교내 수학경시대회 우수, 교내 논술대회 우수, 영어경시대회 우수, 교내 과학동아리 활동
재료공학과	1.2	성균관대학교 수학경시대회 동상, 교내 수학경시 금/은상, 시 경시대회 장려, KMC 금상, 간부수련회 분임토의 금상, KAIST 사이버영재원 수학부문 이수, 포스텍 이공계 우수학생 초청캠프, 국립과천 과학관 YSC 2기 수료, 한국뇌학회주관 세계뇌주간행사 참가, 고급수학 이수
	1.9	TEPS 634, 교내 수학경시 금상, 도교육청 논술경시 은상, 교내 과학경시부문 장려, 교내 화학경시대회 은상, 지구과학경시대회 금상, 헌혈2회, 서울대 청소년자연대학탐방 프로그램 수료
전기공학과	1.8	TEPS 795, AP 수학 물리 5점, 시 과학경시대회 장려, 교내 과학경시대회 최우수, 교내 수학경시대회 장려, KMC 수학경시대회 장려, 서울대 융합기술원 캠프 참가
	1.7	교내 수학경시대회 은상, 교내 수리논술경시대회 금상, 교내 과학탐구올림픽 동상, 교내 물리논술경진대회 동상, 교내 과학탐구실험대회(물리) 동상, 교내 자유탐구대회 동상, KMC 대상, 성균관대 수학경시대회 장려상, 봉사 220시간

합·불 사례를 통해 보는, 학생부종합전형과 비교과 및 활동내역/수상실적(청솔학원 "수시路" 자료 참고)

대학	학과	주요 교과	전체 교과	비교과 및 활동실적	1단계	최종
동국대	컴퓨터공학과	6.0	6.0	- 동국대 컴퓨터공학 체험 - 전국 컴퓨터 경시대회 은상(컴퓨터 활용) - 전국 정보과학 올림피아드 장려(해킹) - 지역 컴퓨터경시대회 대상(컴퓨터그래픽) - 지역 i-TOP경진대회 최우수상(컴퓨터그래픽)	합격	합격
	영어영문학부	2.9	3.0	- 동아리 부장 - 영자 신문반 - 지역 영자신문 콘테스트 금상 - 지역 영자신문 콘테스트 은상	**합격**	**불합격**
건국대	경영학과	5.1	4.3	- 학급부회장 2회 - 학생회체육부차장 1회 - 학생회총무부부장 1회 - 학력평가상 1회 - 대한적십자사 지역 지사회장 표창장	**불합격**	
경인교대	초등교육학과	4.5	4.4	- 한자능력시험 3급 - 청소년과학탐구대회 참가 - 과학탐구토론대회 참가 - 지역 영재교육원 과제발표 - 과학기술미래전망 아이디어 공모 - 여수 엑스포 캐릭터 공모	합격	합격
		2.1	2.0	- 학급회장 1회 - 학급부회장 1회 - 영자신문반 2년 - 교내 양성평등글짓기대회 - 한글날 기념 문예대회 최우수 - 고등학생예술경연대회 참가 - 전 학년 교과우수상	**합격**	**불합격**
성균관대	유학동양학과	3.7	3.1	- 인문학 논문 5편 - 100편의 인문학 독후감	합격	합격
숙명여대	홍보광고학과	3.2	3.1	- 학급반장 2회 - 각종 광고 대전 출품 및 입상 - 고등학생 글로벌 리더 과정 수료	합격	합격
	수학과	3.85	4.37	- 전교회장 1번 - 전교부회장 1번 - 학급회장 1번 - 수학 동아리 부장 - 리더십 배양 과정 수료, 연수 - 교육감 표창장(봉사, 선행, 노력분야)	합격	합격

대학	학과	주요교과	전체교과	비교과 및 활동실적	1단계	최종
경희대	회계세무	2.0	2.4	- 3학년 학급부회장	합격	합격
	관광학부	1.7	1.8	- 학급반장 1년 - 학급부반장 1년 - 학급회계 1년 - 동아리부장 1년 - 고등학생글로벌리더과정 - 모범학생(효행)표창 - 교과성적우수상 4회 - 지역 교육연수원 표창장	**불합격**	
	정보디스플레이학과	2.0	2.4	- 교내정보검색대회 3회 우승	합격	합격
	무역학과	1.4	1.4	- 전교 부회장 - 학급 부반장 - 영어회화반 2년 - 간부학생 리더십 코스 참가 - 공기관 리더십 교육 참가 - 유관순 횃불상 수상후보자 워크숍 - 다문화 이해 관련 프로그램 제작 - 교과성적 우수상 5회 - 봉사상 - 고등학생 글로벌 리더 과정 표창장 - 법 경연대회 최우수상(2위) - 지역 교육감 표창 2회 - 청소년 토론대회 참가 - 한국중등교육협의회장 표창	**합격**	**불합격**
	경영학과	2.1	2.1	- 학급 반장 - 학급 부반장 - 영자신문반 활동 - 모의 UN참여(2회) - 리더십 캠프 참여 - 교과우수상 5회 - 영어경시대회 금상 및 동상 - 영자신문 콘테스트 금상	**합격**	**불합격**
	국어국문학과	2.86	2.93	- 학급 반장 1회 - 시사토론반 부장 - 토서반 반장 - 고교 문예창작 영재교육 - 문예창작영재교육원 문학캠프참가 - 교과 우수상 2회 - 교내문예백일장(운문부) 2위 - 고등학생 예술 경연대회(운문부문) 2위 - 개인 시집 발간	합격	합격
	영어학부	1.31	1.34	- 학급 부반장 2회 - 신문편집 동아리 - 청소년 인권캠프 참가 - 교과우수상 7회 - 전국연합학력평가 영역별 우수상 8회 - 교내영어경시대회 입상 - 교육감 표창장 2회 - 한국사능력시험 3급	**합격**	**불합격**

대학	학과	주요교과	전체교과	비교과 및 활동실적	1단계	최종
한국외대	국제통상학과	4.55	4.46	- 학급반장 2회 - 전교 학생회장 도전 - 영자신문반, 시사영어반 활동 - 모의 UN참가(2회) - 아시아청소년모의국회 참가 - 독서기록 최우수상 - 한국외대 영어토론대회 노력상 - 월드비전 인도 지역 돕기 참가	합격	합격
	영어학과	1.83	2.67	- 학급회장 2회 - 영자신문 동아리 3년 - 지역 영자신문 대회 금상 - 중국대학 문화체험 참가 - 영어에세이 대회 1위, 3위 - 영어독후감 대회 1위 - 과학퀴즈대회 3위	합격	합격

본 사례에서 착각하지 말아야 할 것은 여기에 나와 있는 사례는 사례일 뿐 정답이 아니라는 사실입니다. 즉 특정한 학과에 진학하기 위해서 여기에 제시된 비교과 활동이 반드시 있어야 하는 것은 아닙니다. 비슷해 보이거나 심지어 똑같은 비교과 활동이라도 어떻게 설명하느냐에 따라 입학사정관이 전혀 다르게 받아들일 수 있기 때문입니다. 따라서 본 사례에서 관련학과와 관련된 비교과 활동이 많아 보이는데도 불합격한 학생의 사례는 그 비교과 활동이 잘못되었다고 단정하기보다 그 활동내용을 자기소개서나 포트폴리오, 심층면접 등을 통해 입학사정관에게 진실하게 어필을 못했을 가능성이 큽니다.

3) 입학사정관의 학생부 평가 방법

학생부종합전형의 학교생활기록부 평가 방법

평가 영역	세부 평가 내용
성실성 (출결, 창의적 체험활동, 교과)	- 무단결석·지각·조퇴·결과가 있는가? - 하나의 동아리에서 지속적으로 활동했는가? - 전 학년에 걸쳐 모든 교과의 성적이 우수한가? - 그 동안의 활동을 성실히 기록하였는가?

평가 영역	세부 평가 내용
잠재력 (교과, 수상경력)	- 성적이 지속적으로 향상되었는가? - 한 분야의 대회에서 수상실적이 지속적으로 향상되었는가?
전문성 (교과, 수상, 자격 및 인증)	- 특정교과에서 일관되게 우수한 성적을 거두고 있는가? - 전공과 관련된 우수 수상 실적이 있는가? - 특정 분야 자격증이나 기술이 있는가? - 꾸준한 독서로 자기계발을 하였는가?
적성과 소질 계발 노력 (진로, 수상, 특별, 창의적체험활동, 교과, 행동 종합)	- 자신의 특기, 진로희망, 활동내역, 교과 성적, 수상실적이 일치하는가? - 담임교사는 학생의 노력을 어떻게 바라보고 있는가?(행동특성 및 종합의견)
동아리활동 (창의적체험활동)	- 학교생활과 관련성, 주변의 문제에 대한 학생의 시각에 의한 활동을 하였는가? - 교수·학습활동에 기여했는가?(교재개발, 홈페이지 개선 등) - 의미 있는 동아리 활동인가?(학교생활과의 관련성, 주변의 문제에 대한 학생의 시각에 의한 활동)
봉사 활동 (창의적체험활동)	- 어떤 계기로 시작하게 되었는가? - 얼마나 의미 있는 봉사 활동인가? - 남들이 쉽게 하지 못하는 일을 해왔는가? - 1달에 한 번이라도 봉사정신을 느낄 수 있는 곳에서 지속적으로 봉사 활동을 하였는가? - 봉사 활동에 대한 나름의 이유와 철학이 있는가? - 해외 봉사 활동은 정부나 시 · 도의 공식적인 선발과정을 거쳤는가?
외국어능력 (교과, 수상, 자격 및 인증)	- 지원자의 가정환경은 어떠한가? - 영어를 활용한 다양한 활동을 하여 실제로 사회에 기여하였는가? - 영어를 즐겨 공부하는 동기는 무엇인가?

그럼 다음에서 학생부의 세부 평가 내용에 대해 조금 더 자세히 설명해보도록 하겠습니다.

(1) 성실성 평가

① 무단결석 · 지각 · 조퇴 · 결과가 있는가?

출결은 교육과정 이수의 성실성을 가늠하는 기본 자료라고 할 수 있습니다. 따라서 출결 영역 중, 무단결석, 무단지각, 무단결과는 여러 대학에서 감점요소로 작용하고 있으므로 매우 불리하게 작용될 수 있습니다. 따라서 학생들은 무단으로 빠지는 일이 없도록 출결관리에 각별히 신경 써야 하며 부득이한 경우라면 구체적인 사유와 근거를 제시할 수 있어야 합니다. 대부분의 대학이 무단 지각, 조퇴, 결과 3회를 무단결석 1회로 간주하고 있고, 서울대는 무단결석 11일 이상일 경우 사유서를 제출하도록 하고 있습니다.

② 그동안의 활동을 성실히 기록하였는가?

사실 학생 자신만의 고유한 스토리가 있을 때 그것을 바탕으로 선생님들께서 알찬 추천서를 써주실 수 있습니다. 생활기록부에 내용(예: 수상경력, 봉사 활동, 체험활동 등)이 전혀 없다면 추천서는 추상적일 수밖에 없게 됩니다. 구체적이고 실질적인 추천서를 위해 에듀팟에 그동안의 활동을 성실하게 기재하여 자신만의 스토리를 만들어 두어야 합니다.

(2) 전문성 평가

① 전공과 관련된 우수 수상 실적이 있는가?

학생부종합전형에서 어학성적, 교외 수상성적은 배제하겠다고 하고 있지만, 관련 대회를 준비하는 과정에 있어서의 노력은 에듀팟에 기재할 수 있기 때문에 실제로 참고자료로 쓰일 수 있습니다. 자신의 진로 희망과 관련한 어학시험, 관련 교외 대회를 준비해 온 과정은 학생의 열정을 판단하는 중요한 참고 자료가 될 수 있기 때문입니다. 따라서 학생부에 기재가 되지 않는다는 이유만으로 어학시험을 보지 않거나 외부 대회에 참가하지 않는 것은 오히려 바람직하지 않으며, 여건만 된다면 자신의 전공과 관련한 교외 대회에 꾸준히 참가하는 것이 좋습니다.

② 특정 분야 자격증이나 기술이 있는가?

관심 분야의 학업능력이나 노력 정도를 입증해 주는 자료로 활용됩니다.

③ 꾸준한 독서로 자기계발을 하였는가?

독서활동상황을 통해 지원자의 관심 분야와 가치관 형성과정을 알아볼 수 있습니다. 따라서 고등학교 1학년부터 전공 분야를 포함한 다양한 독서활동을 해야 하며, 책을 읽고 난 후 받은 영향 및 변화된 모습을 작성해 두는 것이 중요합니다. 특히 면접에서 독서활동상황에 기록된 도서를 바탕으로 전공 관련 지식이나 인성에 관해 질문할 수 있으므로 자신의 독서활동상황을 꼼꼼히 숙지하고 면접에 임하는 것이 좋습니다. 이를 위해 평소에 구체적으로 어느 대학교, 어느 학과에 갈 것인지를 정해 미리 학업계획서를 작성해 보고 그에 맞는 관련활동자료를 풍부하게 남겨두는 것이 좋습니다.

(3) 적성과 소질 계발 노력 평가

① 자신의 특기, 진로희망, 활동내역, 교과 성적, 수상실적이 일치하는가?

진로희망은 지원한 학과와 관련되어 일관적으로 기록되어 있으면 좋습니다. 예를 들어 영문학과에 지원한 학생이 생활기록부에 장래 희망을 국어교사라고 한 학생보다는 영어교사라고 한 학생이 조금 더 유리할 수 있다는 뜻입니다. 하지만 진로희망이 바뀌었다고 하더라도 자기소개서 등에서 진로에 대한 탐색과 고민 등이 보인다면 불리하게 작용하지는 않습니다. 되도록 고등학교 1, 2학년 때 자신의 진로에 대해 빨리 탐색하고 그에 맞는 다양한 활동을 경험하는 것이 중요합니다.

② 담임교사는 학생의 노력을 어떻게 바라보고 있는가?(행동특성 및 종합의견)

행동특성 및 종합의견은 고등학교 각 학년 담임선생님께서 학생의 종합적 의견을 기록한 것으로 '축소된 교사 추천서'라고 불립니다. 입학사정관들은 각 학년마다 다른 담임선생님의 의견을 통해 보다 정확하고 객관적으로 지원자를 평가하려 합니다. 교사 추천서의 내용도 이와 연결하여 신뢰도를 가늠하기 때문에 충실하게 기재될 수 있도록 노력하는 것이 필요합니다.

(4) 동아리 활동 평가

① 학교생활과 관련성, 주변의 문제에 대한 학생의 시각에 의한 활동을 하였는가?

너무 광범위하고 집중도가 떨어지는 활동보다는 전공과 관련되어 일관적인 맥락을 가진 활동이 무엇보다 중요합니다. 또한 창의적 체험활동시간에 주도적으로 활동과정을 사진으로 찍어두고, 활동의 결과물을 정리하여 남겨 두는 것이 필요합니다. 따라서 모든 행사에 적극적으로 참여하여 기록을 남겨두는 것이 좋습니다. 자신만의 독특한 재능이나 끼를 보여줄 수 있는 자신만의 포트폴리오를 가지고 있는 것도 중요합니다. 입학사정관의 서류평가는 매우 심층적이고 세밀하게 진행되기 때문에 미리 관련 서류와 증빙자료(스크랩북, 사진, 감상문, 창의적 체험활동 결과물, 스터디 플래너 등)를 꼼꼼하게 준비해 두어야 합니다.

(5) 봉사 활동 평가

① 얼마나 의미 있는 봉사 활동인가?

봉사 활동은 양보다 지속성과 질이 중요하며 자신의 전공과 관련이 있을수록 더욱 좋습니다. 즉 입학사정관들은 봉사 활동에 참여한 목적과 동기, 봉사 활동으로부터 배운 점들을 중요하게 평가합니다. (예: 영문과 지원학생은 국제마라톤 영어통역봉사 활동에 참여하고 환경학과 지원학생은 녹색연합 봉사 활동에 참여하는 것)

또한 봉사 활동과 교외 활동 등은 계량화가 가능한 측면이 있으나 이는 어디까지나 수시모집의 일반전형과 정시모집 학생부 반영 방법에 적용될 뿐입니다. 학생부 종합전형에서 가장 많은 오해를 불러일으키는 것이 이 봉사 활동의 시간과 방법 등에 관한 내용인데, 사실 봉사 활동 시간만으로는 경쟁력을 가질 수 없습니다. 즉, 특정분야에 대한 재능과 잠재 가능성뿐만 아니라 사랑의 실천 등을 고루 갖추고 있는 인재를 증빙자료를 통해 선발하는 것이지 단지 수백 시간에 이르는 봉사 활동 시간만으로는 합격의 당락을 좌우할 수 없다는 것입니다. 따라서 학생부종합전형에서 봉사 활동은 시간의 많고 적음이 중요한 것이 아니라 그 경험을 통해 얻은 깨달음과 진정성이 가장 중요하게 평가된다는 사실을 기억해야 합니다.

② 1달에 한 번이라도 봉사정신을 느낄 수 있는 곳에서 지속적으로 봉사 활동을 하였는가?

봉사정신이라는 것은 얼마나 진정성을 가지고 지속적으로 꾸준히 봉사 활동에 임했는지, 그리고 그 과정을 통해서 얼마나 세상을 이해하고, 그 활동을 통해 얻은 것은 무엇인지가 드러나야만 좋은 평가를 받을 수 있습니다. 봉사 활동을 꾸준히 하면 학생들이 얼마나 인격적으로 성장했는지 드러날 것이고, 이런 점이 바로 대학 입학사정관들이 찾는 점이기도 합니다. 학생의 삶과 연계성 없이 산술적인 시간만 많은 것은 좋은 평가를 받기 어렵습니다.

예를 들어 봉사시간을 받기 편하다는 이유로 한 달 이상 대기해야 하는 공공기관의 봉사 활동은 진정성을 평가받기 어려우며, 해외 봉사 활동의 경우도 정부나 시·도의 공식적인 선발과정을 통해 참여한 봉사 활동은 유리하지만, 자비로 해외봉사 활동에 참여하거나 '동남아 빈곤지역에 집 지어주기 참가'처럼 돈을 들여 만든 일회성 봉사 활동은 아무런 소용이 없다는 사실을 파악해야 합니다. 또한 자신의 봉사 활동의 경험 중 단순히 참여하기보다는 문제점을 해결하기 위해 자발적으로 노력한 과정을 구체적으로 보여줄 수 있다면 더욱 좋은 평가를 받을 수 있습니다.

4) 효과적인 학생부 작성과 관리 방법

학생부종합전형이 확대되면서 서류 평가의 핵심으로 떠오르는 것은 다름 아닌 학교생활기록부(이하 학생부)입니다. 학생부는 학생의 고교 3년간의 활동을 응축시켜 놓은 서류라는 점에서 학생들의 평가 과정에서 가장 중요한 데이터가 될 수밖에 없습니다. 또한 학생의 학업에 대한 잠재적인 능력을 교과 성적을 통해 직간접적으로 확인할 수 있다는 점에서 그 중요성은 다시금 강조될 수밖에 없습니다.

이렇게 입학사정관들은 전형 과정에서 학교생활기록부를 가장 중요한 전형자료로 활용하고 있기 때문에 보다 상세한 기록이 필요합니다. 즉 학생의 학교 교육과정 참여 자세 및 정도 등을 평가할 수 있도록 교과학습 발달상황의 세부능력 및 특기사항, 진로지도 상황, 독서활동, 체험활동, 봉사 활동 등을 상세하게 작성할 필요가 있습니다.

학생부는 자기소개서나 교사 추천서, 포트폴리오 등과 입학사정관의 면접 문항을 도출하는데 가장 중요한 자료가 된다는 점에서 학생부종합전형에 지원을 하려고 하는 학생들은 자신의 학생부에 대한 엄밀한 검토가 요구됩니다. 다음의 학생부 작성 방법은 사실 교사의 입장에서 필요한 것이나 학생들이나 학부모 또한 이를 알고 있어야만 올바른 검토를 할 수 있기에 상세히 기술하였음을 유념하시기 바랍니다.

(1) 수상경력 작성 방법

① 수상 경력에 대해 구체적으로 설명할 수 있는 능력이 중요

일반적으로 알려진 것과는 달리 대학에서 비교과영역 중 가장 중요하게 생각하는 평가 항목 중의 하나입니다. 실제로 입학사정관들이 이 항목을 통해서 중요하게

판단하는 것은 지원 학과와의 연관성, 참여 이유, 결과 등입니다. 따라서 학생들이 특정 대학에 지원을 할 경우에는 수상경력에 대해 구체적으로 설명할 수 있는 능력을 갖추어야 합니다.

교내상이라고 할지라도 학생 스스로가 입상 이유를 설명하지 못한다면 입학사정관에게 좋은 이미지를 심어주기가 어렵습니다. 예를 들어 교내상 중에 봉사상, 모범상, 선행상 등이 주어질 경우 대부분의 학생들은 이 상이 주어진 이유를 제대로 모르는 경우가 대부분입니다. 또한 이 상이 교내에서 어떤 기준으로 주어지는지도 알지 못하는 경우가 많기 때문에 학생부종합전형에 응시하는 학생들은 이에 대한 충분한 준비가 필요합니다.

따라서 학생들이 다양한 수상 실적을 갖추는 것도 중요하지만 학생들 스스로가 수상 이유, 절차, 규모 등을 알 수 있도록 지도하는 것도 매우 중요한 요소 중의 하나가 됩니다.

한편 교내 수상실적에는 모의고사나 전국연합학력평가의 성적과 관련한 교내 수상실적은 기재할 수 없습니다. 또한 교내활동이라 하더라도 논문등재나 도서출간 발명특허는 기재할 수 없으며, 교내동아리 활동의 일환으로 교외 대회에 출전해 수상한 실적이 있거나 진로와 관련한 프로그램을 체험했다 하더라도 '교육부 및 직속기관, 시/도교육청 및 직속기관, 교육지원청'에서 주최/주관한 행사가 아니라면 기재할 수 없으므로 주의가 필요합니다.

즉 현재상황에서는 무조건 아무 기관에서 체험하는 것은 좋지 않으며, 자신이 사는 지역에 따라 행사를 주최한 기관이 이러한 직속기관에 해당하는지를 아는 것도 매우 중요한 일입니다. 일반적으로 학생이 학교장의 승인을 받아 방학(또는 방과 후)동안 개별 또는 그룹단위로 대학 등에서 이수한 체험활동이나 특정 과정 이수실적을 학교생활기록부에 등재하도록 주최기관 등이 공문으로 요청하는 경우가 종종 있으나, 설명한 바와 같이 학교생활기록부 어떠한 항목에도 입력할 수 없습니다.

교육부 및 직속기관, 시·도교육청 및 직속기관, 교육지원청 및 직속기관(2016년 기준)

〈교육부〉

교육부 직속기관(6개)
대한민국학술원, 국사편찬위원회, 국립국제교육원, 국립특수교육원, 교원소청심사위원회, 중앙교육연수원

〈서울특별시교육청〉

직속기관(29개)
서울특별시교육연구정보원, 서울특별시과학전시관, 서울특별시교육연수원, 서울특별시학생교육원, 서울특별시유아교육진흥원, 서울특별시학교보건진흥원, 서울특별시학생체육관, 서울특별시교육시설관리사업소, 마포평생학습관, 노원평생학습관, 고덕평생학습관, 영등포평생학습관, 정독도서관, 종로도서관, 남산도서관, 동대문도서관, 어린이도서관, 용산도서관, 도봉도서관, 강남도서관, 강서도서관, 개포도서관, 강동도서관, 구로도서관, 서대문도서관, 고척도서관, 양천도서관, 동작도서관, 송파도서관

교육지원청(11개)	소속기관(11개)
서울특별시 동부교육지원청	서울특별시 동부특수교육지원센터
서울특별시 서부교육지원청	서울특별시 서부특수교육지원센터
서울특별시 남부교육지원청	서울특별시 남부특수교육지원센터
서울특별시 북부교육지원청	서울특별시 북부특수교육지원센터
서울특별시 중부교육지원청	서울특별시 중부특수교육지원센터
서울특별시 강남교육지원청	서울특별시 강남부특수교육지원센터
서울특별시 강동송파교육지원청	서울특별시 강동부특수교육지원센터
서울특별시 강서교육지원청	서울특별시 강서부특수교육지원센터
서울특별시 동작관악교육지원청	서울특별시 동작동부특수교육지원센터
서울특별시 성동광진교육지원청	서울특별시 성동특수교육지원센터
서울특별시 성북교육지원청	서울특별시 성북특수교육지원센터

〈부산광역시교육청〉

직속기관(19개)
부산광역시교육연구정보원, 부산광역시교육연수원, 부산광역시학생교육원, 부산광역시과학교육원, 부산광역시학생교육문화회관, 부산광역시학생예술문화회관, 부산광역시어린이회관, 부산광역시유아교육진흥원, 부산광역시립시민도서관, 부산광역시립중앙도서관, 부산광역시립구포도서관, 부산광역시립해운대도서관, 부산광역시립부전도서관, 부산광역시립반송도서관, 부산광역시립구덕도서관, 부산광역시립서동도서관, 부산광역시립사하도서관, 부산광역시립연산도서관, 부산광역시립명장도서관

교육지원청(5개)	소속기관(0개)
부산서부교육지원청	없음
부산남부교육지원청	없음
부산북부교육지원청	없음
부산동래교육지원청	없음
부산해운대교육지원청	없음

〈대구광역시교육청〉

직속기관(19개)
대구광역시교육연수원, 대구광역시과학교육원, 대구학생문화센터, 대구광역시교육연구정보원, 대구교육해양수련원, 대구광역시유아교육진흥원, 대구광역시립중앙도서관, 대구광역시립동부도서관, 대구광역시립남부도서관, 대구광역시립서부도서관, 대구광역시립수성도서관, 대구광역시립북부도서관, 대구광역시립두류도서관, 대구광역시립대봉도서관, 대구광역시립달성도서관, 대구교육낙동강수련원, 대구교육팔공산수련원

교육지원청(4개)	소속기관(4개)
대구동부교육지원청	대구광역시동부특수교육센터
대구서부교육지원청	대구광역시서부특수교육센터
대구남부교육지원청	대구광역시남부특수교육센터
대구달성교육지원청	대구광역시달성특수교육센터

〈인천광역시교육청〉

직속기관(16개)
인천광역시교육과학연수원, 인천광역시교육연수원, 인천광역시학생교육문화회관, 인천광역시학생교육원, 인천광역시교직원수련원, 인천광역시평생학습관, 인천광역시유아교육진흥원, 인천광역시북구도서관, 인천광역시중앙도서관, 인천광역시부평도서관, 인천광역시주안도서관, 인천광역시화도진도서관, 인천광역시서구도서관, 인천광역시계양도서관, 인천광역시연수도서관, 인천광역시학생수영장

교육지원청(5개)	소속기관(0개)
인천남부교육지원청	없음
인천북부교육지원청	없음
인천동부교육지원청	없음
인천서부교육지원청	없음
강화교육지원청	없음

〈광주광역시교육청〉

직속기관(11개)

광주광역시교육과학연구원, 광주광역시교육연수원, 광주광역시학생교육원, 광주학생독립운동기념회관, 금호평생교육관, 광주학생교육문화회관, 광주중앙도서관, 광주광역시학교시설지원단, 광주송정도서관, 광주광역시교육정보원, 광주광역시유아교육진흥원

교육지원청(2개)	소속기관(0개)
광주동부교육지원청	없음
광주서부교육지원청	없음

〈대전광역시교육청〉

직속기관(8개)

대전교육연수원, 대전교육과학연구원, 대전평생학습관, 대전학생교육문화원, 한밭교육박물관, 대전학생해양수련원, 대전교육정보원, 대전유아교육진흥원

교육지원청(2개)	소속기관(0개)
대전동부교육지원청	없음
대전서부교육지원청	없음

〈울산광역시교육청〉

직속기관(10개)

울산광역시교육연구정보원, 울산광역시교육연수원, 울산광역시학생교육원, 울산중부도서관, 울산남부도서관, 울산동부도서관, 울주도서관, 울산광역시교육수련원, 울산광역시유아교육진흥원, 울산과학관

교육지원청(2개)	소속기관(0개)
울산강북교육지원청	없음
울산강남교육지원청	없음

〈세종특별자치시교육청〉

직속기관(1개)	
세종교육연구원	
교육지원청(1개)	소속기관(0개)
세종시교육지원청	없음

〈경기도교육청〉

직속기관(20개)
경기도교육연수원, 경기도율곡교육연수원, 경기도외국어교육연수원, 경기도평화교육연수원, 경기도유아체험교육원, 경기도과학교육원, 경기도유아교육진흥원, 경기도학생교육원, 경기도교육정보기록원, 경기도교육복지종합센터, 경기평생교육학습관, 경기도립중앙도서관, 경기도립성남도서관, 경기도립과천도서관, 경기도립발안도서관, 경기도립녹양도서관, 경기도평촌학생체육관, 경기도도당학생체육관, 농업계고등학교농업기계공동실습소, 공업계고등학교공동실습소

교육지원청(25개)	소속기관(12개)
경기도가평교육지원청	경기도교직원가평수덕원
경기도고양교육지원청	없음
경기도광주하남교육지원청	없음
경기도구리남양주교육지원청	없음
경기도군포의왕교육지원청	없음
경기도김포교육지원청	경기도학생김포야영장
경기도동두천양주교육지원청	없음
경기도부천교육지원청	경기도부천학생수영장
경기도성남교육지원청	없음
경기도수원교육지원청	없음
경기도시흥교육지원청	없음
경기도안산교육지원청	없음
경기도안성교육지원청	경기도교직원안성수덕원
경기도안양과천교육지원청	경기도안양학생수영장
경기도양평교육지원청	경기도학생여주야영장
경기도여주교육지원청	없음
경기도연천교육지원청	경기도학생연천야영장, 경기도교직원연천수덕원
경기도용인교육지원청	경기도학생용인야영장
경기도의정부교육지원청	없음
경기도이천교육지원청	없음
경기도파주교육지원청	없음

교육지원청(25개)	소속기관(12개)
경기도평택교육지원청	없음
경기도포천교육지원청	경기도학생포천야영장
경기도화성오산교육지원청	경기도화성학생수영장

〈강원도교육청〉

직속기관(15개)

강원도교육연구원, 강원도교육연수원, 강원교육과학정보원, 강원외국어교육원, 강원유아교육진흥원, 사임당교육원, 강원학생교육원, 강원학생통일교육수련원, 강원도교직원수련원, 춘천교육문화관, 원주교육문화관, 강릉교육문화관, 속초교육문화관, 삼척교육문화관, 강원진로교육원

교육지원청(17개)	소속기관(19개)
춘천교육지원청	춘성교육도서관
원주교육지원청	문막교육도서관
강릉교육지원청	명주교육도서관
속초양양교육지원청	속초교육도서관, 양양교육도서관
동해교육지원청	동해교육도서관
태백교육지원청	태백교육도서관
삼척교육지원청	없음
홍천교육지원청	홍천교육도서관
횡성교육지원청	횡성교육도서관
영월교육지원청	영월교육도서관
평창교육지원청	이승복기념관, 강원학생선수촌, 평창교육도서관
정선교육지원청	정선교육도서관
철원교육지원청	철원교육도서관
화천교육지원청	화천교육도서관
양구교육지원청	양구교육도서관
인제교육지원청	인제교육도서관
고성교육지원청	고성교육도서관

〈충청북도교육청〉

직속기관(12개)
충청북도교육과학연구원, 충청북도단재교육연수원, 충청북도중앙도서관, 충청북도학생교육문화원, 충청북도학생종합수련원, 충청북도학생외국어교육원, 충청북도청명학생교육원, 충청북도충주학생회관, 충청북도유아교육진흥원, 보령교육원, 제주교육원, 충청북도교육정보원

교육지원청(10개)	소속기관(15개)
청주교육지원청	청원도서관
충주교육지원청	충청북도교직원복지회관, 북부영어체험센터, 중원도서관
제천교육지원청	제천학생회관
보은교육지원청	보은도서관
옥천교육지원청	옥천도서관, 남부영어체험센터
영동교육지원청	영동도서관
진천교육지원청	진천도서관
괴산증평교육지원청	괴산도서관, 증평도서관
음성교육지원청	금왕도서관, 음성도서관
단양교육지원청	단양도서관

〈충청남도교육청〉

직속기관(12개)
충청남도교육연구정보원, 충청남도남교육연수원, 충청남도학생교육문화원, 충청남도평생교육원, 충무교육원, 충청남도학생수련원, 충청남도학생임해수련원, 충청남도남부평생학습관, 충청남도서부평생학습관, 충청남도과학교육원, 충청남도외국어교육원, 충청남도유아교육진흥원

교육지원청(14개)	소속기관(15개)
천안교육지원청	천안성환도서관
공주교육지원청	공주도서관, 공주유구도서관
보령교육지원청	보령도서관, 보령웅천도서관
아산교육지원청	아산도서관
서산교육지원청	서산해미도서관
논산계룡교육지원청	없음
당진교육지원청	당진도서관
금산교육지원청	금산도서관
부여교육지원청	부여도서관
서천교육지원청	서천도서관
청양교육지원청	청양도서관
홍성교육지원청	홍성도서관
예산교육지원청	예산도서관
태안교육지원청	태안도서관

〈전라북도교육청〉

직속기관(12개)
전북교육연수원, 전북과학교육원, 전북교육연구정보원, 전북교육문화회관, 전북학생교육원, 전북학생해양수련원, 전북유아교육진흥원, 군산교육문화회관, 마한교육문화회관, 남원교육문화회관, 김제교육문화회관, 부안교육문화회관

교육지원청(14개)	소속기관(15개)
전주교육지원청	전주영어체험학습센터
군산교육지원청	군산영어체험학습센터
익산교육지원청	없음
정읍교육지원청	정읍학생복지회관, 정읍학생수련원
남원교육지원청	남원영어체험학습센터
김제교육지원청	없음
완주교육지원청	완주공공도서관
진안교육지원청	진안공공도서관, 마이종합학습장, 진안영어체험학습센터
무주교육지원청	무주공공도서관
장수교육지원청	장수공공도서관
임실교육지원청	임실공공도서관, 임실영어체험학습센터
순창교육지원청	순창공공도서관
고창교육지원청	고창공공도서관, 고창영어체험학습센터, 삼인종합학습장
부안교육지원청	없음

〈전라남도교육청〉

직속기관(19개)
전라남도교육연구정보원, 전라남도교육연수원, 전라남도학생교육원, 전라남도학생교육문화회관, 목포공공도서관, 나주공공도서관, 전라남도과학교육원, 전라남도자연학습장, 전라남도유아교육진흥원, 전라남도광양평생교육관, 전라남도고흥평생교육관, 장성공공도서관, 전라남도교육시설관리단, 월출학생야영장, 유달학생야영장, 백운학생야영장, 송호학생수련원, 지리산학생수련장, 나로도학생수련장

교육지원청(22개)	소속기관(15개)
목포교육지원청	없음
여수교육지원청	없음
순천교육지원청	없음
나주교육지원청	남평공공도서관
광양교육지원청	광양공공도서관
담양교육지원청	담양공공도서관
곡성교육지원청	곡성교육문화회관

교육지원청(22개)	소속기관(15개)
구례교육지원청	구례공공도서관
고흥교육지원청	없음
보성교육지원청	보성공공도서관, 벌교공공도서관
화순교육지원청	화순공공도서관
장흥교육지원청	장흥공공도서관
강진교육지원청	없음
해남교육지원청	해남공공도서관
영암교육지원청	영암공공도서관
무안교육지원청	무안공공도서관
함평교육지원청	함평공공도서관
영광교육지원청	영광공공도서관
장성교육지원청	없음
완도교육지원청	없음
진도교육지원청	진도공공도서관
신안교육지원청	없음

〈경상북도 교육청〉

직속기관(10개)

경상북도교육연구원, 경상북도교육연수원, 경상북도교육정보센터, 화랑교육원, 경상북도과학교육원, 경상북도립구미도서관, 경상북도립안동도서관, 경상북도립상주도서관, 경상북도학생문화회관, 경상북도학생해양수련원

교육지원청(23개)	소속기관(23개)
포항교육지원청	영일공공도서관, 포항학생수련원
경주교육지원청	외동공공도서관
김천교육지원청	없음
안동교육지원청	안동학생수련원
구미교육지원청	없음
영주교육지원청	영주공공도서관
영천교육지원청	영천금호공공도서관
상주교육지원청	상주학생수련원
문경교육지원청	점촌공공도서관
경산교육지원청	없음
군위교육지원청	삼국유사군위공공도서관
의성교육지원청	의성공공도서관
청송교육지원청	청송공공도서관
영양교육지원청	영양공공도서관

교육지원청(23개)	소속기관(23개)
영덕교육지원청	영덕공공도서관
청도교육지원청	청도공공도서관, 청도학생수련원
고령교육지원청	고령공공도서관
성주교육지원청	성주공공도서관
칠곡교육지원청	칠곡공공도서관
예천교육지원청	예천공공도서관
봉화교육지원청	봉화공공도서관
울진교육지원청	울진공공도서관, 울진학생수련원
울릉교육지원청	울릉공공도서관

〈경상남도 교육청〉

직속기관(18개)

경상남도교육연수원, 경상남도교육연구정보원, 경상남도과학교육원, 경상남도학생교육원, 낙동강학생교육원, 경상남도진산학생교육원, 남해학생야영수련원, 합천종합야영수련원, 경상남도산촌유학교육원, 경상남도유아교육원, 창원도서관, 마산도서관, 김해도서관, 경상남도교육종합복지관, 경상남도교육시설감리단, 경상남도특수교육원, 김해유아체험교육원

교육지원청(23개)	소속기관(32개)
창원교육지원청	진동도서관
진주교육지원청	진양도서관, 진주학생수영장, 진주학생체육관
통영교육지원청	통영도서관
사천교육지원청	사천도서관, 삼천포도서관, 삼천포학생체육관
김해교육지원청	진영도서관, 김해학생체육관
밀양교육지원청	밀양도서관, 하남도서관
거제교육지원청	거제도서관, 거제학동야영수련원
양산교육지원청	양산도서관, 양산수학체험센터
의령교육지원청	의령도서관
함안교육지원청	함안도서관
창녕교육지원청	창녕도서관, 남지도서관, 우포생태교육원, 창녕학생수련원
고성교육지원청	고성도서관
남해교육지원청	남해도서관
하동교육지원청	하동도서관, 하동학생야영수련원
산청교육지원청	산청도서관, 산청학생야영수련원
함양교육지원청	함양도서관
거창교육지원청	거창도서관
합천교육지원청	합천도서관, 합천장전학생야영수련원

〈제주특별자치도교육청〉

직속기관(8개)
탐라교육원, 제주교육과학연구원, 제주국제교육정보원, 제주학생문화원, 사귀포학생문화원, 제주교육박물관, 제주도서관, 제주유아교육진흥원

교육지원청(2개)	소속기관(4개)
제주시교육지원청	한수풀도서관, 동녘도서관
서귀포시교육지원청	제남도서관, 송악도서관

학생부 기재 금지 사항 요약

1. 교육감상을 비롯한 모든 교외(경시)대회 참가 사실과 수상실적
2. 학교장의 승인·추천에 의한 개인 교외체험 학습
3. 학교장의 승인·추천에 의한 대학 주최·주관 프로그램
4. 학교장의 승인·추천에 의한 모든 해외체험활동
5. 각종 외국어 공인어학급수 성적(예외 : 국어능력인증시험, KBS한국어능력검정, 한국실용글쓰기검정 등은 입력 가능)
6. 전국연합학력평가(모의고사) 성적과 관련된 내용 및 수상 실적
7. 영재 학급 관련 및 학교운영위원장, 학부모회장상 등의 교내 수상 실적
8. 발명 특허 관련 내용
9. 교내·외 인증 시험 등에 참여한 사실
10. 논문(학회지)등재 및 도서 출간 관련 내용

② 수상 실적은 지원 학과에 따른 적합한 해석이 중요

또한 지원 학과나 학생의 졸업 후 전망에 따라 수상 실적의 의미가 재해석 되는 경우도 있습니다. 예를 들어 건축학과 지원자가 인문학적 소양을 평가받을 수 있는 수상 실적을 가지고 있는 것은 매우 좋은 평가를 받을 수 있습니다. 왜냐하면 현대의 건축학은 학문적으로 건축 이외에 역사학, 사회학, 심리학, 문화인류학, 의학, 지리학, 조경학 등 다양한 학문 분야와 긴밀한 관련을 맺고 있습니다. 따라서 깊지는 않더라도 이러한 분야에 관심을 갖고 다양한 지식들을 쌓아두면 나중에 건축을 하는데 있어 매우 유리하게 작용하는 것입니다. 그러므로 건축학부 입학사정관은 인문학적 소양을 판단할 수 있는 수상실적을 가진 학생들을 우대할 수 있는 것입니다.

이렇게 수상실적은 지원학과에 따라 적합한 해석이 중요하기 때문에 선생님의 추천서에 이 같은 내용을 강조하거나 학생들의 자기소개서에서 부각시킬 수 있도록 유도해주는 것이 무엇보다 필요합니다.

따라서 학생들이 1학년 때부터 자신의 졸업 후 진로나 지원 학과를 미리 정해 그에 걸맞은 비교과 영역을 계발해 내는 것이 중요한 의미를 지닙니다. 하지만 대부분의 학생들이 졸업 후의 진로와 지원 학과를 미리 정하지 못하고 있기 때문에 이를 재해석할 수 있는 소개서와 추천서를 작성하는 능력이 더욱 요구될 수밖에 없는 것입니다. 시간과 여유가 된다면 자신이 좋아하는 분야에 대해 미리 수상경험을 쌓아둘 필요가 있습니다.

뿐만 아니라 학생의 수상 실적은 교과 성적의 문제점을 만회하거나 학생의 장점을 부각시켜 줄 수도 있다는 것을 명심할 필요가 있습니다. 예를 들어 학생이 내신 교과 중 물리 과목의 성적이 낮아 기계학과를 지원하는 데에 걸림돌이 되었을 때, 학생의 비교과 영역이나 체험 활동, 수상경력 등의 영역에서 이 분야와 관련된 우수한 연관성을 보일 수 있다면 학생부종합전형에서는 충분히 만회될 수 있는 요소가 될 수 있다는 뜻입니다. 여기에다 만약 좋은 교과 성적을 갖추고 있다면 그 부분을 더욱 부각시킬 수 있는 요소가 될 것입니다.

수상경력 작성

① 학교생활기록부의 공신력을 높이고, 사교육을 유발하는 입학전형 요소 배제의 일환으로 2011학년도부터 초·중·고등학교 모두 '수상경력'란에 교내상만 입력하고 교외상은

학교생활기록부의 어떠한 항목에도 입력하지 않습니다.

② 학급, 학년단위의 단체수상(교내체육대회의 응원상, 환경미화상 등)은 입력하지 않습니다. 또한 영재교육기관 관련 수상 및 학교운영위원회장상, 학부모회장상 등도 입력할 수 없습니다.

③ 대안교육기관이나 직업과정의 위탁학생과 국내 학교간 교환학생(도·농교류 등)이 위탁기관 및 교환학교에서 받은 수상은 교내상으로 등록합니다.

④ 교내 동일 대회로 예선과 결선이 이어지는 대회는 최상위 수상실적 하나만 입력합니다. 즉 동일한 작품이나 내용으로 수준이 다른 상을 여러 번 수상하였을 경우에는 최고 수준의 수상경력만을 입력합니다.

⑤ 교과 우수상을 여러 교과에서 수상한 경우는 따로 기재하지 않고 ( )안에 수상과목을 병기합니다.

예) 교과우수상(국어, 영어, 수학, 사회, 과학)

⑥ 수여기관에는 기관명이 아닌 기관장을 입력합니다.

예) ○○고등학교(×), ○○고등학교장(○)

⑦ 등급(등위)은 상장에 명시된 내용을 그대로 입력하며 이때 등위는 사전에 계획된 것을 입력합니다. 예를 들어 시상 결과 '최우수상(1위)'이 없는 '우수상(2위)'의 경우 '우수상(2위)'으로 입력합니다. 대회 수상실적인 경우만 등급(위)을 입력하되, 등위만 있는 경우 등급을 입력하지 않을 수 있습니다.

⑧ 표창장인 경우 어떤 내용의 표창인지 알 수 있도록 ( )안에 세부 표창내용을 입력하며, 등급(위)란은 공란으로 둡니다. 또한 각종 대회에서 참가부문이 있는 경우에는 ( )안에 참가부문을 입력합니다.

예) 표창장(선행부문), 표창장(모범학생부문), 과학탐구대회(과학상상화그리기부문), 과학탐구대회(포스터부문)

⑨ 공동수상은 동일 실적물로 2인 이상이 수상한 경우를 말하며, 동급의 상을 여러 명이 수상한 경우라도 각자의 실적물로 수상한 경우에는 개별 수상으로 기록합니다. 즉, 개별실

적물로 3명이 은상(2위)을 수상한 경우는 개별 수상에 해당됩니다. 공동 수상은 '수상명' 란에 수상명을 입력하고 ( )안에 '공동수상'과 '수상인원'을 입력합니다.

예) 과학탐구대회 최우수상(공동수상, 3명)

⑩ 동일 대회에서 학년별로 시상하는 경우, 참가대상은 각 학년으로 합니다. 예를 들어 과학탐구대회에 전교생이 참가하고 시상은 학년별로 한 경우, 참가대상은 각각 '1학년', '2학년', '3학년'이 됩니다. 또한 참가대상과 참가인원은 실질적인 대회에 참가한 대상과 실제 참가인원으로 하되, 대회의 실시결과 등을 근거로 입력합니다.

예) 전교생(1,200명)(O), 1학년(400명)(O), 1학년 중 참가자(92명)(O), 1학년 참가동아리(65명)(O), 전학년(1,200명)(X), 1학년 전체(400명)(X)

한편 교과우수상의 경우 '참가대상(참가인원)'란에 참가대상은 입력하되, 참가인원은 입력하지 않습니다.

예) 1학년(O), 2학년 7차일반(O), 2학년 인문사회과정(X), 2학년 자연계열(X)

⑪ '공교육 정상화 촉진 및 선행교육 규제에 관한 특별법'의 '제8조 제2항 제2호(각종 교내대회에서 학생이 배운 학교교육과정의 범위와 수준을 벗어난 내용을 출제하여 평가하는 행위)에 저촉되는 대회는 실시할 수 없습니다.

(2) 자격증 및 인증 취득상황 작성 방법

'고등학교 선진화를 위한 입학제도 개선 및 체제 개편 방안'발표에 따른 외고 등 특목고 진학을 위한 선행학습에 따른 사교육을 유발하는 입학전형 요소 배제의 일환으로 초·중학교는 2010학년도부터, 고등학교는 2011학년도 이후부터 학교생활기록부 '자격증 및 인증 취득상황'란의 기록 방식이 변경되었습니다.

이에 따르면 초·중학교는 2010학년도 이후부터 취득한 자격증 및 교내·외 인증활동이 학교생활기록부 어떠한 항목에도 입력이 불가합니다(진로지도상황, 창의적 체험활동상황, 특별활동상황, 교외체험학습상황, 교과학습발달상황의 '세부능력 및 특기사항', 행동특성 및 종합의견 등). 다만 고등학교의 경우, 재학 중 취득한 기술 관련 자격증*에 한해 입력이 가능합니다. 이를 쉽게 표로 알아보면 다음과 같습니다.

* 고등학교에서 취득한 자격증만 인정되나요?
학생부는 재학 중의 교육과정 산출 결과물만 입력하는 것을 원칙으로 하고 있기 때문에 초·중학교에서 취득한 국가기술자격증이라 할지라도 고등학교생활기록부에 입력할 수 없습니다.

자격증 및 인증 취득상황 기록

학년도	중1	중2	중3	고1	고2	고3
2009	입력	입력	입력	입력	입력	입력
2010			입력	입력	입력	입력
2011~현재			재학 중 취득한 기술관련 자격증에 한해 입력			

한편 고등학생이 재학 중 취득한 국가기술자격법에 의한 국가기술자격증, 개별 법령에 의한 국가자격증, 자격기본법에 의한 국가공인을 받은 민간자격증 중 기술 관련 자격증에 한하여 입력할 수 있습니다. 참고로 국가 공인 민간자격은 국가외의 법인·단체 또는 개인이 운영하는 민간자격 중 우수한 민간 자격을 국가가 공인해 주는 제도로 기술 관련 국가공인 민간자격 현황은 교육정보시스템에서 제공하고 있으므로 확인 후 입력하면 됩니다. 또한 한국직업능력개발원 홈페이지, 한국산업인력공단 홈페이지 자격 검정란(http://www.q-net.or.kr) 등에서는 국가기술자격증에 대한 정보를 확인할 수 있습니다.

자격증 및 인증 취득상황 작성

① 고등학교 교육정보시스템의 [학생생활]-[자격증및인증취득상황]-[자격증코드관리]에서 {추가}로 등록 시 자격증을 {조회}하면 국가공인 민간자격증이 모두 검색되므로 반드시 기술관련 자격증(아래 기술관련 민간자격 국가공인 현황 참조)인지 확인 후 등록해야 합니다. 이 부분은 매년 달라질 수 있으므로 반드시 확인이 필요합니다.

② 자격증 번호 입력 시 '제', '호'는 입력하지 않으며 자격증 발급기관에는 기관장이 아닌 기관명을 입력해야 합니다. 또한 번호 사이의 하이픈(-)은 입력합니다.

예) 제2212833235호(×), 2212833235(○)

한국산업인력공단이사장(×), 한국산업인력공단(○)

③ 자격증의 취득 연월일을 입력할 때 합격일과 발급일이 서로 상이한 경우에는 합격일을 입력하면 됩니다. 한편 합격일과 등록일이 함께 있는 경우에는 합격일을 입력하며, 합격일이 없고 발급일이나 등록일만 있는 경우에는 해당 일을 취득 연월일로 입력하면 됩니다.

예)

합격일	발급일	등록일	생기부 입력기준일
2016.12.03.	2016.12.05.	×	합격일
2016.12.03.	×	2016.12.04.	합격일
×	×	2016.12.04.	등록일

④ 현행 자격기본법에는 국가공인 민간자격증의 서식에 대한 규정이 없으므로 자격 종목 명칭, 자격등급, 유효기간을 기준으로 판단하면 됩니다. 특히, 급수의 구분이 있는 경우 표시된 급수와 공인 유효기간 내에 취득한 자격증인지를 확인하여야 합니다.

⑤ 자격증 및 인증취득상황 작성예시

구분	명칭 또는 종류	번호 또는 내용	취득연월일	발급기관
자격증	워드프로세서 1급	12-I9-O22182	2016.12.17.	대한상공회의소
	컴퓨터활용능력 2급	12-K4-010622	2016.08.30.	대한상공회의소
	전산회계운용사 2급	12-L2-001357	2016.08.21.	대한상공회의소
	정보처리기능사	12404101715C	2016.10.15.	한국산업인력공단
	정보기기운용기능사	12403081539G	2016.07.24.	한국산업인력공단
	한식조리기능사	12801130210J	2016.02.01.	한국산업인력공단
	제과기능사	12401080508H	2016.12.04.	한국산업인력공단
	정보기술자격(ITQ)A등급-한글엑셀	A001-2012103-002317	2016.03.05.	한국생산성본부
	정보기술자격(ITQ)A등급-한글파워포인트	A001-2012103-002317	2016.03.05.	한국생산성본부
	인터넷정보관리사 2급	IIS-1204-001858	2016.12.15.	한국정보통신진흥협회
	전산회계 2급	2212833235	2016.09.17.	한국세무사회
	리눅스마스터 2급	LMS-1203-001205	2016.04.19.	한국정보통신진흥협회
	문서실무사 2급	071PT51-20000713	2016.08.04.	한국정보관리협회

⑥ 기술 관련 국가공인 민간자격증은 급수와 취득년도를 확인하고 공인기간 내 공인 효력이 있는 것만 입력합니다.

⑦ 주요 기술관련 민간자격 국가공인현황(해마다 달라지므로 www.pqi.or.kr에서 반드시 확인)

자격명	자격관리기관
청소년경제이해력검증시험 주니어 TESAT(테샛)	한국경제신문
경제·금융이해력 인증시험 틴매경TEST	매일경제신문사
SQL	한국데이터베이스진흥원
디지털 포렌식 전문가	(사)한국포렌식학회/한국인터넷진흥원
실용수학자격	(사)한국창의인성교육연구원
원산지관리사	국제원산지정보원
시스템에어컨설계시공관리사	(사)한국에이치백산업협회
매경TEST	매일경제신문사
한국한자어능력인증시험	(주)조선에듀케이션
RFID 기술자격검정	한국RFID/USN융합협회
경제이해력검증시험TESAT	한국경제신문

자격명	자격관리기관
조경수조성관리사	(사)한국조경수협회
도로교통사고감정사	도로교통공단
점역교정사	(사)한국시각장애인연합회
정보보호전문가	한국인터넷진흥원
종이접기	(사)한국종이접기협회
분재관리사	(사)한국분재조합
e-Test Professional	삼성에스디에스주식회사
수목보호기술자격	(사)한국수목보호협회
수화통역사	(사)한국농아인협회
열쇠관리사	(사)한국열쇠협회
한자능력급수	(사)한국어문회
PC활용능력평가시험(PCT)	(주)피씨티
지역난방설비관리사	(사)한국에너지기술인협회
자동차진단평가사	(사)한국자동차진단보증협회
옥외광고사	한국옥외광고협회
정보시스템감리사	한국정보화진흥원
한국한자검정	(사)한국평생교육평가원
한국영어검정	(사)한국평생교육평가원
신용위험분석사(CRA)	(사)한국금융연수원
자산관리사(FP)	(사)한국금융연수원
국제금융역(CIFS)	(사)한국금융연수원
여신심사역	(사)한국금융연수원
신용분석사	(사)한국금융연수원
외환전문역I,II종(CFES I, II)	(사)한국금융연수원
신용관리사	(사)신용정보협회
브레인트레이너	국제뇌교육종합대학원대학교
행정관리사	(사)한국행정관리협회
실용한자	(사)한국외국어평가원
실용영어	(사)한국외국어평가원
한자능력자격	(사)한국한자한문능력개발원
한자급수인증시험	한국교육문화회
패션스타일리스트	(사)한국직업연구진흥원
샵마스터	(사)한국직업연구진흥원
데이터아키텍처	한국데이터베이스진흥원

자격명	자격관리기관
국어능력인증시험	한국언어문화연구원
한자어능력	한국정보관리협회
문서실무사	한국정보관리협회
리눅스마스터	한국정보통신진흥협회
인터넷정보관리사	한국정보통신진흥협회
디지털정보활용능력(DIAT)	한국정보통신진흥협회
세무회계	한국세무사회
전산세무회계	한국세무사회
한자급수자격검정	(사)대한민국한자교육연구회
한자·한문전문지도사	(사)대한민국한자교육연구회
FLEX 프랑스어(듣기/읽기)	대한상공회의소
FLEX 독일어(듣기/읽기)	대한상공회의소
FLEX 스페인어(듣기/읽기)	대한상공회의소
FLEX 영어(듣기/읽기)	대한상공회의소
FLEX 러시아(듣기/읽기)	대한상공회의소
컴퓨터운용사	대한상공회의소
기계설계제도사	대한상공회의소
가구설계제도사	대한상공회의소
상공회의소한자	대한상공회의소
FLEX 중국어	대한상공회의소
FLEX 일본어	대한상공회의소
무역영어	대한상공회의소
PC정비사	(사)한국정보통신자격협회
네트워크관리사	(사)한국정보통신자격협회
ERP 물류정보관리사	한국생산성본부
ERP 생산정보관리사	한국생산성본부
ERP 인사정보관리사	한국생산성본부
ERP 회계정보관리사	한국생산성본부
GTQ(그래픽기술자격)	한국생산성본부
정보기술자격(ITQ)시험	한국생산성본부
TEPS영어능력검정	서울대학교발전기금TEPS관리위원회
신변보호사	(사)한국경비협회
실천예절지도사	(사)범국민예의생활실천운동본부
한국 실용글쓰기검정	(사)한국국어능력평가협회

자격명	자격관리기관
한자·한문지도사	(사)한자교육진흥회
한자실력급수	(사)한자교육진흥회
MATE Writing	숙명여자대학교
MATE Speaking	숙명여자대학교
재경관리사	삼일회계법인
회계 관리	삼일회계법인
영어회화평가시험 ESPT General/Junior	(주)이에스피평가아카데미
KBS한국어능력시험	KBS한국방송공사
CS Leaders(관리사)	(사)한국정보평가협회
PC Master(정비사)	(사)한국정보평가협회
빌딩경영관리사	(재)한국산업교육원
정보기술프로젝트관리전문가(IT-PMP)	대한정보통신기술(합)
병원행정사	(사)대한병원행정관리자협회
YBM商務漢檢	(주)와이비엠

그동안 인문계열 학생들의 인증항목은 일반적으로 평가를 하지 않는 교육과정의 교과수업을 가리켜 왔습니다. 이는 사실상 그냥 수업만 들으면 받을 수 있는 것이고 보통 사회적 이슈에 의하여 만들어진 과목이 대부분이었습니다. 즉, 정보사회와 컴퓨터, 환경 관련 등의 과목이 이에 해당합니다.

하지만 최근의 경우, 한자 능력 검정 시험, 한국어 능력 검정 시험, 한국사 능력 검정 시험 등 학생들의 다양한 검정 시험이 확대되고 있습니다. 이러한 검정 시험 자격이 실제 학생들의 서류 평가 과정에 많은 영향력을 주지 못하는 것은 사실이지만 일부 학생부종합전형에서는 인문학적 소양 능력을 평가하는 주요한 지표가 될 수 있다는 점에서 새롭게 주목받고 있습니다.

따라서 단순히 생기부에 전혀 기록이 되지 않는다는 이유로 이러한 시험에 아예 도전하지 않는 것은 매우 어리석은 생각이라고 할 수 있습니다. 왜냐하면 대학에서는 생기부에 기재된 것만 자료로 요구하는 것이 아니기 때문입니다. 따라서 자신이 관심 있는 분야에 대한 검정 시험에 꾸준히 도전하는 과정과 성과를 에듀팟에 기록하면 큰 도움이 됩니다. 물론 이러한 검정 시험은 지원 학과와의 연관성을 지니지 못하는 경우 좋은 평가를 받을 수 없다는 점은 유념할 필요가 있습니다.

(3) 진로 희망 사항 작성 방법

진로 희망 사항은 학생부종합전형이 확대되기 전만 하더라도 매우 형식적으로 기재되었던 것이 사실입니다. 하지만 학생부종합전형이 확대되면서 학생의 진로 희망은 학생의 일관된 목표 설정을 확인하고, 이를 꾸준하게 실천했는가를 평가하는 중요한 항목으로 떠오르고 있습니다. 특히 학생부종합전형이 대부분 면접과 결합되어 전형을 치르고 있기 때문에 이는 면접에서 아주 중요한 항목이 되고 있습니다.

따라서 1학년 때부터 자신의 진로 희망을 보다 진지하고 구체적으로 기술할 수 있어야 하며 특기사항 또한 형식적인 서술보다는 이를 위한 노력의 구체적인 실천 과정을 서술할 수 있어야 합니다. 특히 학년에 따라 진로 희망이 바뀐 학생이 있다면 바뀐 경위가 어떻게 되는지, 또한 새로운 진로 목표를 달성하기 위해서 어떤 노력을 했는지 등을 기록하는 것이 좋습니다.

일례로 발명대회에 입상한 학생이 과학 분야가 아닌 광고홍보학과에 지원하여 합격한 사례가 있습니다. 그 학생은 생활기록부에 자신이 친구들과 발명대회를 준비하던 중 아이디어를 제시하지 못하는 한계에 직면했지만, 발명한 작품을 심사위원들에게 발표하는 과정에서 자신이 제품 홍보에 남다른 능력이 있음을 발견하게 되었다고 구체적으로 밝혀져 있어서 입학사정관으로부터 좋은 평가를 받을 수 있었습니다.

또 건축학과를 목표로 건축박람회에 참가했다가 도시환경건설시스템공학과로 진로를 변경한 학생이 합격한 사례도 있습니다. 이 학생의 경우 건축학은 개개의 건물을 짓는 독립적인 영역과 관련되는 반면에 도시환경건설시스템공학은 도시 전체를 거시적인 안목으로 계획한다는 것에 매료되어 진로를 변경한 사유가 기록되어 있어 그 진정성을 입학사정관들이 높이 평가한 것이라 볼 수 있습니다.

진로 희망 사항 작성

① 충분한 상담 또는 사전 조사를 한 후 입력하되, 추후 정정사항이 발생하지 않도록 유의해야 합니다. 학생들이 직업에 대한 이해가 부족한 경우를 대비하여, 선생님께서는 직업에 대한 안내 자료를 미리 제공하는 것이 바람직합니다.

② 학년이 올라감에 따라 진로희망은 구체적으로 입력하는 것이 좋습니다. 즉 진로희망은 자신의 능력에 맞는 직업 선택을 알아보는 과정이기 때문에 막연한 형태로 입력하는 것이 아니라 학년이 올라감에 따라 좀 더 구체적으로 입력하는 것이 필요합니다.

예) 1학년 때: 교사, 2학년 때: 중등교사, 3학년 때: 국어교사

③ '특기 또는 흥미'는 특정 사물의 명칭을 그대로 입력하거나 포괄적 개념의 용어로 입력하지 않고 구체적인 용어나 구체적 행동과 관련된 용어로 입력해야 합니다.

예) 컴퓨터조립(○), 컴퓨터(×), 야구(○), 운동(×), 모형자동차조립(○), 자동차(×)

④ '진로희망'은 구체적인 직업의 명칭을 입력해야 합니다.

예) 컴퓨터프로그래머(○), 컴퓨터(×)/ 패션디자이너(○), 디자이너(×)

⑤ 진로희망사항의 사례

좋은 사례

학년	특기 또는 흥미	진로희망		희망사유
		학생	학부모	
1	요리하기, 요리관련 정보 스크랩하기	호텔조리사	교사	요리에 관심이 많아 세계 각국의 요리에 대한 정보를 기록하는 노트를 작성하고 있으며, 요리교육을 지속적으로 받는 등 해당 진로에 대한 열정이 높음. 경기도교육청에서 실시한 호텔조리실습 체험을 하는 과정에서 호텔 관련 산업의 다양함에 매력을 느끼게 되었고, 평소 관심과 소질이 많았던 요리와 연결하여 최고의 호텔 조리사가 되는 꿈을 갖게 됨.
2	요리하기, 제과제빵, 요리관련 서적 읽기	제빵사, 호텔조리사	공무원	제과점을 운영하는 부모님을 보면서 자연스럽게 요리사와 제빵사에 관심을 갖게 되었으며, 요리로 사람들의 마음을 치유하는 힐링 요리사가 되고 싶어 함. 평소 요리를 할 때 요리실력에 버금가는 남다른 창의성과 예술적 감수성을 풍부하게 가지고 있다는 주변의 평가를 자주 받아 요리에 대한 관심과 자신감이 높은 편임.
3	제과제빵, 홈베이킹	파티시에, 푸드스타일리스트, 호텔조리사	요리사	평소 요리하는 것을 즐기며 여러 가지 재료를 활용하여 맛있는 음식을 만들어 내는 것에 대한 흥미를 느낌. 직접 요리한 음식을 더욱 돋보이도록 장식하는 과정을 통해 요리사라는 직업과 함께 푸드스타일리스트라는 직업에 대해서도 관심을 갖게 됨. 요리가 또 하나의 창조 작업임을 인식하고 꿈을 이루기 위해 관련 도서는 물론 전문가 영상 등을 찾아보며 좀 더 구체적인 탐색과 노력을 하고 있음.

(4) 창의적 체험활동상황 작성 방법

창의적 체험활동상황은 창의적 체험활동의 4가지 영역인 자율 활동, 동아리 활동, 봉사 활동, 진로 활동의 영역별 이수시간 및 특기사항(참여도, 활동의욕, 태도의 변화 등)

을 입력하는 공간입니다. 창의적 체험활동의 4개 영역별 활동내용, 평가방법 및 기준은 교육과정을 근거로 학교별로 정하면 됩니다.

이 부분은 학생의 잠재적인 능력과 사회성, 리더십 능력 등을 다양하게 평가할 수 있는 항목으로 대학에서는 이미 학생부종합전형이 실시되기 이전부터 '특별활동 우수자 전형'이라는 명칭으로 학생들을 선발할 만큼 중요하게 다루어 온 부분입니다.

따라서 창의적 체험활동상황은 활동 내역도 중요하지만 학생부종합전형이 실시되면서 결과적 실적보다는 이러한 활동이 학생의 삶에 어떤 영향을 끼쳤으며 실제 이러한 활동을 통해 이뤄낸 성과(실적보다는 사실적 활동 상황)를 중시하기 시작했다는 점에서 구체적인 기술이 절실히 필요합니다.

이는 현재 대학에서 교사가 학생이 창의적 체험활동에 참여한 정도와 성과를 지속적으로 입력하고, 학교가 제공한 창의적 체험활동 프로그램의 특성을 상세히 입력한 자료를 학생부종합전형 요소로 사용하고 있다는 뜻입니다. 그렇기 때문에 창의적 체험활동은 영역별로 학급담임교사와 창의적 체험활동 담당교사가 분담하여 평가하고, 평소의 활동상황을 누가 기록한 자료를 토대로 활동실적, 진보의 정도, 행동의 변화, 특기사항 등을 종합하여 '특기사항'란에 학급담임교사나 창의적 체험활동 담당교사가 구체적인 문장으로 입력해야 합니다.

한편 학교교육계획(정규교육과정 외)에 따라 당해 학교에서 주최·주관하여 일부 학생을 대상으로 실시한 창의적 체험활동은 영역별 이수시간에는 포함하지 않지만 '특기사항'란에 활동내용과 활동 특기사항을 입력할 수 있습니다. 단, 해외 체험활동(봉사 활동, 동아리 활동, 진로 활동 등)은 어떠한 경우에도 입력할 수 없음에 유의해야 합니다.

자율활동, 동아리 활동, 진로활동의 이수시간은 영역별로 입력하고 특기사항은 모든 학생을 대상으로 영역별로 개별적인 특성이 드러나거나 활동내용이 우수한 사항(참여도, 활동의욕, 진보의 정도, 태도 변화 등)을 중심으로 구체적인 문장으로 입력합니다. 또한 봉사활동 특기사항은 체계적이고 지속적인 봉사활동 등 특기할만한 사항이 있는 경우 자세히 입력합니다.

창의적 체험활동상황은 학교교육계획에 의해 학교가 주최·주관하여 실시한 체험활동을 입력하는 것으로(봉사활동 제외) 학교장이 승인하여 동일 학교급 타 학교에서 주최·주관하여 국내에서 실시한 체험활동도 입력할 수 있습니다. 예를 들어 A중학교 학생이 C고등학교에서 주최·주관한 체험활동에 참가한 경우는 활동내용과 특기사항을 입력할 수 없으나, B고등학교 학생이 C고등학교에서 주최·주관한 체험활동에 참가한 경우는 입력할 수 있습니다.

또한 교내동아리 활동의 일환으로 교외 대회에 출전해 수상한 실적이 있거나 진로와 관련한 프로그램을 체험했다 하더라도 앞서 말씀드린 바와 같이 '교육부 및 직속기관, 시/도교육청 및 직속기관, 교육지원청'에서 주최/주관한 행사가 아니라면 기재할 수 없으므로 주의가 필요합니다.

창의적 체험활동의 영역별 시수 인정과 특기사항에 입력할 수 있는 내용은 다음 표와 같습니다.

영역	시수	특기사항 내용
자율활동	정규교육과정 시수 (행사활동은 별도 행사시수 포함)	학교교육계획(정규교육과정 포함)에 의해 학교에서 주최·주관하여 실시한 활동

영역	시수	특기사항 내용
동아리활동	정규교육과정 시수 (정규교육과정 이외 학교스포츠클럽 활동 포함)	정규교육과정 동아리활동(정규교육과정 내 학교스포츠클럽활동 포함), 정규교육과정 이외 학교스포츠클럽활동, 학교장이 승인한 학교교육계획 이외의 청소년단체활동, 학교교육계획에 의한 자율동아리 활동
봉사활동	학교교육계획과 개인계획 시수	체계적이고 지속적인 봉사활동 등 특기할 만한 내용
진로활동	정규교육과정 시수	학교교육계획에 의해 학교에서 주최·주관하여 실시한 진로활동과 관련된 사항, 진로지도와 관련된 상담 및 권고 내용

그럼 다음에서 각 영역별로 자세한 작성 요령을 알아보겠습니다.

① 자율 활동

자율 활동은 학급이나 학교 구성원의 자발적이고 자율적인 참여를 중시하는 활동으로 이 안에서 다시 자치, 적응, 행사, 창의적 특색활동으로 나눌 수 있습니다. 자율 활동의 특기사항은 활동결과에 대한 평가보다는 활동과정에서 드러나는 개별적인 행동특성, 참여도, 협력도, 활동실적 등을 평가하고 상담기록 등의 관련자료를 참고하여 구체적으로 입력합니다.

• 자치활동

자치활동을 통해 얻은 성과는 단순히 개인의 지위를 통해서만 평가되는 것이 아니라 집단의 구성원으로서 본인의 역할 수행으로 인한 개인의 성장과 아울러 집단 활동 자체의 질과 변화를 포함하기 때문에 이에 대한 평가는 보다 구체적인 활동 평가로 이루어져야 합니다.

즉 '어떤 활동을 했다'라는 차원의 기록에 그치지 말고 그 활동에서 구체적으로 어떤 역할을 하였는지, 그 활동 등을 통해서 어떤 결과를 얻었는지 등을 구체적으로 기록하는 것이 좋습니다.

또한 자치활동의 특기사항에 입력하는 임원의 활동기간은 1학년은 입학일로부터 학년말, 2학년은 3월 1일부터 학년말, 3학년은 3월 1일부터 졸업일까지를 기준(학기단위로 임명하는 경우는 학기 시작일 부터 학기 종료일 기준)으로 구체적으로 입력해야 합니다. 만약 특수한 학교사정에 따라 임원의 활동기간이 학기의 단위가 아닌 월 단위 등으로 임명하는 경우에는 실제 임명기간을 입력하면 됩니다. 이때 구체적인 임원의 종류를 알 수 있도록 '전교', '학년', '학급' 등을 입력하고, 재임기간을 병기하면 됩니다. 또한 학생자치회 임원 활동기간을 2학년 2학기와 3학년 1학기와 같이 학기 단위로 임명하는 경우 해당 학년의 자율활동 영역에 나누어 임원 활동기간을 입력합니다.

한편 학교폭력근절 종합대책(2012.02.06.)의 일환으로 학교교육과정 또는 학교계획에 의해 실시한 학생 또래활동, 자치법정 등도 적극 기록하는 것이 좋습니다.

예1) 1학기 학급반장(2016.03.01.-2016.08.20.)으로 학급회의를 원활하게 진행하고 회의록을 꼼꼼하게 작성함. 항상 급우들의 의견을 존중하여 학급 문제를 해결하였으며, 학급 전체의 인화를 위해 여러 가지 아이디어를 제시함. 또래 상담 아이들의 학교지킴이 집단상담교육(2016.05.18.)을 기획하여 학생 또래활동의 활성화를 도모하였으며, 맡은 청소구역을 항상 청결하게 정리하는 등 솔선수범하는 리더십을 발휘함.

예2) 미디어에 대한 자기통제력을 키우고, 목표 달성을 위한 도전정신을 기르기 위하여, 학급회의를 통해 실시한 미디어 문화금식(학생들이 자율적으로 텔레비전,

휴대전화, 인터넷, MP3, 만화, 잡지 등을 억제하는 시간을 가짐으로써 자신의 욕망을 이길 수 있는 극기력을 키워 개인중심의 소비생활을 문제로 인식하고 주체적, 생산적, 생태적 문화생활로 바꾸는 프로그램)100일 운동(2016.03.02.-2016.07.09.)에 적극 참여함.

• 적응활동

적응활동의 특기사항은 활동결과에 대한 평가보다는 활동과정에서 드러나는 행동 특성, 태도 등을 평가하고 상담기록 등의 관련 자료를 참고하여 구체적으로 입력하여야 합니다. 특히 이 활동은 학생이 환경에 얼마나 잘 적응하고 대처하며, 자신의 문제를 능동적으로 해결하는 능력을 평가대상으로 한다는 점에 주목할 필요가 있습니다. 기본 생활습관 활동, 친교활동 등에 대하여 활동 결과보다는 활동 과정에서 드러나는 행동 특성, 태도 등을 평가하여 구체적으로 기록해주는 것이 좋습니다.

예1) 교내 인성계발 프로그램(2016.05.11.-2016.05.14. / 유스센터 전문상담 부름교실)에 참여하여 공동체 의식의 함양을 통해 기본생활 습관의 변화를 보임. 상담을 통해 친구를 잘 사귀지 못하는 원인을 분석하였으며, 해결책의 하나로 학급의 행사마다 폴라로이드 사진 촬영을 담당하는 역할을 맡아 학급의 구성원들과 우정을 다짐.

예2) 집단상담(2016.07.07.-2016.07.08./8시간)의 자기발견, 자기성장 프로그램을 통해 자기이해, 자기수용 및 자기관리능력을 향상시켜 인격 성장을 이루었으며, 대인관계 개선 프로그램을 통해 타인이해와 수용능력을 향상하고 일체감을 체험함으로써 집단생활 능력과 대인관계 기술을 습득하였음. 또한 공동체의식 함양프로그램을 통해 비록 똑같은 문제는 아닐지라도, 자신만 고통과 문제를 안고 있는 것이 아니라 다른 사람들도 나름의 문제를 가지고 있음을 깨닫게 되어 자신이나 타인을 보다 잘 이해할 수 있게 되었으며, 친구들 간에 서로의 관심사나 감정들을 터놓고 이야기하여 소속감과 동료의식을 발전시킴.

• 행사활동

이 활동 또한 학생 평가와 집단의 발전에 대한 평가가 동시에 이뤄지는 항목입니다. 따라서 학생 개개인의 변화와 발달이 평가의 최종 목표가 되어야 합니다. 행사활동 시간은 시업식, 입학식, 졸업식, 종업식, 전시회, 발표회, 학예회, 경연대회, 학생건강체력평가, 체육대회, 수련활동, 현장학습, 수학여행 등 학교에서 주최·주관하여 실시하는 활동을 모두 포함합니다. 따라서 이러한 활동 시의 참여도, 협력도, 열성도 및 특별한 활동 실적 등을 구체적으로 입력하면 됩니다.

예1) 학교폭력예방교육(2016.04.02., 2016.04.30., 2016.05.20.)에서 타인의 인권을 존중하고 배려하는 자세의 중요성을 인식하고 서로의 소중함을 깨달아 따뜻한 학교 만들기를 실천함. 단체수련활동(2016.04.13.-2016.04.15.)에서 급우들과의 단체활동을 통해 협동심과 양보의 미덕을 배우고, 극기와 절제의 정신을 배움. 예절교육체험(2016.08.19.)을 통해 타인에 대한 배려심, 더불어 살아가는 방법, 윗사람을 공경하는 마음과 자세, 행복하게 살아가는 방법을 배움. 통일안보교육(2016.08.20.)을 통해 통일의 당위성과 필요성, 북한의 실상을 객관적으로 알아 남북한 협력의식을 기르고 평화에 대해 생각해 볼 수 있는 계기가 됨.

예2) '나의 미래, 나의 진로'를 주제로 한 교내 UCC대회(2016.05.24.)에 참여하여 참신한 아이디어를 제시하여 입상함. 정보통신진흥원에서 실시한 정보화 역기능 예방교육(2016.10.01.)에 참여하여 개인유출방지법에 대해 배우고, 타인의 정보와 인권을 존중하고자 하는 의지를 기름. 내가 먼저 실천하는 녹색생활 캠페인 UCC공모전(2016.11.03.)에 참여하여 스마트폰을 활용하여 '환경보호'를 주제로 UCC를 촬영하고 이를 유튜브에 탑재하는 활동을 통해 학교생활 중 할 수 있는 환경보호에 대하여 깊이 생각하고 함께 할 수 있는 방안을 적극적으로 홍보함.

• 창의적 특색활동

창의적 특색활동은 학생·학급·학년·학교·지역에 따른 특색활동이나 학교전통 수립·계승활동을 말하는 것으로 쉽게 말해 학생이나 학교의 개성에 맞게 다양하게 실시하는 모든 활동이 그 대상이 됩니다. 예를 들어 일견 너무나 평범하고 단순해 보이는 독서활동이라도 활동 명을 '진로의식과 창의적 사고를 높이는 독서 활동'으로 정하고 다음과 같이 활동방법을 마련하고 실천한다면 이는 그 학교만이 가지고 있는 고유한 창의적 특색활동이 되는 것입니다.

– 1학년: 동영상 시청(지식 채널-e, EBS 자료, 영화, 다큐멘터리 등)→ 텍스트읽기→ 토론 → 에세이 쓰기→ 독서교육기록시스템 탑재

– 2학년: 논술 관련 배경 이론 이해하기→ 논술 기출 문제 및 모범 답안 이해하기 → 전공 관련 독서→ 논술문 작성→ 독서교육기록시스템 탑재

– 3학년: 구체화된 세부 영역 전공 희망 영역 정하기→ 전공 희망 도서 목록 탐색 → 이전 학년까지의 모든 경험 포함, 구체화된 독후록 작성→ 고등학교 전 학년 독후 활동 문집 완성

이처럼 창의적 특색활동 관련 내용을 특기사항에 입력할 때에는 학급, 학년, 학교의 특성 및 학습자의 발달 단계에 맞는 다양한 특색활동 내용을 입력하면 됩니다.

예) 교내에 장애 및 다문화가정 학생이 많아 실시한 장애 이해교육 및 다문화 이해교육(2016.06.10.)을 통해 장애에 대한 잘못된 인식을 개선하고 타인을 배려하는 태도의 필요성을 인식하였으며, 우리나라에서 다문화가정이 급증하는 현실을 이해하고 문화 상대주의적 태도에서 공동체의식 함양의 필요성을 인식함.

좋은 사례

학년	창의적 체험활동 상황		
	영역	시간	특기사항
2	자율 활동	28	1학기 전교학생회 회장(2016.03.01.-2016.08.22.)으로서 만남의 시간과 사제동행등반, 학생자치회임원 수련회, 대토론회, 이웃돕기 바자회 등 모든 학생자치회 행사에 적극적으로 참여함.(연중) 학교 내 환경정화 및 학교 구성원의 화합을 위하여 1학년~3학년 학생들을 소단위로 편성한 '작은 가족' 제도를 제안하였으며, 이 제도를 통하여 격주 월요일에 학교 내 담당구역을 함께 청소하거나 가족단위 모임을 활성화하여 학년 간 의사소통에 기여함. 또한 학교축제(2016.05.28.)에 진행요원으로 참여하여 행사의 원활한 진행에 이바지하였으며 건전한 학생자치문화를 체험하고 미래의 비전을 공유함. 특히, 환경사랑 다짐의 글을 학생 대표로 낭독하여 전교생이 녹색성장에 대하여 생각해 볼 수 있는 시간을 갖는데 도움을 줌. 학급 도서 정리 및 학급의 시계와 달력 관리를 하여 학급의 행사 알리미 역할을 성실하게 수행하였으며, 특히 학급에서 논의한 주요 현안에 대한 결의사항을 학생들에게 공지하고 이를 실천하려는 노력이 두드러짐(학급회의 5회). 학급청소 및 교실 미화에 적극적으로 활동하여 반이 환경미화 우수상을 받는데 공헌하였으며, 이 과정에서 급우들이 소외되지 않도록 일을 효율적으로 배분하는 리더십을 발휘함. 교내 체육대회(2016.06.24.)에서 400m 계주와 2단 줄넘기 선수로 참여하여 자신의 기량을 마음껏 보여주었으며, 응원대표로 댄스공연을 하여 열광적인 호응을 얻음. 외교관이 되고자 하는 꿈을 갖고 있으며, 평소 국제사회문제에 대한 관심이 많아 교내 모의UN총회(2016.06.07.)에 참여하여 다문화 사회의 정착 방안에 대해 프랑스 대표로서 입장을 발표하였으며, 기조문을 연설함. 시간관리 프로그램(2016.09.01.-2016.11.30.)에 참여하면서 자신의 생활습관의 문제점을 발견하고, 효율적인 시간관리법에 맞게 생활습관을 고치도록 노력함. 바른 생활습관 형성을 위해 체크리스트를 만들어 단계적으로 노력한 결과, 미루는 습관과 휴대폰 사용시간을 스스로 조절하게 됨.

② 동아리 활동

동아리 활동 영역은 자기 평가, 학생상호평가, 교사 관찰, 포트폴리오 등의 방법으로 평가하여 참여도, 협력도, 열성도, 특별한 활동실적 등을 구체적으로 입력하는 영역입니다.

학교교육과정 편성·운영에 따라 학교·학년 단위로 복수 동아리활동 부서를 운영할 수 있습니다. 동아리부서구분을 설정해놓으면 동아리활동 부서명과 이수시간, 동아리활동의 유형을 구분하는 '자유학기, 자율동아리, 청소년단체, 학교스포츠클럽, 방과후학교스포츠클럽'은 자동으로 표기됩니다.

정규교육과정으로 편성되지는 않았으나 학교교육계획에 의해 이루어지는 학생의 자율동아리활동과 학교교육계획 이외의 청소년단체활동으로서 학교장이 사전에 승인하여 참가한 활동은 동아리활동 이수시간에는 포함하지 않지만 동아리활동 '특기사항'란에 활동내용과 활동 특기사항을 입력할 수 있습니다. 또한 자율동아리는 학교교육계획에 따라 학기초에 구성할 수 있으며, 학기 중에 구성된 자율동아리활동은 입력하지 않습니다.

학교교육계획 이외의 청소년단체활동으로서 학교장이 승인할 수 있는 청소년단체현황은 다음과 같습니다.

〈청소년단체 현황〉

연번	청소년단체	홈페이지
1	대한적십자사청소년적십자(RCY)	www.rcy.redcross.or.kr
2	대한청소년충효단연맹	www.chunghyo.or.kr
3	세계도덕재무장(MRA/IC)한국본부	www.mrakorea.or.kr
4	파라미타청소년연합회	www.paramita.or.kr
5	한국4H본부	www.korea4-h.or.kr
6	한국 YMCA전국연맹	www.ymca.or.kr
7	한국걸스카우트연맹	www.girlscout.or.kr

연번	청소년단체	홈페이지
8	한국과학우주청소년단	www.yak.or.kr
9	한국로타리청소년연합	www.rotarykorea.org
10	한국스카우트연맹	www.scout.or.kr
11	한국청소년발명영재단	www.kyic.org
12	한국청소년봉사단연맹	www.civo.net
13	한국청소년연맹	www.koya.or.kr
14	한국항공소년단	www.yfk.or.kr
15	한국해양소년단연맹	www.sekh.or.kr
16	기독교청소년협회(CYA)	www.cya21.org
17	성산청소년효재단	www.sungsan1318.or.kr
18	세계화교육문화재단	www.globaleducation.or.kr
19	숲사랑소년단	www.greencause.or.kr
20	한국YWCA연합회	www.ywca.or.kr
21	흥사단	www.yka.or.kr

'동아리활동란'에는 다음의 6가지 항목을 예시와 같이 입력합니다.

좋은 사례

활동	입력예시
정규교육과정 내 동아리 활동	(생명과학탐구반)(34시간) 실험 설계 능력과 데이터 분석 능력이 우수하고 실험장비에 대한 기본지식이 풍부하여 평소 부원들에게 다양한 실험장비나 실험방법들을 자세히 알려줌. 특히 전기영동 실험 과정에서 특유의 꼼꼼함과 생물학적 지식이 돋보였고, 과학축제 때 자신의 부스뿐 아니라 해부현미경을 실연하는 다른 부원에게 사용 경험을 설명해줌으로써 많은 도움을 주어 귀감이 됨.
자유학기 동아리활동 (중학교만 해당)	(애니메이션그리기반 : 자유학기)(34시간) '상상화 그리기'와 '미래의 자동차 디자인하기' 등에서 기발한 상상력과 과학적 아이디어를 잘 표현하고 자신의 그림을 조리 있게 설명함. 학교 '벽화그리기'에서 친구들의 의견을 충분히 수렴하여 작품의 완성도를 높이고 공동 작업을 통해 서로 존중하고 배려하는 모습을 보임.

활동	입력예시
학교교육계획에 의한 자율동아리활동	(영자신문반 : 자율동아리)(17시간) 영자신문 만들기에 관심 있는 학생들이 중심이 되어 영자신문 동아리를 만들어 한 학기에 2회씩 교내 영자신문을 발간함. 학부모 자문교사를 초빙하여 신문 만드는 방법을 배우고 인터넷 동아리 카페를 통해 자료를 공유함. 열정과 실력을 바탕으로 커버스토리를 담당하여 사회 이슈를 탐색하고 조사해 영어로 요약하여 기사를 작성함.
학교교육계획 이외의 청소년단체활동	(RCY : 청소년단체)(20시간) RCY단원과 활동에 대한 자긍심이 높고 행동을 통해 봉사를 실천하는 학생으로 주말, 방학기간을 활용하여 정기적으로 독거노인 봉사활동에 참여하였으며 전국 청소년 RCY캠프(2016.07.31.-08.02./용인학생야영장)에 참여함.
정규교육과정 내 학교 스포츠클럽활동 (중학교만 해당)	(스포츠티볼반 : 학교스포츠클럽)(34시간) 스윙 동작이 간결하고 빨라 빠른 공에 대한 대처가 가능하고, 강한 타구를 만들어내는 등 타격에 소질이 있음. 득점 상황에서 타점을 많이 올려 팀에 공헌도가 높은 학생으로 경기도교육청 주최 학교스포츠클럽대회에 학교대표로 출전하는 등 방과후 학교스포츠클럽활동에 적극적으로 참여함.
정규교육과정 이외의 학교스포츠클럽활동	(배드민턴반 : 방과후학교스포츠클럽)(30시간) 점프력이 좋아 스매싱을 할 때 높은 타점에서 공격을 하며 유연성이 좋아 어려운 공격도 잘 받아냄. 경기도교육청 주최 학교스포츠클럽대회에 학교대표로 출전함.

③ 봉사 활동

과거에는 산술적 결과를 가지고 학생들의 봉사 활동 실적을 평가했던 측면이 존재했기 때문에 지금도 산술적 결과의 수치를 매우 중요하게 여기는 학생들이 많습니다. 하지만 학생의 봉사 활동의 시간이 많은 경우에는 자신이 다른 활동 대신 봉사 활동에 전념하게 된 이유를 명확하게 제시할 수 있어야 합니다. 그렇지 않은 경우, 부모에 의해 만들어진 봉사 활동으로 평가받을 수 있기 때문입니다. 이처럼 진실하지 않거나 학생의 삶과 연계성이 없는 봉사 활동은 좋은 평가를 받기가 어렵습니다. 그런 의미에서 입학사정관이 관심을 갖는 내용은 특정단체나 모임의 활동을 선택한 이유와 어느 정도 열심히 활동했는가 하는 점이며 봉사 활동의 합리성과 진정성이 느껴질 수 있어야 합니다.

미국의 입학 사정관들이 한국의 학생들은 왜 해외로 봉사 활동을 많이 가는지 이해할 수 없다는 반응을 보인 적이 있다고 합니다. 또한 고등학교 1, 2학년 때 봉사 시간이 20시간에 불과한 학생이 고등학교 3학년에 올라와 한 학기 만에 100시간의 봉사 활동을 했다면 이는 누가 봐도 상식적이지 못한 활동일 수밖에 없습니다. 이처럼 봉사 활동을 단순히 대학을 가기 위한 도구로 활용하는 경우에는 서류 심사에서 탈락할 수 있다는 점을 명심하여야 합니다.

따라서 여러 복지 기관을 돌아다니며 활동을 하기보다는 한 기관에서 정기적인 봉사 활동을 일관되게 하거나 전공 관련성을 고려하여 다 년 간의 과정을 통해 얻은 성과 등을 기록할 필요가 있습니다. 여기서 전공 관련성을 고려하라는 말은 봉사할 장소를 특정기관에 제한하라는 뜻이 아닙니다.

예를 들어 사회복지학과에 지원할 학생들이 요양시설에 가서 봉사를 하는 경우 전공 관련성이 높아 보이기는 하지만 실제 활동내용이 청소만 하는 것으로 기록되어 있다면 그리 특별할 것이 없습니다. 반면 기계공학과 진학을 희망하는 학생이 요양시설에서 봉사하며 '어떻게 하면 휠체어와 환자용 침대를 더 편리하고 안전하게 만들 수 있을까?'라는 질문을 던지고 관련 경험을 자기소개서나 에듀팟 등에 기재했다면 이는 자신의 관심분야와 봉사 활동을 연계한 아주 좋은 예라고 할 수 있습니다.

또한 봉사 활동을 통해 학생의 사회성, 집단성, 리더십 역량 등을 다양하게 평가

한다는 점을 고려할 때 개인적인 활동보다는 다른 친구들에게도 함께 활동을 유도하고, 참여할 수 있도록 노력한 흔적을 보이는 것이 좋습니다.

학생부 상에서는 봉사 활동의 항목을 서술할 수 있는 공간이 없기 때문에 대부분 자기소개서나 교사 추천서에 이 내용을 삽입할 수 있도록 노력하는 것이 좋습니다. 뿐만 아니라 아주 어렸을 때부터 봉사 활동을 해 온 학생이라면 이를 입증할 수 있는 사실적 기록들을 미리 챙겨 둘 필요가 있습니다.

좋은 사례

학년	창의적 체험활동 상황		
	영역	시간	특기사항
2	봉사 활동		월 1회 정기적으로 부모님과 아동양육시설인 ○○원에 방문하여 함께 놀아주기, 휠체어 밀어주기, 목욕봉사, 청소 등의 봉사 활동을 수행함(2016.03.10.-2016.11.30./40시간). 특히 금년의 경우 부모님과 함께 수해를 당한 ○○지역을 방문하여 수재민 집 청소하기, 가전제품 닦기, 빨래 돕기 등의 활동을 하였음(2016.08.05.-08.07./20시간). 국제협력과 난민구호 활동에 관심을 가지고 기아체험하기 행사(○○주관, 2016.08.24./8시간)와 1m 1원 자선걷기 대회(대한적십자사 ○○지사 주관, ○○종합운동장, 2016.05.31./4시간)에 참여함. 환경보전협회 ○○도지회에서 주최하는 '우리환경 우리가 지키기' 프로그램에 참가하여 환경기본교육, 환경봉사 활동(하천정화활동 및 수생식물 식재활동), 우수 환경시설을 견학함 (2016.05.26.-2016.05.27./12시간). 학급 내 장애인 친구 도우미(2016.03.04.-2017.02.10.)로 1년간 활동하며 휠체어 밀어주기 등 자신보다 불편한 학생들을 배려하고 도와주는 역할을 수행함. 또한 학급 폐지 분리수거(2016.03.05-2016.07.18.)를 맡아 매주 발생하는 폐지를 줄이고 모든 급우들이 분리수거에 동참하도록 지속적으로 안내함.

구체적 사례비교를 통한 우수 봉사 활동 감별

A학생

학년	봉사 활동 실적				
	일자 또는 기간	장소 또는 주관기관명	활동내용	시간	누계
1	2015.03.07.	(교내)○○고등학교	봉사 활동 소양교육	2	2
	2015.03.25.-2015.03.26.	(교외)○○양로원	노인목욕 및 청소	6	8
	2015.04.05.	(교내)○○고등학교	교내 환경정화	2	10
	2015.08.12.-2015.08.14.	(교외)○○복지원	청소, 빨래 및 일손 돕기	24	34
	2015.09.10.	(교외)○○사회복지관	장애체험행사 보조	4	38
	2015.09.12.	(교내)○○고등학교	교통안전 캠페인 참여	2	40
	2015.09.14.-2015.09.15.	(교외)○○구청	청소 및 비품정리	3	43
	2015.09.20.-2015.09.30.	(교외)○○동사무소	장애아동들과 놀아주기 및 대청소	40	83
	2015.10.04.-2015.10.05.	(교외)○○보육원	도서실 도서정리	10	93
	2015.10.01.-2015.10.31.	(교내)○○고등학교	교실정보화기기 도우미	8	101
2	2016.03.12.	(교내)○○고등학교	한 학급 한 생명 살리기 교육	2	2
	2016.04.01.	(교외)○○YWCA	녹색가게 물품정리 및 운영보조	4	6
	2016.04.01.-2016.11.30.	(교외)○○학부모봉사단	동급생 생활지도 활동	30	36
	2016.05.01.	(교외)대한적십자사 혈액원	헌혈 캠페인	2	38
	2016.05.01.-2016.05.31.	(교내)○○고등학교	5월 급식 도우미	8	46
	2016.06.21.	(교외)수원화성	수원화성 성곽 환경정화 캠페인	4	50
	2016.08.01.-2016.08.05.	(교내)○○도 종합복지관	장애인 재활 작업 보조 활동	40	90
	2016.08.12.	(교내)○○고등학교	방학 중 학교 환경정화	2	92
	2016.10.03.	(교외)○○경찰서	교통안전교육 및 거리질서 캠페인	2	94
	2016.09.01.-2016.10.31.	(교내)○○고등학교	하급생 지도 활동	10	104
	2016.09.01.-2016.10.31.	(교외)○○동사무소	독거노인 돌보기	12	116
	2016.09.16.	(교외)○○YMCA	바자회 및 벼룩시장 참여	4	120
	2016.09.17.	(교외)○○시 종합자원봉사센터	상수원보호구역 내 금지행위 감시	8	128
	2016.10.03.	(교외)○○동사무소	거리벽보 제거	6	134
3	2017.03.11.	(교외)○○구청	서류정리 보조	8	8
	2017.03.21.-2017.04.20.	(교내)○○고등학교	쓰레기 분리 수거	5	13
	2017.03.24.	(교외)○○도서관	서가 정리	8	21
	2017.03.31.	(교내)○○고등학교	봉사 활동 활성화를 위한 거리홍보	2	23
	2017.04.01.	(교외)○○동사무소	○○공원 청소	3	26
	2017.04.08.	(교외)○○월드컵경기장	경기장 주변 청소	2	28
	2017.04.14.	(교외)○○YWCA	○○시민통일한마당 행사 협조	4	32
	2017.05.05.	(교외)○○우편집중국	우편물분류 및 정리정돈	8	40
	2017.05.20.	(교외)○○시 종합자원봉사센터	자원봉사 교육	2	42
	2017.05.26.-2017.05.27.	(교외)○○환경보전협회	환경기본교육, 환경봉사 활동	16	58

B학생

학년	봉사 활동 실적				
	일자 또는 기간	장소 또는 주관기관명	활동내용	시간	누계
1	2015.03.05.-2015.12.20.	(교내)○○고등학교	동급생의 올바른 생활지도	20	20
	2015.03.19.	(교내)○○고등학교	봉사 활동 사전교육	1	21
	2015.06.02.	(교외)대한적십자사	○○사랑 캠페인	4	25
	2015.06.09.	(교외)대한적십자사	○○자선 바자회 참가	4	29
	2015.06.16.	(교내)○○고등학교	○○하천 주변 오물 줍기	3	32
	2015.08.06.	(교외)○○노인전문 요양원	노인 분들과 산책 및 말벗	7	39
	2015.10.20.	(교내)○○고등학교	재활 아동 돕기 바자회	38	42
	2015.11.05.	(교외)○○노인전문 요양원	식사 보조 및 말벗	8	50
	2015.11.12.	(교외)○○노인전문 요양원	산책 및 말벗	8	58
	2015.12.10.	(교외)○○노인전문 요양원	식사 수발, 말벗	8	66
	2015.12.17.	(교외)○○노인전문 요양원	성탄절 행사준비 도우미, 말벗	8	74
	2015.12.24.	(교외)○○노인전문 요양원	성탄절 이브 행사, 말벗	8	82
	2016.01.07.	(교외)○○노인전문 요양원	식사 수발, 말벗	8	90
	2016.01.14.	(교외)○○노인전문 요양원	식사 수발, 말벗	8	98
	2016.02.15.-2016.02.16.	(교외)○○노인전문 요양원	구정 준비 도우미, 말벗	16	114
	2016.02.25.	(교외)○○노인전문 요양원	산책 도우미, 말벗	8	122
2	2016.04.05.	(교내)○○고등학교	봉사 활동 사전교육	1	1
	2016.04.08.	(교외)○○노인전문 요양원	안마, 산책, 말벗	8	9
	2016.05.10.	(교내)○○고등학교	○○하천 오물줍기	3	12
	2016.05.13.	(교내)○○고등학교	학교 주변 환경 정화	3	15
	2016.06.03.	(교외)○○노인전문 요양원	식사 수발, 말벗	8	23
	2016.06.17.	(교외)○○노인전문 요양원	산책, 말벗	8	31
	2016.07.17.	(교외)○○노인전문 요양원	목욕 도우미, 말벗	8	39
	2016.08.19.	(교외)○○노인전문 요양원	목욕 도우미, 말벗	8	47
	2016.09.04.	(교내)○○고등학교	○○공원 환경 정화	3	50
	2016.09.18.	(교내)○○고등학교	거리질서 확립 캠페인	3	53
	2016.09.30.	(교외)○○노인전문 요양원	식사 수발, 산책 도우미, 말벗	8	61
	2016.10.28.	(교외)○○노인전문 요양원	식사 수발, 산책 도우미, 말벗	8	69
	2016.11.06.	(교외)○○시 호국교육원	문화재 보호 캠페인	3	72
	2016.12.23.	(교외)○○노인전문 요양원	성탄절 행사 도우미, 말벗	8	80
	2017.01.27.	(교외)○○노인전문 요양원	식사 수발, 말벗	8	88
3	2017.03.25.	(교내)○○고등학교	학교 주변 환경 미화	3	3
	2017.03.24.-2017.04.23.	(교내)○○고등학교	쓰레기 분리수거	10	13
	2017.04.13.	(교외)○○노인전문 요양원	식사 수발, 말벗	8	21
	2017.05.25.	(교외)○○노인전문 요양원	식사 수발, 목욕 도우미, 말벗	8	29
	2017.06.29.	(교외)○○노인전문 요양원	식사 수발, 목욕 도우미, 말벗	8	37

위의 두 사례 비교에서 B학생이 A학생에 비해 봉사 활동 시간이 적지만 상대적으로 좋은 평가를 받을 수 있는 것은 일관성을 지니고 있기 때문입니다. 이런 경우 자신의 경험을 일관된 관점에서 제시할 수 있기 때문에 신뢰성을 확보할 수 있습니다. 특히 B학생이 자신의 봉사 활동의 경험을 다른 친구들에게 전파하고자 노력한 과정도 보여줄 수 있다면 더욱 좋은 평가를 받을 수 있습니다.

봉사 활동 작성

① 봉사 활동 영역 중 학교에서 실시한 봉사 활동과 학교장의 허락을 받고 개인적으로 실시한 봉사 활동의 구체적인 실적은 별도의 양식인 '봉사 활동실적'란에 입력합니다. 학교계획에 의한 교내 봉사 활동 중 수업시간 이외에 급식 도우미, 학습지도 도우미, 다문화학생도우미, 또래 상담, 또래 중재활동 등 일부 학생들을 대상으로 한 봉사 활동은 봉사 활동으로 인정할 수 있습니다. 한편 학교교육과정 내에서 실시한 학년 · 학급 단위의 봉사 활동도 '봉사 활동실적'란에 입력하기 위해서는 개인 또는 단체 단위로 봉사 활동 확인서를 당해 학교장 명의로 발급해야 합니다.

② 해외봉사 활동 실적은 학교생활기록부의 어떠한 항목에도 입력할 수 없습니다.

③ 헌혈은 만16세 이상 체중이 남자 50kg, 여자 45kg 이상인 경우 가능하며, 보건복지부의 "사회복지 자원봉사 시간인정 기준"시행(2010.07.01)에 따라, 자원봉사시간으로 인정되므로 '창의적체험활동상황'의 '봉사 활동실적'란에 입력하고 특기사항에는 입력하지 않습니다. 헌혈 자원봉사시간 인증 방법으로는 사회복지자원봉사관리센터 홈페이지(www.vms.or.kr)에 접속하여 발급한 자원봉사 인증서나 대한적십자사 헌혈의 집 및 한마음 혈액원 헌혈카페에서 발급하는 헌혈증서, 대한적십자사 혈액관리본부(www.bloodinfo.net)에서 발급하는 헌혈확인증명서가 있습니다. 헌혈 자원봉사시간 인정은

헌혈자 본인에 대해서만 적용하고, 헌혈증서를 양도 받은 자는 적용하지 않습니다.

'활동내용'은 '헌혈(전혈)' 또는 '헌혈(성분헌혈)'로 입력하고 인정시간은 회당 4시간으로 하되, 학년도별 인정 횟수는 시·도교육청별 학생 봉사활동 운영계획 및 학교 봉사활동추진위원회 판단에 따릅니다. 헌혈은 사전 봉사활동 계획서를 제출하지 않아도 되며, 1일 8시간★ 내에 포함되지 않습니다.

* **봉사활동 시간을 모두 인정해 주는 게 아닌가요?**
하루 중 봉사활동 인정시간은 1일 8시간 이내로 인정하는데 원칙적으로 수업시간이 6교시면 2시간, 7교시면 1시간, 휴업일(공휴일)이면 8시간까지 인정됩니다.

④ 물품 및 현금 기부는 봉사활동 시간으로 환산하여 인정하지 않으므로 봉사활동실적으로 입력하지 않습니다. (헌옷 모으기, 불우이웃돕기 성금 모금, 폐휴대폰 수거 등) 또한 다음 예시의 경우는 봉사활동실적으로 입력하지 않습니다.

예) 푸드마켓에 음식물 기부, 장애인이 출연하는 공연·운동경기 관람하기, 문예작품 공모전 참가, 결석생의 학교교육과정에 의한 봉사활동

⑤ 선플 작성에 참여한 봉사활동은 학교장이 허가한 개인계획에 의한 봉사활동에 준하여 실시하되, 사전에 봉사활동 계획서를 제출하여 학교장 승인을 받아야 합니다. 중학생은 50자 이상, 고등학생은 60자 이상으로 20건당 일주일 최대 1시간 인정합니다.(학년도 단위로 최대 12시간 인정)

⑥ 자율동아리활동으로 실시한 봉사활동은 인정하지 않으며, 자율동아리활동 활동계획 이외에 실시한 봉사활동은 '봉사활동실적'란에 '(개인)'으로 관련사항을 입력하면 됩니다. 봉사활동 시간은 다른 창의적체험활동 영역의 시간과 중복하여 인정할 수 없습니다. 예를 들어 봉사동아리 부서에서 동아리활동의 일환으로 봉사활동을 실시한 경우, 봉사활동실적으로 인정하지 않으며 동아리활동 내용으로만 인정합니다.

⑦ 교외체험학습 기간 등 학교장 출석인정결석 기간의 봉사활동은 당일 수업시수와 봉사활동 시간을 합하여 8시간 이내로 합니다. 예를 들어 교외 체험학습일에 봉사활동 8시간을 한 경우 봉사활동 당일 학교 수업이 7시간이면 봉사활동은 1시간만 인정합니다.

⑧ 봉사활동 실적연계사이트*를 통한 봉사활동실적 반영 시 1일 8시간초과여부 등을 반드시 확인한 후 반영해야 합니다.

*봉사활동 실적연계사이트

1. 나눔포털 : 행정자치부에서 운영(한국중앙자원봉사센터 중앙관리)하고 있는 자원봉사 포털 시스템(http://www.1365.go.kr)

2. VMS : 보건복지부에서 운영(한국사회복지협의회 중앙관리)하고 있는 사회복지 봉사활동 인증관리 시스템(https://www.vms.or.kr)

3. DOVOL : 여성가족부에서 운영(한국청소년활동진흥원 중앙관리)하고 있는 청소년활동 포털 사이트(http://dovol.youth.go.kr)

〈실적연계사이트를 이용하지 않은 경우〉

※ 사전 봉사활동 계획서를 학교장이 허가(결재)한 경우에만 봉사활동실적으로 입력할 수 있음.

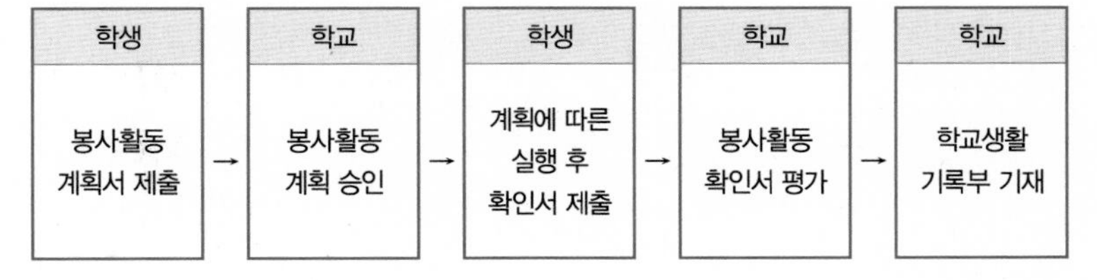

〈실적연계사이트를 이용하는 경우〉

※ 사전 봉사활동 계획서를 결재 받을 필요가 없음.

학생		학교		학생		학교		학교
실적연계사이트에서 봉사활동 검색 후 신청	→	봉사활동 실행	→	봉사활동 실적 교육정보 시스템으로 전송	→	교육정보시스템에서 봉사활동 실적 자료 확인 후 승인	→	학교생활 기록부 기재

④ 진로 활동

창의적 체험활동에서 규정하는 진로 활동은 자신의 소질과 적성을 이해하고 이를 바탕으로 정체성을 확립하고 진로를 탐색한 후 상담을 통해 진로를 계획하는 활동을 말합니다. 사실 진로교육의 필요성과 중요성은 누구나 공감하고는 있지만 아직 우리나라 학교에서 진로교육은 파편적으로 이뤄지고 있는 실정입니다.

따라서 학생부종합전형이 활성화 된 현재 진로교육은 단순한 자기 이해와 직업정보 제공을 넘어 포괄적 자기 개발을 돕는 방향으로 나아가야 합니다. 이를 위해 여러 교과와 연계된 전략적 계획 수립이 중요합니다. 진로 활동은 자기이해활동, 진로정보 탐색활동, 진로계획활동, 진로체험활동 등으로 나누어져 있습니다.

자기이해활동은 체계적 자아 정체성 형성에 어려움을 겪는 학생이 스스로 이해할 수 있는 기회를 찾도록 돕는 활동을 말합니다. 한국직업능력개발원의 커리어넷(careernet.re.kr)이나 노동부의 워크넷(work.go.kr), 여성가족부가 제공하는 여성직업정보 사이트 우먼넷(women.go.kr) 등에서 관련 정보를 다양하게 얻을 수 있습니다.

진로정보 탐색활동은 진로 방향을 정한 후 자신의 적성과 소질을 살린 직업을 선택할 수 있도록 다양한 기회를 제공하는 활동입니다. 진로검사·직업세계 탐색·의사결정 연습 등이 주요 프로그램입니다. 진로계획 활동은 학업과 직업에 대한 진로 설계 활동, 진로 지도·상담 활동으로 구분할 수 있습니다. 진로체험 활동은 모의 직업체험 활동, 직장체험(job-shadowing), 직업능력개발 활동으로 구분할 수 있습니다. 직업체험 활동은 다양한 직업체험 전문기관과의 연계를 통해 이뤄져야 합니다. 전문성을 확보하려면 고용노동부 인증기관이나 청소년 수련관 등을 활용하는 것이 안전합니다.

진로 활동을 기록할 때는 적성과 흥미에 맞춘 진로를 고민한 흔적이 담길 수 있도록 특정 진로체험을 마칠 때마다 관련 자료를 수집해 '나만의 진로 탐색 보고서'를 꾸며보는 것이 좋은 방법입니다.

초등학생의 경우 체험학습 후기를 그림일기로 정리해 모아두는 것도 좋은 방법입니다. 단, 이때 부모가 도와주는 형태는 의미가 없습니다. 서툴더라도 학생이 경험한 걸 직접 그리거나 묘사하는 게 효과적입니다.

중고등학생이라면 학생이 자신의 진로를 더 깊이 생각할 수 있도록 '선(先) 포트폴리오, 후(後) 체험학습' 식의 계획을 세우는 게 좋습니다. 이는 탐색할 진로를 미리 정한 후 1년 계획을 미리 짜두는 것을 말합니다. 포트폴리오 앞쪽에 목차 형식으로 희망 진로와 궁금한 사항을 적고 방문할 체험학습 장소도 기록해 둡니다. 이런 방식의 기록은 향후 이를 열람할 입학사정관에게 '꼼꼼하다'는 인상을 심어줄 수 있습니다.

체험을 마친 후엔 '경험한 내용, 새롭게 알게 된 것, 앞으로 준비할 것'의 3단계로 보고서를 작성, 사진과 함께 자신의 느낌을 정리하면 효과적입니다.

좋은 사례

학년	창의적 체험활동 상황		
	영역	시간	특기사항
1	진로 활동	34	진로 활동 시간에 HOLLAND 진로적성 검사(2016.04.05.)를 실시하고 그 결과에 따라 본인의 적성에 적합한 직업 분야(사업가, 상담전문가 분야)에 대하여 진로탐색 및 진로계획서를 작성하였음. MBTI 적성검사(2016.05.02.)를 실시한 결과 ESTJ 성격유형의 사업가적 소질이 높은 것으로 보이며 진로 탐색 분임 활동의 경영학 탐구 분임에 참여하여 지식 경영을 주제로 진지하게 참여함. 다양한 직업을 체험하는 진로 체험 축제(2016.10.21.)에서 과학자들이 자연 현상을 탐구하고 연구하는 활동에 관심을 보임. 학부모 지원 직장 탐방 프로그램에서 OO연구소를 방문하여(2016.10.29.) 각종 실험과 검증 과정에 관심을 가지고 질문을 함. 진로적성교육(2016.10.31.)을 통해 고등학교 과정은 대학진학과 취업준비로 갈라지는 중요한 전환점으로, 대학과 전공의 선택에 유용한 방법을 모색하고 공통적으로 직업세계의 변화와 직업선정을 구체적으로 계획할 필요가 있다는 사실을 깨달음. 직업세계 변화에 대한 교육을 통해 현대사회의 직업추세와 직업선정 및 준비의 중요성과 함께 취업선택의 조건을 마스터해야 한다는 것을 깨달았으며, 이를 위해 구체적인 진로계획을 세우고 노력할 것을 다짐함. 생애설계와 목표설정을 통해 자신의 능력, 적성, 흥미, 경제적 여건, 직업적 열망, 부모와 주위 사람의 의견 등 여러 가지 요인을 고려하여 자신의 진로를 선택하고 그 진로를 개척해 나갈 수 있도록 체계적인 준비를 해야 한다는 것을 인지하였으며, 독립된 인간으로서 사회생활에 참여하기 위한 진로계획, 준비, 방향정립을 시도함. '나의 꿈 발표하기 활동'(2016.11.02.)에서 자신이 이루고 싶은 진로에 대해 진지하게 탐색해 봄. 커리어넷의 온라인 커리어 플래너를 활용하여 진로 및 학습 계획을 수립하고 진로활동을 포트폴리오로 구성하여 체계적인 진로설계를 수행함.

(5) 교과학습발달상황 작성 방법

학생부종합전형이 확대되면서 교과학습발달상황은 입학사정관의 해석에 따라 그 중요성이 점점 확대되고 있습니다. 특히 이 항목은 학생의 지적인 잠재력을 평가할 때 가장 중요하게 보는 항목 중의 하나입니다.

그러나 사실 이 부분은 교과 담당선생님이 기재하는 항목이라서 소홀히 기재하기가 쉬운 부분입니다. 일부 선생님께서는 '수업에 들어가는 그 많은 학생들의 특징을 일일이 어떻게 기록할 수 있겠는가?'라고 반문할 수도 있겠지만, 현재의 입시제도 상에서는 학생부종합전형을 준비하는 학생들만이라도 성실히 기재해 줄 필요가 있다고 생각합니다.

따라서 이 항목을 기록함에 있어서도 학기말에 일괄적으로 기록할 것이 아니라, 학생과 특별한 교류 경험이 있다면 그 즉시 기록하는 것이 좋은 방법입니다. 기록 내용에 있어서도 구체적 사례를 들어 '탁월하거나 우수한 점'만을 기록하는 것이 아니라 '보완 또는 발전시켜야 할 점'도 같이 기록한다면 대학에서 지원자를 판단하기에 아주 좋은 항목이 됩니다.

또한 학생이 특정 분야에 관심을 가지고 그 관심을 발전시키기 위해 꾸준한 노력을 하는 과정에서 방과 후 학교 수업을 수강하거나 외부 경시대회 등에 참가하였다면, 이 항목에 그러한 노력을 기재하는 것도 좋은 방법입니다. 현행 법 상으로 외부에서 수상한 상은 생기부의 그 어떤 항목에도 기재할 수 없지만, 그렇다고 그러한 노력자체를 기재할 수 없는 것은 아니기 때문입니다. 또한 그러한 노력을 평가받지 못한다면 그 학생으로서도 매우 큰 손실일 것입니다. 따라서 이 부분을 보완하는 차원에서라도 성실히 기재하는 것이 좋습니다.

따라서 학생부종합전형을 준비하는 학생이라면 관련 교과 선생님의 수업을 활동적이고 성실하게 들어 깊은 인상을 남기거나 열심히 공부하여 내신 성적을 향상시킨 뒤 기재를 요청하는 것이 바람직합니다.

한편 영재교육진흥법 시행령 제36조 제1항, 제2항에 의거 영재교육기관(영재학교, 영재학급, 영재교육원)에서 수료한 영재교육 관련내용은 관련 교과의 '세부능력 및 특기사항'란에 입력할 수 있습니다.

예) ○○영재교육원에서 1학년 과정 수학 영역 120시간을 수료함.

*영재학교 : 영재교육을 위하여 이 법에 따라 지정되거나 설립·운영되는 고등학교과정 이하의 학교(영재교육진흥법 제2조 4호)

*영재학급 : 초·중등교육법에 따라 설립·운영되는 고등학교과정 이하의 각급 학교에 설치·운영하여 영재교육을 실시하는 학급(영재교육진흥법 제2조 5호)

*영재교육원 : 영재교육을 실시하기 위하여 고등교육법 제2조에 따른 학교(대학·산업대학·교육대학·전문대학·방송대학·통신대학·방송통신대학·사이버대학·기술대학·각종학교) 및 이에 준하는 학교로서 다른 법률에 따라 설치된 학교 등에 설치·운영되는 부설기관(영재교육진흥법 제2조 6호)

① 교과학습발달상황의 중요성

교과 학습 발달 상황이 학생부종합전형에서 중요한 이유를 정리하면 다음과 같습니다.

첫째, 최근 학생부종합전형은 서류 100%로 전형을 합산하는 경우가 많아 대학별 반영 교과목을 따로 선정하지 않는 경우도 많습니다. 이럴 경우 일반적으로는 계열별 중요 교과목을 반영하는 경향이 강하지만 학생의 지원 학과나 진로 희망에 따라 중요시 여기는 교과목이 달라질 수도 있습니다. 따라서 지원학과와 관련한 과목에 특별한 기재사항이 있는 것은 입학사정관에게 큰 인상을 줄 수 있습니다.

둘째, 학생부종합전형은 각 과목에 대한 이해도와 학생의 자발성, 잠재적 능력, 수업의 참여도 등 내신의 산출적 결과만이 아니라 학생의 수업에 대한 과정을 총체적으로 평가합니다. 그런 측면에서 과목별 세부 능력 및 특기 사항에 대한 구체적 작성은 향후 학생부종합전형에 대처하는 밑거름이 될 수밖에 없습니다.

셋째, 학생의 학업 성취 과정을 구체적으로 보여줄 수 있습니다. 이미 몇 년 전 입시부터 학생의 산출적 내신 결과보다는 성적의 향상 정도를 중심으로 교과 성적을 산출하려는 대학이 나타나기 시작했다는 점에서 향후 내신 관리의 관점은 전면적인 변화를 요구하고 있습니다. 학생이 각 과목별로 어떤 수업태도를 가지고 어떤 학습과정을 밟아왔는지의 정보를 제공하는 것은 전공 선택과의 연계 측면에서 매우 의미 있는 자료가 됩니다.

마지막으로 교과목에 대한 열정과 교과 성적을 올리기 위한 노력을 다각도로 보여줄 수 있습니다. 물론 이 문제는 성적의 향상도로 드러날 수 있겠지만 세부 능력이나 특기 사항을 통해 교과 내신만이 아니라 다른 활동 등을 통해 학생이 노력한 점을 부각시켜 줄 수 있으면 더욱 좋습니다.

좋은 사례

과목	세부능력 및 특기사항
국어	일반적인 논거보다는 다소 독특한 논거를 찾아 자신의 주장을 글로 표현하는 참신성이 돋보이는 학생임. 언어의 변화로 큰 재앙이 일어났다는 바벨탑 이야기, 언어 변화로 인한 홋카이도 민족성의 말살, 1차 대전 이후의 헝가리-오스트리아 제국의 분할의 기준이 언어였다는 점 등 특이한 사례를 논거로 하여 인간이 언어의 부분집합이라는 독특한 명제를 만들어 내었음. 수행평가로 10대와 20대의 외래어 사용에 관한 연구 보고서를 제출한 바 있는데, 그 보고서를 제출하기 위해 혼자 200명 이상을 대상으로 설문 조사를 실시하였으며, 그 결과를 매우 체계적으로 정리하였음. 연구 보고서를 제출한 후 '순화해야 할 외래어'라는 제목의 게시판을 학교 건물 현관과 자신의 홈페이지에 만들고, 매일 외래어 하나씩을 들고 그것을 순 우리말로 바꾼 사례를 제시하는 실천력을 보여주었음. 또한 시를 읽고 화자의 입장을 이해한 후 교실 상황에 맞추어 개작해 보는 활동을 통해 자신의 경험과 문학적 지식을 연결하는 능력을 키움. 소설 속 인물의 말과 행동, 이야기의 배경을 고등학생의 입장으로 바꾸어 보는 활동을 통해 새로운 텍스트를 생산하는 활동을 실제적으로 해봄으로써 인간과 세계의 관계를 이해함. 모둠별로 공동 영상물(UCC)을 제작하는 과정을 경험하면서 영상물 속 사물들에 다양한 기능과 상징적 의미를 담는 연습을 함.

과목	세부능력 및 특기사항
수학	수학적 분석력과 증명, 추론능력이 뛰어난 학생으로, 교육청 주관 토요일 수학교과의 심화내용에 대해 열정을 가지고 수강하면서도, 완전히 이해가 되지 않은 부분(명제에서 합성명제, 조건명제에서 참과 거짓에 대한 내용 등)에서는 학교에서 개별적으로 질문을 하는 등 학습의욕과 성취감에 대한 의지가 매우 높은 학생임. 예를 들어 누구나 'A×0=0'이 되는 것을 알고 있지만, "실수의 성질과 항등원, 역원의 정의를 이용하여 증명하여야 하는데 잘 되지 않는다."며 고민하는 모습이나, 수업시간에 문제를 풀이할 때 주어진 모범답안 외에 다른 방법에 대해서도 생각해 보고 질문하는 모습을 볼 때 수학을 하는 자세가 잘 갖추어진 학생임을 알 수 있었음. 또한 주변의 수학문제를 그래프로 나타내어 해결한 바 있으며 무한에 대한 직관적인 이해능력이 뛰어남. ○○도 교육청이 주관한 수학체험프로그램(2014.04.01.-2014.07.31.)에 매주 1회 참여하여 일상생활에 있어 수학의 유용성을 이해하고 실생활 문제 해결에 적극적으로 활용함.
과학	실험오차의 원인을 최소화하여 실험을 구성하는 능력이 탁월하고 실험에서 얻어진 자료를 해석하는 능력이 뛰어난 학생임. 특히 염산의 농도에 따른 반응속도의 효과, 전류와 자기장 실험, 빛의 세기와 광합성 속도 등의 실험활동에서 실험조의 조장으로 세심한 실험과정과 정확한 결과 관찰을 통해 실험을 훌륭하게 수행하였음. 행성의 운동에 관한 케플러의 법칙을 알고 뉴턴의 운동법칙과의 관련성을 잘 이해한 보고서를 제출하였으며, 관련된 물리 법칙을 실생활에서 일어나는 여러 현상에 적용하여 설명하는 능력이 뛰어남.
영어	외국어 학습의 기본인 반복학습을 꾸준히 실천함으로써 자신의 영어실력을 향상시키려고 많은 노력을 하는 학생임. 영어학습의 절대적인 필요성을 느낀 친구들을 모아 3학년 영어 스터디 그룹을 만들어 주도적으로 운영하고 있으며, 영어교사의 도움을 받아 그 과정에서 구성원들 간의 강점과 약점을 파악하여 서로에게 도움을 줄 수 있는 상생의 학습방법을 실천하고 있는 학생임. 미국의 저명한 인터넷과학저널인 Science Daily를 방문하여 자신의 주 관심 분야인 건강 의학 관련 기사를 읽고 주제와 관련된 내용을 영작하여 원어민 교사의 꾸준한 첨삭지도를 받았으며, 이를 계기로 원어민 교사와 밀접한 관계를 유지하면서 자신의 영어실력을 국제화 시대 수준에 맞게 향상시키는데 부단한 노력을 기울임. 수행평가시간에는 새로운 학교생활에 대해 재미있게 설명하고, 계획을 수립하여 참여했던 학교행사, 창의적 체험활동 등을 소재로 유창하게 영어로 발표함. 자신의 기호 및 취미 활동과 장기를 자신감 있게 표현하며, 다양한 식사 문화를 식별하고 우리의 '김치'에 대해 유창하게 소개함.
사회	깊은 문제의식과 심도 있는 생각을 가진 학생으로 언변이 뛰어나 안락사를 주제로 한 모의재판에서 안락사를 반대하는 검사부 대표로 활약하였음. 교내논문대회에서는 현지 답사와 인터뷰 등을 통해 '○○지역 도시빈민의 주거환경'이라는 제목으로 지역 조사 보고서를 제출하여 최우수 등급을 받았으며, 사형제도 관련 모의국회에 사형제도를 반대하는 폐지당의 국회의원으로 참가하여 최우수 국회의원으로 선정되기도 함. 특히 일상생활에서 발생하는 분쟁 사례에 관심이 많아 분쟁의 발생 원인과 해결방법에 대해 깊이 있는 분석을 함. 특히 청소년기의 사회문제에 대한 모의재판 시나리오 쓰기에서 분쟁 장면들을 현실감 있게 구성하고, 대립되는 법적 쟁점을 추출하는 데 뛰어난 능력을 보여줌.
정보사회와 컴퓨터	수업시간마다 진지한 자세로 임하며, 학습 내용에 대하여 다른 각도에서는 이론적으로 어떻게 적용되는지 등에 대한 질문을 자주 하는 지적 호기심이 많은 학생임. 계획을 이루려는 실천력이 뛰어나며 정보사회와 컴퓨터 교과의 성적 또한 1등급으로서 두각을 나타내고 있고, 컴퓨터 실기 수업에도 적극적으로 임하여 두각을 나타내는 학생임. 성실함으로 꾸준히 노력하는 모습이 아름다운 학생으로 보다 넓고 깊은 수준의 컴퓨터 관련 학문을 공부하고 탁월한 성실함과 뛰어난 탐구력을 바탕으로 지속적인 연구를 한다면 훌륭한 성취를 이루어 장래 컴퓨터 분야뿐 아니라 어떤 분야에서도 그 분야에 크게 기여하는 뛰어난 인물을 성장하리라 사료됨.

(6) 독서활동상황 작성 방법

일반적으로 독서 활동 평가는 주로 자기소개서를 통해 작성해 왔기 때문에 학생부의 비교과 영역 중에 그리 중요한 의미로 받아들이지 않았던 것이 사실입니다. 하지만 학생부종합전형이 확대되면서 독서 활동 평가는 학생의 지적 능력이나 독서 활동의 지속성, 사회적 현상 혹은 자연적 현상의 다양한 관심도를 평가하는 중요한 항목 중의 하나로 자리 잡게 되었습니다. 자기주도적 학습이 강조되는 학생부종합전형에서 체계적이고 꾸준한 독서활동이 최적의 학습법이라는 것에 누구도 이의를 제기하지 않기 때문입니다.*

> *** 입학사정관은 독서 활동을 왜 중요시 하나요?**
> 사실 자신의 진로와 관련된 책을 찾아 읽다보면 진로에 대한 확실한 신념이 생기게 됩니다. 그렇기 때문에 입학사정관의 입장에서는 이런 학생이 이후의 진로 목표 달성을 위한 준비도 훨씬 능동적으로 할 수 있을 것임을 당연히 기대할 수 있습니다.

① 독서활동상황 기재 시 유의할 점

결국 독서활동을 통해 전공적합성과 자발적인 학습 능력을 평가받을 수 있기 때문에 독서활동은 다음과 같은 점에 유의하여 서술되어야 합니다.

첫째, 학교 전체나 한 반 전체의 독서 목록이 동일한 경우 결과적으로 자발적인 독서 활동으로 평가받기 어려울 수 있기 때문에 학교에서는 제한된 독서 목록을 뽑아 주는 일을 삼가야 합니다.

둘째, 특정 분야에 깊은 관심을 갖는 것도 필요하지만 궁극적으로는 다양성을 갖출 필요가 있습니다. 학생부종합전형에서는 학생의 독서 활동을 통해 현상에 대한 다양한 관심도를 살펴본다는 점을 고려한다면 인문, 사회, 과학 등 여러 방면의 독서 목록을 제시할 필요가 있습니다.

셋째, 독서활동에 대한 평가는 학생의 독서 활동의 자세와 독서 활동을 통해 학생의 가치관이나 세상을 바라보는 안목, 지적 능력 등 성장에 어떤 도움을 주었는지 등을 중심으로 서술될 필요가 있습니다. 그런 측면에서 단순한 나열이나 줄거리 요약 등은 지양해야 할 평가 방식입니다.

넷째, 학생부종합전형에서는 면접을 통해 학생들의 독서활동에 대해 확인하기도 하기 때문에 거짓으로 쓰는 것은 매우 위험합니다. 예를 들어 '카네기 인간관계론'을 감명 깊게 읽었다고 한 학생이 있다면 "만약 작업장에서 작업모를 쓰지 않는 노동자에게 당신이 사장이라면 어떻게 할 것입니까?"와 같은 질문을 던지고 책의 내용과 연관지어 답변하도록 함으로써 과연 책을 읽었는지, 독서과정을 통해 얼마만큼 진지한 고민을 했는지를 파악하게 되는 것입니다. 따라서 학생들은 현학적이고 어려운 책보다는 자신에게 깊은 감동을 줄 수 있는 책을 읽는 것이 좋습니다. 그리고 면접에 가기 전에는 학생부에 기록된 자신의 독서활동을 꼼꼼히 살피고 내용을 숙지하는 것이 무엇보다 중요합니다.

다섯째, 나중에 증빙자료를 요구하는 대학도 있기 때문에 독서기록장이나 독서종합기록시스템 등의 증빙자료는 개인이 잘 보관해 두어야 합니다.

좋은 사례

학년	과목/영역	독서 활동 상황
1	국어	(1학기) 문학·인문과학 분야 서적에 관심이 많고, 독서활동 시간을 이용하여 한 달에 두 권 정도 책을 꾸준히 읽고 있으며, 저자가 전달하고자 하는 주제의 핵심을 파악하여 학급 독서활동 시간에 발표하는 등 독서를 통해 타인의 삶에 관심을 갖고 자신의 삶을 반성하는 기회를 가짐. '내 영혼이 따뜻했던 날들(포리스토 카트)', '10년 후 나(타테미야 츠토무)', '성공한 사람들의 독서습관(시미즈 가쓰요시)' 등의 책을 감명 깊게 읽음. '나는 광고로 세상을 움직였다(데이비드 오길비)'를 읽고 저자의 성공스토리를 보면서 경영에 대한 전반적인 지식을 이해하게 됨. '광고 불변의 법칙(데이비드 오길비)'을 통해서도 저자의 경험이 묻어나 있는 글 하나하나를 통해 다시 한 번 미래의 광고인을 꿈꾸는 것에 확신을 갖게 되는 계기로 삼음.
	영어	'The Knight at the Dawn(Mary Pope Osborne)'과 같은 단순하고 쉬운 아동용 도서에서 시작하여 'Who moved my cheese(S. Johnson)', 'James and the Giant Peach(Roald Sachar)', The Giver(Lois Lowry)' 등과 같이 난이도가 높은 책을 일고 이해할 수 있을 정도로 영어 독해력과 사고력이 향상됨. 'Holes(Louis Sachar)'를 읽고 주인공의 삶의 모습에 대한 자신의 생각을 독서 활동 기록장에 성실히 기록함.
	수학	'명화와 함께 떠나는 수학사 여행(계영희)', '파란만장 수학 콜로세움 도전기(강호)', '어느 수학자의 변명(G. H 하디)', '통계로 본 한국의 변천(통계청)' 등의 책을 읽고, 일상 생활 속에 숨어 있는 수학적 원리를 찾으려고 노력함. 평소 수학교육으로 진로를 모색하여 '청소년을 위한 동양 수학사(장혜원)', '청소년이 꼭 알아야 할 수학 상식 68(정규성)', '수학은 아름다워 1, 2(육인선)' 등의 책을 읽고 수학에 관한 풍부한 상식과 지식을 쌓음.
	한국사	우리 궁궐과 각 영역별 궁궐의 기능과 역사에 관심이 많음. '우리 궁궐 이야기(홍순민)', '마음으로 읽는 궁궐이야기(윤돌)', '조선 국왕 이야기(임용한)', '궁녀(신명호)' 등을 통해 그 궁궐에 살았던 사람들의 삶과 시대적 상황을 이해하고자 함. 역사 분야 중에서도 한국사에 대한 관심이 많음. '나의 문화유산답사기(유홍준)' 등을 읽고 한국의 고대 문화 전파에 대한 내용을 리포트로 작성하여 한국사 시간에 발표함. 관심 분야를 동아시아사까지 넓혀서 일본, 중국과 관련된 도서를 적극적으로 찾아 읽으면서 역사관을 정립하고자 노력함.
	사회	(1학기) 격변하는 시대에 인간의 삶의 모습과 변화에 관심이 많으며 독서 후 책의 내용을 자기 삶과 연결시켜 내면화하는 능력이 돋보임. '검은 꽃(김영하)', '칼의 노래(김훈)', '미쳐야 미친다(정민)', '열하일기 웃음과 역설의 유쾌한 시공간(고미숙)' 등을 감명 깊게 읽고 이를 수업시간에 발표함. '블라인드 스팟(매들린 L. 반 헤케)'을 읽고 사고의 한계를 재인식하게 되었으며, '꿈의 해석(지그문트 프로이트)', '진단명 사이코패스(로버트 D. 헤어)'를 읽고 인간의 생각과 감정이 어떻게 무의식적으로 표출되는지 관심을 갖게 됨. '부의 법칙과 미래(앨빈 토플러)'를 읽고 미래에 닥쳐올 위기에 대해 진지한 고민을 하게 됨.
	과학	(1학기) '불편한 진실(앨 고어)', '침묵의 봄(레이첼 카스)', '인간없는 세상(앨런 와이즈먼)', '눈먼 시계공(리처드 도킨스)', '만들어진 신(리처드 도킨스)' 등의 서적을 읽고 인간과 자연의 관계, 환경 문제, 창조론과 진화론의 차이와 같은 과학적 사실에 대한 고민을 함. 과학 분야에 관심이 많으며 꾸준한 독서로 지식의 기반을 넓히고 있음.

(7) 행동 특성 및 종합의견 작성 방법

이 부분은 학생들의 전체적인 특성과 인성 및 장단점을 총괄적으로 서술하는 공간입니다. 그런 측면에서 앞에 제시된 학생의 특징을 구체적이며 압축적으로 제시할 수 있어야 합니다. 즉 '행동특성 및 종합의견'란에는 행동발달상황을 포함한 각 항목에 기록된 자료를 종합하여 학생을 총체적으로 이해할 수 있도록 문장으로 입력하여 학생에 대한 일종의 추천서 또는 지도 자료가 되도록 작성해야 하는 것입니다. 이 부분에서 특히 주의해야 할 점은 추상적인 어구인 '뛰어나다' '착하다' 등으로만 서술하는 것과 일선 학교에서 샘플링 된 내용을 막연하게 진술하는 태도입니다.

장점이 있다면 구체적으로 진술할 필요가 있으며 단점을 언급할 때는 단점만을 서술하고 끝내기보다는 이를 극복하려는 변화가능성을 제시해 줄 필요가 있습니다. 학생의 특징을 항목별로 다양화하여 자세히 서술하는 것이 좋은 방법입니다. 영재교육을 받은 학생은 영재교육진흥법 시행령 제36조 제1항, 제2항에 의거 영재교육 수료에 관한 내용을 입력할 수 있다는 것도 알아두어야 할 사항입니다.

일반적으로 영재교육을 담당하고 있는 기관에서는 이를 알고 있기 때문에 영재교육이 끝나면 해당학교로 전자공문을 발송해줍니다. 소속 학교로 알리는 내용은 영재교육원 이수과정 및 분야, 학생의 이름, 생년월일, 성별, 학교/학년/반, 연간교육기간, 연간교육시간, 연간출석시간, 출석률, 입학연월일, 수료연월일, 수료등록번호, 수상내역입니다.

좋은 사례

학년	행동 특성 및 종합의견
3	2016학년도 2학기 학생회 봉사부 부장으로서 교내 외국어 사용 활성화를 위해 여러 행사를 직접 기획하고 진행하여 지도력을 인정받았으며, 창조적이며 변화 있는 일을 하기 좋아하는 학생임. 이러한 성향은 진로종합 검사결과 및 학생의 희망진로와 일치하고, 자신의 진로에 대해 명확한 목표의식을 갖고 노력하는 학생으로 긍정적인 성장이 기대됨. 전교과 성적이 매우 우수하고 독서가 생활화되어 있어 또래에 비해 생각이 깊고 논리적이며 글쓰기에도 소질이 있어 교내의 각종 논술, 학예대회에서도 우수한 성적을 거둠. 일률적인 가르침보다는 자기 주도적인 학습에 뚜렷한 의지를 보이며, 입시 앞에서도 학원에 의존하기 보다는 실제의 크고 작은 다양한 경험을 통해 몸소 체득한 체험의 결과를 중요시 여겨 본인만의 목표를 세우고 그 목표를 향해 나아가는 진취성이 매우 돋보임. (학업) 사고가 논리적이고 이해심이 많아 여러 과목의 모둠별 학습에서 뛰어난 능력을 발휘함. 학업 성적은 고루 우수한 편이나 예체능 관련 과목에 대한 관심과 흥미가 상대적으로 낮아 이에 대해 스스로 고민하고 바꿔 가려고 노력하고 있으며, 이를 위해 실제로 교내 풍물동아리에 가입하여 활동한 적극적인 학생임. (나눔) 경기도청소년자원봉사센터에서의 정기적인 봉사 활동(56시간)을 통해 체득한 여러 가지 방법으로 같은 학급 자폐학생의 학습 도우미 역할을 수행하였으며, 학급의 어려운 일을 솔선수범하여 처리하는 등 나눔의 정신을 실천하는 모범적인 학생임. 지난 1년 동안 다리가 불편한 급우를 위해 급식시간마다 식사를 가져다 주고, 에너지 절약 도우미, 학급 쓰레기 분리수거와 같이 남들이 기피하는 일을 도맡아 하는 이타 정신이 강하고 학급의 궂은 일이나 남을 돕는 일에 솔선수범하는 학생임. (배려) 어려운 일에 처한 사람을 보면 그냥 지나치지 못하는 면을 가지고 있어 집을 잃어버린 아이를 도와주어 부모님을 찾아주기도 함. 그리고 몸이 아픈 친구를 앞장서서 도와 주고, 고민을 가지고 있는 다른 친구들의 얘기에 귀 기울여 들어주며 학급 내에서 또래 상담자의 역할을 하였음. 월드비전에서 주관하는 독거노인 도시락 배달에 참여(25회)하고, 월 1회 정기적으로 '늘 섬기는 효행의 집'을 방문하여 실내청소 및 배식, 설거지 등의 봉사 활동에 꾸준히 참여하는 등 이웃에 관심을 가지고 도와주려는 마음을 간직한 학생임. (갈등관리) 다른 사람들과 교류하는 활동에서 두각을 드러내며, 특히 학급회의 시간에 친구들이 자신의 의견이 옳다고 서로 주장하거나 체육수업 시간에 친구가 경기 규칙을 어겨 갈등이 발생했을 때 합리적인 의사소통과 대화를 통해 그 갈등을 원만하게 해결하였음. 자신의 장래 희망직업과 진로에 대한 부모님과의 의견차이로 갈등이 발생해 잠시 동안 학습에 대한 의욕을 상실하였으나, 주변 친구들의 학급 또래중재 상담활동과 진로에 대한 부모님과의 지속적인 대화를 통해 갈등을 해결하고 자신의 진로를 확고히 하며 학습에 더욱 의욕을 보임. (타인존중) 재치있는 말과 행동으로 주변을 즐겁게 하여 친구들의 호감을 받는 등 긍정적인 생활태도를 보이며, 학급의 문제점과 개선방향에 대해 토의하는 자율 활동 시간에 '나와 다르다고 하여 멀리하는 것이 아니라 함께 살아가는 방법'에 대해 친구들에게 강조함으로써 호감을 받음. (잠재력) 경기도교육청이 주관하는 '문학영재과정'에서 새로운 표현법을 지속적으로 탐구하는 노력과 대상을 관찰하는 날카로운 시선, 특히 인간 내면을 행위(이야기)로 전환시키는 능력과 사물에 어린 문학적 무늬를 포착해내는, 고등학생으로는 보기 드문 문학적 재질을 보여줌. 현실에 안주하고 주어진 조건에 만족하기 보다는 늘 끊임없이 도전하고 자신의 잠재적 가능성의 실현을 위해 최선을 다하는 모습이 다른 학생들과 후배들에게 모범이 됨. 수학·과학 등 여러 분야에 걸쳐 뛰어난 재능과 흥미를 보이며 꾸준히 자신의 꿈을 위해 노력하는 장래가 촉망되는 학생임. (자기주도적 학습능력) 목표를 세우고 열심히 노력하는 모습이 기특한 학생으로 일찍 등교해서 조용히 공부하는 모습, 쉬는 시간과 점심시간은 물론이고 짬짬이 나는 시간에도 집중하여 공부하는 모습이 한결같음. 학급 친구들에게 모범이 됨은 물론이며, 학급에 공부하는 분위기를 조성하는데 가장 핵심적인 역할을 하고 있는 학생임.

2 자기소개서

학생부 종합전형에서 가장 중요한 평가요소를 꼽으라면 자기소개서라고 할 수 있습니다. 자기소개서는 지원자에 대한 새로운 면을 확인할 수 있는 자료로써 학생부 종합전형 평가 단계에 모두 활용되기 때문입니다.

자기소개서는 그동안 나의 역사를 이루어온 삶의 내역이라고 할 수 있습니다. 자라온 가정환경과 교육환경, 자신의 꿈을 대변해 주는 역할 모델, 지적 수준을 증명할 수 있는 독서의 내용, 경험 내역을 알 수 있는 체험활동, 사회적 의식이 반영된 봉사활동 등의 삶의 기록, 자신의 꿈을 실현하고자 시행착오를 거치며 노력한 흔적 모두가 자기소개서의 재료가 됩니다. 자기소개서는 일반적으로 지원 동기와 진로 및 학업계획에 관한 내용으로 구성되는데 기본적인 성장 배경이나 학교생활뿐만 아니라 고교 3년 동안 경험한 학업, 교내·외 활동 사항 등이 지원한 학과와 어떠한 관계가 있는지 연관하여 기술하는 것이 중요합니다.

자기소개서를 쓰는 목적은 자신의 뚜렷한 목표와 열정을 보여주기 위함입니다. 사실 누구나 열정을 이야기하지만 이는 분명한 근거를 바탕으로 자신의 가능성을 보여줄 때만 입학사정관에게 진정성이 전달될 수 있습니다. 따라서 자기소개서를 내실 있게 쓰려면 진로에 대한 구체적인 목표를 정하고, 이에 맞는 대학별, 전형별 자기소개서 양식과 항목을 철저히 파악한 후, 그 대학에 자신이 왜 필요한 인재이며, 자신의 미래상과 지원하는 학과와의 연관성은 무엇인지 설득력 있게 정리하는 것이 좋습니다.

자기소개서는 여러 항목들로 나누어져 있지만 전체적인 내용들이 유기적으로 연결되어 있어야 합니다. 각 항목에서 요구하는 내용이 무엇인지 파악하고 자신의 경험과 생각들이 하나의 스토리로 드러날 수 있도록 내용을 구성하여 작성하는 것이 필요합니다. 이렇게 하기 위해서는 우선 모든 문항 공통으로 '키워드 = 주제'를 정확하게 세우는 것이 중요합니다. 키워드가 명확하게 설정되지 않으면 주제나 강조하고 싶은 점이 모호해지고 자기소개서 자체의 집중력이 떨어지게 됩니다. 주제가 정확하게 잡혀야 각각의 소재들을 통한 서술이 용이하기 때문에 문항별 '키워드 = 주제'를 잘 세우는 것이 중요합니다. 예를 들어 지원 동기나 향후 계획에 관한 문항에서 키워드가 없을 경우 '나만의 소개서'가 아닌 '모두의 소개서' 즉, 참신성과 명료성이 떨어지는 소개서가 될 위험성이 높습니다.

자기소개서는 문항이 요구하는 조건을 충족하도록 내용을 기술해야 합니다. 동일한 내용이 반복되거나 특정사항에 대한 서술만 포함되어 있을 경우, 지원자에 대한 정보가 편중되어 있어 평가하는 데 어려움을 겪게 됩니다. 따라서 지원자를 입체적으로 평가할 수 있도록 충분한 정보를 제공해주는 것이 좋습니다. 그리고 자기소개서의 분량이 평가의 중요한 판단기준은 아니지만 분량이 너무 적을 경우 자칫 성의 없다는 인상을 줄 수 있으므로 정해진 분량에 준해 작성하는 것이 좋습니다. 또한 컴퓨터 용어나 은어를 사용하지 않도록 주의하고 특히 맞춤법에 맞도록 유의해야 합니다.

한편 자기소개서는 자신의 이야기이므로 절대 다른 사람이 작성할 수 없습니다. 현재 대학에서는 표절검색 시스템을 활용하여 구문의 유사성이 어느 정도인지 구체적인 비율(%)로 표시하여 대필 및 표절 등을 적발하고 이를 통해 학생부종합전형의 공정성을 확보하고 있습니다. 따라서 돈을 주고 학원이나 대필업체에 자기소개서를 맡기는 것은 매우 위험한 행동입니다. 실제로 이 시스템이 많이 강화됨으로써 표절이 적발되는 학생 수가 해마다 점점 늘어나고 있습니다.

흔히 자기소개서 접수 후 많은 대학들은 어디선가 많이 본 듯한 소개서가 많았다는 이야기를 합니다. 이 말의 의미는 다른 사람의 내용을 베끼거나 특정한 서적을 참고해서 썼다는 의미이기 보다는 학생 스스로의 고민 과정에서 제출된 소개서가 아닌 인위적인 틀에 맞춘 소개서 같다는 의미로 해석할 필요가 있습니다. 이런 것들을 고려할 때 가장 훌륭한 자기소개서란 지원자의 구체적인 모습에서 전체의 모습이 떠오를 수 있는 내용을 담고 있거나 상대방에게 감동을 줄 수 있어야 합니다. 이렇게 하기 위해서 자기소개서는 미리 작성해놓고 변동사항이 생길 때마다 고치는 것이 좋으며, 담임교사 등의 조언을 토대로 지속적으로 보완해나가는 것도 요령입니다.

다음에서 학생들이 자기소개서 준비를 좀 더 수월하게 할 수 있도록 대학교육협의회가 제시한 자기 소개서 공통양식에 따라 자기소개서 작성법과 유의점을 알아보도록 하겠습니다.

1) 자기소개서 작성 안내

(1) 고교 재학 기간 중 학업에 기울인 노력과 학습 경험에 대해, 배우고 느낀 점을 중심으로 기술해주시기 바랍니다. (1,000자 이내)

공통문항 1번은 지원자가 고교 교과과정을 통해 배운 것을 바탕으로 대학에 와서 얼마나 성장할 수 있는지 평가하기 위한 문항입니다. 재학 기간 중 학업 능력을 향상시키기 위해 얼마나 노력했는지, 본인만의 공부 방법은 무엇인지, 그리고 공부

과정에서 무엇을 느꼈는지 등을 구체적인 사례를 통해 보여주는 것이 좋습니다. 교내 경시대회 참가, 교과 관련 동아리 활동, 학내 탐구활동 등은 물론, 선생님께 심화 개념을 질문했거나 친구의 공부를 도와주며 배우고 느낀 점 등도 좋은 사례가 될 수 있습니다.

자기소개서는 면접의 기초자료로 활용되기 때문에 반드시 사실에 근거한 것만을 기술해야 하며 지나친 포장이나 과장은 금물입니다. 지나치게 기교적인 수사법이나 미사여구는 소개서의 본질을 호도할 수 있습니다. 따라서 해야 할 이야기를 명확하게 하되, 단순 나열식으로 늘어놓아서는 안 됩니다. 따라서 접속사가 너무 많이 들어가지 않도록 유의해야 합니다. 필요한 자리에 필요한 내용만을 쓰는 것이 간결하게 쓰는 요령입니다. 하나의 사실에 대해 길게 언급한다는 것은 대의를 희석시킬 수 있습니다. 구어체와 문어체 중 하나를 선택해서 일관성 있게 서술하는 것도 중요합니다. 예를 들어 이 문항을 서술함에 있어 '나는'이라는 표현이 '저는'이라고 바뀌거나, '~이다'라는 표현이 '~습니다'로 바뀌는 경우가 많은데 이 같은 실수를 하지 않도록 특히 주의해야 합니다.

또한 학생의 소개서를 평가하는 분은 어른이라는 점을 명심해야 합니다. 따라서 논리성보다 진실성이 더 중요할 수 있습니다. 보이기 위한 거짓은 당연히 용납될 수 없으며, 지나친 미화도 위험합니다. 자기소개서를 기반으로 면접이 진행될 시 심도가 높은 질문을 통해 미화나 과장이 드러날 수 있기 때문입니다. 많은 학생들이 극적인 전개가 있는 소개서를 선호하는데 이는 굉장히 잘못된 접근입니다. 진실한 내용을 충실하게 작성하는 것이 좋은 평가의 토대라는 것을 기억해야 합니다.

〈예시 1〉〈서울대학교 수학과 지원자〉

공부가 잘 안되거나 지루해지면 저는 수학공부로 스트레스를 풀며 힐링을 했습니다. 수학은 저에게 머리를 식힐 수 있는 도구이자 다른 공부를 재미있게 할 수 있는 원동력이기도 합니다. 수학은 풀이방법이 여러 가지가 있기 때문에 특히 더 흥미롭고 매력적인 과목입니다. 1학년 때 수리논술반에 들어갔는데 수업은 크게 2가지 방식으로 이루어졌습니다. 하나는 카발리에리의 원리나 이심률, 귀납법이나 귀류법의 증명방식 등과 같이 심화 이론을 배우는 것이고, 다른 하나는 배운 이론을 바탕으로 문제를 풀고 자신의 풀이방법을 앞에 나가 발표하며 친구들과 토론을 하는 방식이었습니다. 새로운 이론을 배우는 것도 흥미로웠지만 친구들과 토론을 하면서 그 과정 속에서 풀이방법의 오류를 깨닫고, 다양한 각도로 문제를 바라볼 수 있어서 매우 유익했습니다. 그래서 저는 친구들이 수학문제를 물어보면 바로 알려주기보다는 문제에 어떻게 접근하면 좋을지를 스스로 생각하며 깨달을 수 있도록 조금씩 힌트를 주며 함께 풀어나갔습니다. 그렇게 같이 생각하고 풀이과정을 의논하면, 문제에 다가서는 친구들의 모습이 적극적이며 능동적으로 바뀌었고 나중에는 매우 재미있어하였습니다.

한편 저는 수학과는 달리 영어에는 별 흥미를 느끼지 못했었습니다. 그래서 영어의 필요성이나 중요성을 알고 있음에도 불구하고 영어 성적은 계속 떨어졌습니다. 이를 고민하던 중에 영어선생님께 상담을 요청하였고, 그때 영어선생님께서 "네가 좋아하는 수학을 영어로 공부해보는 것은 어떨까?"라는 조언을 해주셔서 영어로 된 수학문제집을 사서 공부를 하게 되었습니다. 수학 용어들을 단어장에 따로 정리해가며 수학문제를 푸니 영어를 억지로 공부한다는 느낌이 들지 않았고, 지문에 제가 평소에 관심 있어 하던 물리나 다양한 수학이론에 관한 내용들이 나와서 재미있었습니다. 내가 좋아하는 것과 관련지어 공부를 하니까 흥미가 생기고, 이런 흥미는 또 다른 성장의 발판이 되어 매우 즐거웠습니다.

〈예시 2〉〈중앙대학교 산업보안학과 지원자〉

'알기만 하는 사람은 좋아하는 사람만 못하고, 좋아하는 사람은 즐기는 사람만 못하다.'

훌륭한 명언이지만 공감하기는 힘든 말이라고 생각했었습니다. 그랬던 저에게 이 명언을 확 와 닿게 해준 일이 있었습니다.

1학년 때 수학 선생님께서 저에게 교내 올림피아드의 수리논술 부문에 참가를 권유하셨습니다. 저는 중학교 때의 곧잘 풀었던 서술형 문제를 생각하고 참가하였습니다. 중학교 때만큼이나 괜찮은 성적을 기대하였던 게 사실입니다. 그러나 결과는 참담했습니다. 4문제 중에 한 문제도 답을 쓰지 못한 것입니다. 저는 크게 낙담했지만 오기가 생겼고 수학과 글쓰기를 융합시킨 수리논술에 흥미를 갖도록 노력하였습니다. 기계적으로 문제만 풀어오던 저에게 증명하고, 서술하고, 어려운 문제에 고민하면서 한 계단씩 접근해가는 수리논술은 흥미롭긴 했지만, 답을 쉽게 얻지 못하는 더딘 과정이었기에 조바심도 많이 났습니다.

수학 선생님께서는 그런 저에게 교과서의 증명 부분들을 꼼꼼히 읽어보면 도움이 될 거라고 조언해 주셨습니다. 선생님의 조언대로 해보니 기본기를 더욱 탄탄하게 쌓을 수 있었습니다.

또한 문제를 풀 때 이곳저곳에 정신없이 풀기보다는 A4 용지에 스스로 해설지를 만들어 보면서 푸는 습관을 갖게 되었습니다. 이렇게 쓴 A4 용지들을 바인더에 모아 저만의 책 한권을 만들었습니다. 친구들이 막히는 문제가 있으면 으레 제 바인더를 찾곤 했는데, 저의 바인더가 해설지보다 이해하기 수월하다는 친구들의 칭찬에 큰 보람도 느꼈습니다. 어느새 수학문제를 풀고 증명하는 것을 즐기고 있는 저를 발견할 수 있었습니다.

이렇게 흥미를 갖고 지속적으로 노력을 기울인 끝에 1년 뒤의 교내 올림피아드에서는 수리논술 부문의 수상자 명단에 당당하게 제 이름을 올릴 수 있게 되었습니다.

'즐기는 자가 강하다'라는 명언의 참뜻을 새삼 깨달을 수 있었던 좋은 경험이었습니다. 또한 앞으로는 공부뿐만 아니라 주어진 모든 일들을 즐기면서 하는 내가 되어야겠다고 다시 한 번 약속하였습니다.

(2) 고교 재학 기간 중 의미를 두고 노력한 교내 활동에 대해 배우고 느낀 점을 중심으로 3개 이내로 기술해 주시기 바랍니다. 단, 교외 활동 중 학교장의 허락을 받고 참여한 활동은 포함됩니다.(1,500자 이내))

공통문항 2번은 학업과 관련된 것뿐만 아니라 공동체의식, 리더십, 사회 구성원으로서의 기여 가능성, 성품, 책임감 등 비학업적 소양까지 종합적으로 평가하는 문항입니다. 각종 교내 대회 참가 및 동아리, 봉사, 학생회 활동 등 본인이 해온 여러 가지 활동들을 단순히 나열하기보다 이를 통해 배우고 느낀 점을 충실하게 작성하는 것이 좋습니다. 특히 진로탐색 활동, 관심영역과 연결된 활동 등 지원하려는 전공과 관련한 활동을 중심으로 전공 선택 이유를 잘 녹여낸다면 좋은 점수를 얻을 수 있습니다.

이 부분은 학생부나 활동경력보고서 등의 구체적인 서류를 뒷받침할 수 있는 일관성 있는 이야기로 작성하는 것이 좋습니다. 입학사정관들은 실적의 많고 적음을 평가하는 것이 아니라 이 활동이 학생에게 가져다 준 영향, 이 활동으로 인해 발전된 점을 평가하기 때문입니다. 따라서 단순히 실적을 나열해서는 안 되고 그 실적을 통해 학생이 느꼈던 감정과 생각이 중심이 되어야 합니다. 즉, '무엇을 했느냐'보다 더 중요한 것은 '무엇을 느끼고 생각했느냐'라는 점입니다. 학교생활기록부에 기록되어 있는 내용을 그대로 나열해서 쓴다면 자기소개서의 의미가 퇴색할 수밖에 없습니다. 따라서 증빙자료로는 보여줄 수없는 지원자의 숨겨진 특성이나 자질 등이 잘 드러날 수 있도록 쓰는 것이 중요합니다.

지원자의 잠재적인 능력과 소질, 특기 등은 학생부의 기재 내용 중 진로지도상황, 창의적체험활동 상황, 체험학습상황, 교과세부능력 및 특기사항, 종합의견 등에 이미 기록되어 있습니다. 이러한 기록내용과 자신의 활동내력들을 자신의 진로 목표와 연관시켜 다시 한 번 해석해보고 이를 자기소개서에 잘 담아서 표현해내는 노력이 중요합니다. 자기소개서를 단번에 작성하는 것 보다는 오랜 기간 검토하고 여러 차례 수정하고 보완하면 더욱 좋습니다.

또한 학생부에 있는 활동을 단순하게 나열하기보다는 그 활동이 전공을 학습하는데 어떤 도움을 줄 수 있는지, 어떤 부분을 개발하고 발전시킬 수 있는지 학생부만으로는 알 수 없는 내용을 솔직하게 서술하여야 합니다.

한편 이 부분을 서술함에 있어 많은 학생들은 자신을 돋보이게 하고 싶다는 생각이 앞서, 과정이 없이 결과나 실적 중심으로만 채워나가는 경우가 많습니다. 하지만 과정이 없는 결과는 자기소개서의 구체성, 타당성, 객관성을 떨어뜨리는 요인이 됩니다. 대부분의 학생들이 오해하고 있는 것 중 하나가 수상 실적이나 구체적 실적물이 없는 활동에 대한 서술을 꺼려한다는 것입니다. 하지만 상식적으로 볼 때, 하나의 실적이 나오기 위해서는 사전에 무수히 많은 경험과 실패가 요구될 수밖에 없습니다. 더불어 결과만을 나열할 경우 결국 실적만이 나열되기 때문에 자기소개서가 자화자찬의 느낌으로 전달될 가능성이 큽니다. 따라서 과정에 대한 구체적 서술 후에 간략하게 결과를 나열하고, 그 결과가 또 다른 과정으로 연동되는 방식으로 자기소개서를 전개하는 것이 좋습니다. 즉 활동내역을 나열하는데 그치지 말고 참여동기, 본인의 역할, 과정상의 어려움, 활동의 결과, 느낀 점 등이 드러나도록 사례를 들어서 서술하는 것입니다.

NG	저는 고등학교 기간 동안 내신 성적을 잘 받았습니다. 국어와 수학 과목은 모두 1등급을 받았으며 교내 독서 감상문대회와 수학경시대회에서 각각 금상과 은상을 수상한 경험이 있습니다. 학교에서는 수학 경시반 활동을 하였는데 2학년 때부터 친구들 6명이 수학 선생님과 함께 공부하였습니다.

⇩

GOOD	저는 1학년 때부터 학교 공부에 전념해 왔습니다. 학교에서 선생님들께서 가르쳐 주시는 내용이 모든 공부에 기본이라고 생각하여 수업시간에 졸지 않으려고 노력했고 예습보다는 복습에 많은 시간을 할애해 왔습니다. 학교 공부와 더불어 독서는 저의 생활에서 빼놓을 수 없는 부분입니다. 독서를 통해 저는 수업시간에 부족했던 부분을 채울 수 있었습니다. 가장 기억에 남는 책은 황석영님의 '오래된 정원'이라는 소설입니다. 원래 영화제목을 보고 관심을 가지게 되었지만, 읽는 내내 단순히 남녀 간의 사랑의 문제가 아니라는 점을 깨닫게 되었습니다. 글을 읽어가면서 한국 현대사의 굴곡이 주인공 남녀의 삶에 고스란히 녹아 있다는 점이 특별하게 다가왔습니다. 역사는 단절된 것이 아니라 계속 이어지고 있으며, 이 시대를 살고 있는 저도 그 영향에서 벗어날 수 없다는 사실을 느끼게 해 준 책이었습니다. 그 후 교내 독서 감상문 대회에서 이 책을 주제로 쓴 글이 금상을 수상하기도 하였습니다. 또한 저는 과목 중에서 수학을 가장 좋아합니다. 그래서 2학년 때부터 친구 6명과 함께 자율동아리로 수학경시반을 만들어서 활동하였습니다. 3학년 때는 부장으로 활동하기도 하였는데, 매주 토요일 오후 주제를 정해서 서로 토론도 하고 문제도 풀기도 하였습니다. 수학 가운데 미적분은 어려우면서도 수학적 사고가 여러 방면에 응용된다는 것을 배우게 해주었습니다. 이 수학경시반 활동은 문제 풀이보다는 수학의 원리와 기본개념을 스스로 이해하는데 도움이 되었으며, 토론과 다양한 독서에 매진했던 노력이 교내 수학경시대회 금상으로 이어졌습니다.

〈예시 1〉〈서울대학교 수학과 지원자〉

"Change! It is the solution." 이 제목은 제가 2학년 때 영어말하기 대회 때 발표했던 내용의 제목입니다. 이 내용은 1학년 때 처음 영어말하기 대회에 참가했던 저의 용기 있는 도전과 그 성공에 대한 칭찬의 말인 동시에 두려워하지 말고 계속 도전하라는 메시지를 담은 발표였습니다.

영어에 자신이 없던 저는 1학년 때 '그럼에도 불구하고 도전해 보자'라는 생각으로 영어말하기 대회 참가를 결심하였습니다. 참가 소식을 전해들은 친한 친구가 저에게 "영어 잘하는 애들이 많이 나간다던데…."라는 걱정의 말을 해주었습니다. 그런데 영어에 자신이 없던 저는 자격지심에 그 염려의 말이 고맙기보다는 "영어를 잘하지도 못하면서 왜 나가니?"라는 말처럼 들렸고 큰 상처가 되었습니다. 저는 염려하는 친구들과 저 자신에게 '그럼에도 불구하고 나는 할 수 있다.' 라는 것을 보여주기 위해 더 열심히 준비하였습니다. 아침, 저녁으로 원고를 수도 없이 읽고, 외우고, 발음 및 표정, 동작을 연습하고, 영어 수업시간에 친구들 앞에서 예행연습도 해보았습니다. 그렇게 노력에 노력을 거듭한 결과 저는 쟁쟁한 친구들과 나란히 수상을 하게 되었고, 그 이후로 영어에 대한 자신감을 갖게 되었습니다. 그리고 '성공이나 실패와 상관없이 도전은 짜릿하다'라는 것을 경험하게 되었고, 그래서 2학년 때도 망설임 없이 재도전을 하게 되었습니다. 그리고 이러한 경험과 도전정신을 바탕으로 과학영어 프레젠테이션 대회에도 참가하게 되었습니다.

영어말하기 대회는 혼자의 노력으로 이루어지지만, 과학영어 프레젠테이션은 팀으로 발표하는 것이라 팀원 간의 협동과 화합을 필요로 하기 때문에 더 많은 노력과 시간이 필요했습니다. 마음이 잘 맞는 동아리 부원들과 함께 팀을 만들었지만 준비하는 동안 의견충돌이나 시간조율 등의 문제들이 많았습니다. 특히 다른 팀들과 달리 우리 팀은 대회 공고가 나기 전부터 실험준비를 하였습니다. '놋쇠가 생명체에 미치는 영향'을 주제로 놋그릇의 '비브리오균' 제거, 금속에 의한 음이온들의 비편재화 등에 관한 자료를 조사하였고, 놋그릇 안과 주위, 놋그릇과 멀리 떨어져있는 달걀을 각각 실험군과 대조군으로 놓고 병아리 부화실험을 하였습니다. 실험 과정 및 내용뿐만 아니라 수준 높은 완성도와 발표 및 질의응답에 대한 꼼꼼한 준비와 자세로 심사위원들에게 큰 칭찬을 받았고, 금상(1위)으로 이어지게 되었습니다.

금상이라는 수상의 기쁨도 컸지만, 주제를 설정하며 발표가 끝나기까지 4개월 동안 친구들과 열정적으로 의견을 나누고, 토론하고, 실험과 걱정을 반복하며, 발표결과를 기다리며 안절부절못했던 매 순간들이 저에게는 커다란 도전이었고, 누군가와 함께 하는 즐거움이었으며, 잊지 못할 추억이 되었습니다. 그리고 이 과정 속에서 저는 혼자서도, 여럿이 함께 해도, 무엇을 해도 즐겁게 도전할 수 있는 자신감을 얻게 되었습니다.

〈예시 2〉〈중앙대학교 산업보안학과 지원자〉

"스팀 교육이요? 다리미에 관련된 걸 배우나요?"

이런 저의 엉뚱한 질문에 과학심화반 아이들은 박장대소하였고, 저는 부끄러워 얼굴을 들지 못했던 기억이 납니다. 1학년 때 주말마다 참가했던 STEAM(Science, Technology, Engineering, Arts, Mathematics) 즉 융합인재교육은 다리미가 아닌, 학문 간의 경계가 무의미해지며 갈수록 학문 간의 융합이 중요해진다는 내용을 담고 있었습니다.

교육에 참가하기 전에는 이과와 문과는 서로 완전히 구별되어 다른 분야를 배우는 계열이라고 생각해 왔습니다. 하지만 융합인재교육을 접하면서 저의 이런 생각이 시대착오적인 것이라는 것을 알게 되었습니다. 특히 '인문학과 기술의 교차점'을 지향했던 스티브 잡스의 철학에 고개가 끄덕여 졌습니다. 엔지니어라고 더 이상 기계만 들여다보고 있을 수 없다는 걸 깨달았고, 인문학의 중요성을 느끼게 되었습니다.

그래서 자연계로 진학을 했음에도 국어 공부를 소홀히 하지 않았고, 덕분에 국어에서 꾸준히 좋은 성적을 받을 수 있었습니다. 교내 독서퀴즈대회에도 지속적으로 참여하여 인문학적 소양을 키웠습니다. 각 과목 공부와 일상의 현상들을 접목시켜 생각해 보는 확장된 사고를 가지게 된 것도 큰 수확이었다고 생각합니다.

하루는 과학심화반에서 원어민 선생님을 초청한다는 말을 들었습니다. 선생님께 영어로 '효과적인 프레젠테이션 제작과 발표 방법'에 대하여 배우고, 직접 과학 PPT를 만들어서 발표해보는 시간을 갖는다고 하였습니다. 평소 책으로만 영어공부를 했던 저는 두려움이 앞섰지만, 도망쳐서는 나 자신의 발전이 없을 것이라는 생각에 일단 부딪혀보기로 하였습니다.

그렇게 도전하게 된 첫 시간, 준비해 온 'IMAX 영화관'에 관한 프레젠테이션을 선생님과 아이들 앞에서 발표하였습니다. 영어를 말하는 것에는 익숙지 않았고, 너무 긴장해서 말도 많이 더듬은 터라 저의 첫 발표는 엉망으로 마치게 되었습니다.

주제가 영화관이라 'Theatre'라는 말이 어찌나 많이 나오던지 th발음이 잘 안 되는 저에겐 매우 괴로운 5분이었습니다.

하지만 그 후 매 시간마다 최선을 다해서 친구들과 선생님 앞에서 실생활의 과학 원리들에 대해 설명해보고 선생님께 첨삭을 받다 보니까 점점 영어와 발표에 대한 자신감이 생기기 시작하였습니다.

이렇게 2달 동안 꾸준히 주말마다 학교에 나가 노력한 결과, 교내 과학 영어 프레젠테이션 대회에서 적당한 소음이 있으면 미약한 신호가 증폭될 수 있다는 내용인 〈Stochastic Resonance(소음공명)〉이라는 주제로 수상까지 하는 결실을 맺게 되었습니다.

그 과정에서 영어에 대한 막연한 두려움을 떨쳐 낼 수 있었으며, 이를 통해 무언가를 이루는 데에 있어 가장 큰 장애물은 두려움이라는 것을 마음속에 새기게 되었습니다. 자신의 발전은 현재에 안주하지 않고 더 높은 목표에 부딪힐 때 이루어진다는 진리를 몸소 깨닫게 해 준 소중한 활동이었습니다.

(3) 학교생활 중 배려, 나눔, 협력 등을 실천한 사례를 들고, 그 과정을 통해 배우고 느낀 점을 기술해 주시기 바랍니다. (1,000자 이내)

공통문항 3번에서 묻고 있는 배려, 나눔, 협력 등은 혼자서는 경험할 수 없는 것들로 대인관계를 통해 드러나는 지원자의 인성을 평가하기 위한 항목이라 볼 수 있습니다. 각각의 덕목과 관련한 사례를 들 때에는 남들과는 다른 독특한 사례일 필요는 없으며 학교생활을 하는 과정에서 겪은 일들 중 자신의 가치관이 드러날 수 있는 상황을 구체적으로 보여주면 됩니다. 비슷한 상황 속에서도 해결 방법이나 느낀 점은 지원자마다 차이가 있을 수 있으므로 해당 사례를 구체적으로 제시하고 당시 생각이 어떠했는지, 나아가 자신의 지향하는 삶의 모습은 무엇인지 충실하게 담아내면 긍정적인 평가를 받을 수 있습니다.

〈예시 1〉〈서울대학교 수학과 지원자〉

평소에 가르치는 것에 관심이 많고 토론대회에도 몇 번 나간 적이 있는 저는 '토론 멘토링'활동에 참여하였습니다. 중학생 멘티에게 토론에 대해 가르치기 위해서는 일단 저부터 토론에 대한 이론을 공부해야 했습니다. 토론대회는 나가보았지만 토론의 종류와 구성요소, 발표하는 방법 등을 체계적으로 공부한 것은 처음이었습니다. 멘토링 활동 첫째 날은 이론 설명과 멘토들의 토론 시범이 있었고, 멘티들에게는 토론주제를 주며 원고를 써오도록 하였습니다. 둘째 날은 멘티들의 원고를 같이 보며 수정하고 예상 반론을 연습한 후, 멘티들끼리 직접 토론하는 시간을 가졌습니다. 멘토들은 심사위원이 되어 멘티들을 평가했고, 그런 과정 속에서 멘티들이 하는 실수를 통해 나의 실수를 돌아보며 반성할 수 있었습니다. 그리고 5시간 정도의 수업을 위해서 준비하는 시간과 노력, 그리고 보람은 제가 생각했던 것 훨씬 이상이라는 것을 깨달을 수 있었습니다.

이 활동을 계기로 저는 제가 좋아하는 수학을 아이들에게 재미있게 가르칠 수 방법을 고민하게 되었습니다. 그래서 2학년 때, 교육에 관심 있어 하는 후배, 친구들과 함께 팀을 구성하였고, 선생님께 부탁을 드려 주위 중학교 학생들에게 학습멘토링 활동을 하게 되었습니다. 멘토들이 수업의 기획과 진행을 모두 준비해야 했기 때문에 시행착오도 많았습니다. 멘티들과 첫 수업을 하고 나니 예상치 못했던 문제들이 많이 발생했습니다. 한 교실에 15명 이상의 멘토와 멘티들이 모여 활동을 진행하다보니 너무 시끄러워서 우리는 영어반과 수학반을 나누어 멘토링을 진행하였습니다. 그리고 원활한 수업을 위해 멘티들과 친해지기 위한 여러 방법도 모색하였습니다. 지식 전달뿐만 아니라 고등학교 생활에 대한 궁금증도 풀어주고, 멘티들의 걱정도 함께 공유하며 서로를 이해하면서 소통하는 방법과 중요성도 깨닫게 되었습니다. 더불어 이 활동을 통해 내가 가진 능력으로 남을 도울 수 있다는 것이 너무나도 행복했습니다. 그래서 대학에 가서도 지속적으로 학습멘토링 활동을 해야겠다고 다짐하였습니다.

〈예시 2〉〈중앙대학교 산업보안학과 지원자〉

저는 고등학교에 진학할 때까지 학급의 임원을 해본 적이 거의 없을 정도로 남들 앞에 잘 나서지 않는 학생이었습니다. 그랬던 제가 고등학교 3년 내내 학급 임원을 맡으며 리더십을 발휘할 수 있었던 건 바로 '밴드활동' 덕분이었습니다.

중학교 때 밴드 동아리에서 드럼을 연주했었던 저는 고등학교에서도 밴드를 하고 싶었습니다. 그래서 관심을 보이는 아이들을 모아 밴드를 만들었습니다. 하지만 서로 잘 알고 지낸 친구들이 아니었기 때문에 초반부터 의견충돌로 연습이 제대로 되지 않았습니다.

또 멤버들은 제가 리더라는 이유로 뭐든 제게 의지하려 들었습니다. 예산 계획서나 연습실 예약 같은 일들을 제가 전부 맡아서 해야 했습니다. 하지만 저는 리더로서 그 정도는 할 수 있어야 한다고 생각했고, 밴드가 하나가 될 수 있도록 최선을 다 했습니다.

특히 곡을 정하고 편곡을 할 때 서로가 자신의 의견만을 내세워 갈등이 불거졌는데, 그럴 때마다 솔선수범하여 제 의견을 접어 두고 다른 친구들의 의견을 존중하는 모습을 보여주었습니다. 그러자 점차 밴드 멤버들도 서로를 존중하고 배려하는 모습을 보였습니다. 그러다보니 자연스럽게 멤버간의 사이도 점점 가까워졌고, 한마음으로 합주 연습을 하다 보니 실력 또한 빠른 속도로 늘게 되었습니다. 그 결과 1학년 팀으로는 유일하게 학교 축제 오디션을 통과하였고, 무대를 성공적으로 마칠 수 있었습니다.

이렇게 2년간 밴드의 리더를 맡으면서 밴드뿐만 아니라 학급에서도 다른 친구들을 배려하는 것이 점차 몸에 배게 되었습니다. 1학년 부반장일 때는 반 친구들 모두가 기피하는 미술실 청소와 쓰레기 분리수거를 자원하는 등 궂은일에 먼저 나서서 선생님께 든든하다는 이야기를 듣기도 했습니다. 환경부문 모범학생표창을 받게 된 것도 밴드에서 얻은 이러한 배려 정신 덕분이라고 생각합니다.

이렇게 음악을 좋아해서 시작한 밴드가 저의 잠재된 리더십을 이끌어 낼 수 있었고, 리더로서의 기본 품성인 나눔과 배려의 중요성을 깊이 느끼게 해주었습니다.

(4) 대학별 자율문항 : 성장과정, 지원동기, 대학 입학 후 학업계획 등

자율문항은 각 대학별로 1000자 또는 1500자 이내에서 1개 문항을 추가할 수 있습니다. 2016학년도 각 대학별 수시모집 자기소개서 자율문항을 살펴보면 성장과정, 역경극복, 독서활동 등 여러 가지를 묻고 있으나, 대부분의 상위권 대학에서는 지원동기와 학업(진로)계획을 주요 질문 소재로 활용했습니다. 지원동기를 명시해서 묻지 않아도 자기소개서 자체가 '내가 이 학과 또는 모집단위에 적합한 이유'를 소개하는 서류인 만큼 해당 문항 안에서 전공적합성과 지원동기 등을 적절히 녹여내면 좋은 점수를 받을 수 있습니다. 한편, 여러 모집단위에 지원할 경우 같은 내용을 묻더라도 지원 학과에 맞춰 내용을 달리하는 것이 합격 확률을 높이는 방법이 될 수 있습니다.

2016학년도 주요 대학 수시모집 자기소개서 자율문항

대학명	자율문항	구분
건국대	지원학과(전공)에 지원한 동기 및 고교 입학 후 관심분야와 관련한 역량계발 과정을 제시하여 주시기 바랍니다(1,000자 이내).	지원동기, 준비과정
경희대	지원자의 교육환경(가족, 학교, 지역 등)이 성장과정에 미친 영향과 지원학과에 지원한 동기, 입학 후 학업(진로)계획에 대해 기술하세요(1,500자 이내).	성장환경, 지원동기, 학업계획
고려대	해당 모집단위에 지원한 동기와 준비과정을 기술해 주시기 바랍니다(1,000자 이내).	지원동기, 준비과정

대학명	자율문항	구분
동국대	해당 전공(학부, 학과)에 지원한 동기와 입학 후 학업계획 및 향후 진로 계획에 대해 기술하세요(1,000자 이내).	지원동기, 학업계획
서강대	지원전공을 선택한 이유와 대학 입학 후 학업 또는 진로계획에 대해 기술하기 바랍니다(1,000자 이내).	지원동기, 학업계획
서울대	고등학교 재학 기간(또는 최근 3년간) 읽었던 책 중 자신에게 가장 큰 영향을 준 책을 3권 이내로 선정하고 그 이유를 기술하여 주십시오(각 500자 이내).	독서
서울시립대	지원동기와 향후 진로계획에 대해 구체적으로 기술해 주시기 바랍니다(학부·과 인재상을 고려하여 작성)(1,000자 이내).	지원동기, 진로계획
성균관대	- 고른기회선발 대상자(정원외 전형): 본인의 성장환경과 경험이 가치관 형성에 미친 영향을 기술해 주시기 바랍니다(1,000자 이내). - 고른기회선발 대상자 이외: 자율문항 없음	성장환경, 경험
연세대	고등학교 재학기간 중 진로 선택을 위해 노력한 과정 또는 개인적인 어려움이나 좌절을 극복한 과정을 사례를 들어 구체적으로 기술해 주시기 바랍니다(1,000자 이내).	진로계획, 역경극복
중앙대	아래에 제시된 평가요소 중 추가로 보충하고자 하는 내용에 대하여 구체적인 사례를 중심으로 기술해 주시기 바랍니다(1,500자 이내). (평가요소) - 다빈치형인재/고른기회/단원고특별: 학업역량, 지적탐구역량, 성실성, 자기주도성/창의성, 공동체의식 - 탐구형인재: 지적탐구역량(관심분야에 대한 흥미와 열정, 탐구능력)	학업역량, 지적탐구역량, 성실성, 자기주도성/창의성, 공동체의식 (탐구형인재-지적탐구역량)
한국외대	지원동기와 학업계획을 중심으로 자신의 향후 진로계획에 대해 기술해 주시기 바랍니다(1,000자 이내).	지원동기, 학업계획
한양대	자기소개서 없음	-
홍익대	- 사회적배려대상자, 국가보훈대상자 전형: 지원 동기 및 대학 입학 후 학업 계획과 향후 진로 계획에 대해 기술하세요(1,500자 이내). - 특성화고 등을 졸업한 재직자 전형: 대학 입학 후 학업 계획과 향후 진로 계획에 대해 기술하세요(1,000자 이내). - 이외 전형: 자기소개서 없음	지원동기, 학업계획

입학사정관들은 지원동기 및 학업계획서를 통해 단순히 성적에 맞춰 학과에 지원한 것인지 아니면 깊은 관심을 가지고 지원한 것인지를 판단하여 입학 여부를 가리게 됩니다. 따라서 입학 후 학업계획서에는 지원학과에 대한 체계적이고 충실한 기본 설계가 잘 나타나 있어야 합니다.

우수한 학업계획서를 작성하기 위해서는 우선 지원 학과에 대한 기본 정보가 충분히 정리되어 있어야 합니다. 목표 학과에 대한 정확한 지식이 없으면 내용이 구체적이지 못하고 막연할 수밖에 없으므로, 지원학과에 대한 커리큘럼을 습득하고 이를 토대로 대학 및 학과 지원 동기, 재학 중 학업계획, 졸업 후 희망 진로까지 연결해서 일관성 있게 세밀히 작성해야 하는 것입니다.

또한 지원동기를 작성할 때에는 '지원 동기와 노력한 과정'에 대한 문항은 고등학교 시절로 큰 틀을 한정하는 것이 좋고, '학업계획과 진로계획'에 관한 문항은 대학 입학 후를 그 틀로 설정하는 것이 바람직합니다. 특히 진로관련 부분은 성장하면서 꿈을 갖게 된 계기나 동기에 해당되는 경험과 사건, 자신의 활동, 진로와의 연관성, 진학의지, 전공분야에 대한 관심 등을 구체적이면서도 자신이 가진 능력과 자연스럽게 연결될 수 있도록 유기적으로 서술해야 합니다.

지원 동기는 본 학교를 선택한 이유와 어떤 계기로 관련 학과에 흥미를 가지게 되었는지를 분명히 서술해야 합니다. 학과에서 배우게 될 전공 과정과 관련하여 학회, 진출 분야 등에 대한 내용을 구체적으로 나타내면 해당 분야에 대한 열정 및 지원 동기에 대한 설득력을 얻을 수 있습니다.

지원자가 고등학교 생활에서 자신의 학업 성취 외에 무엇에 관심을 갖고 어떠한 활동을 했는지를 구체적으로 서술하는 것이 중요한데, 지원학과와 연관된 활동을 시작하게 된 동기, 활동을 지속하면서 갖게 된 생각과 설정된 목표, 활동으로 인한 구체적인 변화나 발전된 모습을 소개하면 됩니다.

이렇게 하기 위해서는 학교 재학 중에 학업 계획과 실현 가능한 포부를 학기별, 학년별로 구분하여 체계적이면서 구체적으로 서술하면서 남들과 다른 창의적인 내용을 가미하는 것이 좋습니다. 과장되거나 실현 가능성이 어려운 계획을 나열하는 것은 신뢰를 떨어뜨려 오히려 감점의 요인이 될 수 있습니다.

다음으로 졸업 후의 계획은 학과의 특성과 연결시키는 것이 중요합니다. 대학에서 배운 지식과 경험을 사회생활에 어떻게 활용하여 자신의 목표를 달성할 것인지를 서술하면 자신의 진로계획에 대해 강한 인상을 줄 수 있습니다. 요컨대 학업계획은 자신에 대한 객관적인 이해를 바탕으로 자신의 비전을 입학사정관에게 보여주는 것이 핵심입니다. 입학사정관제는 지원하는 학과와 가장 부합되는 학생을 선발하고자 하는 전형이기 때문에 진학하고자 하는 대학이 어떤 인재 상을 원하는지를 가장 먼저 파악하고 이를 기본바탕으로 자기소개서를 작성해나가야 한다는 것을 명심해야 합니다.

대학들마다 원하는 인재상에 차이가 존재하기 마련입니다. 더불어 한 대학에서도 여러 가지 전형을 통해 학생들을 선발하기 때문에 전형별로 다른 인재상을 잣대로 평가한다는 것을 알 수 있습니다. 따라서 자기소개서를 작성하기 전 반드시 지원하고자 하는 전형의 인재상과 특징을 명확하게 파악하는 것이 중요합니다. 예를 들어 서울여대는 공동체 정신을 강조하기 때문에 입학사정관 평가에서 지원자의 공동체 정신을 매우 높게 평가합니다. 입학사정관 전형은 '대학과 전공의 특성, 즉 인재상에 맞는 학생을 선발하는 제도'임을 잊어서는 안 됩니다.

즉 희망 대학이 지향하는 인재상과 추구하는 가치가 왜 자신에게 부합하는지, 지원 학과에 대해 얼마나 진지한 관심과 열정을 가지고 있는지, 지원하는 대학교가 제공하는 관련 전공이 자신의 꿈을 키우는 데 왜 필요한지, 대학 입학 후 어떤 활동을 통해 그것을 실천할 지에 대해 구체적이고 설득력 있게 서술하는 것이 필요합니다.

그렇기 때문에 리더십 전형에 지원하는 수험생과 전공적합전형에 지원하는 수험생의 자기소개서는 같을 수 없습니다. 당연히 자기소개서에 대한 평가 축도 전형에 따라 다르게 설정되게 됩니다. 따라서 지원 전 전형별 특징을 대학의 홈페이지를 통해 확실하게 인지한 후에 소개서 작성의 방향과 포인트를 잡는 것이 중요합니다.

요컨대 이 문항에서는 대학의 인재상에 따라 구체적인 사례를 들어 자신의 이야기를 전달해야 하며, 읽는 이로 하여금 의구심을 남기게 하면 안 됩니다. 서술에 있어서 추상적인 단정만 있고 구체적 내용이 없는 경우가 이에 해당됩니다. '어떻게'는 있는데 '왜'가 없거나, '왜'는 있는데 '무엇이'가 생략된 경우가 가장 흔한 실수 유형입니다. 예를 들어 '입학 후 열심히 공부하겠다.'라는 표현은 구체성이 전무한 문장입니다. 열심히 공부할 '이유', '방법', '과정'에 대한 언급이 전혀 없기 때문입니다. 이렇듯 학생들이 무심코 사용하는 문장에 구체성이 결여된 경우가 빈번합니다. 이런 문장들이 하나 둘 모여서 결국 소개서 전체가 추상적인 허상으로 전달되는 것입니다.

〈예시 1〉〈서울대학교 생명공학과 지원자〉

어머니께서는 소외계층을 후원하는 프로그램을 자주 보셨습니다. 어머니께서 그 프로그램을 보면서 눈물을 흘리시고 계시기에 저도 자연히 그 프로그램을 보게 되었습니다. 그 프로그램은 치명적인 질병이나 희귀한 병에 걸린 환자들과 그들이 겪는 비참한 삶에 대해서 보여 주었는데 그들의 고통을 보면서 저도 가슴이 아팠습니다. 그러한 연유로 장애인시설인 ○○○에 봉사 활동을 나가보니 여러 가지 질병으로 고통 받는 사람을 보고 가슴이 아파서 이런 어려운 사람들을 위하여 제가 도울 수 있는 일은 무엇일까를 어려서부터 생각하게 되었습니다. 곰곰이 생각한 끝에 제가 성격이 차분하여 연구하는 직업이 적성에 적합하다고 판단되어 유전자를 연구하여 여러 사람의 고통을 덜어주고 국위선양을 할 수 있는 생명과학과에 호기심을 가지게 되었습니다.

중학교 시절 사람의 모든 특성이 유전자에 의해 결정된다는 것을 처음 알게 되었을 때, 저는 과연 유전자가 무엇이기에 사람들의 그 많은 특성을 나타낼 수 있는 것인가에 대해 많은 궁금증을 가지게 되었습니다. 고등학교에 올라와서 여러 과학서를 탐독한 결과 유전자에 대한 기본적인 지식을 알게 되었고 그때부터 유전자를 이용해서 어떠한 것들을 할 수 있을까에 대해 깊이 생각해 보게 되었습니다. 비슷한 시기에 인간 게놈 프로젝트가 완성되어서 인간의 생명과 질병에 대한 연구에 획기적인 계기가 만들어졌다는 뉴스가 발표되었습니다. 저는 이 뉴스를 듣고 생명과학에 대한 호기심이 더욱 많아졌고 생명과학에 대해 공부하고 싶다는 생각을 분명히 하게 되었습니다.

'게놈 프로젝트', '동물 복제' 등 비약적인 발전을 하고 있는 생명과학이야 말로 멀지 않은 미래에 천문학적 가치가 있는 분야라고 생각합니다. 이처럼 발전하는 생명과학 분야에서 최고가 되고, 타 과학 분야와 연계하며 발전을 이끌어 나가는 것이 저의 목표입니다. 제가 지금 생명과학에 대해서 알고 있는 지식은 아주 작은 부분에 지나지 않을 것입니다. 그러나 저는 ○○대학교 생명 과학부를 큰 도약대로 삼아 저 스스로의 발전과 인류에게 행복과 도움을 주는 생명과학의 발전에 기여하고 싶습니다.

〈예시 2〉〈연세대학교 시스템생물학과 지원자〉

어렸을 때부터 살아 움직이는 것에 남달리 관심을 보이던 저는 여느 아이들과 달리 장난감보다는 동물이나 사람들을 더 좋아하여 가족들과 주위의 가까운 친지들로부터 유별나다는 말을 가장 많이 듣고 자랐습니다. '생물'은 아무것도 모르는 6살 시절부터 현재까지 제 삶의 전부였고, 또한 앞으로도 가장 큰 비중을 차지할 것임을 믿어 의심치 않습니다. 그렇기 때문에 진로를 결정할 때에도 조금의 망설임도 없이 생명 과학부를 선택하였습니다. 요즘 사회문제로 대두되고 있는 이공계 기피 현상과 이공계 출신들이 대접받지 못하는 현실을 고려한 부모님과 가까운 친지 분들은 다시 한 번 신중하게 생각해볼 것을 권유하셨지만 이 분야에 대한 제 의지가 확고하기에 이번만큼은 제 뜻대로 소신 있게 지원하게 되었습니다.

제 판단에 책임을 지기 위해서라도 대학진학 후에는 정말 열심히 학업에 정진할 계획입니다. 고등학교 시절동안 제한된 정보와 부족한 시간으로 제가 정말로 하고 싶은 공부를 하지 못하여서 저는 항상 답답한 갈증을 느꼈습니다. 그래서 1학년에 입학한 후에는 생물학 분야 전체의 내용을 폭넓게 접하여서 기본지식을 쌓아 그동안의 갈증을 시원하게 해소하고 싶습니다. 2학년부터는 제가 가장 큰 관심을 갖는 유전학 분야의 공부를 본격적으로 해보고 싶습니다. 또한 학업과 함께 봉사 활동을 병행할 계획입니다. 머리를 지식으로 채웠으면 가슴은 어려움에 처한 우리네 이웃들의 따스한 미소로 채워야 한다고 생각합니다.

졸업 후에는 대학원에 진학하여 유전학에 관련된 공부를 더한 뒤에 의·약학 분야의 기업이나 병원의 연구소에 연구원으로 갈 것을 생각하고 있습니다. 21C 최첨단 과학기술이 지배하는 현재, 인류는 아직도 불치병과 난치병으로 고통을 겪고 있습니다. 심지어 가장 흔한 감기조차도 완치가 되지 않습니다. 이러한 현실은 우리에게 더 많은 연구와 노력이 필요함을 시사하고 있습니다. 저는 이러한 인류의 질병문제에 눈을 돌려서 고통 속에 죽어가는 사람들을 구할 수 있는 새로운 치유법과 치료약의 개발에 온 힘을 다하고 싶습니다.

3 면접

1) 면접의 의의

면접은 학생부와 서류 등의 자료를 통해 나타난 과거의 성취 결과를 증명하여 잠재력을 평가 받는 학생부종합전형의 가장 중요한 과정입니다. 면접은 서류 심사만으로는 판단이 어려운 지원자의 신체적 특징, 학업 능력, 잠재력, 적성, 생활환경 등을 통해 학생들이 평소 지니고 있는 가치관과 특성을 종합적으로 평가하는 기능을 합니다. 입학사정관들이 가장 보고 싶어 하는 것은 지원자들이 가진 잠재력과 학업에 대한 열정, 그리고 준비과정에서의 진실성 등입니다.

이를 다른 말로 표현하자면 1차 서류전형에 나타난 자료들의 진위여부를 다시 한 번 확인하고 싶어 한다는 것으로 설명할 수 있습니다. 즉 왜 우리 대학에 들어오고 싶어 하는지, 왜 특정학과에 입학하려하고 이를 위해 어떠한 준비를 해왔는지, 과연 입학한 후 진심으로 무엇을 배우고자 하는지 등을 심도 있게 관찰하고 그에 대한 솔직한 대답을 듣고 싶어 하는 것입니다. 이 과정에서 자기소개서가 실제로 학생 본인이 작성한 것이 맞는지, 추천서에 과장되거나 거짓으로 추가된 내용은 없는지, 또는 서류상에서 미처 파악하지 못했던 학생이 가진 특별한 능력은 없는지를 종합적으로 검증하게 됩니다. 점차 시간이나 방법적인 측면에서 면접에 더 많은 노력을 할애하는 대학들이 늘어나는 이유가 바로 이러한 검증과 확신을 위해서라고 할 수 있습니다. 결국 학생부종합전형의 면접은 단순하게 생각해서는 절대 안 되며 충분히 준비해서 후회 없이 대답해야만 하는 것입니다.

2) 면접의 종류

면접은 용어의 혼란이 있기는 하지만 일반적으로 면접의 평가요소에 따라 기본 소양 면접, 심층면접, 일반 면접 등으로 나눌 수 있습니다.

기본 면접은 수험생의 신상관련 문항과 인성가치관 관련 문항만으로 구성된 형태로서 서류전형에 대한 보조적 비중만 갖는 경우에 주로 활용되는 면접의 유형입니다. 즉, 제출한 서류와 자기소개서의 내용을 확인하는 형태의 면접이라 할 수 있습니다.

다음으로 심층면접은 지원한 전공에 대한 수학능력의 정도를 평가하기 위한 유형으로서 외형적으로는 논술과 거의 흡사한 구조를 가지고 있지만 현장에서 추가질문과 보충질문 등을 통하여 단계적 논리 전개 과정을 평가한다는 특징을 가지고 있습니다. 심층면접은 수험생의 심층적 사고력을 평가하는 전형이기 때문에 경우에 따라 서류 점수를 뒤집을 수도 있습니다. 일반면접은 위의 두 가지 유형을 합친 면접을 일컫는 말입니다.

(1) 기본 소양 면접

기본 소양 면접문항은 정답이나 정해진 논리적 과정을 전제로 한 출제가 아닙니다. 때문에 면접관이 원하는 답변을 준비하는 것보다는 면접관이 궁금해 하는 답변을 정확하게 제시하는 것이 중요합니다. 따라서 출제 가능한 질문들에 대한 답변을 미리 준비해두는 것이 중요합니다. 보통 자기소개서나 학업계획서 양식에 포함된 문항들을 중심으로 해당 내용을 확인하는 수준의 질문이 나오는 것이 일반적이므로 예상 질문을 뽑아 예의바르고 당당한 태도로 말하는 연습을 하면 됩니다. 사실 배점이나 비중이 크지 않지만 다른 요소에 대한 평가에 간접적 영향을 끼칠 수 있는 평가 항목이므로 주의 깊은 대비가 필요합니다.

기본 소양 면접 질문의 예

대학	질문
KAIST	고교시절 참여했던 동아리 활동에 대해 설명해 보세요.
성균관대	자기소개서에 적은 내용을 설명해 보세요.
동국대	다른 친구들은 본인을 어떻게 생각합니까?
건국대	자신은 어떤 리더라고 생각합니까?
경희대	왜 이 학과에 지원했고 무엇을 배우고 싶습니까?
경북대	살아오면서 가장 책임감을 가지고 한 일이 무엇입니까?

모집단위에 상관없이 일반적으로 예상되는 질문

연번	질문
1	합격한다면 대학 생활을 어떻게 할 것인지 말해 보세요.
2	자신이 읽은 책의 내용과 느낀 점을 말해 보세요.
3	우리 대학에 대해 아는 것을 말해 보세요.
4	자신의 고등학교 생활에 대해 말해 보세요.
5	자신의 생활신조나 신념을 말해 보세요.
6	자신을 소개해보세요.
7	자신의 장점과 단점을 말해 보세요.
8	전공을 선택한 이유를 말해 보세요.
9	우리 대학을 지망한 이유를 말해 보세요.
10	자신의 취미나 특기에 대해 말해 보세요.
11	최근의 시사 문제가 무엇인지 말해 보세요.
12	가장 존경하는 인물은 누구인지 말해 보세요.
13	앞으로 20년 후의 자신의 모습을 말해 보세요.
14	봉사 활동은 얼마나 했으며, 봉사 활동을 통해 깨닫게 된 점을 말해 보세요.

(2) 심층면접

심층면접의 경우, 쉽게 말해 말로 하는 논술이라고 이해하면 됩니다. 답변 내용은 논술실력을 그대로 말로 전환하면 구성이 가능하므로 논술을 대비하는 방법이 면접 대비에도 그대로 적용된다고 생각하면 정확합니다. 따라서 논술과 같이 사고력, 논리력, 분석력 등 성취도가 평가의 대상이 됩니다. 다만 답변 내용에 대한 구상 훈련 못지않게 자세, 표정, 말투 훈련이 필수적이며, 현장에서 면접관의 반응에 따라 태도를 유연하게 전환할 수 있도록 적응하는 훈련도 병행해야 합니다. 특히 면접은 말하기라기보다는 대화에 가까운 평가방식이므로 최초의 답변보다도 면접관의 추가 질문, 보충 질문에 대한 답변에 평가의 주안점이 놓여있다는 것을 명심해야 합니다.

심층면접은 과거 고교과정의 학업성취도를 평가하는 전형이기도 하지만, 향후 지원학과에 합격할 경우 해당 전공에 대한 공부를 얼마나 잘 할 수 있을지를 평가하는 과정이기도 합니다. 심층면접은 전공지식을 질문하는 것이므로 단과대학별로 자체 재량 하에 담당 교수가 면접관인 경우가 많아 면접관 자신이 가르칠 학생을 직접 선발한다는 점, 질문을 받고 해당 답변을 내놓기까지 생각할 시간이 별로 없다는 점에서는 논술과 다릅니다. 따라서 현실적으로 볼 때 답변 내용보다 자세, 표정, 말투가 현실적 변별력을 갖는 경우도 많고, 수험생의 성취도는 흡족하지 않더라도 해당 전공에 대한 열정 및 발전 가능성만으로 합격되는 경우도 종종 나타납니다. 따라서 이해를 못했다고 해서 대답을 포기하지 말고 관련 분야 학업적성 지식을 최대한 활용하여 해당 전공에 대한 기본적 지식을 활용하는 모습만 보여도 면접관에게 좋은 인상을 심어 줄 수 있습니다.

심층면접 질문의 예

학과	질문
고분자나노공학과	① 추운 겨울날, 강물이 얼 때 강물의 표면에서 먼저 얼음이 생기고 강물의 내부에서는 얼음이 더 늦게 얼거나 얼지 않는데, 그 이유는 무엇인가? ② 물이 알코올과 같은 액체와 부탄과 같은 기체보다 무거운 이유에 대해 설명하시오.
기계시스템공학부	① 수소 풍선에 실을 묶어 버스 바닥에 붙여 놓으면, 풍선은 수소 때문에 팽팽히 당겨진 상태로 공기 중에 떠 있게 된다. 이 버스가 등속도로 달리다가 급브레이크를 잡았다면 풍선은 어느 쪽으로 기우는가? 그리고 그 이유는 무엇인가? ② 11분짜리, 7분짜리 모래시계를 이용하여 15분을 측정할 수 있는 방법은 무엇인가?
신소재공학부	① 수평의 지면에 눈높이 1.5m인 어느 사람이 서 있고, 그 사람의 3m 전방에 높이 2.5m의 기둥이 지면에 직각으로 서 있다. 동일 직선상의 30m 거리에 기둥과 높이가 일치되어 보이는 나무의 높이는 대략 얼마이겠는가? ② 몰(mole)의 개념에 대해서 설명하고, 분자량(물질량)이 200g/mole인 시료 A 0.2mole을 만들기 위해 필요한 시료 A의 무게는 얼마인가?
사회학과	① 3일장, 5일장 등 시골의 장터와 대형 몰, 마트 등 도시의 시장 공간을 떠올린 다음, 이 두 공간이 갖는 사회적 특징과 서로간의 차이를 설명하시오. ② 근래 들어 비정규직이 증가하고 있는 배경을 설명하고, 비정규직 확산의 문제점, 그리고 본인이 생각하는 비정규직 문제의 해법을 제시해 보시오.
신문방송학과	① 선거에서 트위터, 페이스북 등 소셜 네트워크가 큰 역할을 한 것과 관련하여, 소셜 네트워크의 장단점에 대한 의견을 말해보시오. ② 지역 방송이 존재해야 할 타당성 내지 당위성을 설명하고, 지역 방송이 당면한 문제는 무엇인지에 대해 답변하시오.
정치외교학과	① 전자·정보·통신 분야 '스마트 파워(smart power)'의 의미는 직접적·물질적·명령적인 '하드 파워(hard power)'와 간접적·비물질적·협력적인 '소프트 파워(soft power)'와의 상호 관계 속에서 이해될 수 있다. 본인이 생각하는 '스마트 파워'는 어떤 의미인지 답변하고, 국내 정치 또는 국제 정치에서 하나의 사례를 선정한 후 이 개념의 의미를 적용해서 설명해 보시오. ② 21세기 대한민국의 대통령과 조선 왕조의 군주는 어떤 점에서 비슷하고 어떤 점에서 다른지, 같은 점과 다른 점을 하나씩 들어서 설명하시오.
행정학과	① 공직 사회에 부패와 비리가 그치지 않는데, 그 원인이 무엇이라고 생각하는지 답변해 보시오. ② SNS를 통해 인간관계를 강화하는 측면이 있는가 하면 사생활의 노출이라는 문제도 제기되고 있는데, 이와 관련하여 올바른 SNS 활용 방안에 대해 본인의 생각을 말해 보시오.
경영학부	① 우리나라의 IMF 외환위기 이후 경제 회복 과정에서, 그리고 현재의 범세계적 경제 침체 속에서 성장과 분배의 우선순위에 대한 논란이 있는데, 성장과 분배의 쟁점에 대해 본인의 견해를 설명해 보시오. ② 4대강 사업이나 새만금 방조제 건설 과정에서 사회적 갈등이 있었는데, 일본의 지진을 계기로 대두되는 원자력 발전소 건설의 환경 문제와 원자력 발전의 경제성에 대해 설명해 보시오.

(3) 다양한 면접 평가 방법

최근 들어 면접 방식이 매우 다양해지고 있는데, 학교별, 전형별 특성에 맞는 인재상을 선발하기 위해, 일 대 일 개인면접에서부터 집단 면접, 토론, 발표까지 다양해졌고, 3차, 4차에 이르는 심층면접에서부터 영어발표, 합숙면접까지 변별력을 높이는 방법 등도 도입되고 있습니다.

재치 있고 조리 있는 화법이 면접에서 유리한 것이 사실이지만 대학에서 실질적으로 평가하고자 하는 것은 긍정적 자기 인식, 성실성과 같은 내적 역량과 창의적 문제해결능력, 지적 호기심 같은 학문적 역량과 의사소통능력, 리더십 같은 사회적 역량 등입니다.

면접 평가 방법 예시

구분	면접 방법	평가 내용	방법
1	발표식 개별 면접	진로계획, 이해력, 구성력, 표현력, 설득력, 전공 적합성 평가	지원자 주도형
2	대화식 개인 면접	교과 내용, 서류 내용 확인, 인성평가	평가자 주도형
3	그룹 토론 면접	리더십, 협동성, 지도력, 조직력, 발표력 평가	지원자 상호 주도형
4	그룹 비교 면접	순발력, 창의성, 논리성 평가	지원자 주도형
5	패널별 심층면접	- 패널 1(모집단위 교수) : 전공적합성 - 패널 2(입학사정관) : 비교과 활동 중심, 역경 극복 - 패널 3(입학사정관) : 독서활동 중심	패널별 1:1 면접 또는 입학사정관 2명이 개인면접(개인당 30분)
6	합숙면접	- 1차 면접 : 인성평가 - 2차 면접 : 전공/리더십 평가 - 비공식 면접 : 배려심 평가 - 개별 최종 면접 : 독립적 개별 평가	- 1차 면접 : 집단질문/공통질문 - 2차 면접 : 토론 면접 - 비공식 면접 : 비공식 발표 면접(3분 스피치) - 개별 최종면접 : 1:1개인 면접 ※ 1박 2일 합숙 면접을 실시하며, 각 단계별 면접 후 입학사정관 협의 단계를 거침. 면접관 평가 등급이 3등급 이상 차이가 나면 재심위원회의 재심의 과정을 거침.

각 면접을 자세히 설명하자면 다음과 같습니다.

① 발표식 개별 면접

평가자가 사전에 수험생에게 면접 평가 문항을 제시하고, 일정 시간 준비 후에 발표하게 하는 방식입니다. 수험생의 잠재력 보다는 현재적 능력을 평가하는 데 유용한 방법입니다. 프레젠테이션을 이용하여 발표하게 하는 방법도 있는데 이것은 이해력, 구성력, 표현력, 설득력 등을 평가하면서 기획력을 보기 위한 방법입니다.

② 대화식 개인 면접

평가자가 수험생과 상황을 만들고, 평가하고자 하는 내용을 대화적으로 구성해 가면서 면접을 진행합니다. 평가자가 답변에 대한 추가적인 질문을 던지기 때문에 형식은 대화이지만, 진행 여하에 따라 논쟁 혹은 탐구적 상황이 연출되기도 합니다.

③ 그룹 토론 면접

5~8명 정도의 수험생들을 1개 조로 묶어 각 조에 일정한 주제를 두어 토론하도록 하고, 면접위원들은 옆에서 각 수험생들의 발언 내용이나 태도를 관찰 평가하는 방법입니다. 즉, 여러 명의 수험생이 정해진 주제에 대해 일정한 입장을 가지고 참여하고, 평가자는 토론의 전 과정을 관찰하는 것입니다. 이러한 집단 토론식 면접에서 면접관들은 주어진 주제에 대한 수험생들의 적극성, 협동성, 이해력, 지도력, 조직력, 발표력 등을 종합적으로 평가하므로 너무 자신의 주장을 내세우거나 토론에서 벗어나려는 행동은 감점의 요인이 되므로 주의하여야 합니다. 상황에 따라 대결적 토론과 협력적 토론의 상황이 발생하기도 하는데, 수험생은 가능하면 협력적으로 참여하는 것이 바람직합니다. 토론은 발언 못지않게 경청하는 자세, 상대방의 의견을 존중하는 토론자의 자세가 평가자에게 깊은 인상을 주기 때문입니다.

④ 그룹 비교 면접

동일 질문에 대해 여러 수험생들이 자신의 견해를 밝혀, 상호 비교할 수 있는 면접입니다. 하지만 답변하는 순서에 따라 평가 결과가 달리 나타날 수 있으므로 신뢰성에 대한 의문이 제기되기도 합니다. 자신의 체험을 바탕으로 논리적이면서도 진솔하게 대답하는 것이 중요합니다.

⑤ 패널별 심층면접

지원자의 제출 자료를 보고 복수의 입학사정관이 30분에서 1시간 내외로 지원자 1인에 대해 심층면접을 실시하는 방법입니다. 예를 들어 과학기술캠프에 다녀왔다면 참가 동기와 활동 내역, 느낀 점 등 다양하고 구체적인 질문을 통하여 지원자의 학업수행능력(교과 성적), 인성적 자질(목표의식, 도전정신, 책임감, 성실성), 학문적 역량(전공 적합성, 문제해결 능력, 창의성과 논리적 사고), 사회적 역량(리더십, 팀워크, 의사소통능력, 봉사정신, 글로벌 마인드) 등을 총체적으로 평가하게 됩니다.

⑥ 합숙 면접

보통 1박 2일 동안 지원자들을 모아놓고 개별 면접과 토론 면접 등 여러 단계로 면접을 하게 되나 다른 지원자들과 생활하는 과정에서 지원자의 리더십, 배려심 등 단시간 내에 평가할 수 없는 내용들에 대해 평가할 수 있어 집단 면접의 성격을 가지고 있습니다. 합숙 기간 내에 사소한 행동 하나까지도 모두 평가되므로 주의 깊은 행동으로 좋은 인상을 줄 수 있도록 노력해야 합니다. 면접이 시작되었을 때와 끝나갈 때쯤의 지원자들의 태도 변화 등 일반 면접과 다른 평가 항목들도 있으니 합숙 기간 내 자신의 능력을 맘껏 발휘할 수 있도록 적극적인 자세로 임하는 것이 중요합니다.

3) 면접 대비 방법

학생부종합전형의 면접을 몇 마디로 요약 정리할 수는 없습니다. 왜냐하면 위 표에 나타난 다양한 면접형태에서 알 수 있듯이 학생부종합전형마다 면접을 실시하는 이유가 각기 다르기 때문입니다. 예를 들어 글로벌 리더 전형에서 실시하는 면접은 학생의 외국어 능력을 중심으로 리더십을 평가하는 것이 중심이 될 수 있기 때문에 영어 면접이나 에세이 등이 중요할 수 있습니다. 하지만 이러한 특정 교과 전문 면접이 아니라면 학생부종합전형에서 실시하는 면접의 내용은 학생의 잠재적인 능력을 검증하는 방식으로 진행이 됩니다.

따라서 학생부종합전형의 면접은 학생이 제출하는 모든 서류의 내용을 기반으로 한 질문 내용으로 구성될 수밖에 없습니다. 그렇기 때문에 학생이 제출한 모든 서류(학생부, 자기소개서, 포트폴리오 등)를 다시 한 번 꼼꼼하게 읽어보고, 나올 수 있는 질문들을 미리 준비하여 하나하나 대비하는 것이 가장 중요합니다. 특히 학생부종합전형은 학과나 자신의 목표를 향한 학생의 일관된 맥락을 중시하기 때문에 이런 맥락에서 벗어날 수 있는 요소들이 있다면 미리 대비를 해야 합니다.

사실 면접은 자신의 생각을 말로 조리 있게 표현하는 것이므로 실제 상황에 맞추어 충분히 연습을 해 두어야만 당황하지 않고 응할 수 있습니다. 따라서 친구들과 함께 역할(입학사정관, 수험생)을 바꾸어 질문과 답변을 해 보는 등 면접을 앞두고 집중적으로 연습하는 것이 좋습니다. 그리고 책이나 신문 등을 꾸준히 읽으면서 다양한 사회 문제에 관심을 가지고 생각의 폭을 넓혀 간다면 큰 도움이 될 것입니다.

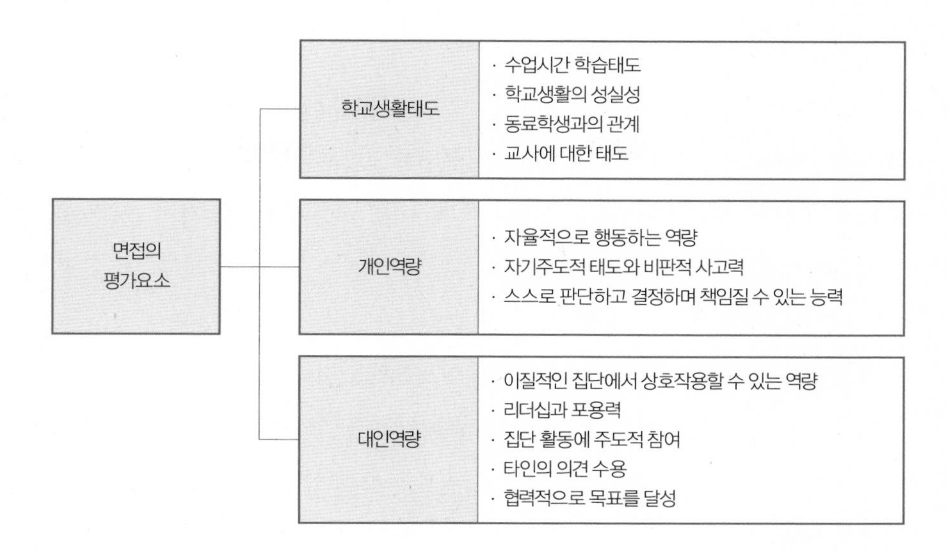

요컨대 어떤 면접이든 본인이 지원한 학과와 연관된 경력을 잘 살려서 자신이 왜 이런 것들을 준비해 왔는지, 또는 이러한 경력을 활용해 입학 후 어떤 마음가짐으로 학업에 임할 수 있는지를 소신을 가지고 설득력 있게 말할 수 있는 것이 제일 중요합니다.

4) 면접 고사실 주의사항

(1) 자신감 있는 태도로 면접에 임할 것

모든 면접관들이 면접에서 가장 중요한 요소로 꼽는 것 중의 하나가 자신감 있고 당당한 태도입니다. 질문에 대해 평소에 생각한 바를 솔직하게 밝히고, 말끝을 흐리지 않으면서 또렷하게 경어로 말하는 것이 좋습니다. 또한 은어나 속어, 유행어를 사용하지 않으면서 분명하게 말하는 것이 중요합니다.

(2) 진지한 태도로 면접에 임할 것

면접은 평가자와 피평가자 이전에 인격 대 인격의 만남입니다. 예의를 잃지 않되 곤란한 질문을 받게 되더라도 답변하려고 최대한 노력하는 모습을 보이는 것이 좋습니다. 또한 면접은 단계마다 부분 점수가 적용되므로 처음부터 끝까지 일관성을 유지해야 합니다.

(3) 질문은 처음부터 끝까지 잘 듣고, 질문의 요점에 맞는 대답만

평가자가 알고자 하는 내용이 무엇인지를 파악하여 그에 맞는 답변을 하도록 합니다. 질문의 요지에서 벗어나는 엉뚱한 답변을 한다든지, 질문이 끝나지도 않았는데 말허리를 끊고 대답하는 일은 피해야겠습니다. 실제로 질문의 의도나 핵심과는 무관한 미리 외워온 내용을 줄줄 말하는 경우가 있습니다. 이런 경우 오히려 역효과를 가져 올 수 있으니 주의가 필요합니다.

면접 답변

- 약간의 여유를 갖고 침착한 자세로 자연스럽게 답변하되 질문과 상관없는 불필요한 대답은 삼갑니다.
- 질문의 내용과 상관없이 준비하여 암기한 내용을 발표하는 것은 매우 치명적입니다.

(4) 긍정적이고 밝은 표정으로 면접에 임할 것

면접 고사장의 긴장된 분위기 때문에 수험생의 표정이 굳어 있는 경우가 대부분입니다. 면접은 입학사정관과 지원자 간의 대화이기도 합니다. 면접에 긍정적이고 밝은 표정으로 임하게 되면 부드러운 분위기 속에서 면접이 이루어질 수 있을 것입니다.

(5) 긴장했을 때에는 솔직하게 말하고 양해를 구할 것

면접을 볼 때는 누가나 긴장을 하게 됩니다. 열심히 면접을 준비했지만 정작 실전에서 눈앞이 캄캄해지는 경우가 간혹 있습니다. 물론 이러한 경우를 대비해 연습을 충분히 해야겠지만, 만약 이런 경우가 발생한다면 잠시 생각할 시간을 달라고 양해를 구하는 것이 현명한 방법입니다. 당황해서 어찌할 바를 몰라서 허둥대거나 울음을 터트린다면 정해진 면접시간을 초과하게 되어 정당한 평가를 받을 기회를 놓칠 수도 있습니다. 힘든 상황일수록 여유를 갖고 평상심을 유지하는 것이 중요합니다.

감정 조절

- 만약 질문을 알아듣지 못하였을 경우, "죄송하지만 다시 한 번 말씀해 주시면 감사하겠습니다."라고 정중히 부탁합니다.
- 답을 할 수 없는 질문일 경우 다른 면접 문항을 요청하며, 다른 면접 문항을 부여받지 못한다면 잠시 생각할 시간을 부여받은 뒤 정리한 후 최선을 다하여 성의 있게 답변합니다.
- 면접도중 감정의 변화를 자제해야 합니다. 예상했던 질문이나 불쾌한 질문을 받았다 하여 얼굴에 반갑거나 기분 나쁜 표정을 짓는 것은 바람직하지 않습니다. 또한 예상치 못한 질문이 부여되었다 하더라도 당황하지 말고 냉정히 면접에 임하여야 합니다.
- 면접 도중 평가자가 추가 질문을 하였을 때, 당황하지 말고 순발력을 발휘하여 답변해야 합니다. 반드시 바로 답변할 필요는 없으니 순간적으로 답변할 말이 생각나지 않는 경우는 잠시 생각할 시간을 달라고 한 뒤 정리해서 말하는 것이 좋습니다.

(6) 면접의 시작과 끝은 예의 바른 인사, 그리고 단정한 복장

면접장에 들어섰을 때부터 나갈 때까지 차분한 자세를 유지하고, 복장은 깔끔하고 단정한 복장(교복 등)을 착용하는 것이 좋습니다. 너무 화려하거나 운동복같이 성의 없어 보이는 인상을 주는 복장은 피하는 것이 좋습니다. 두발과 복장은 가장 고등학생다운 모습이 좋습니다.

면접 자세

· 면접실에 들어갈 때는 차분한 걸음으로 들어가서 간단한 목례를 합니다.

· 면접관이 지시하는 자리에 바른 자세로 앉습니다.

· 손은 무릎에 얹고 눈은 질문하는 면접관의 얼굴을 부드럽게 쳐다봅니다.

· 불필요한 동작을 삼가고 진지한 자세로 면접에 임합니다. 불필요한 동작을 많이 하면 산만해 보이거나, 정서불안, 자신감 결여로 비칠 수 있으니 주의해야 합니다.

· 집단 면접의 경우 다른 학생의 면접도 잘 경청하는 것이 중요합니다. 자신의 차례가 끝났다고 딴 짓을 하거나 경청하지 않는 경우 심각한 불이익을 받을 수 있으니 주의해야 합니다. 또 집단 토론 시 자신과 다른 견해를 가진 학생에 대해 무리한 설득은 피해야 합니다.

· 입실과 퇴실 시 예의를 끝까지 잘 지키는 것이 좋습니다. 퇴실 시의 인사로 "교수님과 공부할 수 있는 기회를 갖고 싶습니다.", "다시 뵙기를 바랍니다." 등의 인사가 적절합니다.

5) 효과적인 면접 준비

(1) 기본적인 준비는 반드시 할 것

학생부종합전형의 면접에서는 기본적으로 지원자가 제출한 자료에 근거하여 질문을 하게 됩니다. 따라서 지원학과에 대한 사전지식을 갖추고, 제출 자료의 내용을 반드시 숙지해야 일관성 있고 정확한 답변을 할 수 있습니다. 자신이 제출한 내용에 대해서조차 제대로 답변하지 못한다면 진정성을 의심받을 수 있기 때문에 치명적이라고 할 수 있습니다. 면접관이 그에 관한 질문을 했을 때 제대로 답변을 못하게 되면 제출한 포트폴리오의 신뢰도를 의심받을 수 있습니다.

따라서 무엇보다 자기소개서와 학생부를 꼼꼼하게 점검하여 그 내용을 완벽하게 숙지하고 있어야 합니다. 또한 자신이 지원한 학교와 전공에 대한 사전지식을 완벽하게 갖출 필요가 있습니다. 그래야 지원 동기나 학업계획 등을 연관 지어 일관성 있고 정확한 답변을 할 수 있기 때문입니다. 이렇게 반드시 자신이 지원한 학부(학과)의 특성을 정확히 파악해 그것과 관련지어 이야기해야 좋은 점수를 받을 수 있습니다.

입학사정관들이 지원자들의 인성이나 잠재력을 심도 있게 살펴본다고 해서 학업에 관한 질문을 소홀히 하는 것은 결코 아닙니다. 학생의 지원 동기나 학업에 대한 열의 등 내면적인 평가만큼이나 입학 후 수업에서 활용할 수 있는 지식의 준비상태도 중요하게 평가하는 것입니다. 이러한 학업능력의 평가는 수학과에 지원한 학생에게 미적분 문제를 풀게 하거나, 국문학과에 지원한 학생에게 현대시 한편을 외우라는 등 단순한 방법으로 진행하지 않습니다. 물론 학업소양에 대한 기본적인 준비 정도를 알기 위해 용어의 정의 또는 시사 이슈에 대한 설명 등을 요구할 수는 있습니다. 하지만 입학사정관들이 진정으로 원하는 것은 고등학교까지의 교육과정에서 배운 내용들을 바탕으로, 지원하고자 하는 학과와 관련된 질문에 얼마나 잘 대처하고, 적용할 수 있는지를 보고자 하는 것입니다.

학업 지식을 활용해야 하는 면접 질문의 예

대학	예시
서울대	라면의 식품영양학적 측면과 불량식품의 퇴치 방안을 말해보세요.
KAIST	커피가 식는 것을 열역학적으로 설명해 보세요.
동국대	피터팬 증후군이란 무엇이고 그 원인과 대책을 설명해 보세요.
경희대	소형디스플레이는 다른 디스플레이와 어떻게 다른가요?
경북대	제시문을 읽고 국어의 교착어적 특징을 영어와 비교해서 설명하세요.
전북대	지구온난화의 원인과 해결방안을 설명하세요.

따라서 정해진 교과 핵심 개념과 관련된 문제는 주요 시사 사건을 서로 접목시켜 전천후로 응용할 수 있는 연습을 하는 것이 현명한 방법입니다. 일반적으로 고급 시사 지식보다는 교과과정과 연계성이 높거나 큰 이슈가 되었던 일반 시사에서 출제되는 경우가 대부분이기 때문입니다.

면접 질문

① 전공과 관련된 주요 개념들에 대한 정리

수리 및 사회·과학 탐구 교과의 기본 용어에 대한 정리는 반드시 해야 합니다.

② 학교를 선택한 동기

자신이 지원한 대학의 전통과 인지도에 대한 질문이 나올 수 있습니다. 따라서 지원한 대학의 자료나 홈페이지 소개란을 통해 꼼꼼히 인지하는 것이 중요합니다.

③ 학과를 선택한 동기

자신의 구체적이고 특별한 경험과 관련지어 학과를 선택하게 된 동기를 명확하게 밝힙니다. 또한 학과에 대한 정의, 연구하는 분야, 관련 학문, 미래의 발전방향, 연구방법론, 대표적 학자 등을 정리해 가는 것이 좋습니다. 전공에 관련한 기본 지식과 용어 및 앞으로 무엇을 배우는지 정도는 학교 홈페이지를 통해 알아두고 면접에 임해야 합니다.

④ 대학입학 후 학업계획

지원하게 된 학과의 교과과정에 대한 개괄적 이해가 필요하고, 학부의 경우 무슨 학과를 선택할 것인지를 분명히 밝히는 것이 좋습니다. 또한 대학 재학 중 봉사 활동 계획, 외국어 학습계획, 컴퓨터 학습계획, 동아리 활동 계획, 독서 계획 등 전공과 관련되는 항목을 정리해 두어야 합니다.

⑤ 졸업 후 계획

대학원진학, 취업, 외국 유학 등의 계획을 말하고 구체적인 분야(직업)을 밝힌 다음 그 분야의 전문가가 되고 싶다 정도로 말하면 됩니다.

(2) 면접 준비는 평소에 할 것

학생부종합전형의 면접은 지원자의 기본적인 태도 및 소양, 그리고 발전가능성 여부를 확인하는 형태이므로 이러한 것들을 잘 표현할 수 있도록 준비해야 합니다. 이러한 것들은 단기간에 연습을 많이 한다고 효과를 볼 수 있는 부분이 아닙니다. 평소에 논리적으로 말하는 연습을 한다든지 면접 상황을 가정한 2~3번의 실전연습이 도움을 줄 수 있을 것입니다.

면접은 지원자에게 자신의 발전 가능성을 알릴 수 있는 기회인 동시에 면접관에게는 지원자의 열정과 의지, 잠재력을 확인하는 과정입니다. 자신이 제출한 서류 내용을 반드시 숙지하고 면접과정에서 자신의 활동에 대한 자신감과 긍지를 보일 수 있도록 연습하는 것이 좋은 방법입니다.

면접에서 핵심은 자신의 성장 가능성을 설득력 있게 보여주어야 한다는 것입니다. 많은 활동이나 실적도 중요하지만 자신이 그러한 활동을 벌이거나 실적을 쌓기까지의 과정, 지녔던 목표의식을 함께 말할 수 있어야 합니다. 그러려면 지원자가 평소부터 대학에서 공부하고자 하는 전공이나 분야에 관련된 열정과 비전을 가지고 있어야 할 것입니다. 진실성은 이로부터 자연스럽게 우러나오게 될 것입니다. 질의와 답변으로 진행되는 면접 절차에 적응하도록 면접시험에 앞서 친구 혹은 선생님의 도움을 받아 '모의 면접'을 여러 차례 시도해 보는 것이 좋습니다.

면접 방식은 입학사정관이 평가하고자 하는 역량 기준에 따라 달라지므로 특정 면접 방식에 몰두하여 개별적 면접 기술을 익히는 것보다는 다양한 체험 활동을 통해 발표와 토론에 자연스럽게 노출되는 기회를 가지도록 하는 것이 좋습니다. 여러 사람 앞에서 하는 모의면접이나 친구들끼리 서론, 본론, 결론으로 구성해 상대방을 설득하는 '3분 스피치' 연습도 발표력과 순발력을 키울 수 있는 좋은 방법입니다.

이때 그 내용을 녹화하여 자신이 알지 못하는 불필요한 행동을 확인하여 수정하고, 그룹원들의 피드백을 받아 같은 주제를 다시 한 번 시도해 본다면, 면접 대응 능력이 많이 향상될 수 있을 것입니다. 지원학과가 비슷한 친구들끼리 같이 면접을 준비하는 과정에서 얻을 수 있는 가장 큰 장점은, 지식의 범위가 나 하나에 머무르는 것이 아니라 상대방이 가진 것마저 내 것으로 만들 수 있다는 점입니다.

(3) 기출문제를 사전에 정리하고 풀어볼 것

논술이나 적성평가처럼 기출 문제를 풀어보는 것은 면접 준비의 가장 중요한 첫 단계입니다. 기출 문제를 통해 그 대학의 출제 경향이나 난이도를 파악해야 보다 효과적으로 시험에 대비할 수 있기 때문입니다. 인문계열 수험생이라면 영어 지문의 난이도가 어떠한 수준인지, 자연계열 수험생이라면 수학이나 과학 교과 문제가 어떠한 유형으로 응용되어 출제되는지 파악해 두어야 합니다. 사실 면접은 기출문제를 공개하는 비율이 논술보다는 낮기 때문에 대학 홈페이지에 기출문제가 없다면 온라인 상의 응시자 후기 등을 통하여 그 형태를 파악하는 것이 요령입니다.

또한 단순한 지식의 암기보다는 원리와 개념을 정확히 이해하고 응용력을 기르는 깊이 있는 학습 태도가 필요합니다. 특히 영어와 수학은 다른 과목에 비해 좀 더 시간을 할애하여 준비해야 하는데 영어의 경우 시간(10분)을 정해 놓고 A4용지 한 장 정도의 내용을 독해하는 연습을 하는 것이 좋습니다. 수학의 경우에는 교과서에 등장하는 주요 개념의 정의와 미적분과 관련된 기본 지식을 충실히 쌓아두는 것이 좋습니다.

(4) 지속적인 정보습득과 논술문 형태로 정리를 할 것

질의응답 형태의 면접에 대처하기 위해서는 평소 많은 독서를 통해 정보를 습득하고, 논술문을 자주 써 보는 방법이 효과적입니다. 신문이나 잡지 등 정보를 얻을 수 있는 매체들을 적극 활용하는 것도 좋은 방법입니다. 따라서 국민적 관심사가 됐던 시사 현안에 대한 자신의 관점과 견해를 윤리나 사회문화, 정치, 역사 등의 고등학교 교과서 내용과 관련지어 정리해 두는 것이 중요합니다. 시사 문제의 경우는 그 구체적인 지식 습득과 정보량보다는 그에 대해 자신의 관점과 입장을 어떻게 정리해서 답변하느냐가 더 중요하기 때문에 미리 준비해야만 당황하지 않고 말할 수 있습니다. 중요한 것은 주어진 정보를 활용해 글로 써서 정리해 보는 것인데, 본인이

작성한 논술문 형태의 글이 많아질수록 실제 면접에서 좀 더 자연스럽게 답변을 하게 된다는 것을 명심해야 합니다.

(5) 빠른 시간 내에 제시문의 핵심을 파악하는 연습을 할 것

일반적으로 면접의 경우 면접 고사장에 입실하기 전에 문제지나 문제 책자와 함께 답변을 준비하는 시간이 주어집니다. 이때 문제지에 나와 있는 제시문과 논제에 맞춰 문제를 풀며 답변을 구상하게 되는데 그 시간적 여유가 매우 부족하다는 점이 수험생들의 공통된 소감이었습니다. 이는 전형일 이전에 충분한 연습을 하지 않고서는 쉽지 않은 일입니다. 따라서 빠른 시간 내에 제시문의 취지와 함의를 명료히 할 수 있도록 하기 위한 연습이 필요합니다. 그리하여 자신이 준비실에서 노려야 할 것이 무엇인지 명확한 사전 설정을 하는 것이 필수적입니다.

덧붙이자면 준비실에서의 시간 활용은 문제파악보다 답변 구상에 투자하는 것이 바람직합니다. 제시문의 분량이나 난이도에 압도당하여 문제 읽기에 급급한 채로 면접장에 들어가게 되면 막상 면접관의 물음에 짜임새 있게 대답하지 못하게 되는 경우가 많기 때문입니다.

(6) 영어 제시문은 빠른 독해 능력이 관건

논술과는 달리 면접에서는 영어 제시문 출제를 따로 제한하고 있지 않으므로 영어제시문은 꾸준히 출제되고 있는 편입니다. 면접의 영어 제시문은 교과과정과는 상관없이 나오고 있지만 세부적인 영문법이나 어휘력을 평가하는 것은 아니며, 전체적인 의미를 빠른 시간 내에 파악하는 속독 직해 능력 정도를 알아보는 수준입니다. 즉 영어 제시문 면접은 높은 수준의 영어 독해력을 요구하는 것이 아니기 때문에 영어 제시문을 대비하여 따로 훈련을 하는 것은 오히려 시험을 앞둔 수험생에게 불필요한 부담으로 작용할 수 있습니다. 따라서 자신이 그동안 공부한 수능 영어교

재의 장문 독해 부분을 다시 보는 것이 더 효과적입니다.

현재 출제경향을 감안하면 독해의 스피드 향상 훈련과 다른 국문 제시문 또는 통계 제시문 등과 연관 활용할 수 있는 훈련이 필요합니다. 또한 현장에서 모르는 어휘나 구문이 나온 경우 당황하기보다는 앞뒤 문맥에 맞추어 내용을 추론하는 방편이 사실상 경쟁력 있는 대안일 수 있습니다.

6) 면접의 주요 평가 요소

(1) 수험생의 자질

수험생의 가치관이나 개성, 사고방식, 인격 등을 질문함으로써 전공 분야 학도로서의 자질을 평가합니다. 태도나 행동, 발화 내용만을 평가하는 것이 아니라 면접 과정 전체를 총체적으로 평가하는 것입니다.

(2) 수험생의 적성

면접은 해당 전공과 관련된 인성적 특성, 즉 성향이나 습성, 기질 등을 살핌으로써 수험생의 전공 적합성을 평가하는 과정입니다. 이를 위해 수험생에게 과제에 대한 시연을 하게 하거나, 토론 등 집단적 활동에 참여하게 함으로써 수험생을 관찰 평가하는 방법을 취하게 됩니다.

(3) 수험생의 소양

계열이나 전공 분야의 기초 지식이나 교양 등을 물어 수험생의 지적 수준과 학습 능력 등을 평가합니다. 이 평가는 직접적으로 지식을 묻거나 이론을 정리하게 하기보다는 시사적인 문제를 통해 수험생이 가진 내면화된 지식을 이끌어 내는 것입니다. 즉, 시사적인 사건을 얼마나 알고 있느냐가 중요한 것이 아니라, 시사적인 사건을 어떻게 이해하고 적용할 수 있느냐 하는 점에 초점을 둡니다.

(4) 수험생의 능력

면접은 전공 분야의 이론적, 실천적 문제를 물어 수험생의 사고력, 그중에서 심층적 분석 및 추론 능력 같은 판단력을 평가합니다. 전공 지식보다는 원리적 지식이나 체계적인 지식을 물으며, 지식의 적용과 같은 고차적인 능력을 묻는 데 관심을 둡니다.

실제 심층면접 자료 1: 서울대학교 인문계열

※ 다음 두 제시문을 읽고 질문에 답하시오.

(가) It is suggested that three generic competitive strategies exist: overall cost leadership, differ differentiation and focus.

An overall cost leadership strategy requires efficient-scale facilities, tight cost and overhead control, and often innovative technology as well. Having a low-cost position provides a defense against competition, because less efficient competitors will suffer first from competitive pressures. Implementing a low-cost strategy usually requires high capital investment in state-of-the-art equipment, aggressive pricing, and start-up losses to build market share.

The essence of the differentiation strategy lies in creating a service that is perceived as being unique. Approaches to differentiation can take many forms: brand image, technology, features, customer service, dealer network, and other dimensions. A differentiation strategy does not ignore costs, but its primary thrust lies in creating customer loyalty. As illustrated here, differentiation to enhance the service often is achieved at some cost that the targeted customer is willing to pay.

The focus strategy is built around the idea of serving a particular target market very well by addressing the customers, specific needs. The market segment could be a particular buyer group, service, or geographic region. The focus strategy rests on the premise that the firm can serve its narrow target market more effectively and/or efficiently than other firms trying to serve a broad market. As a result, the firm achieves differentiation in its narrow target market by meeting customer needs better and/or by lowering costs. The focus strategy thus is application of overall cost leadership and/or differentiation to a particular market segment.

(나) '우리나라에 105개 있고 서울 여의도에만 6개나 있다. 강원도에도 1개 있다. 하지만 A지역에는 1개도 없다. 이것은 무엇일까?'

정답은 커피 전문점으로 유명한 B회사다. 1999년 이대 앞에 1호점을 낸 뒤 5년 동안 매년 1개 이상의 점포를 낼 정도로 빠르게 성장하고 있다. 하지만 유독 A지역에는 아직도 점포가 1개도 없다. 면적으로는 몇 백분의 1밖에 안 되는 여의도에 6개 있고, 소득 수준으로 따지면 강원도보다 높은 A지역에 1개도 내지 않았다는 것에는 뭔가 특별한 이유가 있을 것으로 생각된다.

B사가 A지역에 점포를 1개도 내지 않은 이유를 명확하게 설명하지는 않는다. 하지만 엄격한 점포 심사를 거쳐 돈 될 만한 곳에만 점포를 내는 원칙에 미뤄 짐작해보면 'A지역에 점포를 내봐야 돈 벌기 어렵다'고 판단한 데 따른 것이라고 추론해볼 수 있다. 이는 강원도에 있는 1개가 바로 어느 리조트 지역에 있다는 점에서도 간접적으로 확인할 수 있다.

그렇다면 A지역에 B사가 1개도 없는 이유는 무엇일까? 바로 B사의 최대 고객인 젊은 여자(대학생과 직장여성 등)들이 많이 모이는 장소가 A지역에는 발달돼 있지 않기 때문이라고 추정된다. A지역 내의 어떤 시는 인구도 100만 명이 넘지만, 주변 신도시가 개발되면서 옛날 번화가가 상대적으로 발전을 덜해 B사를 유인할 정도가 되지 못한다는 것이다.

이는 서울 여의도에 있는 직장을 다니는 여성들이 한 달에 B사에 지출하는 돈이 약 8만 원 정도에 이르는 것으로 추정되는 것과 대조적이다. 친구들과 어울려 점심을 먹은 뒤 B사에 가서 점심값에 버금가는 카페라떼를 마시는 것이 하나의 문화로 정착돼 있는 서울과 '비싼 커피를 마시려면 점심을 좀 더 맛있고 비싼 것을 먹는 게 합리적'이라고 생각하는 전통적 사고방식이 강한 곳과는 차이가 있게 마련이다.

(자료: 국내 모 주간지에서 관련기사 수정 발췌)

영문해석

상호 구별되는 3가지 기업경영전략으로는 총비용선도 전략, 차별화 전략 및 집중 전략으로 구분되어진다.

먼저 총비용 선도전략은 고효율시설과 비용절감, 간접비용 통제 및 기술혁신 등이 포함되는데 이는 효율성이 미흡한 경쟁자가 먼저 경쟁의 압력으로부터 곤경에 처할 수 있기 때문이다. 저비용 전략의 실행은 통상적으로 첨단시설을 위한 대규모 자본투자와 공격적인 가격정책, 시장점유율을 높이기 위한 초기자본 손실 등이 요구되는 문제점이 있다.

차별화 전략의 핵심은 특색 있는 서비스에 의해 창출된다는 점이다. 이러한 차별화 전략의 접근은 브랜드 이미지, 기술, 형태, 고객 서비스, 판매 네트워크, 그리고 다른 측면에서 다양한 형태로 나타날 수 있다. 물론 차별화 전략도 비용을 무시하지 않지만 주요핵심은 고객의 충성도를 창조하는 데 있다. 사례에서 보는 것처럼, 서비스를 증대시키는 차별화는 목표고객이 지불하고자 하는 비용에 대해 어느 정도의 비용이 소요될 때 이루어질 수 있다.

집중전략은 특정목표시장이 소비자들과 특정수요가 맞아떨어질 때 형성된다. 시장구역은 특정구매층, 서비스, 그리고 지역에 따라 구분될 수 있다. 집중전략은 회사가 소규모 특정시장을 효과적으로 서비스할 수 있거나 보다 규모가 큰 시장으로 접근하는 타 회사보다 효율적이라는 가정이 전제되어야 한다. 그 결과로, 회사는 소비자의 니즈를 충족시키고 (또는) 비용을 절감함으로써 소규모 목표시장에서 차별화를 달성할 수 있다. 따라서 이러한 집중전략은 특정시장구역에 있어서 총비용선도 전략과 (또는) 차별화 전략이라고 할 수 있다.

(1) 제시문 (나)의 B사 전략이 제시문 (가)의 세 가지 본원적 전략 중 어느 것에 해당되는지 설명하시오.

→ 정답은 특정목표시장에 대한 집중(Focus)전략이라고 할 수 있다. B사 전략은 제시문에서와 같이 지역의 넓이와는 상관없이 젊은 여성(대학생과 직장여성 등)이면서 다른 경쟁회사들과는 달리 점심값 이상의 카페라떼를 마시는 하나의 문화를 공유하고 이를 즐기기를 원하는 특정계층을 목표로 하는 전략을 추구한다고 할 수 있다. 이러한 집중전략을 통해 특정계층 소비자의 니즈를 충족시킴으로써 타 회사보다 효율성과 매출을 극대화하는 대표적인 집중전략의 한 형태라고 설명할 수 있다.

(2) A지역이 B사의 전략적 목표시장이 되기 위한 방안을 제시하시오.

→ A지역은 지역적으로 여의도보다 몇 백배로 넓고 소득수준도 강원도보다 높은 지역이다. 그렇지만 이 지역은 B사 입장에서 보면 자신들의 커피를 하나의 문화로 인식하는 특정계층과 집단이 존재하지 않는다고 볼 수 있다. 이 지역이 B사의 전략적 목표시장이 되기 위해서는 우선 제시문에서 나와 있는 대로 B사 전략이 추구하는 집중전략을 심층 깊게 분석하여 그 전략을 충족시킬 수 있는 특정계층을 형성할 수 있도록 노력해야 할 것이다. 우선 A지역도 지역적으로 크고 소득수준도 일정 수준 이상이므로 충분히 B사의 전략적 목표시장이 될 수 있는 잠재력을 갖추었다고 볼 수 있다. 따라서 A지역에 B사를 유치하기 위해서는 기존의 B사의 특정계층을 흡수할 수 있는 방안이 효과적일 것이다. 강원도의 사례와 같이 A지역에도 B사의 특정계층이 주로 여가를 보낼 수 있거나 모일 수 있는 리조트, 온천, 휴양시설을 적극적으로 유치한다면 B사도 충분히 이 지역에 커피 전문점을 개설할 것이라고

예상된다. 다른 접근은 이 지역에서 B사가 추구하는 특정계층과 문화를 공유할 수 있는 특정시장구역(specific market segment)을 창출하는 것이다. 예를 들어, 기존의 대학교와 여성의 유동인구가 많은 번화가의 일부지역을 구역화 하여 이들이 B사가 추구하는 하나의 문화코드를 공유할 수 있도록 필요한 지원과 환경을 조성하는 것이 필요하다고 생각된다.

※ 다음 제시문을 읽고 질문에 답하시오.

(가) 바야흐로 세계화 시대가 열리고 있다. 세계화는 국가 간의 障壁을 허물어 사람과 物資와 情報가 자유롭게 넘나드는 세상으로의 변화를 의미한다. 세계화 시대에는 세계가 하나의 시장이 되는데, 이 세계시장은 競爭의 원리에 의해 승리와 패배가 분명하게 구별되는 냉혹한 공간이다. 그 냉혹성은 道德性의 개입을 용납하지 않는다. 이 시장에서는 종래의 商品만이 거래되는 것이 아니라 文化와 思想도 일종의 商品으로서 거래 품목이 된다. 이러한 품목들은 세계적 수준에 도달하지 못하면 淘汰의 위험에 처하게 된다. 따라서 세계화 시대로의 진입은 시장에서의 競爭이 삶의 모든 영역에서 획기적으로 확대되고 치열해진다는 것을 의미한다. 이제 우리는 세계인을 상대로 하는 이 새로운 競爭의 게임을 하여야 한다. 이 게임에서 승리하기 위해서는 처절한 노력을 쏟아부어 우리의 商品이 세계 정상의 수준에 도달하게 하여야 한다. 세계화 시대를 살고 있는 우리는 이미 세계적 規模로 전개되는 競爭에 직면하고 있으니, 기꺼이 競爭에 뛰어들어 승리자가 되어야 한다. 승리하면 살아남을 수 있을 뿐만 아니라 나아가 일찍이 경험해 보지 못한 큰 報償을 얻게 될 것이다.

(나) 子貢이 말했다. "만일 百姓에게 널리 恩惠를 베풀고 뭇 사람들을 救濟하는 사람이 있다면 仁하다고 할 만합니까?" 孔子께서 말씀하셨다. "仁하다 뿐이겠느냐? 聖人이라고 할 만하다. 堯 임금과 舜 임금도 그렇게 하기는 쉽지 않았을 것이다. 대체로 仁한 사람은 자신이 서고자* 할 때 남이 서게 해 주며, 자신이 이루고자* 할 때 남이 이루게 해 준다. 자기 마음에 비추어 보아 남의 마음을 理解하는 것이 仁을 實

踐하는 方法이다."

* 서다: 사회에서 하나의 도덕적 인격체로서 자립함을 뜻함.

* 이루다: 통달, 성공, 출세 등을 뜻함.

앞을 다투는 길은 좁고 험하니, 한 걸음 뒤로 물러서면 그만큼 길은 넓고 평탄해진다. 기름지고 맛 좋은 음식은 물리기 쉬우니, 조금만 덜 먹으면 그 맛을 오래 즐길 수 있다.

(다) The idea of competition has had a powerful influence on the way we think about our society and on the ways in which we conduct our own personal and economic lives. Consideration of three paradoxes of competition will help organize our thinking on it.

1. Competition is the selfish pursuit of happiness; through competition individual selfishness leads to universal happiness. For example, a selfish shopkeeper gives a better service than the next one to attract customers. If all shopkeepers are equally selfish, then the shopper will get the best of all possible deals.

2. Competition simultaneously creates wealth and poverty. It has made possible the enormous material progress of the past 200 years by unlocking the energies of society, yet it has spelt* misery for the tens of millions of workers involved in the creation of that wealth.

3. Competition means that you as a person can have more but be less. What does it profit a man if he gain the whole world yet suffer the loss of his soul? In any competition, winners are rewarded with prizes. In the contemporary society everyday status attaches to the external trappings* of wealth—the house, the car, etc. We are all too often judged by what we own rather than by what we are.

* spell: 초래하다.

* trapping: 장식물.

영문해석

경쟁심은 우리가 사회를 생각하는 방법과 우리 자신이 개인적이고 경제적인 삶을 운위하는 방법에 있어서 강력한 작용을 한다. 경쟁의 세 가지 역설에 관한 고찰은 이러한 생각을 체계화하는 데 도움을 준다.

1. 경쟁은 이기적인 행복의 추구다. 경쟁에 의해 개인적인 이기심은 보편적인 행복을 이끌어낸다. 예를 들어 이기적인 상점 주인은 손님을 끌기 위해 옆 가게보다 더 나은 서비스를 제공할 것이다. 만약 상점 주인들이 모두 다 이기적이라면, 손님은 최상의 가치를 얻을 수 있게 된다.

2. 경쟁은 부와 가난을 동시에 창조한다. 경쟁은 사회의 에너지를 풀어냄으로써 200년간에 걸친 물질적 진보를 이루어냈지만 그런 부의 창조와 연관된 수많은 노동자들의 불행을 초래하기도 했다.

3. 경쟁은 한 사람이 누구인가보다 그 사람이 가지고 있는 것을 중요시한다. 어떤 사람이 세계를 얻는 대신 그의 영혼을 잃어버렸다면 그것이 과연 이익일까? 어떤 경쟁이라도 승자를 상을 타게 되어 있다. 현대사회에서는 매일의 지위가 부의 외부적인 장식물인 집이나 차 같은 것들로 나타난다. 우리는 종종 그 사람 자체가 아니라 그 사람이 가진 것으로 모든 것을 판단하곤 한다.

(1) 제시문 (다)의 요지를 말하시오.

→ 제시문 (다)는 경쟁의 세 가지 역설을 소개하고 있다. 우선 경쟁은 이기심에서 출발하지만 값 싸고 질 좋은 상품을 시장에 제공함으로써 다수의 행복증진에 기여한다. 또한 경쟁은 부를 창출하는 동시에 빈곤을 초래한다. 즉, 경쟁은 물질적 진보의 원동력인 동시에 경쟁에서 뒤쳐진 다수에게 빈곤을 가져다주는 원인이다. 마지막으로 경쟁은 인간을 물질적으로 풍요롭게 하지만, 정신적으로 피폐하게 한다. 결국 경쟁은 소유물에 의해 인간을 판단하는 '소유하는 삶'을 강화하는 반면, 개인의 존재

자체를 존중하는 '존재하는 삶'을 약화시켜 인간의 정신을 피폐하게 할 수 있다.

(2) 경쟁에 대한 제시문 (가)와 (나)의 관점을 (다)의 내용에 근거하여 각각 설명하시오.

→ 제시문 (가)는 세계화 시대의 냉혹한 시장에서 생존하기 위해서는 경쟁을 필연적인 것으로 받아들여야 한다는 관점을 보여주고 있다. 사람들의 경쟁 심리는 우월욕구를 자극하여 작업의 효율성과 혁신을 불러 오고 사고의 창조성을 고무시킴으로써 시장경제를 더욱 활발하게 만드는 추진력이 된다. 경쟁논리가 지배하는 자본주의 사회는 승자와 패자가 확연히 구분되는 사회이며 인간의 삶이나 조직의 활동 자체가 생존을 위한 '서바이벌 게임(survival game)'인 것이다. 제시문 (다)의 세 가지 역설 중 첫 번째 역설이 이와 같은 사실을 잘 반영한다.

제시문 (나)는 타인을 배려하고 자기 욕망을 절제함으로써 경쟁의 부정적 측면을 최소화하는 것이 바람직하다는 관점을 제시한다. 제시문 (다)의 두 번째 역설처럼 경쟁의 이면에는 항상 '제로섬(zero-sum)게임'의 원칙이 적용된다. 특히 신자유주의 시대에서 무한경쟁의 패자는 영원히 사회의 낙오자로 전락하며 승자와 패자간의 계급갈등으로 비화할 경우 자칫 공동체의 붕괴로 이어질 수 있다. 선의의 경쟁을 넘어서서 지나친 배타적 경쟁으로 흐를 경우 경쟁은 목표를 상실하여 목적적 가치로서의 인간보다 수단적 가치로서의 물질을 더 중요시하는 인간소외현상을 낳는다. 이것이 제시문 (다)의 세 번째 역설에게 지적한 바와 같이 오늘날 현대문명의 가장 큰 위기이기도 하다. 제시문 (나)는 과도한 경쟁의 부정적 측면을 극복하기 위한 대안으로 동양적 윤리 덕목인 '인(仁)'을 강조하고 있다.

(1) 아래 그림과 같은 극장이 있고 높이 b의 위치에 세로 길이가 a인 화면이 설치되어 있다. 그림과 같이 관객의 시야각을 θ로 하였을 때 최대 시야각을 확보하기 위하여 관객은 x의 어느 위치에 앉아야 할까? (단, 관객은 앞뒤로만 움직일 수 있다고 가정한다.)

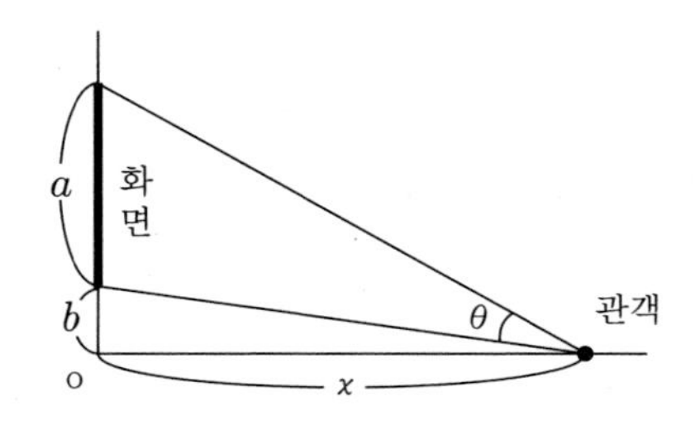

→ 시야각이 θ일 때, $tan\theta = \dfrac{\dfrac{a+b}{x} - \dfrac{b}{x}}{1 + \dfrac{a+b}{x}\dfrac{b}{x}} = \dfrac{ax}{x^2 + (a+b)b}$ 가 된다. (탄젠트 합의 공식 적용)

함수 $y = tan\theta$는 $0 \le \theta \le \frac{\pi}{2}$에서 단조 증가함수이므로, $tan\theta = t(x) = \dfrac{ax}{x^2 + (a+b)b}$가 최대일 때 θ도 최대가 된다. $\dfrac{dt}{dx} = \dfrac{a(x^2 + (a+b)b) - 2ax^2}{(x^2 + (a+b)b)^2} = \dfrac{-x^2 + (a+b)b}{(x^2 + (a+b)b)^2}$ 위의 1계 도함수를 0으로 만드는 값 $x = \sqrt{(a+b)b}$ 근방에서의 부호를 살펴보면, 이 점에서 최댓값을 가짐을 알 수 있다.

따라서, $x = \sqrt{(a+b)b}$인 위치에 앉으면 최대 시야각을 확보할 수 있다.

(2) '(1)'에서 구한 최적의 위치 x^*의자가 설치된 바닥면을 ϕ만큼 회전하여 상승시킨

후, 아래 그림과 같이 바닥면을 다시 평행하게 만들어 새로운 원점 o'으로부터 의자까지의 거리를 $\bar{x}$라 하자. 새로 만들어진 바닥면에서 다시 최대 시야각을 확보하기 위해서 이 의자를 앞으로 옮겨야 할지, 뒤로 옮겨야 할지를 판별하라. (단, 회전각 ∅는 충분히 작다고 가정한다.)

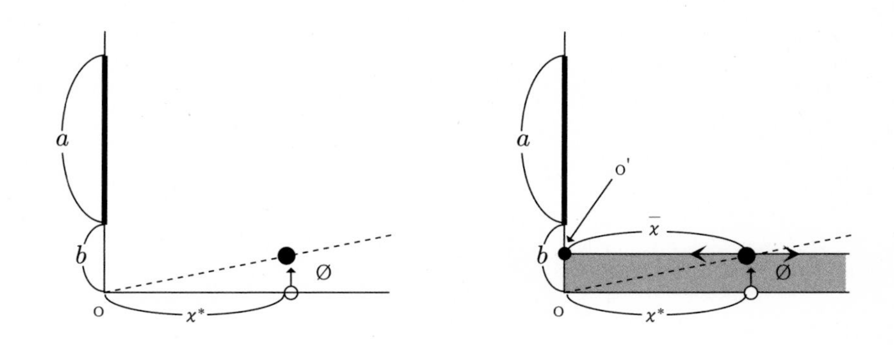

→ 새로운 원점 o'에 대하여 o'에서 의자까지의 거리를 $\bar{x}$, 화면의 높이를 $\bar{b}$라고 하면 $\bar{x}=x^* cos\phi$, $\bar{b}=b-x^* sin\phi$가 된다. 이때, $x^*=\sqrt{(a+b)b}$이다.

새로운 좌표계에서 최적의 위치는 $(\bar{x})^*=\sqrt{(a+\bar{b})\bar{b}}$이므로

$\bar{x}=x^* cos\phi$와 $(\bar{x})^*=\sqrt{(a+\bar{b})\bar{b}}$의 대소를 비교해 보자.

$$((\bar{x})^*)^2=(a+\bar{b})\bar{b}=a(b-x^*\sin\phi)+(b-x^*\sin\phi)^2$$

$$=ab+b^2-ax^*\underline{sin\phi}-2bx^*sin\phi+x^{*2}sin^2\phi$$

$$=(a+b)b(1+\sin^2\phi)-(a+2b)\sqrt{(a+b)b}\,sin\phi$$

$(\bar{x})^2=(a+b)b\cos^2\phi$이므로

$$((\bar{x})^*)^2-(\bar{x})^2=2(a+b)b\ \ sin^2\phi-(a+2b)\sqrt{(a+b)b}\,sin\phi$$

$=\sqrt{(a+b)b}\,sin\phi\,(2\sqrt{(a+b)b}\,sin\phi-(a+2b))$은 ϕ가 충분히 작을 때, 음

의 값을 갖는다.

즉, $(\bar{x})^* < \bar{x}$가 된다. 따라서 최대 시야각을 확보하려면 의자를 앞으로 옮겨야 한다.

(3) 객석을 만들 공간이 한정되어 관객의 위치가 아래 그림의 p와 q사이로 제한된다고 하고, 화면의 크기는 $a = 3b$로 정해진다고 하자. p와 q사이에 위치한 관람객들의 시야각의 최대 차이가 가장 작도록 극장을 설계하려면 b를 어떻게 정해야 할까? (단, p와 q사이에 '(1)'에서 구한 최대의 시야각을 주는 자리를 포함하도록 설계한다.)

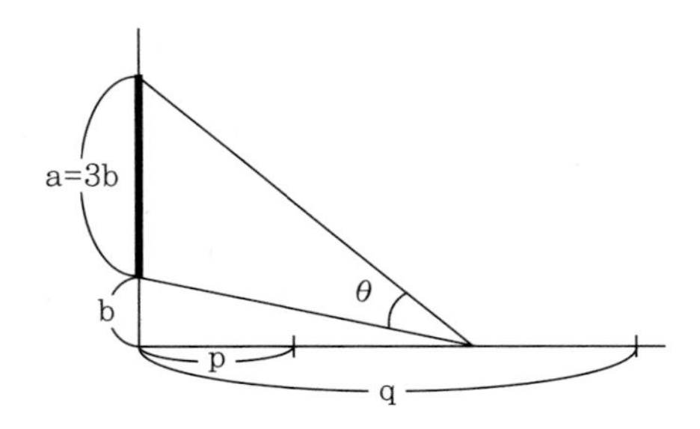

→ 화면의 높이가 b이고 화면에서의 거리가 x이고 시야각을 θ라고 할 때, 함수 $f(b, x)$를 다음과 같이 정하자.

$$f(b,x) = tan\theta = \frac{\frac{4b}{x} - \frac{b}{x}}{1 + \frac{4b}{x}\frac{b}{x}} = \frac{3bx}{x^2 + 4b^2}$$

b가 $p \le 2b \le q$를 만족하는 고정된 점일 때, 함수 $f(b, x)$는 $x = 2b$에서 최댓값 $\frac{3}{4}$을 갖고 $x = p$ 또는 $x = q$에서 최솟값을 갖는다. (미분을 이용)

x	p	$\cdots$	$2b$	$\cdots$	q
$f(b,x)$	$f(b,p)$	↗	$\frac{3}{4}$	↘	$f(b,p)$

$tan\alpha = \frac{3}{4}$를 만족하는 예각을 α라고 하면 $p \le 2b \le q$인 임의의 b에 대하여 최대시야각은 α가 된다. 최소시야각을 β라고 하면 $tan\beta = \min\{f(b,p), f(b,q)\}$가 된다.

$\alpha - \beta$를 최소로 하려면 α는 (b에 대하여) 고정되어 있으므로 β를 최대로 하면 되고 따라서 $y = \min\{f(b,p), f(b,q)\}$를 최대로 하면 된다.

이제 $f(b,p)$ 및 $f(b,q)$를 b에 대한 함수로 보고 증감을 살펴보자.

미분을 이용하면 b에 대한 함수 $f(b,p) = \frac{3bp}{p^2 + 4b^2}$은 $\frac{p}{2} \le b \le \frac{q}{2}$에서 감소함수이고, b에 대한 함수 $f(b,q) = \frac{3bq}{q^2 + 4b^2}$은 $\frac{p}{2} \le b \le \frac{q}{2}$에서 증가함수가 된다.

따라서 $y = \min\{f(b,p), f(b,q)\}$가 최대가 되려면 $f(b,p) = f(b,q)$가 되어야 한다.

$$f(b,p) = f(b,q) \rightarrow \frac{3bp}{p^2 + 4b^2} = \frac{3bq}{q^2 + 4b^2} \rightarrow 3bp(q^2 + 4b^2) = 3bq(p^2 + 4b^2)$$

$$\rightarrow 2b = \sqrt{pq}$$

따라서, p와 q사이에 위치한 관람객들의 시야각의 최대 차이가 가장 작도록 극장을 설계하려면 $b = \frac{\sqrt{pq}}{2}$가 되도록 정하면 된다. (즉, $2b$가 p와 q의 기하평균이 되도록)

다음과 같이 두 대의 도르레를 지나 물체 C(질량 3kg)의 중심을 관통하는 밧줄로 연결되어 있는 물체 A(질량 4kg)와 물체 B(질량 6kg)가 있다.

물체 A는 초기에 $x_o = 1.0m$위치에서 정지되어 있다가 운동을 시작한 후, 상승하면서 물체 C와 완전 비탄성충돌(반발계수 $e = 0$)을 하였다.

이후 물체 A와 물체 C는 함께 상승하면서 최고점 d에 도달하게 되고, 다시 하강하면서 물체 C는 선반의 턱에 걸려 분리되며, 물체 A만 최저점에서 순간 속도가 0이 될 때까지 하강하였다. (단, 중력가속도는 $g = 10m/s^2$으로 계산함)

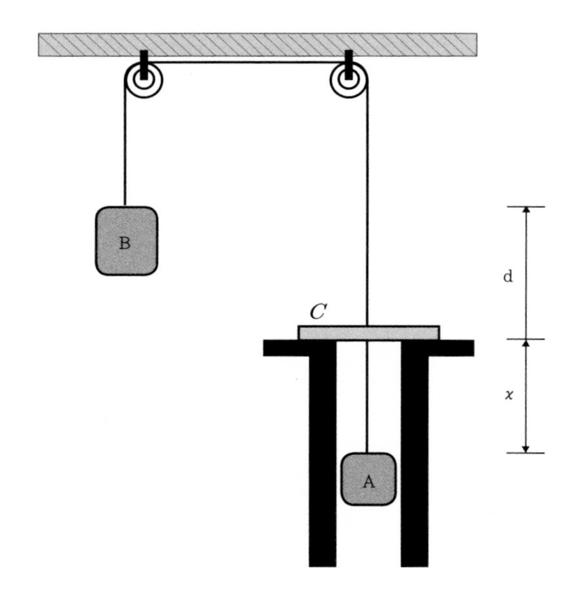

(1) 물체 A가 물체 C와 부딪히기 직전의 물체 A의 속력을 구하시오. (단, 1번에서 4번까지의 모든 문제풀이의 답은 분수형태도 무방함.)

→ A와 B에 관한 운동방정식을 세우면

$$m_B g - m_A g = (m_A + m_B)a \qquad a = \frac{m_B - m_A}{m_A + m_B} g = 2m/s^2$$

정지한 상태에서 0.1m를 등가속도운동을 하고 이때의 속력은

$$v^2 - {v_o}^2 = 2ax_o \qquad v^2 - o^2 = 2 \cdot 2 \cdot 1 \qquad \therefore v = 2m/s$$

(2) 물체 A가 물체 C와 부딪힌 직후의 물체 A의 속력을 구하시오.

→ 운동량 보존에 의해

$$(m_A + m_B)v = (m_A + m_B + m_C)V \qquad V = \frac{20}{13} m/s$$

(3) 이후 물체 A와 물체 C가 함께 움직인 최고점까지의 거리 d를 구하시오.

→ 충돌 이후 가속도는 달라진다. 이때의 가속도를 구하기 위해 A, B 그리고 C 전체에 대한 운동방정식을 세우면

$$m_B g - (m_A + m_C)g = (m_A + m_B + m_C)a'$$

$$a' = \frac{m_B - m_A - m_C}{m_A + m_B + m_C} g = \frac{10}{13} m/s^2$$

따라서 속도는 감소하게 되며, 속도가 0이 되는 지점이 최고점이 된다.

$$v^2 - V^2 = 2a'd \qquad o^2 - \left(\frac{20}{13}\right)^2 = 2 \cdot \left(-\frac{10}{13}\right)d \qquad \therefore d = \frac{20}{13} m$$

(4) 최고점에서 물체 A와 물체 C가 함께 하강하면서 선반의 턱에서 물체 C는 분리가 된다. 이후 하강을 지속하던 물체 A가 정지하게 되는 최저점의 위치 x를 구하시오.

→ A와 C가 다시 분리되는 순간 A의 속도는 아래 방향으로 $V = \frac{20}{13} m/s$가 되고, 가속도 1번에서와 같이 $a = 2m/s^2$가 되므로 $v^2 - V^2 = 2ax$ 역시 속도가 0이 되는 지점이 최저점이 된다.

$$o^2 - \left(\frac{20}{13}\right)^2 = 2 \cdot 2x \qquad \therefore x = \frac{100}{169} m$$

실제 심층면접 자료 5: 서울대학교 자연계열 화학 면접

(1) 훈트의 규칙을 구술하고, 어떤 물리적 상호작용에 기인하는지를 설명하라.

→ 훈트규칙: 원자의 전자배치에 있어서 한 오비탈에 홀전자 수가 많을수록 안정하다는 이론으로 한 궤도에 전자를 몰아넣으면 전자 간 반발력이 증가하여 불안정해진다는 물리적 이론을 갖는다.

(2) 다음 그림과 같이 기체 혼합물들을 분리된 용기 속에 넣은 다음, 가운데 콕을 열어 섞이게 하면 압력이 어떻게 변화할까? 온도는 일정하게 유지된다고 하자.

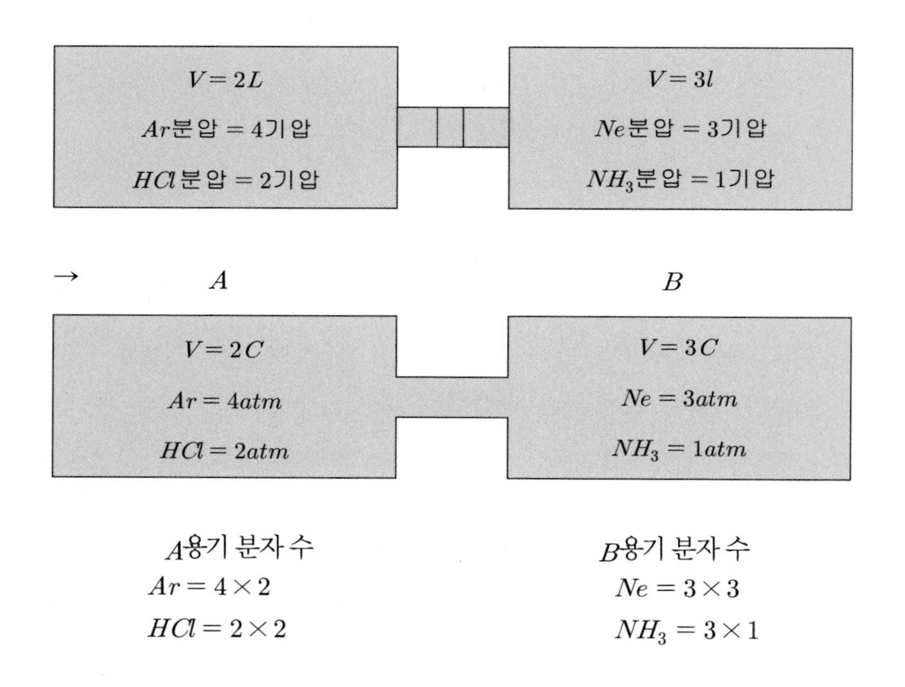

[혼합 후 분압]

$$PAr = \frac{4 \times 2}{5} \qquad PNe = \frac{3 \times 3}{5} \qquad PHcl = \frac{1}{5}$$

	HCl	$+ NH3 \rightarrow$	$NH_4Cl_{(s)}$
초기	4	3	0
반응	-3	-3	$+3$
	1	0	$+3$

$$\therefore Pt = PAr + PNe + PHCl = \frac{8+9+1}{5} = \frac{18}{5} atm$$

(3) 다음은 미생물로부터 미지 효소를 분리 정제한 후에, 삼투압을 이용하여 분자량을 측정하는 실험에 관한 것이다. $(R = 0.082 L\, atm\, mol^{-1} K^{-1})$

(a) 정제된 미지의 효소 $1.0g$을 $100ml$의 증류수에 녹인 용액의 삼투압이 $27℃$에서 $4.1 \times 10^{-3} atm$이었다. 이 미지 효소의 분자량을 구하라.

$$\rightarrow M = \frac{WRT}{PV} = \frac{1 \times 0.082 \times 300}{4.1 \times 10^{-3} \times 0.1} = \frac{2 \times 10^{-3} \times 300}{10^{-5}} = 120$$

(b) 만약 이 효소가 순수 증류수에서는 침전 등으로 인해 불안정하여 $0.1M \;\; NaCl$ 수용액 $100ml$에 녹여야 했다면, 삼투압을 이용한 분자량 측정을 어떻게 하면 되겠는가?

→ 먼저 $0.1M \;\; NaCl$ 용액 속에서의 삼투압을 계산한 후에 분자량을 계산한다.

(c) 삼투현상을 이용하여 미지 효소를 농축시킬 수 있는 방법을 설명하라.

→ 효소의 농도보다 큰 용액으로 반투막을 효소와 사이에 두고 효소의 용매를 줄인다.

(4) BrF_3는 공유 결합 화합물로 상온에서 액체이나, 물과 유사하게 자동 이온화를 하기 때문에 약간의 전기 전도성을 갖는다.

(a) BrF_3의 자동 이온화 반응에 대한 반응식을 적어라.

→ $BrF_3 + BrF_3 \leftrightarrow BrF^{-4} + BrF^{2+}$

(b) 이 반응으로 생성된 이온들과 BrF_3의 모양을 전자쌍 반발 이론을 이용하여 예측하라.

→

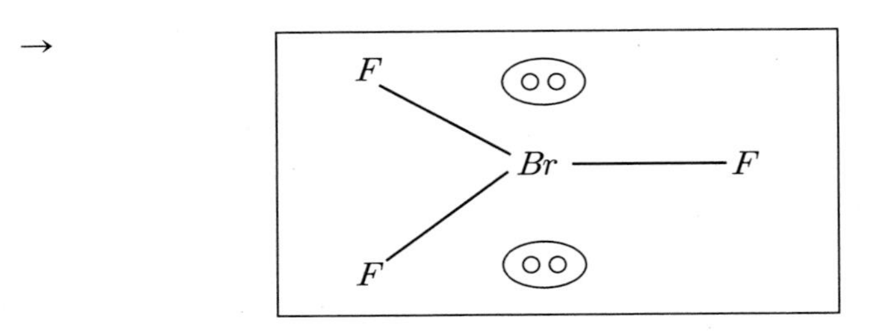

비공유 전자쌍이 Br의 위와 아래에 분포된 평면 삼각형

(c) BrF_3는 쌍극자 (또는 이중극자) 모멘트를 갖는가?

→ BrF_3 → 무극성

(d) 자동 이온화 반응으로 Br이나 F의 산화수는 변화하는가?

→ Br과 F의 산화수는 그대로이다.

실제 심층면접 자료 6: 서울대학교 자연계열 생물 면접

서울대학교에는 자하연이라는 조그마한 연못이 있다. 한여름에 이 연못에 가보면 여러 종류의 생물체가 어우러져 살아가고 있는 것을 볼 수 있다. 가장 쉽게 눈에 띄는 것은 수생식물, 수서식물, 수서곤충, 어류들이고 눈에 잘 띄지는 않지만 많은 종류의 미생물들이 이곳에 서식하고 있다. 이들은 모두 연못이라는 제한된 공간 속에서 단지 공기와 햇빛이라는 외부환경에 노출된 채 나름대로의 생태계를 형성하면서 살아가고 있다. 여기에 서식하고 있는 생물들은 생물이라는 관점에서는 동일하지만 서로가 상당히 다른 생활양식을 가지고 있어서 서로 보완적이기 때문에 이 연못은 생명력을 비교적 잘 유지하고 있다.

(1) "눈에 잘 띄지는 않지만 많은 종류의 미생물들도 서식하고 있다"고 했는데 어떤 종류의 미생물들이 서식하고 있을지 연못이라는 상황에서 공기, 햇빛이라는 환경과 연관해서 설명해 보시오.

→ 공기 즉, 산소가 존재하므로 호기성 미생물(짚신벌레, 아메바, 섬모충류 등)이 서식하고 있을 것이며, 햇빛을 이용하여 광합성을 하는 남세균, 녹조, 유글레나, 홍조, 갈조, 규조 등이 서식하고 있을 것이다.

(2) "생물이라는 관점에서 동일하다"고 했는데 어떤 면에서 동일한가?

→ 물질대사를 하는 것(호흡을 통해 에너지 획득, 물질 섭취 등)과 생식, 자손을 퍼뜨리는 것, 환경에 적응하는 것, 진화하는 것 등 생물로서의 특징을 갖고 있다는 점에서 동일하다.

(3) 생물체는 생존을 위해 에너지를 필요로 한다. 생물체에서 에너지란 무엇을 말하는지 물리화학적으로 설명하고 "상당히 다른 생활양식을 가지고 있다"고 했는데 공기, 햇빛이라는 주어진 환경을 근거로 에너지획득 과정의 관점에서 어떻게 다른지 설명해 보시오.

→ 생물체 중 종속영양생물은 스스로 에너지를 만들지 못하기 때문에 다른 생물의 에너지를 사용해야 한다. 즉 종속영양생물은 유기양분을 섭취하여 산소를 이용, 연소시켜 그때 발생한 열에너지를 화학에너지인 ATP로 전환시키는 호흡과정을 통해 에너지를 획득한다. 따라서 호흡을 통해 ATP를 생산, 축적해 놓았다가 근육운동을 하거나 움직일 때 혹은 에너지가 필요할 때 ATP를 ADP와 인산으로 분해하여 이때 방출되는 7.3kcal의 결합 에너지를 사용한다. 생물체의 또 다른 형태인 독립영양생물은 스스로 에너지를 만들 수 있기 때문에 다른 생물을 섭취하지 않아도 에너지를 획득할 수 있다. 즉, 광합성을 하는 생물체의 경우, 빛에너지를 이용하여 이산화탄소와 물을 유기물인 포도당으로 합성하기 때문에 이 화합물을 호흡을 통해 분해하여 에너지를 얻는다.

독립영양생물의 경우 산소 외에 황이나 질소 등을 이용하는 생물들도 있다.

(4) 모든 생물체에는 공통적으로 단백질과 핵산이 들어 있다. 그중 핵산은 DNA와 RNA로 구분되고 DNA는 생물체의 종류에 따라 구조적인 특징이 다르다고 알려져 있다. 어떻게 다른지 설명해 보시오.

→ 진핵생물의 경우 DNA가 히스톤단백질과 함께 강하게 응축되어 핵 속에 존재(뉴클레오좀 형성)하나 원핵생물의 경우는 핵막이 존재하지 않아 DNA가 세포질에 존재한다. 또 원핵생물은 오페론이라는 독특한 구조를 가지고 있어서 유전자의 전자를 조절하고 진핵생물에 비해 DNA가 짧고 2개의 복제 분기점을 가지며 원형으로 된 하나의 분자이다.

(5) “서로 보완적이기 때문에 이 연못은 생명력을 비교적 잘 유지하고 있다”고 했는데 어떤 보완적인 관계가 있는지 설명해 보시오.

→ 광합성을 하는 미생물에게 호기성 미생물이나 여타 다른 생물들은 이산화탄소를 제공해 주는 제공원이 될 수도 있으며, 종속영양생물에게 필요로 하는 유기물을 독립영양생물이 제공해 줄 수도 있으므로 상호보완적이라 할 수 있다.

실제 심층면접 자료 7: 서울대학교 자연계열 지구과학 면접

(1) 화성암에서 심성암은 조립질이며, 분출암은 세립질인 이유는 무엇인가?

→ 심성암은 지하 깊은 곳에서 천천히 식어 결정이 성장할 만한 시간이 길어 입자가 큰 조립질이며, 분출암은 지표로 분출되어 갑자기 식어 결정 성장 시간이 매우 짧아 입자가 작은 세립질이다.

(2) 화성암을 분류하는 기준은 무엇인가?

→ 화학성분(SiO_2 함량)

조직(입자의 크기), 냉각 속도

※ 다음에 주어진 보웬의 반응계열을 참고하여 물음에 답하라.

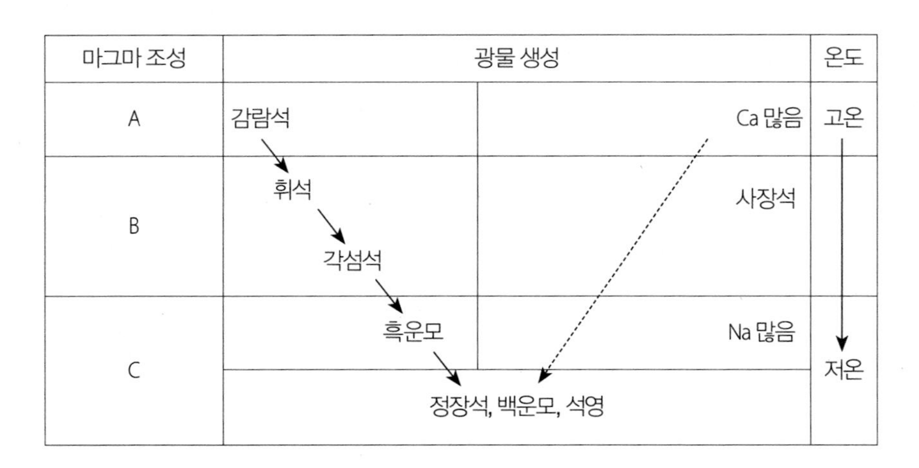

(3) 그림에서 A, B, C는 각각 어떤 종류의 마그마인가?

→ A: 현무암질 마그마 B: 안산암질 마그마 C: 유문암질 마그마

(4) 보웬의 반응 계열은 마그마의 어떤 과정을 설명하려는 것인가?

→ 결정 분화 작용

보웬의 반응계열은 1500℃정도의 고온의 마그마로부터 광물이 정출되는 순서를 정한 것이다. 마그마에는 여러 가지 종류의 광물이 용융되어 있으므로 마그마가 냉각되기 시작하면 이들 광물 중 용융점이 높은 광물부터 차례로 정출되기 시작한다. 이 때 정출된 결정은 남은 마그마와 계속 반응을 하면서 그 다음 광물을 만들어간다.

(5) 보웬의 반응계열에서 왼쪽에 나타나는 감람석-휘석-각섬석-흑운모 계열과 오른쪽에 표시된 사장석 계열의 차이점은 무엇인가?

→ 불연속계열- 고온에서 감람석이 먼저 정출되고 SiO_2의 함량비가 증가된 마그마 진액과 감람석이 반응하여 휘석이 정출된다. 또 휘석이 다시 마그마와 반응하여 각섬석이 정출되고 이어서 흑운모가 정출된다.

연속계열- 고온에서 Ca이 많이 포함된 Ca 사장석이 정출되고 온도가 점차 내려가면서 Ca 사장석과 마그마의 잔액이 반응하여 Na이 많이 포함된 Na사장석이 정출된다.

불연속계열은 광물이 정출되면서 정출된 광물이 남은 마그마와 반응하여 다른 광물을 만들어내는 것에 반해, 연속계열은 같은 광물 내에서 냉각됨에 따라 그 성분이 변화하는 것이다.

(6) 화성암을 박편을 만들어 편광현미경에서 관찰한 결과 암석 내 사장석 결정이 아래와 같은 동심원상의 누대구조(zoning)를 이루고 있었다. 중심부분에는 Ca 성분이 풍부하고 바깥쪽으로 갈수록 Na 성분이 증가하는 것이 밝혀졌다. 이 누대구조에 대하여 보웬의 반응 계열과 연관하여 의견을 제시하라.

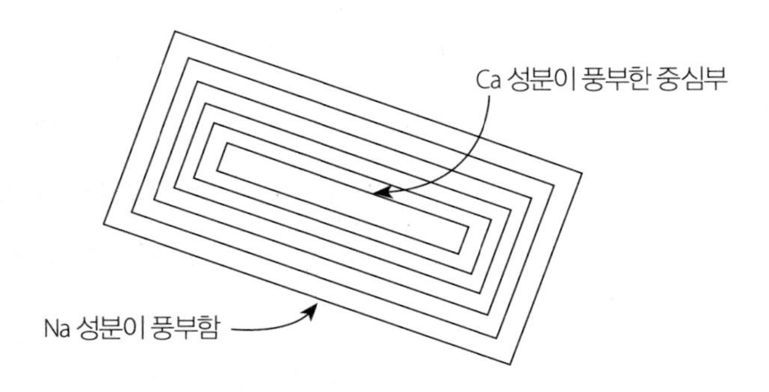

→ 보웬의 반응 계열에 따르면 고온에서는 Ca이 많은 사장석이 정출되고, 저온이 됨에 따라 Na이 많은 사장석이 정출된다. 광물은 중심부부터 성장하므로, 고온에서 처음 결정이 성장한 중심부는 Ca이 풍부하고, 점점 냉각되며 바깥쪽으로 결정이 성장함에 따라 Na이 풍부하게 되었다. 그래서 그림과 같은 누대 구조를 이루게 된 것이다.

(7) 화성암이 풍화를 받았을 때(화학적 풍화의 경우) 보웬의 반응계열에서 정출되는 광물들의 풍화정도를 비교하고 이에 대한 의견을 제시하라.

→ 주요 조암 광물들이 화학적인 풍화에 강한 정도는 대체적으로 마그마에서 광물이 정출되는 순서와 반대 경향을 나타낸다. 그 이유는 지각 속에서 안정하던 광물이 지표나 그 가까운 곳에 나오게 되어 공기, 물 및 생물과 접하게 됨으로써 조성되는 새로운 환경 하에서는 불안정하기 때문에 이에 적응하기 위하여 일어나는 변화라고 볼 수 있다. 마그마에서 정출되는 규산염 광물 중에서 가장 늦게 정출되는 석영은 화학적인 풍화에 가장 강하고, 감람석은 가장 약하다고 볼 수 있다.

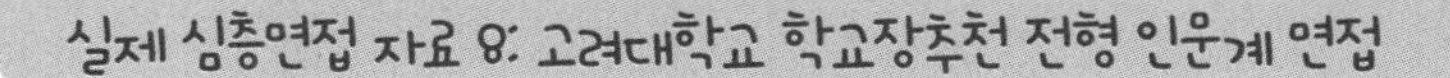

(가) 프로크루테스는 그리스의 아티카의 강도로, 아테네 교외의 언덕에 집을 짓고 살면서 강도질을 하였다. 그의 집에는 철로 만든 침대가 있었는데, 지나가는 사람을 잡아와 자신의 침대에 누이고는 행인의 키가 침대보다 크면 그만큼 잘라내고, 침대보다 작으면 억지로 침대길이에 맞추어 늘여서 죽였다.

(나) 세계금융위기의 여파로 국내 경제가 침체되어 공장폐업이 늘고 실업자가 증가하는 상황에서 모 항공은 사용자와 노조 사이에 고용유지와 임금 동결에 합의하여 사용자와 노동자가 모두 윈윈(win-win)했다는 평가를 받고 있다. 회사 측에서는 비용절감을 위한 감원을 포기하고 고용안정을 약속하면서 실습사원의 계약기간을 1년 더 연장하기로 했고, 노조 측에서는 올해 임금을 동결하고 여러 가지 경영성과급 지급 유보에 대해 합의했다. 그래서 서로 간에 양보교섭을 한 사실을 노동부에 신고하여 국가로부터 고용유지 지원금을 받고, 휴업수당도 지원받게 되었다.

(다) 유럽에서 가장 많은 이슬람교도가 사는 나라는 프랑스이다. 프랑스 정부는 1994년부터 머리에 두르는 스카프를 포함한 종교적 상징을 공립학교에서 착용하는 것을 금지하였다. 2010년에는 모든 공공장소에서 모슬렘 두건의 일종인 부르카의 착용을 금지하는 법안을 상정하였다. 프랑스는 이른바 '톨레랑스'의 나라로 불리어왔다. 그러나 소수 이민자들에게는 복장의 자유를 인정하지 않기로 한 이 법률의 제정으로 프랑스 정부는 외국인 끌어안기를 거부하고 있다는 비판을 받았다.

1. 제시문 (가)에 나타난 가치지향의 귀결을 개인적, 국가적 차원으로 나누어 설명해보시오.

2. 제시문 (다)에 결여된 태도가 제시문 (가)의 대안이 될 수 있는 이유를 들어보고, 반면에 그것을 일관되게 적용하기 어려운 한계는 무엇인지 말해보시오.

3. 제시문 (가)에 나타난 가치지향으로 인해 발생한 문제를 제시문 (나)에서와 같이 해결했던 경험에 대해 이야기해 보시오.

실제 심층면접 자료 9: 고려대학교 학교장추천 전형 자연계 면접

(가) 한국 교육과정평가원은 대학수학능력시험 성적표 배포시기에 영역/과목별 표준 점수 도수 분포를 발표하고 있다. 다음은 2013~2014학년도 대학수학능력시험 영역/과목별 표준점수 도수분포의 일부분을 발췌한 것이다.

2013학년도 대학수학능력시험 영역/과목별 표준점수 도수분포

언어		수리 '가'형		수리 '나'형		외국어(영어)	
표준점수	인원수	표준점수	인원수	표준점수	인원수	표준점수	인원수
127	14,625	139	1,114	142	4241	141	4,041
126	470	137	8	141	13	140	9
125	14,959	136	227	140	922	139	4,268

2014학년도 대학수학능력시험 영역/과목별 표준점수 도수분포

국어 A형		국어 B형		수학 A형		수학 B형		영어 A형		영어 B형	
표준점수	인원수	표준점수	인원수	표준점수	인원수	표준점수	인원수	표준점수	인원수	표준점수	인원수
132	4,029	131	2,605	143	4,024	138	936	133	2,038	136	1,606
130	3,757	129	3,624	141	10	137	6	132	744	134	825
129	3,509	128	3,467	140	6,742	136	274	131	3,451	133	3,944

(나) 교육과학기술부는 2011년 12월 14일 '중등학교 학사관리 선진화 방안'을 발표하고 절대평가 방식이 적용되는 성취평가제를 도입하였다.

성취평가제란 교육과정에 맞춰서 개발된 교과목별 성취기준 및 평가기준에 따라 학생의 학업성취 수준을 평가하고 'A-B-C-D-E-(F)'로 성취도를 측정하는 것이다.

1. 제시문 (가)의 표에서 각 과목별 만점자의 표준점수가 다른 이유를 설명하시오.

2. 통계적인 방법을 사용해 본 경험이 있다면 이야기 해 보시오. 없다면 과학 분야 또는 지원 전공분야에서 통계적인 방법을 어떻게 사용할 수 있을지 이야기 해보시오.

3. 제시문 (가)와 (나)의 평가방법의 장단점을 설명하시오.

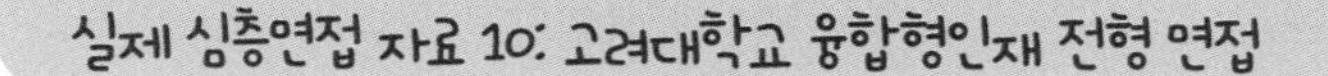

실제 심층면접 자료 10: 고려대학교 융합형인재 전형 면접

(가) 명령이 근엄하면 정치가 지연되지 않고 법이 공평하면 관리들은 간악한 짓을 하지 않을 것입니다. 올바른 법이 한 번 제정되고 나서는 어지간하면 변덕을 부려 그 법을 바꾸지 않아야 합니다. 법에 따라 공이 있는 사람을 임용하면 백성들은 불만이 적고, 좋은 말에 능하기만 하여 기준을 무시하는 사람을 임용하면 백성들은 이들에 대해 불평을 많이 합니다. 한 번 확정된 법을 고치지 않으면 백성들은 죄에 대한 형벌의 경중을 분별해서 판단할 수 있습니다. 사람들이 마음으로 형벌의 법령에 대하여 분명히 분별할 수 있게 되면 더 이상 그것을 범하지 않게 되어 형벌이 사라지게 될 것입니다. 귀족과 일반 백성을 서로 다르게 부리려면 기준이 있어야 하고, 각 도시의 높은 작위와 후한 녹봉은 오로지 그 공로에 근거해서 내려야 합니다. 그 결과 국가에 간사한 백성이 없어지게 되면 도시에도 간사한 매매가 자취를 감추게 될 것입니다. 네 치 길이의 커다란 통에 밑바닥이 없다면 물을 가득 채울 수 없는 것과 같은 이치입니다.

(나)

1
살펴보면 나는
나의 아버지의 아들이고
나의 아들의 아버지고
나의 형의 동생이고
나의 동생의 형이고
나의 선생의 제자고
나의 제자의 선생이고
나의 나라의 납세자고
나의 마을의 예비군이고
나의 적의 적이고
나의 의사의 환자고
나의 단골 술집의 손님이고

2
그렇다면 나는
아들이고
아버지고
동생이고
형이고
제자고 선생이고
납세자고
예비군이고
적이고
환자고
손님이지
오직 하나뿐인
나는 아니다

3
과연
아무도 모르고 있는
나는
무엇인가
그리고 지금 여기 있는
나는
누구인가

(다) 우리나라에서는 맥도날드의 대표 햄버거 메뉴인 빅맥(BicMac) 하나의 가격으로 32.8개비의 담배를 살 수 있다는 분석 결과가 나와 눈길을 끈다. '빅맥지수'는 빅맥 햄버거 가격을 미국의 달러화로 환산하여 각국의 상대적 물가수준과 통화가치를 비교한 것으로 각국 환율의 적정성을 측정하는데 쓰이고 있다. '빅맥지수'에 따르면 분석대상 국가의 평균 빅맥 가격은 4,190원이지만 평균 담배가격은 4,851원으로 담배 가격이 빅맥 가격보다 비싸다. 이에 비해 우리나라에서 가장 많이 팔리는 2,500원 짜리 담배 1갑(20개비)의 가격은 우리나라 빅맥 가격의 절반 수준이다. 즉 우리나라에서는 빅맥 하나의 가격으로 약 한 갑 반 이상에 해당되는 32.8개비의 담배를 살 수 있다. 그러나 호주에서는 빅맥 하나의 가격으로 6개비, 아일랜드에서는 7.6개비, 뉴질랜드에서는 7.7개비, 노르웨이에서는 9.4개비의 담배를 살 수 있다. 따라서 이들 국가는 빅맥 하나의 가격으로 담배 반 갑도 살 수 없을 만큼 담배가격이 높은 편이라는 것을 알 수 있다.

(라) 하루는 밤에 아저씨 방에서 놀다가 졸려서 안방으로 들어오려고 일어서니까 아저씨가 하아얀 봉투를 서랍에서 꺼내어 내게 주었습니다.

"옥희, 이거 갖다가 엄마 드리고 지나간 달 밥값이라구, 응?"

나는 그 봉투를 갖다가 어머니에게 드렸습니다. 어머니는 그 봉투를 받아 들자 갑자기 얼굴이 파랗게 질렸습니다. 그 전날 달밤에 마루에 앉았을 때보다도 더 새하얗다고 생각되었습니다. 어머니는 그 봉투를 들고 어쩔 줄을 모르는 듯이 초조한 빛이 나타났습니다. 나는, "그거 지나간 달 밥값이래."하고 말을 하니까, 어머니는 갑자기 잠자다 깨나는 사람처럼 "응."하고 놀라더니, 또 금시에 백지장같이 새하얗던 얼굴이 발갛게 물들었습니다. 봉투 속으로 들어갔던 어머니의 파들파들 떨리는 손가락이 지전(紙錢)을 몇 장 끌고 나왔습니다. 어머니는 입술에 약간 웃음을 띠면서 "후."하고 한숨을 내쉬었습니다. 그러나 그것도 잠시 다시 어머니는 무엇에 놀랐는지 흠칫하더니, 금시에 얼굴이 새하얘지고 입술이 바르르 떨렸습니다. 어머니의 손을 바라다보니 거기에는 지전 몇 장 외에 네모로 접은 하얀 종이가 한 장 잡혀 있는 것이었습니다.

어머니는 한참을 망설이는 모양이었습니다. 그러나 무슨 결심을 한 듯이 입술을 악물고, 그 종이를 차근차근 펴 들고 그 안에 쓰인 글을 읽었습니다. 나는 그 안에 무슨 글이 씌어 있는지 알 도리가 없었으나, 어머니는 그 글을 읽으면서 금시에 얼굴이 파랬다 발갰다 하고, 그 종이를 든 손은 이제는 바들바들이 아니라 와들와들 떨리어서 그 종이가 부석부석 소리를 내게 되었습니다.

한참 후에 어머니는 그 종이를 아까 모양으로 네모지게 접어서 돈과 함께 봉투에 도로 넣어 반짇고리에 던졌습니다. 그리고는, 정신 나간 사람처럼 멀거니 앉아서 전등만 쳐다보는데 어머니 가슴이 불룩불룩합니다. 나는 혹시 어머니가 병이나 나지 않았나 하고 염려가 되어서 얼른 가서 무릎에 안기면서, “엄마 잘까?” 하고 말했습니다. 엄마는 내 뺨에 입을 맞추어 주었습니다. 그런데 어머니의 입술이 어쩌면 그리도 뜨거운지요. 마치 불에 달군 돌이 볼에 와 닿는 것 같았습니다.

1. 제시문 (다)를 읽고 누군가가 ‘한국인이 다른 국가의 국민에 비해 담배를 싼 값에 소비하는 것은 아니다’라고 주장한다고 가정할 때, 이 주장을 뒷받침할 수 있는 근거를 제시문 (가)와 (나) 각각에서 착안하여 제시해보시오.

2. 제시문 (라)에 ‘서술의 시점’이 왜 중요한지 설명해보시오.

3. 제시문 (나)와 (라)의 공통점을 이야기해보시오.

4. 어떤 사안을 판단하기 위해 반드시 고려해야 할 조건을 주어진 제시문을 참조하여 자유롭게 이야기 해보시오.

(가) 2014년 2월 서아프리카 기니에서 퍼지기 시작한 에볼라 바이러스는 시에라리온, 라이베이아 등 주변 서아프리카 국가들에 빠르게 확산되었다. 최근 에볼라 바이러스 감염 환자는 아프리카 밖의 국가들에서도 발생하고 있다. 10월 초 시에라리온을 방문했던 미국인이 에볼라 바이러스에 감염된 것으로 확진 판정을 받았던데 이어 최근 이 환자를 돌보던 병원 직원 두 명이 차례로 에볼라 바이러스 감염 판정을 받았다. 한편, 스페인에서도 유럽 내 첫 에볼라 바이러스 감염 환자가 발생했는데, 시에라리온에서 에볼라 바이러스에 감염돼 스페인으로 이송된 환자를 치료하던 간호사가 에볼라 바이러스 검사에서 양성 반응을 보였다.

(나) 가속화되고 있는 중국의 산업화로 인한 중국 발 미세먼지가 우리나라 오염물질의 상당부분을 차지하고 있는 것으로 알려졌다, 한·중·일의 환경과학원이 2000년대 이후부터 10년간 함께 연구한 결과에 따르면, 우리나라 오염물질의 30~50%가 중국에서 발생한 것으로 잠정 결론 내려졌다. 중국은 석탄 의존도가70% 가량으로, 특히 석탄연료 사용이 증가하는 겨울철에 스모그가 자주 발생하는데, 이것이 서풍 또는 북서풍 계열의 바람을 타고 우리나라로 날아와 우린나라에서 배출된 오염물질과 함께 혼합·축적되어 미세먼지 농도가 높아지는 현상이 나타나는 것이다. 이는 호흡기에 악영향을 미치며, 기관지를 거쳐 폐에 흡착되어 각종 폐질환을 유발하는 원인이 되기도 한다.

1. 제시문 (가)와 (나)에서 발견할 수 있는 공통적인 특징을 이야기하고, 이러한 특징을 가지는 사례들을 제시한 후 각각에 대해 간략하게 설명해 보시오.

2. 제시문 (나)에서 설명된 문제의 개선을 위해 우리나라 정부, 기업, 시민단체, 개인은 각각 어떤 역할을 할 수 있는지 이야기해 보시오.

3. 긍정적인 영향의 파급으로 많은 사람들을 이롭게 했던 사례 중 가장 의미 있다고 생각하는 것을 말하고, 그 사례가 가지는 의미를 이야기해 보시오.

실제 심층면접 자료 12: 고려대학교 국제학부 면접

We are living in a world in which the number of democratic countries became greater than the number of nondemocratic countries. Scholars and policymakers now share strong consensus that democracy is important and desirable for many purposes. Not surprisingly, democratization has become one of the most important topics of political science and international relations. Scholars posit two research questions to study democratization.

Causes of democratization:

Under what circumstances is a country more likely to become democracy? There are two prominent theories of democratization. One is modernization theory that claims that countries are more likely to adopt democratic institutions as they develop economically. The other is cultural theory that argues that the development of participant culture is required for democratization to be successful.

Processes of democratization:

Through which processes does democratization take place? There are three types of democratization process: bottom-up, top-down, and external imposition. The bottom-up process of democratization takes place when citizens succeed in collective action to overthrow a nondemocratic government in a popular revolution. The top-down process of democratization begins with a nondemocratic government conducting a policy of liberalization in order to broaden its support base. However, the reform fails to stabilize a dictatorship and the pro–democracy leaders take advantage of its new freedom to continue mobilizing, which eventually leads to democracy. Finally, the external imposition occurs when another country or a group of countries sometimes led by international organizations seeks to replace an existing dictatorship with a democratic government.

1. How can economic development lead to democracy? Explain your logic,[logic]

2. Consider three cases of democratization : Czechoslovak in 1968 (failed), Poland, and Soviet Union in the late 1980s (successful). They share the same process of democratization. Which process, bottom–up, top–down, or external imposition, would you use to explain these cases? Pick one of the cases and explain the process of democratization, [facts]

3. Using the causes and processes of democratization provided, explain the democratization of South Korea in 1987.[facts and logic]

(가) 아래 이미지와 이미지에 부여된 제목에 유념하십시오.

[이미지의 반란 : 이것은 안경이 아니다.]

(나) 선비란 유교의 이상적인 인간상으로, 학식과 인격을 겸비한 사람들을 말한다. 선비는 청렴, 청빈, 의리 등을 최고의 가치로 추구하며 일상생활에서 검약과 절제, 도의를 실천하는 삶을 미덕으로 삼았다. 선비들의 이러한 정신은 유학의 창시자인 공자의 사상에 근간을 둔다. 공자는, "임금은 임금다워야 하고 신하는 신하다워야 하며, 어버이는 어버이다워야 하고 자식은 자식다워야 한다."라고 말하였다. 이름이 갖는 의미와 과제의 수행 속에서만 자신을 올바로 세우고 삶을 완성할 수 있다는 정신이 정명 정신이다. 선비들이 자신들의 이름에 내포되어 있는 대의명분을 구현하려 노력하였다는 점에서 선비들을 정명 정신의 참된 실천자들이였다고 할 수 있다.

[문제 1] 이름과 실재하는 대상 사이의 상관관계를 설명하는 (가)~(나) 제시문에 기반해서 다음 질문에 답하시오.

(1) 제시문 (가)와 제시문 (나)의 유사점과 차이점을 말해 보시오.

(2) 제시문 (가)에서 "이것은 안경이 아니다"가 의미하는 바를 '정명론'적 관점에서 자유롭게 비판해 보시오.

[문제 2] 오늘날 인터넷 공간에서 언어적 변형이나 파괴 현상이 빈번히 발생하는 근거를 (가) 혹은 (나)의 관점과 연결시켜 분석해 보시오. 특히 다음 질문에 의거해서 구체적으로 답하시오.

(1) 제시문 (가)~(나)중에서 어떠한 입장에서 언어적 진화 현상을 촉발할 개연성이 높은가?

(2) 제시문 (가)~(나)중에서 어떠한 입장이 언어적 진화 현상을 저해할 개연성이 높은가?

(3) 언어적 진화 현상과 관련하여 본인이 생각하는 바람직한 양상을 밝히고 그것에 대한 논거를 제시하시오.

[문제 3] 제시문 (가)와 제시문 (나)로 인해 발생할 수 있는 사회적 역기능을 각기 분리해서 설명해 보시오.(단, 제시문 (가)~(나)에서 예견할 수 있는 역기능을 반드시 각각 2가지 이상씩 말할 것.)

실제 심층면접 자료 14: 연세대학교 특기자전형(과학공학인재계열) 면접 

(가) 수학에서 쓰이는 정리란 참임을 보일 수 있는 명제이다. 어떤 정리가 참임을 보이는 타당한 논증을 증명이라고 한다. 또한 정의란 사용하는 용어의 의미를 명백히 규정하는 문장이고, 정리나 그 증명에 사용되는 용어는 미리 정의되어 있어야 한다. 정의들과 이미 증명된 정리들을 완벽히 이해하고, 논리적 추론을 사용하여 타당한 사실들을 찾아내며, 이들을 논리적으로 서로 연결하여 정리의 결론이 옳음을 이끌어 내는 것이 증명의 일반적인 논법이다.

(나) 정의

1. 즐거움은 인간의 작은 완전성으로부터 조금 더 큰 완전성으로의 이행(移行)이다.

2. 괴로움은 인간의 활동 능력을 감소시키거나 방해하는 정서활동이다.

3. 희망이란 앞일에 대한 애틋한 바람에서 오는 항상성(恒常性)이 없는 즐거움이다.

4. 공포란 앞일에 대한 우려에서 오는 항상성(恒常性)이 없는 괴로움이다.

5. 사랑이란 어떤 사물이나 존재를 아끼고 소중히 여기는 즐거움이다.

6. 증오란 외적 원인에서 유발되는 괴로움이다.

7. 우리들 모두에게 유익하다고 우리가 확실히 아는 것을 선(善)이라 한다.

8. 에너지란 물체나 생명체가 갖고 있는 일을 할 수 있는 능력이다.

9. 우리가 신체적 또는 정신적 자극을 받을 때, 이에 대응하여 신체의 내부에서 스스로 일어나는 반응들을 스트레스라고 한다.

(다)

정리 A : 자기가 사랑하는 것이 파괴되고 있는 것을 상상하는 사람은 괴로움을 느낄 것이다.

정리 B : 자기가 증오하는 것이 파괴되고 있는 것을 상상하는 사람은 즐거움을 느낄 것이다.

정리 C : 우리가 능동적이거나 수동적으로 교류하는 자연 환경에서 에너지를 획득하는 능력은 우리에게 유익하다.

정리 D : 스트레스 중에는 괴로움을 유발하는 나쁜 스트레스가 존재한다.

▲ 논리 전개의 근거가 되는 정의의 번호와 정리의 알파벳 문자를 매번 정확히 말하시오.

[문제 1] 위의 제시문에 의거하여 희망과 공포 사이의 관계를 명확하게 말하고, 그 타당성을 설명하시오.

[문제 2] 위의 제시문에 의거하여 명제 "나쁜 스트레스를 극복해내는 즐거움은 선(善)이다."를 증명하시오.

Methane. nitrous oxide, and carbon dioxide are green house gases(GHGs) that are known to cause global warming. These gases are emitted due not only lo natural phenomena but also 10 human activities. The annual emission rates of methane. nitrous oxide, and carbon dioxide at the global level due both to natural occurrences("Natural emission", A) and lo human activities("emission due to Human Activities", B) are provided in Table 1. To emphasize the impact of human activities on GHG emission. "Human Disruption Index" is often used. "human Disruption Index" value (B/A) is calculated by dividing the values of "emission due to Human Activities" (B) by their corresponding values of "natural Emission" (A), as illustrated in Table Ⅰ

Recently. 1,000 laboratories independently estimated the annual rates of GHG emission caused by human activities. The probability density function (PDF) of the estmated rale data is normally distributed. To indicate the degree of uncertainties in GHG emission estimation, their 99.7% confidence intervals are also provided in Table Ⅰ

table Ⅰ. Annual emission tales of methane. nitrous oxide. and carbon dioxide

GHG Compound	Natural Emission, A(10^6 tons/year)	Emission caused by Human Activities, B(10^6 tons/year)	Human Disruptive Index, B/A
Methane(CH_4)	200	440-560	2.20-2.80
Nitrous oxide(N_2O)	40	14-26	0.35-0.65
Carbon dioxide(CO_2)	150,000	12,000-18,000	0.08-0.12

Methane and nitrous oxide are known to be 'worse' green house gases than carbon dioxide. In laboratory conditions, methane and nitrous oxide were found to have capabilities to provide more warming effects than carbon dioxide. According to the laboratory experiments, it was determined that the warming effects of methane and nitrous oxide are respectively 25 times and 300 limes greater than that of carbon dioxide. To increase the credibility of the comparison, one ton of each gas was used in the experiments.

[문항 1] 전 지구적 온난화를 완화하기 위해서 국제기구에서는 온실 가스 중에서 온난화 감소의 효과가 큰 온실 가스를 우선적 감축 대상으로 선정하려고 한다. 당신이 이 과제를 위해 국제적 기구에 보고를 한다고 가정하고, 위의 세 가지 온실가스의 발생 감축에 따른 상대적인 온난화 감소 효과를 비교하시오. 본인의 답을 위의 주어진 Table Ⅰ과 기타 자료에 근거해서 제시하시오.

실제 심층면접 자료 16: 연세대학교 특기자전형(국제인재계열) 면접

Regular consumption of animal meat, once a privilege of the rich, has now become popular. This has led lo the rise of critical voices about the way the animals are treated by the meat industry, which supplies the global demand for cheap meat. One critic, the philosopher Peter Singer, makes the following argument. Animals, ad living beings, are capable of feeling pleasure and pain like us humans. Therefore, they should be entitled to moral considerations. To treat animals as if they were mere foodstuff of humans, ignoring their ability to feel pleasure and pain, is a form of discrimination. Killing animals just to satisfy our tastes is a problem in itself. But the suffering we put them through while they are alive is yet another indication of our discrimination. In order to have meat on the table at a price that people can afford, our society tolerates methods of meat production that confine animals in cramped, unhealthy conditions for the entire duration of their lives. By consuming meal we are supporting these practices.

[Question 1] What are Peter Singer's reasons for thinking that meal consumption is wrong? Do you agree or disagree with his view?

The Portuguese merchants, after discovering and securing the trans-Atlantic trade route, began to enrich themselves by trading African slaves. As time progressed, the development of mines and large-scale plantations spread throughout the New World. This led to a rapid increase in the demand for labor. To meet this demand, other European countries, such as the Netherlands, France and England, joined the slave trade, which became a highly profitable business. The so–called "triangular trade" was thus formed linking European ports(from which the slave-trading ships sailed). West Africa(where slaves were bought), and the New World(where slaves were sold). The slaves in American and Caribbean plantations, which produced tobacco and sugar for European consumers, were subjected to forced labor, and treated not as humans but as goods. According to the laws of the European colonies in th New World, slaves were properties of the master. For example, slaves could not marry without their master's consent, and the master could punish his slaves in whatever way he chose.

[Question 2] Imagine you are an abolitionist(i.e. anti-slavery campaigner) who wants to convince slave traders and slaver masters to abandon slavery. what reasons would you present to support your case?

[Question 3]

Some people who argue that it us morally wrong to consume animal products make the following argument. The way we humans treat animals is relevantly similar lo the way slave masters treated their slaves, and since il was wrong to treat humans in this it is therefore wrong lo treat animals in this way. What are the strengths weaknisses of this argument?

4 포트폴리오

1) 포트폴리오의 정의

사전적으로 포트폴리오는 서류가방, 자료 수집철, 자료 묶음 등을 뜻합니다. 자신의 이력이나 경력 또는 실력을 알아볼 수 있도록 자신이 과거에 만든 작품이나 관련 내용 등을 모아 놓은 자료철 또는 자료 묶음, 작품집으로 실기와 관련된 경력증명서라고 정의할 수 있습니다. 즉 포트폴리오는 지원자의 활동내용과 성장과정을 종합적으로 증명해주는 자료이며 활동기록보고서라고 할 수 있습니다. 합격여부를 판단하는 직접적인 근거는 되지 않지만 포트폴리오를 통해 지원자의 구체적인 활동과정과 노력의 정도, 학교생활기록부에 기록되지 못한 외부 상 실적이나 경시대회 활동까지 제시할 수 있기 때문에 지원자의 뚜렷한 목표의식과 열정을 보여줄 수 있는 더없이 좋은 자료인 것은 틀림이 없습니다.

이와 같이 포트폴리오에는 학교생활기록부의 내용을 증빙하는 자료와 더불어 대외 활동과 같이 학교생활기록부에 기록되지 않은 기타 활동자료까지도 포함될 수 있습니다. 입학사정관들은 포트폴리오를 통해 학교생활기록부에 기록된 내용을 확인하고, 기타 활동 자료를 통해 지원자의 전공적합성과 발전가능성을 평가합니다.

2) 포트폴리오 작성 시 고려해야 할 점

하지만 포트폴리오를 작성할 때는 이 서류를 검토하는 사람의 입장에서 서 볼 필요가 있습니다. 특히 학생부종합전형은 다른 전형과는 달리 대단히 높은 경쟁률이 나타나기 때문에 제출되는 모든 서류를 세밀하게 검토하기란 쉬운 일이 아닙니다.

따라서 포트폴리오를 제출할 때는 입증 서류나 관심 분야의 내용제출도 중요하겠지만 제출된 서류를 압축적으로 정리한 별도의 포트폴리오를 작성하여 일목요연하게 정리하는 것도 좋은 방법입니다.

포트폴리오 내용 구성

항목	활동 내용 구성
독서활동	학생부에 기재되지 않은 독서 활동 내역
학습활동	구체적인 실적 중심의 활동 내역(대회 참가 과정, 방과 후 수업을 통한 학업 성취 등)
체험활동	각종 캠프 참가 내역
봉사 활동	학생부에 기재되지 않은 별도의 활동 내역을 서술하거나 어렸을 때부터 일관되게 봉사 활동을 한 내역
동아리활동	각종 동아리 활동
사회문화적 활동	블로그나 카페 활동, 사회 단체 기고 등 다양한 사회 문화적 활동
자치활동 및 리더십	학급, 학생회 등 자치 활동 내용, 자신의 사회적 활동을 통해 보여준 리더십 활동

이러한 포트폴리오는 주어진 상황과 과제에 대해 일련의 활동 과정을 통해 얼마만큼의 성장을 도모하였는가를 나타내는 것이 핵심입니다. 이러한 과정에서 행동과 결과 그리고 평가가 포함되어야 좋은 점수를 받을 수 있습니다. 즉, 지원자가 보여준 관심과 노력, 활동 등이 포트폴리오 속에 그대로 녹아나야 합니다. 이렇게 하기 위해서는 특히 짬짬이 자신의 경험에 대해 되돌아보고 에듀팟 등에 글로 남기는 것이 필요합니다.

일반적으로 학생들은 자신이 공부했던 자료 묶음이나 사진집 등을 그대로 제출하는 경우가 대부분입니다. 그러나 그런 포트폴리오는 거의 평가에 반영되지 못합니다. 사실 입학사정관들이 포트폴리오를 통해 알고 싶은 사항은 두 가지입니다. 하나는 '어떤 경험을 했는가?'이고, 다른 하나는 '그 경험으로 인해 얻은 결과는 무엇인가?'입니다. 따라서 그저 얼마나 많은 활동을 했는지 보여주는 것만으로는 결코 최상의 평가를 받을 수 없습니다. 중요한 것은 '그런 활동들이 나에게 얼마나 유의미한 변화를 가져왔는가?' 이기 때문에 평소에 생각했던 것이나 활동 후의 자신의 생각들을 정리해 놓는 습관은 학생부종합전형을 준비하는 데 아주 중요한 요소 중의 하나가 됩니다. 이러한 자료들이 쌓이면 나중에 수시 지원 시 큰 부담 없이 포트폴리오로 만들 수 있기 때문입니다.

그리고 무엇보다 대학이 추구하는 인재상의 특징을 정확하게 파악하여 관련 서류를 제출하는 것이 중요합니다. 학생부종합전형은 단기간에 준비된 것을 기반으로 응시하기 어려운 전형입니다. 따라서 각 대학의 전형 특성을 면밀히 검토한 후에 장기적인 대비가 이루어져야 합니다.

학생부종합전형 평가에서 가장 중요하게 생각하는 것은 지원자의 잠재능력과 발전가능성입니다. 이를 판단하는 서류 평가에서 일차적으로 중요한 것은 학교생활기록부와 자기소개서이지만 이 두 가지를 보완하고 더 구체적인 내용을 담을 수 있는 것은 포트폴리오라 할 수 있습니다. 따라서 포트폴리오는 자기소개서에 기록된 지원자의 열정과 노력을 뒷받침하고, 지원자가 지닌 능력을 입증할 수 있도록 내용을 구성하여야 합니다.

결국 포트폴리오는 주어진 상황과 과제에 대해 일련의 활동 과정을 통해 얼마만큼의 성장을 도모하였는가를 나타내는 것이 핵심입니다. 또한 이러한 과정에서 행동과 결과, 평가가 포함되어야 좋은 점수를 받을 수 있는데, 지원자가 보여준 관심과 노력, 활동 등이 포트폴리오 속에 그대로 녹아나야 합니다.

포트폴리오 작성 순서

구분	내용
① 주제선정	자신의 학교생활을 되돌아보며 주제잡기
② 자료수집	주제와 맞는 활동들의 자료(수행평가 결과물, 사진, 증명서 등)모으기
③ 구성하기	활동 구성을 중요도 또는 시간 순으로 배열하기
④ 목차 만들기	자신의 역량을 효과적으로 나타낼 수 있도록 세부 목차 설정하기
⑤ 내용 넣기	목차에 따라서 활동을 나타낼 수 있는 타이틀, 사진 등의 자료 넣기
⑥ 완성	활동을 통해 자신의 역량이 한눈에 나타나는지 다시 한 번 살펴보기

포트폴리오 작성의 의의

①	자신의 변화와 발달과정을 제시함으로써 한 눈에 학생의 변화 과정을 알 수 있음
②	입학사정관에게 자신을 쉽게 이해시킬 수 있고 구체적인 활동 내역을 통해 평가받을 수 있음
③	자신의 장점이나 약점을 객관화하여 잠재적 성장 능력을 보여줄 수 있음
④	학생의 지난 삶을 반성하고 지향해야 할 삶의 목표를 제시함으로써 향후 발전 과정을 파악할 수 있음
⑤	실적으로 외화시킬 수 없거나 실적을 과정 중심으로 평가받을 수 있음
⑥	학생부에 제시할 수 없는 내용을 보다 구체적으로 제시함으로써 학생부의 보완기능을 담당함

포트폴리오 작성의 주의점

①	단순한 자료를 모으거나 활동 내용을 제시하는 것으로 그쳐서는 안 됨
②	Fact 중심으로 제시해서는 안 되며 궁극적인 방향은 구체적으로 제시해야 함
③	포트폴리오를 통해 학생의 일관된 성향이 판단될 수 있어야 하기 때문에 활동 내용은 일관된 방향성이 제시될 수 있도록 구성이 되어야 함
④	활동에 대한 성과와 문제점, 향후 극복 방안 등도 함께 다루는 것이 중요함

3) 포트폴리오 작성 방법*

(1) 포트폴리오는 오랫동안, 천천히 생각하며 써야 합니다.

이 말은 포트폴리오를 오랫동안 쓰라는 말이 아닙니다. 글을 쓸 때에는 집필에 앞서 필요한 것들이 있기 마련입니다. 글은 소재를 찾고 그것에 대한 정보를 수집하고, 분석하고 오랫동안 생각한 후에야 쓰는 것인데, 포트폴리오도 마찬가지라고 할 수 있습니다. 포트폴리오의 소재는 바로 수험생 자신입니다. 결국 자신이 어떤 사람이고, 어떤 활동을 해왔고 앞으로 무엇을 하고 싶은지 오랫동안 생각하고 노력하는 과정 자체가 포트폴리오를 쓰기 위한 준비 작업이라고 할 수 있습니다. 포트폴리오를 준비하면서 수험생 스스로를 되돌아보는 기회를 가지는 것도 좋은 경험이 됩니다.

*** 포트폴리오의 좋고 나쁨을 어떻게 구분하나요?**
포트폴리오는 학교생활기록부나 여타의 증빙서류와 유기적으로 연관되어야 하며, 내용에 일관성이 있어야 합니다. 급히 쓰다 보면 이런 것을 놓치기 쉬운데, 학생부와 전혀 다르고 앞뒤가 맞지 않는 내용, 추상적 기술, 구태의연한 표현, 심지어 타 대학 지원내용에 이르기까지, 준비되지 않은 활동기록보고서는 표시가 나기 마련입니다.
또한 작성한 내용의 사실여부는 면접을 통해 확인합니다. 따라서 면접을 보기 전에 본인이 작성한 내용을 꼼꼼히 숙지하는 것이 중요합니다. 포트폴리오는 기술한 여러 내용을 증빙하는 역할을 하는데, 지원 모집단위와 연관된 활동, 자기소개서 활동을 뒷받침할 수 있는 활동을 제시하여 서류의 신뢰성을 다지는 기능을 할 수 있어야 합니다. 또한 최근 활동을 중심으로 작성하는 것이 유리하며, 과도한 사진 제시는 양 부풀리기의 수단으로 보일 수 있으니 유의해야 합니다.

(2) 포트폴리오의 모범답안은 없습니다.

입학사정관들은 학생들을 완성된 인재라고 생각하지 않습니다. 수험생이 가진 힘은 '가능성'이기 때문입니다. 물론 학창시절부터 본인의 적성을 찾아 꾸준히 활동한 학생들도 훌륭하지만, 진로에 대해 고민하면서 성실히 자기가 맡은 일을 수행해 온 학생들의 가치도 입학사정관들은 알아 낼 수 있습니다. 남보다 특별한 것이 없다고 실망하지 말고 본인을 드라마의 주인공이라고 생각해보는 것도 중요합니다. 스펙터클한 드라마도 있지만 잔잔하지만 진실을 담은 드라마가 감동적일 때도 있기 마련이기 때문입니다. 그런 의미에서 포트폴리오의 모범답안은 아무런 의미가 없습니다. 자기에게 맞는 포트폴리오는 따로 있기 마련이기 때문입니다. 자신이 가지고 있지 않은 것을 아쉬워하기보다는 자신이 무엇을 가졌는지를 먼저 곰곰이 생각해야 합니다. 그런 다음 고등학교 재학기간의 활동 중 자기 자신을 추천하기에 가장 적합하다고 판단되는 활동을 기술하면 됩니다.

(3) 자신만의 활동보고서를 만들어야 합니다.

다른 사람의 활동기록보고서를 참고는 할 수 있으나, 어디까지나 참고일 뿐, 그것을 따라하는 것은 당연히 좋은 인상을 주지 못합니다. 또한 남의 것을 베낀 활동기록보고서는 본인의 활동과의 유기성이 떨어질 수밖에 없습니다. 입학사정관들은 수많은 학생의 포트폴리오를 읽기 때문에 정형적이고 천편일률적이며, 유기성이 떨어지는 활동기록보고서는 특별한 감동이나 인상을 주기 어렵습니다. 따라서 학생들이 진정으로 고민해야 하는 것은 자신만의 활동기록보고서를 구상하는 것이라 할 수 있습니다. 또한 포트폴리오를 제출하고자 할 경우 모집요강에 나와 있는 제출양식을 반드시 지켜야 합니다. 많이 썼다고 점수를 더 주는 것이 아니라 오히려 기본적인 사항마저 지키지 못했다고 감점을 받을 수 있기 때문입니다.

(4) 포트폴리오는 면접의 기초자료가 된다는 것을 명심해야 합니다.

입학사정관들은 사실관계를 확인할 수 없는 정보를 무턱대고 신뢰하지는 않습니다. 서류상으로 증빙이 가능한 내용은 증빙서류를, 사실관계를 알기 어려운 사안의 경우, 구체적 일화나 타당한 근거가 있는지를 꼼꼼히 살핍니다. 특히 면접이 있는 전형은 면접에서 포트폴리오 내용의 사실관계를 반드시 확인하기 마련입니다. 예를 들어 최근에 읽은 책에 대한 내용을 포트폴리오에 썼다면, 구체적 내용 하나하나까지 묻는 경우도 있습니다. 그러니 포트폴리오에는 반드시 사실만을 작성해야 합니다. 자신에 대해 거짓말을 하는 학생은 신뢰감을 주기 어렵습니다. 포트폴리오를 화려하게 꾸미기보다, 자신이 했던 활동들을 되돌아보고 그것이 어떤 의미가 있었는지를 생각하는 것이 중요합니다.

포트폴리오의 각 활동 내용은 증빙자료 첨부, 부가설명 등의 방식으로 자유롭게 구성할 수 있으며, 증빙자료(실적물)는 원본대조필(발행기관장, 출신고교장)한 사본을 제출하여야 합니다.

(5) 리더십 활동보고서를 작성하면 좋습니다.

리더십 전형은 학교생활기록부, 자기소개서, 리더십 활동보고서, 교사의견서를 종합적으로 평가하는 전형입니다. 임원활동은 리더십 전형의 지원 자격으로 활용될 뿐만 아니라 학교에서의 활동 상황을 보여주는 기초 자료가 되므로 적극적으로 임하는 것이 유리합니다. 리더십 보고서에는 지원자의 리더십, 인성, 발전가능성을 입증할 수 있는 교내 임원활동, 동아리 활동, 교외 활동, 봉사 활동 내용을 잘 기술하도록 합니다.

또한 지원자가 리더십을 발휘했던 구체적인 경험, 시민단체나 국제단체경험 등 자신의 리더십과 역량을 나타낼 수 있는 활동의 과정과 결과를 기술하는 것이 좋습니다. 필요하다면 기술 내용에 따른 일체의 증빙 자료를 해당 기관의 증명서, 사진, 사본 등의 다양한 형식으로 제출해야 합니다.

여기서 중요한 것은 본인이 학생회장 등의 임원이 아니더라도 스스로 리더십을 발휘한 사례들을 모두 모아두어야 한다는 점입니다. 왜냐하면 임원활동 경험 자체가 학생부종합전형 당락의 관건이 되지는 못하며 어떤 활동을 어떻게 하였으며, 자신과 주위를 어떻게 변화시켰는지가 더 중요하기 때문입니다. 대학에서는 단순히 임원만 한 사람이 아니라 리더로서의 소양과 자질, 사회에 대한 봉사정신, 발전가능성, 그리고 역경을 딛고 일어선 도전정신이 넘치는 인재를 선발하고자 한다는 사실을 반드시 기억해야 합니다. 특히 학교 밖에서 실적과 경력을 쌓기보다는 학교 교육과정 속의 교내 활동에 충실하면서 리더십을 발휘하는 것이 좋습니다. 학생의 활동이 교수·학습 활동에 기여했다면 더 유리합니다. (예 :학습 교재 개발에 도움, 학교 홈페이지 개선 노력 등)

(6) 화려함보다는 진솔함이 미덕입니다.

물론 글을 잘 쓰면 좋겠지요. 그러나 여기서 '잘 쓴 글'은 문장이 아름답다거나, 화려한 미사여구가 들어간 것을 말하는 것이 아닙니다. 사정관들은 현란한 수식과 미문에 현혹되지 않습니다. 중요한 것은 구체적 사실, 즉 학생들의 활동내용과 개성이며, 글은 그것을 알기 쉽게 정리하는 수준이면 충분합니다.

사정관의 눈길을 끄는 것은 어려운 말로 치장한 매끄러운 문장이 아닙니다. 거칠어도 학생이 흘린 땀이 보이는 진솔한 글이 훨씬 설득력이 있습니다. 어른들의 어휘로 작성된 활동기록보고서는 오히려 학생의 능력과 주체성을 의심하게 만든다는 것을 명심하세요. 우선 본인이 최선을 다해 작성하고, 선생님께는 조언 정도를 구하는 것이 좋습니다.

아주 현란한 글솜씨는 필요 없지만, 글짓기는 수학능력과 연관되는 기초적인 능력이기도 합니다. 따라서 다음과 같은 기본적인 사항에 대해서는 반드시 주의를 기울여야 합니다.

① 쓰기 전에 개요를 먼저 작성합니다.

② 맞춤법과 띄어쓰기에 유의합니다.

③ 구체적 사례를 들어 일관성 있게 작성합니다.

④ 틀린 곳은 없는지 마지막 점검을 합니다.

실제 포트폴리오 자료 1

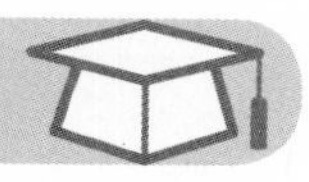

1. 지원자의 우수성을 입증할 수 있는 사항들(연구보고서, 대외활동경력, 포트폴리오, 개인 홈페이지, 소프트웨어, 발표한 논문 등)을 지원자가 중요하다고 생각하는 순서대로 최대 5개까지 기술하여 주십시오. (학교생활기록부 기재사항도 기술할 수 있음)

<table>
<tr><th rowspan="2">우선
순위</th><th colspan="2">요 약 내 용</th></tr>
<tr><th colspan="2">※ 항목란에 제출 가능한 자료의 제목을 기재한 후, 우수성의 내용· 자료 취득 시기· 자료 관련 기관· 우수성 판단 근거 등의 제반사항을 내용란에 기술하여 주십시오.</th></tr>
<tr><td rowspan="2">1</td><td>항목 :</td><td>연구 보고서 및 논문</td></tr>
<tr><td>내용 :</td><td>1학년 말부터 약 1년간 3명의 친구들과 연구 보고서와 논문을 작성 하였습니다. 과학에 대한 호기심으로 출발하여 기존에 존재하는 여러 가지 실험들을 실험해 보는 것은 물론, 실험들을 다양하게 응용해보고 실생활에서의 활용성도 연구해보았습니다. 주로 화학에 관련된 실험을 하였으며 실험을 하기에 앞서서 충분한 사전조사와 구하기 어려운 준비물들의 대체가능성을 따져보았습니다. 깊이 다루어보고 싶은 주제는 논문으로 작성해서 교내 논문대회에 출품해보았습니다. 학문적으로 과학을 접하는 것이 아니라 몸으로 접해봄으로써 흥미와 열정을 끌어올리고 과학의 무한한 가능성을 볼 수 있었습니다. 활동하는 과정 중 위험한 실험에 대해선 화학 선생님의 도움을 받았습니다. 연세대학교의 자연 과학 학과들은 이론적인 부분도 중요하게 다루겠지만 실험이나 연구 또한 중요시한다고 들었기 때문에 제가 수행해 온 탐구활동이 분명 크게 도움이 될 것이라고 믿습니다.</td></tr>
<tr><td rowspan="2">2</td><td>항목 :</td><td>발명품 계획서</td></tr>
<tr><td>내용 :</td><td>1~2 학년 동안 과학 발명반 (동아리)에 들어서 독창적이고 실용적인 발명품을 생각해내고 생활과학아이디어 대회에 참가하고자 노력해왔습니다. 저는 불편한 것에서부터 아이디어를 내어 이를 해결하거나 과학적 원리중심으로 아이디어를 내어 기능성을 강화시키는 방향으로 작성해보았습니다. 비록 수상 실적은 남기지 못했지만 사고의 틀을 깨고 사소한 것에서조차 아이디어를 얻을 수 있는 능력을 기를 수 있어서 소중한 경험이었습니다. 현재 많은 과학적 사실들이 밝혀진 가운데 창의성이란 무에서 유를 창조하는 것이 아니라 유에서 유를 창조하는 것이라고 생각하는데 저는 동아리 활동을 통해 이 능력을 충분히 얻었습니다.</td></tr>
</table>

우선 순위	요 약 내 용	
	※ 항목란에 제출 가능한 자료의 제목을 기재한 후, 우수성의 내용· 자료 취득 시기· 자료 관련 기관· 우수성 판단 근거 등의 제반사항을 내용란에 기술하여 주십시오.	
3	항목 :	'OO 화학 동호회 'OOO' 카페 운영
	내용 :	연구 보고서 작성과 더불어 네이버에 카페를 만들어 활동했습니다. 소수의 인원으로 활동하였으며 게시판 작성 담당을 맡아 카페에 자료를 올려 상식을 쌓고 '네이버 캐스트'의 과학 관련 자료를 스크랩하여 의견을 나누어보았습니다. 실험을 직접 하게 될 때는 충분한 채팅을 통해 다양한 가능성을 모색하는 등 토론의 장으로 활용하기도 하였습니다. 또한 3학년 때는 활동하기 힘들 것이라고 판단하여 후배들을 모집하여 보고서 작성방법을 알려주고 화학에 대한 기본 지식을 얻을 수 있게 도와주었습니다. 과학은 자신의 경험을 바탕으로 매우 주관적으로 해석될 수 있는 학문이기에 카페를 운영하면서 다양한 관점에서 바라볼 수 있는 안목을 얻게 되었습니다. http://cafe.naver.com/OOOOOO
4	항목 :	제 4회 노벨과학 에세이 참여
	내용 :	2학년 2학기 때 제 4회 노벨과학 에세이 대회에 참여하였습니다. 저는 생리학·의학 부문에 에세이를 쓰기 위해서 평소에 관심이 많았던 인물'알렉산더 플레밍'을 주제로 하여 여름방학동안 약 1달간 페니실린, 미생물학 관련 책에서 자료를 수집하였습니다. 수집한 자료를 정리하면서 자료 분석 능력과 탐구력을 길렀습니다. 그리고 페니실린을 발견하게 된 과정, 작용 메커니즘, 현재 이용되는 페니실린의 형태를 조사하면서 지금이 의학기술과 발전 가능성을 가늠해 볼 수 있었습니다. 또한 과학자로서 갖추어야 할 자질과 태도를 알게 되어 저만의 철학을 만드는데 큰 도움이 되었습니다.
5	항목 :	제 1,2회 교내 과학 영어프레젠테이션 대회 참여
	내용 :	제 1회, 2회 교내 과학 영어프레젠테이션 대회에 참여하여 은상과 동상을 수상하였습니다. 연구해왔던 '나일론'과 '화학전지'에 대하여 PPT를 작성하고 3명이서 각자 맡은 부분을 영어로 옮겨 충분히 숙지한 뒤 발표하였습니다. 과학은 직관력이나 발상력 만큼 중요한 것이 자신의 생각을 남에게 이해시키고 전달하는 능력이라고 생각하는데 아무리 뛰어난 생각이라고 남들이 이해할 수 없다면 무용지물이 되기 때문입니다. 저는 다양한 시각 자료와 구체적인 실험 자료들을 활용하여 심사위원들에게 제 생각을 충분히 전달할 수 있었습니다. 이 경험을 바탕으로 OO대학교에서 PPT를 작성하여 발표과제를 수행할 때 차분하게 제 생각들 이해시킬 수 있는 자신감을 얻게 되었습니다.

2. 1번 문항에서 작성한 항목 중에서 첫 번째와 두 번째 우선순위에 해당되는 내용 (우선순위 1, 2번)을 경험적 사례를 들어 그 성취과정을 구체적으로 기술하여 주십시오.

우선 순위	내 용
1	평소에 생물과 화학 쪽에 관심이 많았는데 저만큼 많은 관심을 갖고 있는 친구를 1학년 말에 만나게 되었습니다. 저희는 '후시딘'(연고제)이 상처를 아물게 하고 새 살을 만드는 메커니즘에 호기심을 느껴 이를 탐구하게 되었고 이것이 시작이 되었습니다. 첫 연구에서 만족할 만한 결과가 나오지 않아 몇 차례의 시도 끝에 잠시 보류한 후, 다른 주제를 탐구해보기 위해 구체적인 1년 계획을 짰습니다. 이 과정 중에 마음이 맞는 2명의 친구가 들어왔고 모두 화학에 관심이 있었기 때문에 화학 노트 정리를 선행한 후에 본격적인 탐구 실험에 들어갔습니다. 기존에 존재하는 다양한 화학 실험들, 예를 들면 나일론 합성, 사이펀의 원리 실험, 고체 연료 만들기 등을 조사하여 직접 실험을 해보았습니다. 재료가 구하기 어려울 때에는 대체가능한 재료를 생각해내어 사용하였습니다. 그리고 이를 바탕으로 각자 자신만의 실험을 고안하여 보고서를 작성한 뒤 실생활의 활용 가능성을 모색해 보았습니다. 저의 경우, 달걀 껍데기를 이용한 수질 정화 보고서를 작성하였습니다. 콜로이드 입자의 운동과 탄산칼슘의 중화작용이 주요 원인임을 밝히는데 성공한 실험이었습니다. 이렇게 활동하다가 화학전지에 대해서는 깊게 다뤄보고자 4명이서 논문 주제로 활용해보았습니다. 특히, 납축전지에서 납 대신 구리를 이용하여 구리축전지를 만들어본 것이 핵심이었습니다. 완성된 논문을 학교 논문 대회에 출품해 보았습니다. 이와 더불어 항목 3에 기재했던 카페를 운영하면서 네이버 캐스트의 '오늘의 과학'을 스크랩하여 의견을 공유한 것도 주요 활동입니다. 이러한 활동을 모아 보니 상당한 분량의 포트폴리오를 제작할 수 있게 되었습니다.
2	1학년 초에 평소 생각해온 발명품들이 있어서 발명 동아리에 가입하게 되었습니다. 1학년 동안은 엉뚱한 선배들의 창의적 사고 교육이 진행되었습니다. 기억에 남는 것이 '코끼리를 냉장고에 넣는 방법'이었는데 당시에 저는 물리적으로만 집어넣으려고 하였다가 낭패를 보았습니다. 집합의 개념, 법을 바꾸거나 프로그래밍 언어를 사용하여 창의적으로 코끼리를 집어넣는 방법을 듣고 깨달음을 얻었습니다. 본격적으로 발명품 계획서를 준비해 나간 것은 2학년부터 약 1년간인데, 한 달에 한 번씩 정기적으로 모여서 하나의 큰 주제를 설정하여 1~2시간의 토의 시간을 가졌습니다. 서로 문제점을 지적해주거나 잘된 점을 칭찬해 주었으며 이를 바탕으로 각자 개별적인 작품을 작성하였습니다. 저는 주로 불편한 것에서부터 아이디어를 내어 이를 해결하거나 과학적 원리중심으로 아이디어를 내어 기능성을 강화시키는 방향으로 작성해보았습니다. 각각의 예를 들어보면 '자동 정지, 재생 이어폰'을 고안하여 이어폰을 뺐을 때 일시정지 되었다가 다시 끼면 재생되게 하여 불편함을 해소하였고, 사이펀의 원리를 이용하여 얼음의 냉기만을 이용하는 주전자를 생각해내었습니다. 몇 번의 발명대회가 있었지만 안타깝게 시기를 놓쳐버리거나 저보다 뛰어난 사람들이 많아서 'LG사이언스 생활과학 아이디어 공모전'에 떨어져 낙담하기도 하였습니다. 역설적이지만 한편으로 수상작들을 보면서 조금만 더 노력하고 생각하면 충분히 해낼 수 있을 것이라는 자신감을 얻기도 했습니다. 동아리 활동을 통해서 유에서 유를 창조하는 창의적 사고력을 기를 수 있었기 때문에 소중한 경험입니다.

5 교사 추천서

1) 교사 추천서의 이해

교사 추천서란 대학이 요구하는 선발 취지에 적합한 학생을 교사가 추천하는 내용의 글입니다. 추천서는 학교생활기록부 비교과 영역, 자기소개서 등에 나타난 각종 활동에 대해 확인하거나 보완할 수 있는 중요한 자료입니다. 또한 추천인이 지원자에 대해 강조하는 특징과 다양한 정보에 근거하여 지원자를 종합적으로 판단하는 자료로 활용이 됩니다.

추천서는 데이터베이스를 누적·관리하여 서류 평가 시 추천서 및 추천인에 대한 신뢰도를 확인합니다.

교사 추천서의 역할

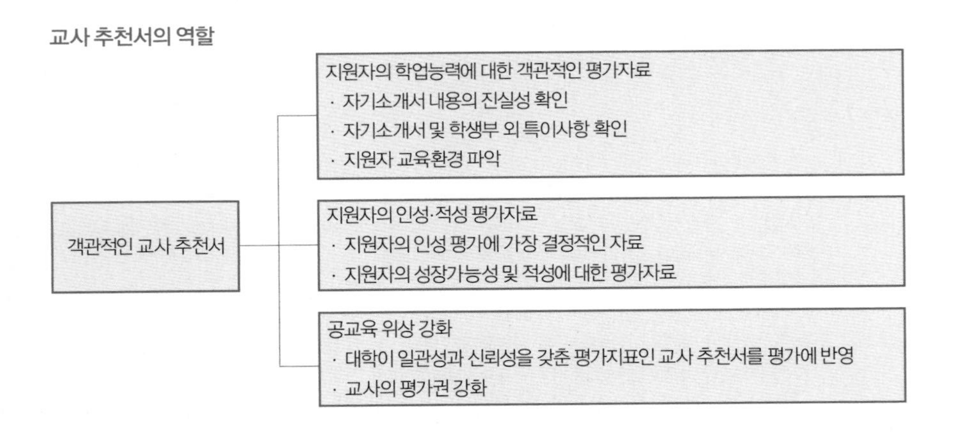

따라서 추천서 작성 시 누구를 추천인으로 결정할지가 가장 중요합니다. 추천인이 고교 선생님, 교장선생님, 담임선생님 등으로 지정되지 않은 경우에는 학생을 가장 가까이서 지켜본 사람이 추천서를 작성하는 것이 가장 바람직합니다. 추천인은 추천서를 통해서 지원자를 객관적으로 관찰하면서 알게 된 지원자만이 가지고 있는 능력과 특성을 소개해야 하는데, 지원자를 평소에 세심하게 관찰하여 잘 평가할 수 있는 사람이 작성한 추천서가 지원자에 대한 이해가 부족한 저명인사가 작성한 추천서보다 후한 점수를 받을 수 있습니다.* 따라서 추천인은 지원자에 대해 책임감을 가지고 학업능력, 봉사 활동, 장·단점, 가정환경 등을 구체적으로 기술할 수 있어야 하며 추천서 내용 확인을 요청할 경우 협조가 가능한 사람이어야 합니다. 대부분의 학생부종합전형에서 교사 추천서는 일차적 평가대상이 아닙니다만 학교생활기록부나 자기소개서, 포트폴리오를 무력화시킬 만한 당락의 열쇠를 쥐고 있는 것이 바로 교사 추천서이기 때문입니다.

> *** 추천서 내용을 확인하나요?**
> 해가 갈수록 각 고교 교사들의 추천서의 비중이 높아지고 있기 때문에 추천서의 내용은 입학사정관이 눈으로 보고 귀로 듣는 학생의 모습과 반드시 일치해야 합니다. 입학사정관은 제출 서류에서 검증할 필요가 있는 요소를 찾아내고, 각각의 기관을 직접 찾아 사실 여부를 확인하기도 합니다.

추천서에는 지원자의 인성, 리더십, 학문적 우수성 등을 입증할 수 있는 다양한 자료가 포함되어 있어야 하고 '추천 내용이 탁월한지? 다양한지? 해당 전공에 적합한지' 등이 핵심 평가 요소가 됩니다. 대부분의 대학에서 추천인 자격을 고교 교사로 하고 있는데, 무엇보다도 추천의지가 뚜렷하게 나타나도록 작성해야 합니다. 또한 전공 분야에 대한 우수성은 물론 발전 가능성을 볼 수 있는 구체적인 자료가 있어야 합니다. 하지만 지나친 마사여구나 칭찬 일색은 오히려 신뢰도를 낮추는 결과**를 가져온다는 것을 명심해야 합니다.

> **** 추천서의 신뢰도를 어떻게 측정하나요?**
> 교사 추천서는 천편일률적으로 좋은 평가만 담는 사례가 많아 그동안 입시 당락에 미치는 영향이 미미한 편이었습니다. 하지만 최근 들어 각 대학은 표절검색시스템이나 추천서 데이터베이스를 마련하여 추천서의 공정성이나 신뢰도를 검증하고 있습니다.
> 예를 들어 연세대의 경우 교사 추천서를 데이터베이스에 저장하고 내용의 구체성과 정확성, 추천학생의 합격률, 진학 이후 학점평균(GPA) 등을 전산평가 해 '소신 추천서'를 쓰는 교사를 가려내고 있습니다. 온정에 치우쳐 변별력 없이 칭찬 일색의 추천을 남발한 교사에 대해서는 이들의 서류를 무효 처리함으로써 엄정한 추천서의 보상 효과를 높일 방침이라고 발표하기도 했습니다.

2) 학생부종합전형에 적합한 교사 추천서 작성 요령

(1) 공정하고 객관적인 사실에 근거하여 작성

지원자의 학업 역량이나 인성을 평가할 때, 학교생활기록부와 같은 객관적인 자료나 실제 있었던 구체적 사례에 근거해서 작성해야 합니다. 즉 감정적 진술을 최대한 배제하고 활동과 활동, 활동과 결과 사이의 인과관계를 고려한 논리적 타당성 중심의 작성이 중요합니다. 이처럼 교사 추천서는 공정성과 객관성에 기초하여 작성하는 것이 원칙이지만 평가에 부정적인 요소로 작용할 수 있는 것은 굳이 기재할 필요는 없습니다.

① 항목별 평가는 평가그룹과 비교하여 지원자의 우수한 정도를 다양하게 체크

② 항목별 평가, 추천내용, 종합평가가 유기적으로 일관되게 연결*

③ 내용(fact)의 논리적 타당성 고려

④ 학교생활기록부에 근거하여 작성

예시

지원자는 학생부 출결사항에 병결이 많은 편입니다. 이는 자기소개서에 기술된 바와 같이 고등학교 2학년 무렵 겪은 대형 교통사고의 후유증 때문입니다. 지원자는 그러나 정기적인 치료를 받으면서도 내신 평균을 3등급 이상으로 관리하였으며 오히려 자기 고난을 계기로 사회복지사의 꿈을 더욱 확고히 하였습니다.

학생의 대비방안

· 다양한 활동을 에듀팟에 누가기록하여 진정성을 확보합니다.
· 근거가 될 만한 사항이 세부능력 및 특기사항에 기록될 수 있도록 합니다.
· 전 교과에 걸쳐 뚜렷한 학업성취를 보일 수 있도록 합니다.

---

* 모든 서류는 학생의 다양한 활동을 알려주는 학생부에 근거하여 작성해야 함.

(2) 추상적 표현보다는 구체적이고 신뢰 있는 내용으로 작성

추천인은 지원자의 특성에 대해 구체적 증거와 사례를 예로 들어 작성해야 합니다. 대부분의 고등학생에게 적용해도 무방한 일반적인 이야기나 근거 없이 이루어진 칭찬은 평가에 도움을 주지 못합니다. 아직 추천서 문화가 정착되어 있지 않은 탓인지 추천서에서 지원자에 대해 무조건 칭찬을 나열하는 경우가 많습니다. 현저히 학업성적이 떨어지는 학생을 최상위권 학생이라고 평가하거나, 봉사 활동에 관련한 실적이 떨어지는 학생을 봉사성이 우수하다고 평가하는 경우도 있습니다. 이런 경우 추천서 내용 자체를 신뢰하기 어렵게 되어, 지원자를 평가할 때 오히려 불리하게 작용할 수도 있습니다. 조금 부족한 점이 있는 학생이라면 이에 대해 솔직하게 언급하고 그럼에도 불구하고 이 학생이 선발되어야 하는 이유에 대해 말씀해 주시는 것이 더 좋습니다. 추천서는 데이터베이스화하여 관리하기 때문에 추천인이 허위 사실을 기술하거나 과장된 평가를 할 경우 향후 입학전형에서 추천인 자격에 제한을 받는 등 불이익을 받을 수 있습니다.

① 고등학교 재학 중 두드러진 교과 및 비교과 활동

② 지원자의 인성을 확인할 수 있는 구체적인 사례

③ 학업이나 기타 영역에서 현재의 성취에 도달한 과정

④ 학습능력이 뛰어나다와 같은 피상적인 진술 지양

⑤ 학생의 활동과 성취에 관한 사례중심의 기술

예시

고등학교 3학년 때 학생회 임원과 봉사 활동 동아리 부회장 역할을 동시에 수행하면서도 국어교과와 사회교과의 내신을 2등급 이상으로 꾸준히 유지하였습니다.

학생의 대비방안

· 다양한 활동을 에듀팟에 누가기록하여 진정성을 확보합니다.
· 근거가 될 만한 사항이 세부능력 및 특기사항에 기록될 수 있도록 합니다.
· 수행평가나 발표수업에서 적극적으로 활동하여 강한 인상을 남깁니다.

(3) 지원자의 장래 희망과 연관된 내용을 서술

추천서는 지원자를 가장 잘 이해하는 교사가 충분한 상담을 거쳐 교사와 학생 상호 간에 신뢰와 이해를 형성한 이후에 작성하는 것이 좋습니다. 즉 지원자가 목표로 하는 학과 및 진로를 고려하여 진술의 합목적성*을 확보하는 것이 중요하다는 뜻입니다.

*** 합목적성은 어떻게 확보할 수 있나요?**
학생의 행동, 특징에 대한 구체적 사례, 학생의 다양한 활동과 실적에 대해 단순히 나열만 하기보다 그러한 자료를 통해서 교사가 느낀 학생에 대한 평가를 서술해야 합니다. 추천서는 학생의 실적과 특성을 살펴보기 위한 것이 아니라 그 자료를 바탕으로 학생에 대한 교사의 생각과 의견을 듣기 위한 자료이기 때문입니다.

① 학생의 관심 분야와 장래 계획

② 활동의 진행과정, 성취한 결과물, 성장잠재력 등

③ 자기소개서가 강조하는 바를 뒷받침할 수 있는 진술

예시
지원자는 자신이 목표로 한 자동차 변속기 엔지니어가 되기 위하여 학생부에 기록된 교내 활동 외에도, 교외 엔지니어 개발 동호회 <무음변속>에서도 2년 가까이 활동하였습니다.

학생의 대비방안
· 다양한 활동을 에듀팟에 누가기록하여 진정성을 확보합니다.
· 뚜렷한 진로를 설정하고 이를 위해 다방면의 노력을 기울입니다.
· 근거가 될 만한 사항이 세부능력 및 특기사항에 기록될 수 있도록 합니다.
· 지원학과와 관련된 자질을 계발하고 관련활동을 통해 자질을 입증합니다.

(4) 지원자의 개인적 환경과 교육적 환경의 특성을 제공

추천서는 지원자의 과거와 현재를 알려 주고, 미래를 예측하는 데 도움이 되는 중요한 내용을 담고 있어야 합니다. 지원자가 교육 환경 또는 생활 여건 등을 극복하고 기대 이상의 높은 성취 수준을 보인 경우에 이를 구체적으로 작성해야 합니다.

① 지원자를 깊이 있게 이해할 수 있는 성장과정, 생활여건, 지역적 특성 및 학교 특성

② 지원자가 어려운 환경을 극복한 과정

③ 전형의 취지와 관련된 지원자의 사회적·경제적 환경

예시

지원자는 가정형편이 어려워서 장학금을 받을 수 있는 과학고에 진학하려다 실패한 경험을 가지고 있습니다. 하지만, 과학고 진학에 실패한 아픔이 오히려 지원자로 하여금 자신의 소질 및 능력 향상을 위해 더욱 노력하도록 한 중요한 원동력이 되었고, 이를 토대로 본교에서 매년 무학년제로 실시하는 교내과학경시대회에서 1학년 때에는 지구과학부문 최우수상, 2학년 때에는 물리부문 최우수상, 3학년 때에는 화학부문에서 최우수상을 수상하였습니다. 이러한 수상실적이 지원자에게 더욱 큰 자신감을 안겨다 주었고, 물리와 화학 공부에 더욱 열성적으로 임하게 되는 계기를 제공하였습니다. 특히, 2학년 때는 일반고에 개설되어 있지 않은 '심화물리학'과 '심화화학'을 찾아서 공부하는 등 과학에 대한 열정과 성과는 여느 고등학생들과는 비교가 안 될 정도의 뛰어난 실력을 갖추었습니다.

학생의 대비방안

· 다양한 활동을 에듀팟에 누가기록하여 진정성을 확보합니다.
· 역경을 극복하기 위해 다방면의 노력을 기울입니다.
· 근거가 될 만한 사항이 세부능력 및 특기사항에 기록될 수 있도록 합니다.
· 학교, 학급 활동에 성실히 참여하여 공동체 의식을 드러냅니다.

(5) 학교생활기록부나 증빙서류로는 충분히 파악이 어려운 보충 내용들을 중심으로 서술

일반적으로 학교생활기록부에 기록되어 있는 내용을 다시 추천서에서 그대로 나열하는 경우가 많은데 이것은 옳지 않습니다. 추천서야말로 학교생활기록부, 증빙서류 같은 전형자료들로는 파악하기 어려운 지원자의 숨겨진 특성이나 자질 등을 확인할 수 있는 전형자료이기 때문입니다. 따라서 추천서에는 증빙자료로는 보여줄 수 없는 지원자의 인성, 학업 관련 내용 등에 대한 구체적인 일화를 기술하는 것이 좋습니다. 지원자의 학업능력 평가 시 고려될 수 있는 내용을 구체적으로 제공해 준다면 학생을 위한 훌륭한 추천서가 될 것입니다.

예시
지원자의 2학년 1학기 내신 성적이 1학년 때의 우수한 성적에 비해 매우 떨어진 시기가 있었습니다. 사실 이때에는 지원자가 평소 존경하는 아버지께서 사고로 돌아가셔서 한동안 정신적으로 방황의 시기를 겪었기 때문입니다. 하지만 본인과 상담 후 본인이 열심히 노력하는 것이 돌아가신 아버지를 위하는 길임을 깨닫고 더 정진한 결과 2학년 2학기부터는 내신 및 모의고사 성적이 다시 상승하기 시작하였습니다.

(6) 부적절한 추천서의 예

① 지원자의 우수성을 구체적 근거 없이 화려한 미사여구로만 작성*한 경우

② 지원자의 자기소개서나 학생부에서 알 수 있는 사실을 단순히 반복하여 작성한 경우

③ 친지나 사회저명인사 등의 작성으로, 지원자의 고등학교 생활을 알기 힘든 경우

④ 지원자가 초·중학교 시절에 참가했던 활동이나 수상 실적으로 대부분 작성한 경우

⑤ 다른 지원자의 추천서와 유사하게 작성하는 경우

*** 칭찬이 많으면 유리한 것 아닌가요?**
칭찬 일색의 추천서는 학생의 진정한 장점조차 제대로 어필하지 못하게 되는 경우를 초래할 수 있습니다. 정말 칭찬받을 점이 많은 학생이라면 구체적인 예시를 토대로 서술해야 좋은 반응을 얻을 수 있으며, 장점은 살리되 단점도 함께 제시하여 그 속에서 느낀 학생의 잠재력을 기술하는 것이 필요합니다.

3) 교사 추천서 작성의 핵심

지나치게 짧지 않은, 내용을 부풀리지 않은, 많은 피드백을 거친, 구체적이고 검증 가능한, 학생의 잠재력을 드러낼 수 있는 교사 추천서가 좋습니다.

평가서류 간 유기적 상관성

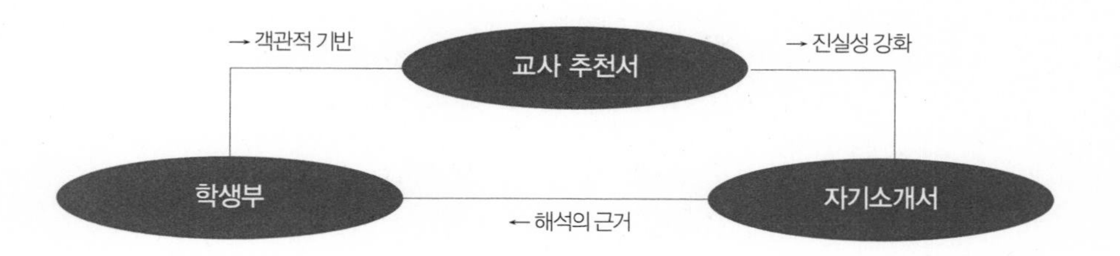

(1) 교사 추천서

① 자기소개서 내용의 진실성 검증 근거

② 학생부 내용에 관한 보충 설명

③ 학생의 환경적 여건 및 인성 판단의 자료

(2) 학생부

① 교사 추천서와 자기소개서 내용의 객관적 기반

② 교과 성적 및 성적 추이 자료

(3) 자기소개서

① 지원학과 및 진로에 따라 학생부 내용을 강조

② 잠재적 역량·자기 주도적 학습능력의 구체적 기술

4) 사례로 알아보는 교사 추천서

그동안 제가 학생부종합전형(입학사정관제)으로 합격시킨 학생들의 추천서의 일부를 무작위로 소개합니다. 교사 추천서는 매우 중요한 자료이기 때문에 진심을 가지고 신중하게 쓰는 것이 중요합니다. 따라서 담임이라는 이유로 무조건 미사여구로 가득 찬 추천서를 써 주어서는 안 됩니다. 자료 공유를 통해 보다 나은 추천서가 탄생하기를 기원해 봅니다.

1. 지원자의 학업관련 영역에 대해 해당하는 칸에 "V" 로 표기해주세요 (평가하기 어려운 내용은 평가불가를 선택하세요)

평가항목	평가대상			매우우수	우수함	보통	미흡	평가불가
	3학년 전체	계열전체	학급전체					
1) 학업에 대한 목표의식과 노력								
2) 자기주도적 학습태도								
3) 수업참여도								

– 지원자의 학업 관련 평가에 추가적으로 고려할 만한 사항이 있는 경우 사례를 기술해주세요.(250자 이내, 개조식으로 기술가능)

[예시 ①] 수학과 과학의 성취도와 이해력이 월등한 지원자에게 친구들의 질문이 몰리는 일은 어쩌면 매우 고된 일일 수 있습니다. 하지만 지원자는 이 일을 매우 즐기고 있는데 그 이유를 들어보면 상당히 놀랍습니다. 자신이 머릿속으로 3차원의 그림을 그리며 문제를 해결하는 것도 즐겁고 이렇게 깨달은 원리를 친구에게 설명함으로써 더욱 뚜렷해진다는 것입니다. 이것은 학습태도, 학습이해력과 상관이 있습니다. 더욱이 의사소통 능력이나 성실성이 뒷받침되지 않으면 할 수 없는 활동입니다. 귀교에서의 학업성취도가 더욱 기대됩니다.

[예시 ②] 지원자는 경제과목을 가장 좋아하며 많은 관심을 보이고 있습니다. 국익을 위해, 그리고 건강한 나라를 만들기 위해서는, 통상의 과정에서 다뤄지는 하나하나의 조항들과 그 조항에 관련된 내용들이 국가 전체에 엄청난 영향을 끼친다는 것에 흥미를 느끼고 있습니다. 국제전문가가 되기 위해서는 영어실력이 필수라는 생각에 1학년 겨울방학 때부터 영어공부에 매진하였고, 그 결과 1학년 1학기 때 5등급에 불과하던 영어성적을 1등급까지 상승시켰습니다. 아직도 등하굣길에 영어라디오를 들으며 노력하고 있는데, 이런 태도야말로 귀교에서 원하는 학문적 열정을 지닌 인재가 아닐까 생각해봅니다.

[예시 ③] 지원자는 다른 공부만으로도 힘든 고교시기에 논어, 명심보감 등과 같은 책을 공부하는 등 한자능력 1급자격증을 취득하는 등 한자와 서예에 탁월한 능력을 보이고 있으며, 최근에는 미술 분야에도 도전하는 등 본인이 하고 싶은 일에 진취적으로 도전하는 인재입니다. 한자실력이 뛰어난 만큼 어휘능력이 탁월하여 다른 학생에 비해 글을 이해하는 능력과 속도가 월등하며, 동양고전을 통해 요즘 세대의 학생과는 다른 침착함과 예의바름을 갖추고 있습니다. 이처럼 하는 일에 집념과 성취욕이 강하여 항상 자신이 하는 일에 골몰하고 의욕적인 태도를 보이고 있습니다.

[예시 ④] 본교가 소재하고 있는 ○○은 도·농 복합도시로 아직까지 일부 지역을 제외하고는 농촌의 색채가 더욱 짙은 곳입니다. 교육적·문화적 환경이나 혜택 등도 대도시에 비해 많이 열악한 실정입니다. 그러나 이 같은 교육적 여건 속에서도 지원자는 한번도 사교육을 받아본 일이 없습니다. 자기주도 학습과정 중에 끊임없이 본인의 적성과 흥미 찾기를 거듭한 결과 본인이 외국어와 타국의 문화에 대해 흥미와 관심이 많다는 사실을 알게 되었고, 이를 본인의 능력과 결합시키기 위한 노력을 시작하였습니다.

2. 지원자의 인성 및 대인관계 영역에 대해 해당하는 칸에 V로 표기해주세요 (평가하기 어려운 내용은 평가불가를 선택하세요)

평가항목	평가대상			매우우수	우수함	보통	미흡	평가불가
	3학년 전체	계열전체	학급전체					
1) 책임감								
2) 성실성								
3) 리더십								
4) 협동심								
5) 나눔과 배려								

– 지원자의 인성 및 대인관계 추가적으로 고려할 만한 사항이 있는 경우 사례를 기술해주세요. (250자 이내, 개조식으로 기술가능)

[예시 ①] 지원자는 학기 초에 반장과 함께 '마니또'행사를 기획하고 실시함으로써 급우간의 서먹한 분위기를 없애고 친밀감을 높이는데 기여하였습니다. 또한 타인에게 피해를 주지 않으려는 생활태도가 내면화되어 있어 교실 내에서 상대방과 대화할 때 항상 조용하게 말하며, 수학문제를 설명해 줄때는 귀찮아하는 내색 없이 모두 설명해주곤 합니다. 또한 교내에서 실시하는 상벌점제도인 '그린마일리지'에서 단 한 번도 벌점을 받은 적이 없을 정도로 정해진 규칙과 질서를 잘 지키며 가장 높은 상점으로 학교장상을 수상하였습니다.

[예시 ②] 지원자는 RCY임원으로서의 봉사행사 주최 등의 경험을 통해 리더십과 열정을, 임원회의를 통해 다른 사람의 의견을 경청하는 자세와 독단적인 의사결정의 위험성을 배웠습니다. 지원자는 무엇보다도 인격적 성숙의 중요한 시기인 고교생활 내에 700시간 가까이 중증장애인 및 독거노인 봉사활동을 하면서 소외계층

의 어려움을 느끼고 겸손함을 가지게 되었고, 인격적으로도 또래와는 차원이 다른 성숙함을 보이고 있습니다. 현대사회가 날로 이기적으로 변하고 있는 시대에 진정 필요한 인재는 바로 이러한 학생이라고 생각합니다.

[예시 ③] 지원자는 시간약속을 잘 지키며 자신이 좋아하는 분야에서는 시간가는 줄 모르고 집중력을 발휘하여 탁월한 성과를 낸다는 점입니다. 동아리 지도교사로서 2년 6개월 동안 지원자를 지켜봤지만 지원자는 자신이 기획한 행사를 준비하기 위해 오랫동안 준비할 뿐 아니라 행사당일에도 5시간 전에 나와서 준비하는 성실성과 리더십을 고루 갖춘 학생입니다. 본인 스스로도 시간약속을 지키는 것이 신뢰를 쌓는 것의 대부분을 차지한다고 말할 정도로 자기관리를 잘하기 때문에 친구들의 신망이 무척 깊습니다. 이러한 장점을 갖춘 지원자가 귀교에 입학한다면 200%이상 자신의 재능을 발휘하여 귀교를 빛낼 수 있는 학생이 되리라 믿어 의심치 않습니다.

[예시 ④] 지원자는 평소 봉사를 즐겨하시는 어머니의 영향으로 독거노인 돕기, 장애우 돕기, 무료 급식소 배식 등의 봉사를 800시간 가까이나 하였습니다. 이같은 봉사활동 시간은 자발성이 없으면 불가능한 일이라고 판단되는데, 지원자의 따뜻한 마음은 학교생활에서도 급우들의 신망을 얻어 3년 내내 학급 반장으로서의 역할을 맡게 되었습니다. 더불어 교내 학생회의 간부로서 다채로운 활동을 통해 풍부한 경험을 쌓으며 더욱더 연마되고 섬세한 리더십으로 학급과 학교를 이끌고 있습니다.

3. 지원자를 평가하는 데 도움이 되는 내용을 자유롭게 기술해주세요 (1,000자 이내)

* 학교생활기록부의 내용을 그대로 풀어서 작성하는 방식은 자제해주세요.

* 공인어학성적 및 교과관련 교외수상실적 내용을 포함할 경우 0점 또는 불합격 처리되니 유의하세요.

[예시 ①] 대한민국의 발전을 위한 엘리트 양성에 주력하는 귀교에 지원자를 추천하게 되어 담임교사로서 너무나 기쁘게 생각합니다. 지원자는 본교의 모든 선생님들이 한결같이 입을 모아 칭찬하는 학생으로 긍정적이고 수용적인 삶의 태도를 갖고 있어 모든 이들에게 항상 예의바르고 감사할 줄 압니다. 그래서 선생님들이 '내 아들이었으면 좋겠다.'라든지 '내가 아들을 낳으면 저렇게 자랐으면 좋겠다.'라는 극찬을 하곤 합니다. 이러한 말을 들을 때마다 담임교사로서도 무척 흐뭇하지 않을 수 없습니다. 이처럼 지원자는 바른 생활 습관과 기본 품성이 훌륭하여 앞으로 어떤 일에 종사하여도 주변의 인정을 받을 수 있으리라 생각합니다.

인성 뿐 아니라 지원자는 목표를 향해 정진하는 자기 관리능력이 뛰어나 매일 오전 7시까지 등교하여 공부하는 것은 기본이며, 일요일, 심지어 추석연휴까지 교내 심화반으로 등교하여 자신이 정해놓은 공부분량을 반드시 마치고 가는 학생입니다. 쉬는 시간이나 점심시간에도 자투리 시간을 이용해 공부를 하고 있는데, 본인이 목표로 삼은 시간제한 규칙을 항상 지켜 본인 뿐 아니라 학급의 면학분위기를 조성하는데도 크게 기여하고 있습니다.

또한 모의고사를 치르고 나면 스스로 자기 성적을 분석하여 관련 책을 펴놓고 스스로 답을 찾아내거나 그래도 모르면 해당 교과목 선생님께 찾아가 틀린 문제를 해결하고야 마는 적극성을 가지고 있습니다. 수학이나 과학 과목의 경우 지필평가 점수가 항상 거의 만점으로 1등급을 받았는데 이는 같은 1등급을 받은 아이들과 비교해도 10점 이상 높은 점수로서 탁월한 성취도를 보이고 있습니다.

이러한 성취도를 바탕으로 지원자는 3년 간 여러 교내 수학, 과학대회에서 최우수상을 휩쓸었으며, 이에 만족하지 않고 인문학 분야의 독서를 통해 지식의 균형을 잡으려는 모습이 대견한 학생입니다.

[예시 ②] 지원자는 입시 공부로 바쁜 와중에도 한국과 중국의 적십자사에서 주관하는 한중 국제캠프에 참여하였습니다. 그 캠프에 참여하면서 국제화 시대의 인재상에 대해 깨닫고, 세계 속의 인재가 되기 위해 열심히 노력하고 있습니다.

지원자는 자신이 속한 동아리가 지금까지 성장해 온 중심에서 자신의 역량을 온전히 발휘한 학생입니다. 지원자를 1학년 때부터 지도해 온 교사로서 평가하자면 '자기가 속한 집단을 최고로 만들 수 있는 학생'이라고 평가할 수 있습니다.

지원자의 단점을 굳이 찾자면 감정이 얼굴에 금방 반영된다는 것입니다. 얼굴이 쉽게 붉어져 내색을 하지 않아도 상대방이 쉽게 알아차리는 경우가 있는데, 그렇기 때문에 지원자는 나쁜 생각이나 부정적인 생각 자체를 하지 않는 낙천적인 성격의 소유자로 유명합니다. 단점을 부정하지 않고 올바르게 극복하는 힘 또한 리더가 될 자질이라고 믿습니다.

지원자는 다가올 미래에 대해 먼저 생각하여 현재를 끈기 있게 준비하는 학생입니다. 목표를 정할 때에도 이런 면이 많이 부각되어 자신에게 맞는 적성을 찾아 그 분야에 재능과 흥미를 보이며 끊임없이 노력하곤 합니다. 지원자는 고등학교 입학 때부터 자신의 꿈을 이루기 위한 곳으로 귀교를 꿈꾸었다고 하는데 이를 위해 3년간 열심히 연마한 지원자를 받아들인다면 귀교에게도 특별한 행운이 될 것이라 믿습니다.

[예시 ③] 지원자를 떠올리면 '신의와 성실'이 제일 먼저 떠오릅니다. 예를 들면, 지원자는 방학숙제로 독서록 30편이 권장으로 주어지면, 의무사항이 아닌데도 정말 원칙대로 독서록을 꼼꼼하게 작성해 옵니다. 이렇게 자신에게 주어진 일이라면 목표의식을 가지고 시작하며, 시작한 일은 반드시 마무리 하는 학생입니다.

지원자는 사회과학에 대해 큰 관심을 가지고 있습니다. 사회나 역사에 관해서만큼은 항상 배움에 열심이었고 배우는 기쁨이 가득했습니다. 그래서 고등학교 재학 중에는 사회관련 교과만큼은 항상 1등급을 받았으며, 단순히 성적향상에 그치지 않고 관련 책을 꼭 찾아 읽었습니다. 책들을 통해서 얻는 것들은 배움과는 다른 경험이었고 다독을 통해 자신의 뜻한 바를 펼칠 수 있을 것 같아 무척 설렌다는 얘기를 한 적이 있습니다.

또한 지원자는 친구들이 마음을 터놓고 자신의 걱정거리를 말할 정도로 남의 말을 잘 들어주는 학생입니다. 그래서 지원자를 아는 선생님이나 친구들은 그를 '신의가 있는 사람'이라고 평가합니다. 더구나 자신의 진로에 대해 확고한 신념을 가지고 꿈을 위해 열정을 불태우고 있으며, 항상 웃는 얼굴로 먼저 베푸는 모습을 보여줌으로써 상대방의 진심을 얻어내는 학생입니다.

이처럼 인성과 실력을 고루 갖춘 지원자가 귀교의 사회학과에 입학한다면 귀교뿐 아니라 우리나라의 발전을 위한 훌륭한 인재가 되리라 사료됩니다.

[예시 ④] 3학년 담임교사로 상담을 할 때였습니다. 지원자는 또래 아이들에 비해 의젓하고, 본인의 생각을 조리있게 이야기하는 모습이 인상적이었습니다. 연예기획사 모의카페 대표로 있으며, 본인이 앞으로 어떤 회사를 차릴지에 대한 비전을 제시하는 대목에서 저는 당황스러움을 감출 수 없었습니다. 마치 연예기획사에 실제로 근무하는 친구와 대화하는 느낌이었기 때문입니다.

다만 지원자가 학업 성취도 면에서의 적극성이 다소 미흡했기 때문에 카페 홈페이지'○○○○'(http://cafe.daum.net/○○○○○○)에 직접 접속도 해보고 작년 담임선생님에게도 지원자에 대한 의견을 구해 보았습니다. 이 아이를 이해하려는 마음도 있었지만, 혹시 작은 일을 크게 부풀리는 아이가 아닐까 하는 의구심이 컸기 때문이었습니다.

그런데 카페를 방문하고 나서는 제자의 말을 믿지 못한 제 자신이 너무나 부끄러웠습니다. 지원자는 마치 조그마한 연예기획사를 실제로 경영하듯 카페를 관리했으며, 각종 세미나와 정기모임을 진행하고 있었습니다. 믿기 어려운 엄청난 활동력과 리더십에 감탄하지 않을 수 없었습니다.

지원자의 재능과 무한한 가능성은 상상 이상이었습니다. 또 한편으로는 이렇게 일찍부터 사회생활을 하게 된 지원자에 대한 걱정도 들기 시작했습니다. 단순한 카페운영만이 아니라 어른들을 상대하고 있는 모습에, 아직 학생인 지원자가 그릇된 마음을 가진 어른들로부터 상처를 받지 않을까 하는 마음에서였습니다.

하지만 별도로 연예기획에 대한 교육을 받을 수 없는 상태에서 혼자만의 힘으로 이렇게까지 이뤄내고 있다는 것은 분명히 지원자의 능력이라고 봅니다. 지원자는 자신이 목표하는 분야에서 처음보다 나중에 점진적으로 향상될 수 있는 능력을 소유한 학생입니다.

6 학교 프로파일

학생부종합전형은 결과뿐만 아니라 과정을 평가하므로, 지원 학생이 현재의 학업 성취도 또는 특기를 갖게 되기까지 어떤 교육환경에서 학습했는가를 고려하게 됩니다. 이런 연유로 학생부종합전형은 고등학교 특성의 이해를 바탕으로 할 수밖에 없으며 결국 학생부종합전형은 고등학교와 대학이 밀접하게 연계되는 양방향성 평가가 됩니다.

이를 위해, 입학사정관은 공문을 통해 연중 각 고등학교에 대한 정보 수집을 하거나, 직접 지역/고교를 방문하여 지역/학교별 특성에 대한 DB를 구축하는데 이러한 정보가 바로 학교 프로파일입니다. 각 대학에서는 고등학교와의 긴밀한 관계를 통해 개별 학생들이 처한 상황이나 여건, 학교 교육과정을 통한 학생의 성장 과정, 창의력, 잠재적 능력, 모집단위에 대한 관심과 적성 등을 평가하게 됩니다.

지원자의 고등학교 정보는 지원한 학생의 교육환경(여건)을 이해하는데 중요한 참고자료로 활용됩니다. 고등학교 교육과정의 편성 및 운영, 심화과목 제공 수준, 지역의 사회·경제적 여건, 동아리 및 학생회 운영 상황 등 지원자의 교육환경에 대한 종합적인 이해를 바탕으로 단순히 점수로 환산된 고등학교 성적 이외에 현재의 학업성취도에 도달하기 위한 개인적인 노력, 제공된 기회에 대한 활용 정도, 동일한 조건의 다른 지원자와의 비교를 하게 됩니다. 이렇게 하면 지원자의 학업능력을 좀 더 다양한 시각에서 이해하고 평가할 수 있기 때문입니다.

잘 갖추어진 교육환경 속에서 학생들의 체험활동 역시 풍요로워질 수밖에 없기 때문에 고교의 교육환경은 직·간접적으로 학생부종합전형에 영향을 줄 수밖에 없습니다. 그러나 반드시 교육여건이 좋은 학교가 높은 점수를 받을 수 있는 것은 아니며, 다소 '열악한 환경 속에서도 얼마나 개인적인 노력을 통해 본인의 진로 성취를 위해 노력했는가?' 역시 평가의 중요한 요소가 될 수 있습니다.

이러한 고교 정보가 수험생 평가의 기초 자료로 활용되기 때문에 단순히 수험생 개인의 준비뿐 아니라, 학교 수준의 교육환경 구축 역시 입시의 중요한 변수로 작용할 수 있습니다. 따라서 학생부종합전형으로 합격을 시키기 위해서는 학교 프로파일의 성실한 작성이 중요합니다. 하지만 많은 선생님들께서 학교 프로파일을 만드는데 상당한 부담을 느끼고 있습니다. 따라서 연초에 만든 학교교육과정 전체를 그대로 보내거나 장점만 기술하는 경우도 많은데 이는 매우 좋지 않은 방법입니다. 학교 프로파일은 학생의 교육적 성취를 보완하는 차원에서 만들어야 하기 때문에 단점을 보완하거나 특성화된 교육활동들을 다른 학교와 차별화시킬 필요가 있습니다.

예를 들어 학교의 교육환경이 열악해서 학력평가나 생활지도 등의 결과가 좋지 않다면 그 결과를 향상시키기 위한 방법으로 어떠한 노력을 하고 있는지 등을 솔직하게 기록하는 것이 좋습니다. 학력향상을 위해 방과 후 학교를 무학년제로 운영하는 등 철저한 수준별 강의를 개설했다든지 1대1멘토제의 도입으로 생활지도향상의 성과가 있었다는 식으로 단점을 보완하기 위한 학교의 노력을 기술한다면 해당 학교에 다니는 학생 역시 좋은 평가를 받을 수 있다는 것입니다.

현재 일부 대학이 고등학교 프로파일을 요구하고 있는 것이 각 고등학교의 상황을 알기 위한 노력이나 학생의 공부환경을 조사하기 위한 과정이라면 매우 긍정적인 전형으로 유도될 수 있습니다. 하지만 이는 동전의 양면과

*** 고교등급제가 무엇인가요?**
고교 간의 학력차를 입학 평가 때 반영하는 것으로 교육부와 대교협에서는 고교 간 서열화를 우려해 현재 이를 금지하고 있습니다.

같은 위험 요소를 지닌 것도 사실입니다. 전형 방식만 본다면 실제적으로 고교등급제*를 실시할 가능성이 높기 때문입니다. 또한 고등학교의 입장에서도 이를 확인할 방법이 없는 것도 사실입니다. 물론 현재까지 3불 정책에 묶여 있어 고교등급제를 실시할 가능성은 높지 않지만 점차 각 지역이나 일선 고교의 상황을 데이터 베이스화시켜 간다면 위험 요소를 안고 있는 것은 사실입니다. 따라서 대학이 이에 대해 많은 오해를 불식시킬 수 있는 노력을 게을리 해서는 안 될 것입니다. 학생부종합전형에서 무엇보다 중요한 요소는 투명성이기 때문입니다.

1) 학교 프로파일(School Profile) 작성 요령

(1) 다른 학교와 구별되는 내용을 중심으로 작성

보통 학교 프로파일을 제출하라고 하면 어떤 내용을 중심으로 작성해야 할지 몰라 연초에 만든 학교교육계획 파일 전체를 학교 소개 자료로 보내는 경우가 많습니다. 그러나 학교 소개 자료는 평가에 참고가 될 수 있는 핵심적인 정보를 담고 있어야 합니다. 따라서 일반적인 내용이 아니라 다른 학교와 차별되는 내용을 중심으로 작성해야 합니다. 예를 들면, 해당 고교만의 신입생 구성 특성이라든지, 특별한 지역여건, 특색사업 등에 대한 중점적인 소개가 중요합니다.

(2) 증빙서류를 보완하는 정보를 작성

학교 프로파일은 지원자의 교과, 교과 외 영역에 대한 보충자료를 객관적으로 보여주는 자료가 될 수 있습니다. 예를 들어 자기소개서에 A동아리 활동을 언급했을 때 학교생활기록부에는 단순히 A동아리 회원이었다는 사실만 기록되어 있으나 학교 프로파일에서 A동아리의 창설시기, 활동 내용, 인원 수, 결과물에 대해 기술해 준다면 증빙자료의 역할을 할 수 있습니다. 또한 방과 후 학교를 운영하는 방식이나 사용하는 특별한 교재와 같이 학교생활기록부에 기록되지 않은 해당 고교에 대한 정보를 제공할 때 지원자에 대해 보다 정확하고 구체적인 평가가 이루어질 수 있습니다.

(3) 다양한 진로 탐색의 기회를 제공

학생부종합전형에서는 학생이 자신의 적성이나 흥미에 부합하는 활동을 얼마나 지속적으로 하고 있는가를 중요하게 고려합니다. 따라서 학교에서는 학생 개인의 재능과 소질에 대한 진지한 고민을 할 수 있는 프로그램을 제공할 필요가 있습니다. 학교 동문, 학부모, 지역사회인사 등 다양한 인적 네크워크를 활용한 진로 탐색 프로그램을 마련하고 학교 프로파일에 기록하는 것은 좋은 방안이 될 수 있습니다.

① '진로와 직업'과목, 방과 후 학교강좌 등 다양한 진로탐색 과정 마련

② 개인의 재능과 소질에 대한 진지한 고민을 할 수 있는 기회 및 프로그램 제공

③ 동문 및 학부모, 지역사회인사 등 다양한 인적 네트워크 활용

학교 프로파일 작성항목 예시

항목	작성 항목 예시
학교 개관	지역 및 학교 개관 학교연혁, 학교장 운영철학 학년별 학생 수, 학급 수, 교사 수(교과목별 교사 수), 교육공간 확보현황 학교운영 특별현황 : 중점학교, 선도학교, 거점학교, 혁신학교 등 중장기 발전계획 및 세부발전계획 신입생 선발 방식 및 우수학생 유치를 위한 노력 및 성과 (최신교육시설, 차별화된 교육활동, 교내외 특별활동, 다양한 장학제도) 부모의 직업군 분포, 학력 기초생활보호대상자, 소년소녀가장 수
고교별 교육과정 현황	과정별, 과목별 교육과정 운영 현황 각 고교별 교육과정편성표를 통한 심화선택 개설 과목수 파악 교과별 정기고사 분석자료 각 교과목 석차등급별 분포 학교 특색사업(재량활동, 특별활동, 방과 후 학교, 특성화 프로그램, 외국학교와의 교류현황, 수준별 학습 상황, 논술 강의 개설 및 운영현황, 우수 동아리활동, 저소득층을 위한 멘토 스쿨 등)

항목	작성 항목 예시
고교 수능성적	수능 성적(각 영역별 등급에 해당하는 인원/분포)
대학 진학률	4년제 대학진학률 주요대학별 진학률(국내외)
교과 내신 성적 분포	연도별, 전형별 지원자, 합격자 성적분포(최고, 최저, 평균)
고교별 합격자의 GPA*	연도별, 전형별 합격자의 평점

* 대학의 평균학점. 해당 학교 출신 학생들의 학업 적응도를 판단하는 자료로 사용.

더하기

합격으로 발돋움하는 비장의 자료 창고

선배가 말해 주는 합격 비법

(건국대, 동국대, 성균관대, 아주대 입학사정관실 자료 참고 후 수정 제시)

1 독자적 기준 특별전형(추천자) 합격자 수기(경영·경영정보학부)

학창시절을 꿈에 대한 열정으로 보내다

저는 학생부종합전형을 특별히 준비한 적이 없습니다. 그저 이것저것 따지지 않고 하고 싶은 공부와 하고 싶은 활동에 매진하며 학창시절을 보냈습니다. 중학교 1학년 때부터 혁신과 도전을 통해 가치를 창출하는 '사업'이란 영역에 관심을 가지게 되었고, 그때부터 훌륭한 경영자, 성공한 사업가가 되기 위해 학교 공부 이외에도 다른 노력을 기울였습니다. 그렇게 6년이 지난 후 뒤를 돌아보니 수능 공부만을 위해서 시간을 보낸 친구들과는 조금은 다른 저를 발견할 수 있었습니다. 교과 외의 부분인 경제, 금융, 경영을 따로 공부했기에 교과서 밖 전문지식을 습득할 수 있었고, 다양한 사람들을 만나며 교류했기에 또래 친구들보다 넓어진 시야를 가질 수 있었고, 경영이라는 한 분야에서 계속 관심을 가지고 활동했기에 이에 대해서 자신 있게 말할 수 있게 되었습니다.

자신에게 적합한 전형을 찾다

그러던 중 정성평가로 학생의 잠재력과 역량을 보고 선발하는 학생부종합전형이 제게 적합할 수 있겠다는 생각이 들어 이 전형에 지원하였습니다. 특히 제가 여태껏 해온 것과 같이 특정 분야에 대한 뚜렷한 목표와 흥미를 가지고 다양한 경험을 접한 학생을 발굴하는 자기추천 전형을 선택하게 되었습니다.

경험과 지식, 두 마리 토끼를 잡다

학생부종합전형은 하고 싶은 것과 하고 싶은 것을 이루기 위한 밑바탕의 조화입니다. 제가 재학한 고등학교의 경우 경제과목이 개설되어 있지도 않고, 관련 활동이 활성화되지 않은 상태였기 때문에 우선 저는 교외활동에 중심을 두었습니다. 기업을 직접 인터뷰하고 탐방하며 배우기 위해 청소년 경제지의 객원기자 활동을 하였고, 대학생들과 함께 경제·경영 관련시험의 홍보대사 활동도 하였고, 관련 회의에 참가해 전국에서 모인 학생들과 토론을 하며 합의점을 찾기도 하였습니다.

또한 혼자 힘으로 특허를 출원하기도 하였고, 식견을 넓히고 여러 층의 사람들과의 교류를 위해 컨퍼런스나 포럼과 같은 행사도 최대한 많이 다니는 등 발로 뛰며 다양한 경험을 했습니다. 학교의 조력이 없는 상태에서, 더구나 지방에 거주했기에 정보를 얻는 데에도 불리한 점이 많았지만 그런 상황을 극복하려 노력하였습니다.

한편 관련지식을 얻는 데에도 큰 중점을 두었습니다. 고등학교 입학과 동시에 매일 아침 하루도 거르지 않고 경제신문을 읽고, 공책을 만들어 모르는 용어를 정리하는 것으로 시작해 금융과 경영학을 미리 공부하였고, 관련 단체에서 하는 교육이나 강의를 들으러 다니며 혼자서 공부할 때는 알 수 없었던 내용들을 익혔습니다.

그러다 보니 운용중인 펀드에서 평균 30%이상의 수익률을 거두고, 펀드투자대회에서 상위 5%내의 성적을 기록하였으며 프레젠테이션 코치로 선발되는 성과까지 거두게 되었습니다. 특히 고등학생으로는 유일하게 경제단체의 칼럼니스트로 발탁되기까지 하였습니다. 돌이켜보면 경험과 지식 어느 것도 소홀히 하지 않았기에 제 꿈을 이룰 수 있었다고 생각합니다.

입시를 뛰어넘어 자신의 역량과 재능을 기르다

저에게 학생부종합전형란 꿈의 첫 시험대였습니다. 중학교, 고등학교 6년 동안 역량과 재능을 기르는 것에 가장 큰 중점을 두었습니다. 학교 공부를 소홀히 하지 않으며 여러 활동을 하고, 독학으로 다른 공부 또한 병행하느라 어려운 점도 많았고, 가끔은 지치기도 하였지만 도약을 준비하기 위한 너무나도 값진 시간이었습니다.

그리고 학생부종합전형은 그런 저의 시간들을 총체적으로 평가하고 가능성의 여부를 처음으로 판단해주는 관문이었습니다. 그렇기에 저에게는 단순히 입시를 뛰어넘어, 굉장히 설레면서 긴장되고 한편으로는 무서운 인생의 평가자로 다가왔습니다. 합격한다면 그동안의 노력들이 결코 헛되지 않았다는 것을 증명하며 촉매제 역할을 하게 될 것이고, 떨어진다면 아직은 잠재력을 인정받을 만큼의 수준에 도달하지 못했다는 안타까운 현실을 맞게 되는 양날의 칼처럼 느껴졌습니다. 하지만 다행스럽게도 합격통지서를 받게 되었고, 이제는 학생부종합전형이 저의 잠재력을 믿어주고, 걷고 있는 길에 확신과 자신감을 심어준 참 고마운 존재로 생각됩니다.

정말 하고 싶은 것을 찾아 몰입하다

전공을 탐색하고, 학생부종합전형을 준비하는 것은 사실 매우 쉽습니다. 잠깐만 자신을 되돌아보면 됩니다. 잠시 멈추고 본인이 무슨 일을 할 때 가장 즐거우며, 잘 할 수 있는지 생각해 보고 그것을 전공으로 선택하고 다시 앞을 보며 그 일에 온 열정을 다 쏟아 붓기만 하면 됩니다.

그러다 보면 어느새 학생부종합전형을 지원하기 위한 준비가 다 되어 있을 것이고, 이미 본인에게 맞는 전형이 무엇인지 한눈에 들어올 것입니다. 가장 위험한 행동은 자신이 정말 하고 싶은 공부가 무엇인지 깨닫지도 못하고, 무조건 대학입학이라는 목표를 가지고 계속해서 앞만 보는 것입니다. 또 가장 어리석은 행동은 본인은 성적이 좋지 않은 편인데, 다른 전형보다 학생부종합전형이 성적반영률이 높지 않다는 점만을 생각해 본 전형만 준비하는 것입니다.

학생부종합전형은 그런 분들을 위한 전형도, 그런 분들이 합격할 수 있는 전형도 아니라고 생각합니다. 특기라고 말할 수 있을 정도의 흥미와 경험, 재능을 가지고 본인이 하는 활동 그 자체를 즐기는 사람만이 결국은 웃을 수 있습니다. 그리고 전형을 준비하다보면 힘든 시기가 오기도 할 것입니다. 그때는 꼭 포기하지 말고 자기 자신을 믿고 해왔던 그대로만 해 나간다면 잘 극복하고 좋은 결과 얻으실 수 있을 것입니다.

2 독자적 기준 특별전형(추천자) 합격자 수기(경영·경영정보학부)

자신이 좋아하는 일을 함으로써 목표를 구체화하다

저는 어릴 적부터 IT분야에 관심이 많았습니다. 인간의 삶을 편리하게 만들어 주는 IT가 정말 신기하였고, 다른 사람들도 이런 편리한 기술을 유용하게 사용하면 좋을 것이라는 생각을 하였습니다. 그래서 처음에는 뚜렷한 목표 없이 그저 IT분야에서 제가 좋아하고 흥미 있어 하는 일을 시작했습니다. 이렇게 시작은 학생부종합전형 준비를 위한 것이 아니라 좋아하고 흥미 있어 하는 일들을 했던 것뿐이었지만, 시간이 지나면서 스스로를 알아가며 목표를 구체화하고 꿈의 윤곽을 잡아가게 되었습니다. 그러다가 한창 수능 준비에 바쁠 고3이 되었고, 저는 '내 꿈과 목표를 향해 나아갈 것인가? 아니면 남들과 똑같이 그저 점수를 쫓아 대학에 갈 것인가?'라는 선택을 하여야 했습니다. 이미 IT 분야에서 다양한 활동을 하며 깊이 있는 이론의 필요성을 느껴, 대학 진학의 중요성을 알았기에 더 어려웠습니다. 바로 그때! 저는 대학진학과 저의 꿈을 동시에 잡을 수 있는 방법이 있다는 것을 알게 되었습니다. 바로 학생부종합전형! 단순히 성적만으로 평가하는 것이 아닌 특성과 잠재력, 환경과 같은 다양한 요소를 통해 판단하고 선별한다는 제도! 정말 저에게 엄청난 기회였습니다.

자신에게 적합한 전형을 찾다

각 대학에는 다양한 학생부종합전형이 있고 전형마다 학생을 선발하는 기준과 조건이 조금씩 다릅니다. 저는 그중에서도 자기추천 전형을 통해 경영·경영정보학과에 합격을 할 수 있었습니다. 제가 이 전형에 지원한 이유는 1단계 100% 서류 심사와 2단계 1박 2일 합숙면접이라는 독특한 학생 선발 방법 때문이었습니다. 1단계 서류 심사의 경우, 고등학교의 성적을 포함한 학교생활기록부와 자기소개서, 자기

추천활동보고서를 중점적으로 판단하여 학생을 선발한다는 것이 좋았습니다. 2단계 1박 2일 합숙면접은 제가 특히나 좋아했던 것입니다. 통상적으로 다른 학생부종합전형의 경우 10분이라는 면접 시간을 통해 학생을 선발하는데, 긍정적이고 낙천적인 성격으로 타인과 이야기하는 것을 좋아하고 의견 표현이 확실한 저의 다양한 재능과 능력을 표현하기에 10분은 너무나 짧았습니다. 1박 2일 면접을 통해서라면 저의 재능과 능력을 가장 확실하게 보여줄 수 있다고 생각하였습니다.

모든 일에 적극적으로 임하다

평소 IT분야의 정보와 지식습득에 대한 열정이 가득했던 저는 'MY IT IS ON'이라는 IT전문 블로그 운영과 다양한 카페에서의 활발한 온라인 활동을 하였고, WIS2010 같은 IT박람회에 참석하였습니다. 최근에는 IT분야의 화제인 스마트폰에 초점을 맞추어 '스마트폰을 대중화하고 사람들과 함께 문화를 만들어 가자!'라는 목표를 세워 활동을 하였습니다. 하지만 고등학생의 신분으로 할 수 있는 활동에는 제한이 있었기에 직접 SKT에 이메일을 보내 스스로를 소개하여 함께 청소년 스마트폰 사용에 대한 Insight 도출과 같은 연구를 진행하였고, 이후에도 삼성의 제안을 받아 스마트폰 교육 콘텐츠를 개발하는 등 다양한 연구와 프로젝트를 진행하면서 저만의 잠재능력을 확인하고 적성을 지속적으로 개발하였습니다. 이러한 활동을 통해 IT분야의 배경 지식이나 현재 상황 및 사회적 흐름도 파악할 수 있었고, 저에게 새롭게 개발된 IT기기나 기술을 사람들에게 알리고 사람들과 함께 해당 IT를 활용하며 그 과정과 결과들을 통해 새로운 가치 있는 무언가를 창출하는 분야에 적성을 가지고 있다는 것을 알게 되어, 경영·경영정보학과를 지원하게 되는 데도 도움이 되었습니다. 학교에서는 검도부부장, 선도부 차장을 역임하면서 리더십을 길렀고, 장애우를 도와주는 굿프렌즈 활동을 비롯하여 정보도우미, 환경도우미 등의 다른 사람을 위한 실천하는 봉사 활동도 하면서 제가 할 수 있는 일이면 무엇이든 항상 최선을 다해 하였습니다.

좋아하는 일을 통해 진정한 자신의 모습을 발견하다

학생부종합전형은 점수로만 대학에 진학하는 것을 준비했던 저에게, 그동안 제가 관심과 흥미로 활동한 일들을 바탕으로, 제 미래와 꿈으로 가는 길을 만들어 주었습니다. 또한 제가 해왔던 일들을 돌이켜 보도록 하여, 이 활동들이 구체적으로 나에게 어떤 영향을 미치고 어떻게 다가올지, 제 자신에 대한 진지한 성찰의 기회를 제공해 주었습니다. 결과적으로 자연계열인 제가 인문학적 자질과 능력을 갖추고 있다는 것을 발견한 것과 같이 새로운 나를 발견하였고, 발견한 '나'를 어떻게 만들고 이끌어나갈지 방향 역시 제시해 주었습니다. 학생부종합전형을 만날 수 없었더라면 과연 내 인생이 어떻게 되었을 지 상상도 못할 만큼, 학생부종합전형은 저에게 특별하고도 소중한 인연입니다.

내가 생각하고 느끼는 것 그게 바로 정답이다

학생부종합전형을 준비하고 있는 학생들 모두 불안하고 두려울 것입니다. 무엇이 정답이고 무엇이 올바른 것인지, 아무것도 아는 것이 없으니까요. 학생부종합전형은 자신의 능력과 재능, 잠재력과 같은 모든 것을 종합적으로 판단하여 학생을 선별하는 전형이고, 그것을 판단하는 것은 입학사정관의 몫입니다. '나는 그저 내가 생각하고 느끼는 모든 것을 내 방법대로 표현하면 될 것이다!' 그게 자신을 가장 잘 표현하는 것이고, 그게 바로 가장 올바른 답입니다. 즉 정답은 내 안에 있습니다.

무한한 젊음의 패기! 바로 우리다! 도전하라!

무엇을 하든 자신감과 용기를 가지고 밀어붙이면 모든 것이 가능합니다. 저는 E-Mail을 보내는 것만으로 SKT와 삼성과 같은 기업과 함께 프로젝트를 할 수 있게 되었습니다. 다른 사람들은 생각에 끝날 수 있는 것이었지만 용기 있게 기업과 연락을 하였고 그 결과 지금의 나를 있게 해 준 다양한 활동들을 할 수 있었습니다. 생각만 하는 것과 직접 도전하는 것은 아주 큰 차이가 있습니다. 여러분도 학생부종합전형을 준비하면서 단순하게 생각만 하는 것이 아니라 직접 패기와 용기를 가지고 도전해보세요! 절대 그 어떤 누구도 여러분의 패기와 용기를 무시하지 않을 것입니다.

3 독자적 기준 특별전형(추천자) 합격자 수기(사회과학계열)

꿈을 향한 스스로의 노력을 계속하다

어려서부터 공무원이 되어 의미 있는 삶을 실천하고 싶은 꿈을 가지고 있었습니다. 그래서 이 꿈을 이루기 위해 학교에서 할 수 있는 일부터 찾기 시작하였습니다. 대학교에서 행정학을 배우기 위한 기초로서 사회학계열 대부분의 과목을 열정적으로 공부하였고, 개설과목이 아닌 것들도 인터넷 강의 등을 통해 찾아서 공부했습니다. 그리고 이렇게 공부한 것이 바탕이 되어 사설학원의 도움 없이도 교내 토론대회에서 2년 연속으로 수상을 하고, 지역 토론대회 연속 수상이라는 성과도 부수적으로 받을 수 있었습니다. 특히 봉사 활동은 고등학교에 진학하면서부터는 지속적으로 하기로 다짐하여 잘 실천해왔습니다. 국가와 시민의 봉사자인 공무원으로서의 자질을 기를 수 있다고 생각했기 때문입니다. 또한 정책제안활동은 2학년 끝날 무렵에 제안 방법을 알고 난 뒤로부터 지금까지도 꾸준히 하고 있습니다. 특히 정책제안 프로그램에서 제 아이디어를 상정해주어 좌절됐었던 정책안을 시민평가단의 지지를 받아 행정안전부의 정책으로 입안시키기도 했었습니다.

혼이 깃든 활동보고서를 만들다

제가 지원한 자기독자적 기준 특별전형은 단언컨대 학생부종합전형의 꽃이라고 생각합니다. 다른 전형들과 달리 자기독자적 기준 특별전형은 꿈을 위한 고등학교 3년간의 모든 활동을 바탕으로 지원자가 경쟁력이 있다고 판단되면 서류로써 스스로를 추천하고, 면접을 통해 증명하고 검증받는 것이기 때문입니다. 따라서 자기독자적 기준 특별전형은 1차 서류전형이 가장 중요할 수밖에 없습니다. 인간관계에서 첫인상이 중요한 것처럼, 1차 서류전형은 입학사정관님과 저 사이의 '첫 만남'이라 생각하여 더욱 신중하게 준비하였습니다. 서류만 보아도 저의 열정과 혼이 사정관님께 확 와 닿을 수 있도록 고치고 또 고쳐가며 필사적으로 정리하였습니다. 사실 저 역시 서류를 전문적으로 대필해 주는 업체의 유혹이 없었던 것은 아닙니다. 그러나 자기소개서는 이 세상에서 본인 스스로가 가장 잘 쓸 수밖에 없고, 무엇보다도 '이 정도 소개서 하나도 스스로 못쓴다면 사회에 나가서 무엇을 하겠는가?' 하는 생각이 들었기에 유혹을 이겨낼 수 있었습니다. 다만 오·탈자나 표현이 어색한 부분, 문단구성에 한해서는 고등학교 3학년 담임선생님께 도움을 받을 수 있었습니다.

진실성으로 면접을 극복하다

저는 지금까지도 '내가 어떻게 붙었지'라고 생각할 정도로 면접 때 실수를 많이 했습니다. 그래서 면접 후에 반쯤은 포기하는 마음을 가지고 있다가 최종합격자 명단에 들었을 때는 정말 날아갈 듯이 기뻤습니다. 그래서 면접에 관해 이야기 하는 것이 부끄럽기도 하지만, 용기를 내어 합격 요인이 된 것을 생각해보면 '내가 한 활동에 대한 물음에는 책임을 지고 상세하게 답변하자'는 제 자신과의 다짐이 있었습니다. 지금도 이때 생각만 하면 아찔해서 무릎에 힘이 다 빠지는 기분이 들만큼 어려웠던 15분이었지만, 제가 왜 그 활동을 해야만 했는지, 어떻게 그 의미를 부여하고 있는지 답변하고자 열심히 노력했던 것을 좋게 봐주신 것 같습니다.

분명한 목표의식과 열정을 가지고 학생부종합전형에 도전하다

학생부종합전형에 대해 아직까지도 많은 오해와 우려가 있는 것이 사실입니다. 그중에서도 제가 주변 분들로부터 접하는 가장 대표적인 오해가 바로 '도대체 어떤 스펙을 얼마나 쌓아야 하는 것인가'하는 문제입니다. 분명하게 말씀드릴 수 있는 것은 학생부종합전형은 화려한 스펙이나 높은 내신 성적이 있어야만 합격할 수 있는 전형이 아니라는 것입니다. 만약 그랬다면 비교적 낮은 내신에, 화려한 스펙 하나 없는 제가 이 수기를 쓸 수 없었겠지요. 다만 저는 꿈을 위해 꾸준히 노력했고,

어떠한 활동을 했다면 그 과정과 결과를 기록으로써 정리하는 것을 지속적으로 하였습니다.

즉, 아무런 목표의식 없이 쌓은 화려한 스펙만으로는 학생부종합전형을 통과하기가 어렵다는 것을 말씀드리고 싶습니다. 필요한 것은 '영어성적이 몇 점, 대통령상이 몇 개'같은 화려한 스펙이 아닙니다. 제가 합격한 것을 볼 때 꿈과 열정, 그것을 이루기 위한 3년간의 노력과 활동만 있다면 충분한 것 같습니다. 그 속에서 자연스럽게 크고 작은 실적들이 나올 것이고, 그러한 것들이 모여 바로 학생부종합전형의 경쟁력이 되는 것이라고 생각합니다. 따라서 지금부터 '스펙을 쌓아야지'하는 생각보다는 '내가 가장 하고 싶은 것'을 찾는 것이 중요하다고 생각합니다.

4 독자적 기준 특별전형(리더십) 합격자 수기(응용생명과학부)

자신에게 적합한 전형을 찾다

입시 전쟁이 시작되는 고등학교 3년의 시간은 저에게 있어서 또 다른 시작이었습니다. 고등학생이라는 신분의 특성상 학업에도 열중해야 했으며 2년 동안의 학생회 일을 통해 얻은 경험을 토대로 4년 만에 직선제 학생회장에 당선된 저는 다른 친구들보다 조금은 더 바쁜 학교생활을 하였습니다.

고등학교 2학년 말이 되자 바싹 앞으로 다가온 입시 걱정에 여러 선배님과 선생님께 조언을 구하던 중 한 선배님을 통해서 '학생부종합전형'에 대해서 알게 되었습니다. 특히 학생부종합전형은 성적만으로 학생을 평가하지 않고 여러 가지 학교생활을 토대로 학생에 대한 평가를 하는 제도였기에 조금 늦은 감이 있었지만 입시를 준비함과 동시에 학생부종합전형에 대한 준비를 하게 되었습니다. 학생부종합전형을 준비하기에 앞서 '나를 가장 잘 나타낼 수 있는 것은 무엇일까?'라는 고민을 하였고 오랜 고민과 생각 끝에 리더십 전형을 택하게 되었습니다. 3년 동안의 학생회활동을 하면서 마음 맞는 친구들과의 봉사 활동 동아리 설립 및 봉사 활동의 실천을 통해 느낀 점이 많았기 때문에 저를 가장 잘 표현할 수 있는 전형이라는 생각이 들었기 때문입니다.

학교생활에 충실함을 유지하기 위해 최선을 다하다

고등학생으로서 학교 공부 및 수능 공부에도 많은 신경을 써야 했으며 학생회도 책임지고 이끌어 나가야 했기에 다른 친구들에 비해서 시간이 많이 부족했습니다. 무엇보다도 가장 신경을 써야 할 부분은 학교 공부에 충실히 임하는 것이었고, 부족한 시간을 메우기 위해서 다른 친구들보다 항상 1시간씩 일찍 등교하여 보충하였습니다. 또한, 2학년 때는 부회장을 맡으면서 학생회 간부들과 함께 마음을 맞춰서 아동 보육시설인 성애원에 매달 정기적으로 봉사 활동을 다니게 되었고 봉사 활동을 통해서 따뜻함을 배웠기에 다른 후배들에게도 현재 그 자리를 물려주는 활동을 하고 있습니다.

어려움을 극복하며 리더의 자세를 배우다

하지만 여러 활동을 하면서 항상 좋은 경험만을 한 것은 아니었습니다. 특히나 4년 만의 직선제 회장으로 당선되었기 때문에 직접적으로 부딪히게 되는 문제가 많았습니다. 불같은 추진력보단 물 같은 배려와 낮춤의 자세로 학생회장의 자리에 설 수 있었지만, 모든 학생들을 대표하는 자리인 만큼 단순한 배려의 자세로만 그 역할을 수행할 수 있는 것은 아니었습니다. 그때는 학생들의 의견이 학교에 반영되지 못하였고, 학교와 학생들 간의 의사소통마저 단절된 상황이었습니다.

이러한 상황을 개선하기에 저의 힘은 정말 미약했으며 그랬기에 여러 번의 좌절도 맛보았습니다. 의견이 반영되지 않아 원망의 소리도 많이 들었고, 그로 인해 학업에도 많은 영향을 끼쳐 차근히 올라가야 할 성적은 조금씩 떨어지기 시작했습니다. 하지만 친구들의 조언으로 용기를 낸 저는 '대화'를 시도했습니다. 대화로 서로를 이해하는 과정을 통해 차츰 학생회 분위기도 부드러워졌으며 교장선생님과의 정기적인 대화로 학생들의 요구사항인 두발 문제를 해결하고, 필요한 특강을 개설하여 일률적인 보충수업의 한계를 극복하였습니다. 학교와 학생의 갈등은 단지 의사소통의 문제지 인간자체가 갈등을 안고 있는 것은 아니라는 것을 깨달음과 동시에 많이 힘들었던 시간이었음에도 리더의 자세를 배우고 앞으로 어떠한 일이든지 헤쳐 나갈 수 있을 거라는 자신감을 얻었습니다. 이렇게 여러 방면으로 배우게 되는 것이 많았고, 때론 실패도 경험하면서 진정한 저 자신에 대해서 알 수 있게 되었습니다.

학생부종합전형을 또 하나의 기회로 삼고 최선의 준비를 하다

저에게 있어서 학생부종합전형이란 또 하나의 기회였습니다. 사실, 여러 가지 활동을 함께 하면서 내신 성적을 최상위권으로 유지하기란 하늘의 별 따기였기 때문에 막상 입시가 눈앞으로 다가 왔을 때에는 겁이 나곤 했습니다. 하지만 학생부종합전형을 알고 나서 여러 가지로 조사도 해보고 준비를 하면서 자신에 대해서 더 잘 알 수 있게 되었던 것은 물론이었고 그동안의 학교생활에 대해서 반성도 해보고 되돌아보는 시간을 가지게 되었습니다. '지피지기면 백전백승이다'라는 말이 있듯이 나에 대해서 더 잘 알게 되면서 학생부종합전형에 대한 준비는 박차를 가하게 되었고 또 하나의 기회인 리더십 전형을 통해 당당히 입학할 수 있게 되었습니다.

정말 하고자 하는 것에 대해 깊이 고민하는 시간을 가지다

사실 학생부종합전형을 준비한다고 하면 학업은 아무 상관없는 것으로 여기는 친구들이 많이 있습니다. 학생부종합전형은 조금 다른 길로 대학을 갈 수 있는 방법이긴 하지만 성적을 아예 신경쓰지 않아도 되는 전형이 아닙니다. 항상 제일 우선순위에 두어야 하는 것은 학교생활에 얼마나 충실하였는가를 볼 수 있는 내신 성적이며 그 뒤에 자신을 잘 나타낼 수 있는 다른 비교과 활동들이 수반되어야 한다고 생각합니다.

저의 경우는 어렸을 때부터 시골에 계신 할머니와 할아버지께서 밭과 논, 산과 바다로 저는 데리고 다니시면서 곤충과 식물 등을 가르쳐 주시며 생명의 소중함에 대해 일깨워 주셨기에, 저의 꿈은 줄기세포와 같이 불치병을 치료할 수 있는 것에 대한 연구를 하는 생물학연구원이었습니다. 그래서 꿈을 찾는 것은 어렵지 않았고, 확실히 정해진 제 꿈만 보고 열심히 앞으로 달려올 수 있었습니다.

아무런 목표 없이 앞으로만 그저 나아가는 것은 때론 헛수고가 될 수도 있습니다. 공부를 하면서 많이 힘이 들 때면 가끔은 자신에 대해서 한번 돌이켜 보고 자신이 정말 무엇을 하고자 하는지 생각해 보는 시간을 갖는 것이 자신의 꿈을 향한 첫 걸음일 것입니다. 아직 학생부종합전형이 많이 활성화되지 않았기 때문에 주변에 정보도 없고 조언을 구할 곳이 마땅하지 않지만, 무작정 하는 공부보다는 가끔씩은 자신을 한번 되돌아보면서 자신이 정말 하고자 하는 일이 무엇인지 생각하고 부딪혀 본다면 단순한 성적만이 아닌 다른 여러 활동들로 증명되는 자신을 통해서 당당히 원하는 대학, 원하는 학과에 합격하는 기쁨을 누릴 수 있을 것입니다. 아직은 막연한 생각에 많이 힘들고 지치겠지만 포기하지 않고 한걸음씩 차근차근 자신에 대해서 알아가고 배우면서 후회 없는 고등학교 생활이 되었으면 좋겠습니다.

5 독자적 기준 특별전형(리더십) 합격자 수기(인문과학계열)

좋아하는 분야와 관련된 자발적인 공부를 하다

저는 '역사', 그중에서도 특히 우리나라의 역사인 '국사'에 가장 관심이 많았고 국사와 관련된 활동을 많이 했습니다. 물론 해외 탐방과 같은 거창한 활동은 해보지 못했고, 역사 관련 과목에서 특별히 우수한 성적을 거둔 적도 없습니다. 하지만 제가 살고 있는 지역의 역사는 누구보다도 잘 알고 우리 지역의 역사에 관한 활동은 누구보다 많이 했다고 자부할 수 있습니다. 특히 문화재에 관심이 많아서 지역 문화재 대부분을 찾아다니며 답사하고 그 감상을 사진과 기록으로 남겼습니다. 이러한 활동을 통해서 제가 살고 있는 곳에 대한 자부심을 가질 수 있었고 쉽지 않은 활동이었지만 역사 지식 이외에도 많은 것을 얻을 수 있었습니다. 그 이외에도 우리 역사에서 중요한 부분임에도 잊혀 가는 많은 것들을 재조명하기 위해서 영남대로 답사, 문화재 지킴이 활동 등 다양한 활동을 했습니다.

혼을 담은 자기소개서를 작성하다

가능성을 믿고 준비를 시작했지만 쉽지는 않았습니다. 자료가 여기저기 흩어져 있어 제대로 정리되지 않은 것이 대부분이었기 때문입니다. 또한 막상 시작하고 보니 '과연 이런 자료들이 도움이 될까?'라는 의심이 들어 절망하기도 했습니다. 하지만 사소하고 작은 것들도 꼼꼼하게 모으면서 3년 동안의 활동을 즐겁게 정리하려고 노력하였습니다. 자기소개서를 쓰는 것도 막상 쓰려고 하니 막막해져 걱정이 컸습니다. 담임선생님께 도움을 요청하니 조용히 걸을 수 있는 곳을 찾아 걸어보거나 혼자 있을 수 있는 공간을 찾아 생각을 해보라는 조언을 해주셨습니다. 그러자 정말로 마음이 편안해지면서 지금까지의 고등학교 생활에 대해 진실한 글을 쓸 수 있었습니다. 고등학교 생활을 하면서 나를 되돌아보고 조용히 생각할 수 있는 시간이 없었는데 고3이 되어서야 처음으로 그러한 시간을 가지게 된 것입니다. 자기소개서를 쓰고 난 이후에도 여러 번 수정하고 때로는 아예 다시 쓰기도 하면서 지금까지의 노력, 앞으로의 목표 등에 대해서 보여드리기 위해 한 글자 한 글자 정성들여서 작성했습니다. 어느 누가 보더라도 진실성이 느껴지는 글이 되어 후회 없도록 마지막까지 최선을 다했습니다.

끝까지 포기하지 않고 최선을 다하다

공부하는 틈틈이 준비를 하다 보니 성적에 대해서 불안감이 느껴지기도 하고, 주변 선생님들께서도 성적에 대한 우려를 나타내기도 하셨습니다. 주위의 친구들이 여전히 열심히 공부하는 모습을 보면서 포기하고 싶은 마음도 생기고 후회하기도 했습니다. 하지만 학생부종합전형에 투자한 시간과 노력이 아깝지 않을 것이라고 믿고 끝까지 해냈습니다.

처음에는 가능성이 있겠다고 판단했지만 반드시 결과가 좋을 것이라는 확신은 하지 못했습니다. 하지만 도전했던 것에 만족하고 결과가 나쁘다 하더라도 리더십 전형을 준비하면서 얻은 것이 많았기 때문에 어떠한 결과가 나와도 괜찮을 것이라고 마음을 정리하고 수능시험을 치기까지 수능공부를 열심히 했었습니다. 준비하는 도중에 '처음부터 시작도 하지 말 걸'이라는 후회도 했지만 아마 다시 선택하라고 한다 해도 시간을 쪼개어 더 열심히 이 전형을 준비했을 것입니다 저에겐 도전이었고 모험이었지만 충분히 그럴만한 가치가 있는 도전이었습니다. 목표를 이룬 그 순간의 감동은 도전한 사람들에게만 주어지는 특혜이기 때문입니다.

자신감을 가지고 도전하다

처음에 학생부종합전형이 있다는 것을 알았을 때는 저와는 전혀 관련이 없는 전형일 줄 알았습니다. 화려한 수상 경력, 뛰어난 어학 실력 등은 저와는 관련이 적은 것들이었기 때문이었습니다. 하지만 화려한 것은 아니어도 제가 좋아서 했던 모든 것들이 다 저의 가능성을 보여주는 증거가 되었습니다. 남들처럼 화려한 경력과 자료는 없어도 자신만의 특색 있는 자료가 있다면 충분히 가능한 전형이 학생부종합전형입니다. 도전하는 용기와 더불어 학생부종합전형에 대해서 많이 공부하고 많은 조사를 해보고 자신의 장점을 더욱 강화시키는 노력이 필요합니다. 공부는 대학 공부의 기본이라고 생각하고 꾸준히 열심히 하는 것도 중요합니다. 노력이 충분한데도 자신감 부족으로 망설이고 있는 사람이 있다면 과감하게 도전해볼 것을 추천하고 싶습니다.

6 학생부교과전형 합격자 수기(정치대학)

자신에게 적합한 전형을 찾다

일반전형의 경우 학생부와 논술 성적이 합격의 당락을 결정하는 경우가 많습니다. 하지만 그것만으로 대학에 지원하기엔 꿈을 위해 달려온 저의 시간들과 활동들이 가려지는 것 같아 아쉬웠고, 저를 좀 더 많이 보여드리고 싶었습니다. 그 활동들 중에는 학교생활에 충실했던 점이 가장 눈에 띄었고 다른 전형에 비해 저의 장점을 잘 드러낼 수 있는 전형이라 판단하여 이 전형을 선택하게 되었습니다.

학교생활에 충실함을 유지하기 위해 최선을 다하다

저는 초등학교 3학년 때부터 아나운서가 꿈이었습니다. 막연했던 꿈은 언론이라는 매체에 대한 전반적인 관심을 기르게 했고, 그런 관심은 어느새 시청자와 함께 소통하며 세상을 바라보는 따뜻한 시선을 가진 아나운서로 구체화되었습니다. 그리고 세상을 바라보는 따뜻한 시선과 소통을 리더의 자리를 통해 배우게 되었습니다. 중학교 때부터 꾸준히 학급 반장으로 학생회활동에 참여했고, 고등학교 땐 학생회장으로 활동했습니다. 또, 제가 살고 있는 지역인 ○○에 있는 관재 고등학교 학생회장단 모임인 '○○○(○○ 고교회장단 연합)'을 통해 청소년을 위한 축제를 열기도 했고, 리더십 캠프 등을 통해 리더의 자질에 대해 배우기도 했습니다. 이처럼 바쁜 나날들이었지만 저는 학업에도 소홀히 하지 않기 위해 노력했습니다. 그 결과 3학년 1학기 때까지의 평균내신(국영수사)은 1.46등급이었습니다.

보여주기 위한 활동이 아닌 정말 좋아하는 일을 하다

교내 활동 외에도 저의 꿈을 위해 많은 활동을 했습니다. 초등학교 때 지역일보의 명예기자로 활동하며 신문에 대한 관심을 갖게 된 뒤, 중학교 땐 교내 신문부원으로, 고등학교 땐 ○○일보에서 만든 고교주간신문인 ○○○○의 고교기자단으로 활동했습니다. 그 뿐만 아니라 MBC아나운서들이 운영하는 웹페이지 '○○○○'를 통해 아나운서 낭송회와 아나운서 대상을 가까이서 보고 함께하면서 꿈을 구체적으로 실현해 나가기 위해 노력했고 이런 노력의 일환으로 한국어 능력시험에도 계속하여 응시하게 되었습니다.

많은 분들이 이러한 전형을 준비하면서 걱정하는 것이 소위 스펙이라 하는 많은 경험들일 것이라 생각합니다. 저 역시 해외봉사를 가거나 봉사 시간이 백 시간이 넘는 친구들과 선배님들을 보면서 무리를 해서라도 해야 하는 것일까 생각을 하기도 했습니다. 하지만 그건 진짜가 아니니까요. '보여주기 위한 활동은 하지 않았다는 것.' 이것이 제가 학생부종합전형을 합격한 방법이라고 생각합니다.

진심을 가득 담은 면접을 준비하다

학생부 성적으로 1차 통과하고 난 뒤 2차는 자기소개서와 교사의견서 등의 서류평가와 면접으로 이루어졌습니다. ○○대학교의 면접은 원서를 썼던 많은 대학교 중 가장 인상 깊었던 면접이었습니다. 개인당 20분의 긴 시간동안 면접을 했는데, 프레젠테이션 면접으로 면접 전 세 가지 제시문과 문제를 읽고 그에 대한 대답을 한 후, 미리 제출한 서류를 바탕으로 한 질문들이 이어졌습니다. 타 대학 면접이 5~7분 내외로 진행되는 것과 비교하여 시간적 여유가 있었기 때문에 많은 질문이 오고갔고 저 역시 하고 싶었던 말을 모두 할 수 있어 후회 없는 면접이었습니다. 결국 저는 학생부종합전형을 통해 ○○대학교에서 아름다운 20대를 채워나갈 수 있게 되었는데 저에게는 정말 큰 선물 같은 존재라고 할 수 있습니다.

전공을 일찍 정하고 그와 관련된 노력을 지속하다

학생부종합전형을 준비하는 후배님들께 몇 가지 조언을 하자면 정말 오래도록 자신이 흥미를 가지고 할 수 있는 꿈과 전공을 정하고 그와 관련된 경험을 하라는 것과 자신감 있게 말하는 능력을 기르기 위해 노력하라는 것입니다. 앞서 말했듯 저는 어렸을 적부터 아나운서가 꿈이었습니다. 또한 사회과 과목에도 관심이 많았습니다. 이러한 관심은 고등학교에 들어와 여러 사회탐구과목을 배우면서 더 커졌습니다. 사회는 언어, 외국어, 수리와는 다른 모든 과목을 끌어안을 수 있는 큰 과목이라고 생각했습니다. 또, 사회과 선생님들의 영향으로 사회과 교사의 길을 생각하기도 했습니다. 아나운서의 경우 전공에 대한 제한이 없지만, 사회교육과를 선택하자니 아나운서의 길이 멀어지는 것만 같아 고민이 되었습니다. 전공에 대한 제한은 없지만 많은 현직 아나운서들이 정치외교학과를 전공했고, 저 역시 선택 과목으로 정치를 배우면서 흥미로운 과목이라고 생각했습니다. 또, ○○대학교 정치외교학과는 한국 최초의 정치학사의 정통을 가지고 있을 뿐만 아니라 일반 사회과목으로 교직 이수를 할 수 있어 제가 생각하는 진로와 잘 맞았습니다. 이와 더불어, 제가 했던 리더로서의 경험과 전공과 관련된 활동들이 리더십 전형에 적합하다고 판단하였습니다.

하지만 이러한 경험에 꼭 거창한 것이 필요한 것이 아니라고 생각합니다. 저의 경우 '○○○'과 같은 정치 드라마나 '○○수첩', '○○○의 W'와 같은 시사프로나 교양프로그램을 보고 그에 대한 저의 의견을 기록해두기도 했습니다.

자신감 있게 말하는 능력을 기르다

저는 남들 앞에서 말하는 것을 좋아했기 때문에 면접에 대한 큰 부담감은 없었습니다. 하지만 함께 모여 면접 준비를 하면서 면접에 대한 부담감이 많은 친구들도 있음을 알게 되었습니다. 면접이 부담스러워 면접이 있는 전형은 아예 지원조차 하지 않는 친구들도 있었습니다. 하지만 면접은 자신을 PR할 수 있는 가장 좋은 기회라고 할 수 있습니다. 거울을 보면서 혹은 친구들, 선생님들과의 모의 면접을 통해 자신감 있게 말할 수 있는 능력을 기르는 것이 중요하다고 생각합니다. 작년 이맘때 설레고 떨리는 마음으로 고3을 맞이한 게 엊그제 같은데 또 다시 새로운 한 해가 시작되었습니다. 후배님들 모두 후회 없는 시간들을 보내 내년 이맘때 저와 같은 합격의 기쁨을 맛볼 수 있기를 진심으로 바랍니다.

7 독자적 기준 특별전형(전공적합) 합격자 수기(문화콘텐츠학과)

자신에게 적합한 전형을 찾다

처음 학생부종합전형에 관심을 갖게 된 계기는 한 선배님을 통해서였습니다. 애니메이션, 문학과 같은 문화적 요소에 남다른 열정을 가진 ○○○선배님이 문화콘텐츠학과에 학생부종합전형을 통해 꿈의 첫 발걸음을 뗐다는 보도기사를 읽고 큰 감명을 받았기 때문입니다.

학생부종합전형에도 여러 가지가 있지만 전공적합 전형에 지원한 이유는 뚜렷한 '적성'과 꾸준히 관리해 온 '내신' 때문이었습니다. 리더십 전형에서는 문화산업에 대한 저의 적성을, 자기추천 전형에서는 꾸준히 관리해왔던 내신 성적이 제 맛을 내지 못하는 반면 전공적합 전형은 적성과 내신 성적이 조화롭게 맛을 낼 수 있었습니다.

학교생활에 충실함을 유지하기 위해 최선을 다하다

대부분의 친구들이 성적이란 압박감에 억눌려서 하고 싶은 것, 잘하는 것을 하지 못하는 데 비하면 저는 상당히 여유롭게 학교생활을 했습니다. 사교육을 한 번도 받아본 적이 없기에 비교적 시간이 여유로웠던 저는 그 시간을 꿈을 위해 투자했습니다. 시험기간 이외에는 대학로에 뮤지컬과 연극 공연을 수시로 보러 다녔고 영화와 드라마도 꼬박꼬박 챙겨보았습니다. 문화를 사랑하고자 보였던 많은 관심과 투자는 오히려 수험생활의 활력이 되었고 나아가 문화마케터라는 구체적 진로를 설정하는데 많은 도움이 되었습니다.

또한 저는 교외활동보다 교내활동에 충실했습니다. 교외활동으로는 노래공연 동아리로서 청소년 문화센터에서 주관하는 각종 행사에 참여한 경험뿐이지만 실용음악 동아리 활동, 축제공연 참여, 축제 포스터 공모전 최우수상 수상 등 교내에서는 다양한 활동에 참여했습니다. 비록 교외활동이 교내활동보다 화려해 보이지만 교내 행사를 통해서도 많은 것을 배울 수 있었습니다. 실례로 저는 축제 때 뮤지컬 공연 준비를 하면서 무대연출과 시나리오 등 공연을 기획하고, 단장으로서 팀원을 이끎을 통해 창의성과 리더십을 함양할 수 있었습니다. 구하기 힘들고 비싼 재료도 좋지만 콩과 마늘같이 구하기 쉽고 영양가 많은 재료가 더 좋은 법이니까요.

학생부종합전형은 '나'를 재료로 해서 만들 수 있는 최선의 요리이다

맛에도 단맛, 짠맛, 쓴맛 등 여러 가지가 있듯이 학생부 우수자, 논술고사, 적성검사 등 수많은 수시 전형이 있었지만 이러한 전형에서는 한 가지 맛밖에 선보일 수 없는 반면에, 학생부종합전형에서는 제가 가진 다양한 맛을 조화시킬 수 있었습니다. 저의 사고방식과 가치관, 열정을 모두 녹일 수 있었던 본 전형은 그 어떤 전형보다 저를 가장 잘 표현할 수 있었습니다. 저는 이 요리를 더욱 발전시켜 최고의 요리로 만들고자 합니다.

저는 문화콘텐츠를 상품화하여 유통시키는 문화마케터가 되고 싶습니다. 그리하여 한국 고유의 문화콘텐츠를 개발해서 한국의 문화적 발전을 꾀하고 문화에 대한 접근도가 낮은 문화 소외 계층들도 차별과 어려움 없이 다양한 문화적 소통을 누릴 수 있도록 기회를 제공할 것입니다. 이러한 궁극적 목표에 첫 발걸음을 뗄 수 있도록 주어진 기회라는 점이 학생부종합전형이 저에게 갖는 가장 큰 의미입니다.

서류와 면접은 정직함으로 승부하다

서류와 면접 자료준비과정에서 가장 중요한 것은 정직함이라고 생각합니다. 단순히 허위사실로 인한 불합격을 염려해서가 아닙니다. 오직 머릿속의 꿈과 가슴속의 열정에 거짓이 없어야만 참된 잠재성을 서술할 수 있으며, 교수님 앞에서 그것을 자신 있게 표현할 수 있을 때 가장 훌륭한 면접이 될 것이기 때문입니다. 자신의 가능성을 한편의 글로 압축하는 자기소개서와 십분 남짓의 짧은 면접시간에는 지원자의 모든 것을 보여줄 수 있어야 하는데 그 열쇠가 바로 정직함임을 명심하시기 바랍니다.

발품을 팔아 전공정보를 모으다

전공탐색을 위해서는 직접 발품을 팔아 전공 관련 정보를 모으셔야 합니다. 대략적인 전공탐색을 위하여 정부에서 운영하는 '한국 직업 정보 시스템'사이트의 학과 정보를 이용해 보시는 것이 좋습니다. 전공 설정 후에는 학교 홈페이지와 학과 홈페이지를 참고하세요. 이는 전공탐색을 위한 교과서입니다. 대학에서 배울 것, 진로 등 모든 것이 제공되고 있습니다.

같은 전형을 준비하는 친구들과 머리를 모으다

마지막으로 자신에게 맞는 전형탐색을 위해 친구들과 머리를 맞대세요. 정보는 나눈다고 크기가 줄어들지 않습니다. 저는 학생부종합전형을 준비하는 친구들을 모아 작은 모임을 만들었습니다. 서로의 성적과 관심분야에 대해 많은 대화를 나누고 각자 알고 있는 전형을 서로에게 추천해 주는 방식으로 많은 정보를 교환하였습니다. 실제로 저 같은 경우도 처음에는 자기추천 전형을 준비하고 있었는데 친구가 전공적합 전형이 신설되었다는 정보를 주어 저에게 맞는 최적의 조건으로 지원, 합격할 수 있었습니다. 전형을 준비하는 동안에는 진정한 자아를 찾을 수 있습니다. 그 과정이 고되고 어렵더라도 포기하지 마시고 차근차근 준비해보세요. 당신도 최고의 셰프가 될 수 있습니다. 자랑스러운 사람이 되기 위해 노력하는 당신을 제가 항상 응원하겠습니다.

8 독자적 기준 특별전형(전공적합) 합격자 수기(국어국문학과)

적성을 일찍 찾아 노력하다

초등학교 교내 과학상상화 글짓기 대회에서 금상을 받은 것이 제 꿈의 시발점이었습니다. 단순히 제가 상상하고 그리던 것을 글로 풀어나가면서 문학과 글쓰기에 매력을 느끼기 시작했습니다. 그저 좋았기 때문에 각종 백일장 대회에 참가했으며 즐거웠기 때문에 문학을 공부했습니다. 그리하여 글 쓰는 국어교사라는 꿈을 가졌고 넓게는 해외에 한국의 문학을 알리는 것이 꿈이 되었습니다. 정해진 주제와 시어의 의미를 듣고 외우는 방식이 아닌, 직접 생각해보고 창작해보는 문학을 학생들에게 가르쳐 훌륭한 문인들을 배출해내고 싶었기 때문입니다.

또한 이미 한국문학은 노벨문학상 등의 세계 유명 문학상 순위권에 오르며 그 우수성을 인정받아 왔습니다. 하지만 번번이 수상하지 못하는 이유가 한국의 문화, 정서, 전통을 이해하지 못하는 세계인이 평가하기에 작품의 의미전달이 정확히 되지 못하기 때문이라고 생각하였습니다. 따라서 작품에 담긴 의미를 정확히 전달하여 세계에 한국문학의 우수성을 알리고 싶었습니다.

자신에게 적합한 전형을 찾다

꿈을 향해 달리다가 입시의 문턱에 도달했을 때 제가 원하는 대학에 제가 가진 것을 내세우며 자신 있게 지원할 수 있는 전형은 학생부종합전형였습니다. 물론 다른 전형들도 지원이 가능했지만, 학생부종합전형은 저만의 무대에서 제 특기를 아낌없이 보여 드릴 수 있다는 점에서 큰 가치를 느꼈습니다. 그중 전공적합 전형은 국어국문학과에 대한 제 강점을 표현하기에 적절했습니다. 1차 서류를 통해 그동안의 준비과정과 문학성을 충분히 드러낼 수 있었으며 부족했던 부분은 2단계 면접에서 채울 수 있었습니다. 또한 이름에 걸맞게 전공적합성을 위주로 보는 전형이었기 때문에 열정과 실력으로 국어국문학과에 적합한 학생임을 드러낼 수 있었습니다.

학교생활에 충실함을 유지하기 위해 최선을 다하다

학생부종합전형은 흔히들 교외활동을 주로 열심히 하면 된다는 편견을 가집니다. 하지만 저는 교내활동을 더욱 중요하게 생각하였습니다. 내신 성적이 필요 없는 전형이라는 쉬운 오해를 할 수 있지만 내신 성적이 가장 필요한 전형 중 하나라고 생각했기 때문에 내신공부를 게을리 하지 않았습니다. 저는 국어국문학과에 지원할 계획이었기 때문에 국어과 내신은 최상을 유지할 수 있도록 노력하였습니다. 또한 교내동아리와 각종 백일장도 기회로 생각하여 적극 참여하였습니다. 이는 교내에서 전공적합성을 부각시킬 수 있는 유일한 기회였고, 이를 통해 제 실력을 신장시킬 수 있었기 때문입니다. 고등학교 2학년 때에는 교지편집부에 들어 1년간의 학교 이야기를 직접 수집, 구성, 편집하는 전 과정에 참여했습니다. 이를 통해 여러 가지 소재의 많은 글들을 다루는 기술도 익힐 수 있었으며 훗날 제 책을 만드는 데에도 도움이 되리라 생각합니다. 교내 백일장은 선택사항인 경우가 많아 놓치기 쉬운 기회이지만 제 실력을 평가받을 수 있었기 때문에 적극적으로 참여하였습니다.

자신이 좋아하는 일을 위한 열정을 보이다

중학교 때 학교대표로 나간 금강산통일체험한마당 글짓기대회에서 교육청 주관 문예창작영재교육원을 우연히 알게 되었습니다. 글과 문학에 대해 관심이 많았던 저는 영재원 시험에 응시하였고 성북문예창작영재교육원 소설반 2기생으로 입학하였습니다. 매달 정기적으로 영재원에 출석해 소설과 글쓰기 전반에 걸친 전문적인 교육을 받았으며, 직접 소설을 창작하기도 하였습니다. 또한 서로가 쓴 글들과 유명작가들이 쓴 글을 읽고 비평, 첨삭하는 시간도 가졌습니다. 영재원 수료 후 함께 교육을 받은 동인들과 '연필 숨'이라는 청소년문예단체를 형성했습니다. 인터넷에 카페를 개설하고 동인들과 정기적으로 모임을 가지며 문학과 창작에 대해 토론하는 활동을 했습니다. 이는 수동적으로 변해가는 문학계에서 어린 학생들이 주체적으로, 자신만의 문학을 하려는 움직임이었습니다. 또한 그에 그치지 않고 2회 차에 걸쳐 동인지를 출판했습니다. 읽고 듣는 문학이 아닌 직접 참여하는 문학을 하고 싶었기 때문입니다. 동인들과 소재를 정하고 그에 맞는 소설을 창작해 그 내용을 구성했습니다. 저는 '연필 숨' 내 편집위원을 맡아 동인들의 글을 수합하여 기획, 표지구성, 편집 등 출판의 전 과정에 참가했습니다. 또한 영재교육원 이수 후 지속적으로 전문적인 교육을 받기 위해 영재교육원의 후속 기관인 집현전에서 꾸준히 수업을 받으며 실력을 쌓아갔습니다.

학생부종합전형은 내가 주인공인 나만의 무대이다

저에게 학생부종합전형은 제가 주연인 특별한 무대였습니다. 학생부종합전형도 어렵고 떨리는 입시의 일부이지만, 저를 위해 맞추어진 전형이었기 때문입니다. 저에게 딱 맞는 역할과 재능을 가지고 있지만 이를 뽐낼 무대가 없다면 이는 저를 위한 역할과 재능이 아닐 것입니다. 하지만 학생부종합전형은 그 무대를 만들어 주었고 저를 뽐내기에도 충분했으며 준비과정에서 더 빛날 수 있었습니다. 좀 더 구체적인 꿈의 계획을 설계하며 성장할 수 있었기 때문입니다. 이렇게 학생부종합전형은 그저 꿈을 향해서 달려오던 저를 주인공으로 만들어 주었고 그간의 노력을 인정받을 수 있게 해주었습니다.

꿈과 열정, 노력이 갖추어진 완벽한 무대를 설계하다

학생부종합전형을 준비하는 학생들에게 해주고 싶은 말은 결코 쉬운 길은 아니니 준비된 자만이 도전하라는 것입니다. 이는 이 전형이 좋은 전형이 아니니 도전하지 말라는 뜻이 아닙니다. 학생부종합전형을 쉽고 간단하게 보는 시선들이 있습니다. 내신 성적은 중요하지 않으며 그저 대학에 가기 위해 스펙만 쌓으면 된다는 생각들이 허다합니다.

하지만 이 전형은 학교와 전공에 대한 열정, 도전정신, 재능 등 그 어떤 전형보다도 노력해야 하는 점들이 많습니다. 특히 내신 성적은 자신의 열정을 수치화할 수 있는 유일한 방법입니다. 자신의 열정이 표출되는 과목은 결국 지원학과와 연결되며 그 끝은 꿈과 이어져 있습니다. 누구에게도 뒤지지 않을 열정이라면 그 과목의 성적에서 그것이 드러날 것이라고 생각합니다. 이처럼 학생부종합전형은 해당 전공에 대한 열정이 뛰어나고 그를 표출할 자신만의 무대를 찾고 있다면 가장 적합한 전형이지만, 이 중 하나라도 부족한 점이 있다면 무대에 맞는 역할을 해내지 못합니다. 꿈과 열정 그리고 노력을 갖추고 있다면 자신을 위한 무대 위에서 이를 당당히 뽐내시길 응원하겠습니다.

9 고른 기회전형(사회배려대상자) 합격자 수기(상경대학)

적성을 발견하고 지망학과를 선택하다

저는 고2 때 교양과목으로 처음 접한 경제 과목을 통해 그동안 알지 못했던 자신의 적성을 발견하게 되었습니다. 그저 시험을 위해 흘려듣는 과목이 아니라 시간이 흐를수록 경제에 큰 흥미를 느끼게 되었고, 1주일에 겨우 2번 있는 경제 시간은 정말 손꼽아 기다리는 시간이 되었습니다. 사실 저는 2학년 때 자연계열을 선택했었는데, 그 이유는 청각 장애의 특성상 일반 회사원 같은 직업은 갖기 어렵다고 생각했기 때문입니다. 그때까지만 해도 저는 장애를 이겨낼 용기가 없었고, 장애에 맞춰서 미래를 계획하려고 했습니다. 저의 장애가 대학 진학에 있어서 문제점으로밖에 작용하지 못한다고 생각했기 때문입니다.

단점을 장점으로 승화시키기 위한 노력을 하다

치열한 입시전쟁과 좁은 대학의 문을 통과하기 위한 싸움 속에서, 항상 저는 약자에 불과하다고 판단하여 쉽게 절망하였습니다. 당시 좌절감을 느끼던 저에게 담임선생님께서는 학생부종합전형을 강력하게 추천하셨고 다양한 정보들을 알려주셨습니다. 기존의 입시제도와는 달리 개개인의 특성과 환경, 그리고 잠재력까지 모두 고려하는 학생부종합전형은 저에게 색다른 도전으로 다가올 수밖에 없었습니다. 특히 다른 아이들과는 달리 장애요소를 안고 학교생활을 해야 했던 저에게는 다방면적인 인재 발굴 취지가 감명 깊게 와 닿았습니다. 저는 이 기회를 통해 나 자신의 장애가 인생의 장애물이 아닌 디딤돌이며, 새로운 출발을 알리는 도화선이라는 것을 깨달을 수 있었습니다. 그리하여 그때부터 단점을 장점으로 승화시킬 수 있도록 열정적인 마음가짐으로 수험 생활에 임하기 시작하였습니다.

그리고 저는 대학이라는 새로운 세계로 나아가기 위해서는 스스로의 변화가 필요하다는 것을 실감하였습니다. 수동적이고 소극적이었던 모습을 버리고 새로운 시작을 꿈꿨고, 그것을 바탕으로 노력하였습니다.

자신에 대한 편견을 극복하다

일반적으로 많은 사람들은 장애에 대한 편견이나 부정적인 시각을 가지고 있습니다. 그러나 사회에는 개개인마다 다양한 인격체와 가정환경이 존재하듯이, 장애 또한 개인의 특수한 면일 뿐이라고 제 자신을 격려하였습니다. 저는 스스로 가지고 있었던 편견을 깨기 위해서 틈틈이 독서를 하고, 다양한 사람들에게 조언을 얻기 시작하였습니다. 또한 그 과정에서 위대한 경제학자들은 대부분 수학자 출신이라는 것을 알고, 오히려 저의 상황이 경제학도가 되기에 아주 유리하다는 것을 깨닫고 굉장히 기뻐하였습니다.

기본에 충실하다

사실 학생부종합전형을 준비하면서, 거창하게 무언가를 준비하기보다는 늘 기본에 해당하는 학교생활에 충실해야 한다는 마음가짐으로 임하였습니다. 대회에서 받는 상이나 특이한 경력을 쌓기보다는, 기본적인 학교수업과 더불어 나의 가치관과 미래 계획 구상, 그리고 스스로를 어필하는 말하기 연습을 가장 중요하게 생각했고, 실천하기 위하여 노력하였습니다. 그래서 몇 번이고 자기소개서를 고쳐 썼고, 많은 사람들과의 대화를 통해 저의 잠재력과 재능에 대한 확신을 세우는데 주력하였습니다.

자기주도학습 시간을 성장시간으로 충실히 활용하다

청력이 떨어지는 저를 위해 친구들은 앞자리를 양보하였고, 선생님들께서도 저에게 시선을 많이 맞춰주셔서 최대한 편안한 환경에서 고등학교 공부를 해올 수 있었습니다. 고3 끝자락까지 야간 자율 학습 또한 거의 빠지지 않고 열심히 참여했는데, 그때 혼자 공부하며 스스로의 장래를 고민했던 시간들이 대학입학에 많은 도움이 되었습니다. 많은 아이들이 학원과 과외 등을 병행하지만, 야간 자율 학습처럼 혼자 스스로 노력하며 자신의 자질을 하나둘씩 발견하는 시간이 반드시 필요하다고 생각합니다. 또한 이 시간을 이용하여 고등학교 3년 내내 200권 이상의 독서량을 채울 만큼 책을 많이 읽을 수 있었기 때문에 폭넓은 이해력과 시야를 가질 수 있었습니다.

숨겨진 잠재력을 발견하고 계발에 힘쓰다

꿈을 향해 한 발자국 나아가게 된 지금, 저는 학생부종합전형에 대해 감사를 표하고 싶습니다. 이 전형에 도전하지 않았다면 경제학도의 꿈은 벌써 좌절되었을 것이기 때문입니다. 학생부종합전형에서 무엇보다 중요한 것은 자신의 진정한 재능이 무엇이며, 숨겨진 잠재력을 발견하는 것입니다. 이 과정에서는 다양한 사람들을 만나 조언을 구하고, 스스로의 특성에 대해 깊이 생각해보고, 독서를 통해 다양한 세계를 접하는 것이 바람직합니다. 또한 그것을 발견하게 되었을 때, 스스로 자신감을 가지는 것도 아주 중요하다고 생각합니다. 자신의 미래에 대한 확신을 바탕으로, 기본적인 교과과정과 더불어 자신의 잠재력 계발에 힘을 쏟는다면 학생부종합전형에서 좋은 결과를 거둘 수 있다고 믿습니다.

10 학생부종합전형 합격자 수기(법학과)

지원학과와 관련된 동아리 활동에 적극적으로 참여하다

고등학교 1학년이 되면 다양한 동아리 활동 중 한 가지 활동을 선택할 기회가 주어지는데 저는 단지 친한 친구들을 따라가거나 흥미 위주로 동아리 선택을 하기보다 저에게 도움이 될 수 있고 지원 학과와 조금이라도 연관성이 있는 동아리를 선택하고자 하였습니다. 그래서 시사토론 동아리에 들어가 동아리 부원으로서 모든 활동에 적극적으로 임했습니다. 동아리 안에서는 같은 동아리 부원들과 사회적으로 이슈가 되고 있는 주제를 선정하여 찬성과 반대로 팀을 나누어 열띤 토론을 하는 시간을 가지기도 하였습니다.

또, 학교축제가 열리는 날이면 많은 학생에게 토론 문화가 딱딱하고 지루한 것만은 아니라는 것을 알려 주고 좀 더 친근하게 다가갈 수 있도록 퀴즈나 게임 등을 이용해 홍보활동을 하기도 하였습니다. 함께 준비하는 동아리 부원끼리 의견충돌도 가끔 일어나고 어떻게 하면 보다 많은 학생의 참여를 유도할 수 있을까 생각을 하느라 머리도 아프고 힘들었지만, 항상 모든 활동을 하고 나면 돌아오는 그 뿌듯함은 아주 컸습니다. 그리고 주제를 선정해 토론할 때에는 상대편이든 같은 편이든 여러 가지 의견들을 들으면서 세상을 바라보는 시각도 넓힐 수 있었습니다. 그리고 신문스크랩활동도 꾸준히 하였는데, 처음에는 습관이 되지 않아 귀찮다고 느껴질 때도 있었으나, 스크랩을 위해 의무적으로 신문을 꼬박꼬박 읽다 보니 어느새 자연스럽게 신문을 읽는 습관도 갖게 되었고 중요한 기사는 스크랩하여 다른 친구들과도 돌아가며 읽고 대화를 나누는 등 매우 유익한 시간이 되었습니다. 이것은 대입 면접에도 상당 부분 도움이 되었습니다.

지원학과와 직접적으로 관련된 활동에 적극적으로 참여하다

학교에는 '교내 자치 법정'이라는 동아리가 있는데 여기에는 시험을 쳐서 뽑힌 학생들이 활동하는 동아리였습니다. 경쟁률이 높은 편이었으나 제가 가고자 하는 법학부와 매우 관련되어 있고 법에 관한 지식을 쌓는데도 도움이 될 것으로 생각하여 시험 준비를 철저히 하였습니다. 열심히 준비한 결과 자치법정 동아리의 부원이 되었고 그 안에서 저는 변호사 역할을 맡아 활동할 수 있었습니다. 각자 변호사, 판사, 검사, 서기 역할을 정하여 교칙을 위반하여 벌점이 많은 학생을 모의재판에서 선도하는 활동이 자치법정 동아리의 주된 활동이었습니다. 그곳에서 저는 변호사로서 교칙 위반 학생과의 상담을 통해 무엇을 잘못하여 벌점을 받게 되었는지, 교칙을 위반할 수밖에 없었던 사정이 있었는지, 앞으로는 교칙을 위반하지 않을 것인지 등의 대화를 나누며 학생들이 바른 길로 나아갈 수 있도록 도움을 주기 위해 적극적으로 활동에 임하였습니다. 이렇게 학생들과 이야기를 나누다보면 같은 학생이지만 다른 사람들의 입장에 대해서 생각할 수 있는 시간을 가질 수 있었고 그러면서 또 나 자신은 다른 사람을 변호할 자격이 있는 사람인지 반성해 보는 계기가 되었습니다. 이뿐만 아니라 자치법정 친구들과 시의회를 방문하여 회의 모습을 참관하기도 하고 '법과 사회', '청소년의 법과 생활'과 같은 서적들을 읽고 함께 공부하여 교내 법 경시대회 준비를 하기도 하였습니다.

학교생활에 충실함을 유지하기 위해 최선을 다하다

저는 이처럼 항상 학교에서 생활할 때 '꿈을 이루기 위해서는 무엇을 어떻게 해야 할까?'라는 고민을 하였고, 모든 활동에 적극적으로 임해 왔습니다. 사실 학생부종합전형이라고 해서 스펙만 많이 쌓아야 하는 것은 아닙니다. 학교 교과 공부도 충실히 하여 어느 정도 내신등급을 잘 유지하고 관리하여야 합니다. 자신의 교과 성적은 그 학생이 학교에서 얼마나 충실히 수업에 임하였는지를 나타내는 지표이기 때문입니다. 저의 경우 활동이력을 쌓기 위해 교외 활동을 병행하다 보니 교과 성적이 매우 우수했던 것은 아니지만 성실한 태도로 수업을 들었고 학교에서 심화반에 들어가기 위해서 열심히 공부하였습니다. 심화반에서는 밤늦게까지 자율 학습을 하며 자기 주도적으로 공부할 수 있도록 습관을 들이는 데 노력을 하였습니다.

노력은 나를 배신하지 않는다는 사실을 깨닫다

학생부종합전형으로 합격하기 위해서는 어떤 활동을 할 때 '합격 조건'으로 생각하기보다는 자신의 꿈을 이루기 위해 하는 활동이라고 생각하며 진심으로 활동에 임하여야 한다고 생각합니다. 그래서 저는 중학교 때부터 여러 곳에서 봉사 활동을 해왔지만, 고등학교 때는 좀 더 구체적이고 지속적으로 봉사 활동을 해보아야겠다고 생각했습니다. 그래서 저는 한 복지기관을 정해 놓고 그곳에 매달 틈틈이 가서 봉사 활동을 하였습니다. 그리고 저는 봉사 활동을 하고 와서는 봉사 활동을 하면서 느낀 보람이나 반성 등을 잊지 않기 위해 봉사일기를 써두었습니다. 나아가 저는 학급반장을 하면서 반 아이들에게 월드비전 한 생명 살리기 운동을 권유하여 학급친구들 모두와 함께 후원하기도 하였습니다. 작은 손길 하나하나가 모여 큰 도움이 될 수 있다는 사실이 저에게는 매우 큰 힘이 되었고 제 생활에 감사하는 마음마저 생겼습니다. 그 외에도 '학부모와 교사가 멘토링하는 그룹 연구 활동 우수논문집' 대회에서 한옥의 과학성, 친환경성, 실용성에 관한 연구를 진행하여 최우수상을 받았으며, 교내 독서 골든벨에서 금상을 받아 장학금을 받기도 하였습니다. 이런 일들을 통해서 무슨 일이든지 쉬운 일은 없지만 포기하지 않고 계속해서 노력하다 보면 결국 좋은 결과가 따르기 마련이라는 사실을 깨달았습니다.

목표와 전략을 빨리 수립하다

학생부종합전형으로 대학에 합격하기 위해서는 꾸준히 준비하는 것이 무엇보다 중요하다고 생각합니다. 어느 한 순간에만 열심히 하여서는 자신이 가고 싶은 학과와 관련된 다양한 활동 경험이 쌓일 수 없기 때문입니다. 학생부종합전형은 내신이나 수능을 준비하지 않아도 되는 전형이 아닙니다. 오히려 다른 학생들이 수능 공부에만 몰두할 때 동아리 및 봉사 활동까지도 병행해야하기 때문에 체계적인 관리와 열정은 필수적입니다. 여러 가지를 동시해 나가기는 어려운 일이지만 본 전형은 고교 시절을 자신의 진로를 위해 다양한 활동을 하며 자신의 진로를 구체화하는데 큰 도움이 되기 때문에 매우 좋은 제도라고 생각합니다. 이러한 활동을 통하여 얻게 되는 값진 경험들 또한 매우 소중한 자산이 될 것입니다.

일 년의 계획은 봄에 있다는 말이 있습니다. 대입의 계획은 고1때 있다고 해도 과언은 아닙니다. 목표와 전략은 빠를수록 좋다는 말입니다. 그러기 위해서는 자기 자신에 대한 객관적인 판단이 선행되어야 하며 장기적인 계획과 실천 그리고 관리가 중요하다는 것을 거듭 말씀드립니다.

11 학생부종합전형 합격자 수기(역사교육과)

목표와 전략을 빨리 수립하다

중학교 1학년 때 첫 국사수업을 듣고 신선한 충격을 받았던 기억이 납니다. '아, 내가 살아가는 이곳이 과거에 수많은 나라가 흥망성쇠 했었고, 수많은 사람이 살아갔던 곳이구나!' 같은 땅덩어리 위에 살면서도 반만년이라는 시간 동안 서로 다른 모습으로 살아온 한민족. 저는 선생님께서 들려주시는 이야기에 푹 빠져들었고 어느 순간 나도 교단에서 아이들에게 이 재미있고 감동적인 이야기를 전해주는 일을 하고 싶다는 생각이 들었습니다.

그때부터 저는 역사교사의 꿈을 꾸게 되었고 그 꿈을 향해 차근차근 노력해나가기 시작했습니다. 우선 국립중앙박물관이나 서대문형무소 등 역사 관련 장소를 다녀온 후에 저만의 체험학습보고서를 만드는 습관을 들였고, 평소 신문을 즐겨보았기에 중학교 3학년 때부터 근현대사 관련 연재물인 '제국의 황혼 100년 전 우리는'을 스크랩하기 시작했습니다. 관심 있는 내용이 있을 때마다 오려서 공책에 붙이고 그 밑에 저의 생각을 적어나갔는데, 그렇게 3년을 활동하다 보니 어느덧 저만의 훌륭한 스크랩북이 되어 있었습니다.

포기하지 않으면 기회는 반드시 온다

고등학교 1학년 때 ○○에서 열리는 '삼국유사 골든벨'에 참여한 적이 있습니다. 삼국유사를 읽고 골든벨 형식으로 문제를 푸는 대회였는데 아쉽게도 입상하지 못해 집으로 돌아오면서 자존심이 많이 상했던 기억이 납니다. 제가 좋아하는 역사분야에서 실력을 뽐내지 못했으니까요. 그 뒤로 저는 한 번 더 출전할 생각으로 삼국유사와 일연스님에 관련된 책을 닳도록 읽었습니다. 유난히 승부욕이 큰 저였기에 정말 달달 외울 정도로 공부했고 2학년 때 다시 한 번 같은 대회에 참여하게 되었습니다. 900명이 훨씬 넘는 학생들이 모인 가운데 본선을 가볍게 통과한 저는 최종 3등을 했고 100만원이라는 상금도 타게 되었습니다. 이 대회를 통해 저는 포기하지 않는다면 기회는 반드시 온다는 교훈을 얻을 수 있었습니다.

한편, 고등학교 생활을 하면서 동아리 활동을 빼놓을 수 없는데 저는 교사의 꿈을 가지고 있었기에 미래 교사 꿈나무들이 모인 '○○○○'이라는 동아리에 들어가 여러 가지 교직 관련 활동을 했습니다. 이곳에서 저는 현재 대두되는 학교폭력이나 체벌 문제에 대해 서로의 생각을 나누었고 교사로서의 인생설계도 해 보면서 교사가 되기 위한 자질을 길러 나갔습니다.

나만의 포트폴리오를 제작하다

그렇게 바쁘게 살다 보니 어느덧 3학년이 되었고 대학이라는 커다란 관문을 통과해야 할 시기가 왔습니다. 저는 사실 내신이나 모의고사 모두 그다지 성적이 좋지 않아 소위 'in Seoul'은 어렵다고 생각했습니다. 하지만 지난 6년 간 역사라는 분야에 흥미를 느끼고 역사교사라는 일관된 꿈을 꾸며 달려왔기 때문에 내신보다는 서류를 많이 반영하는 대학의 학생부종합전형으로 도전해봐야겠다는 생각이 들었습니다.

삼국유사 골든벨 입상과 신문스크랩북, 동아리 활동파일, 체험학습보고서를 포트폴리오로 만들어 제출하려 했는데 순간 남들과 차별화된 나만의 독특한 무언가를 만들고 싶다는 생각이 들었습니다. 평소 EBS 지식채널을 즐겨보며 '아, 나도 사람들에게 감동을 줄 수 있는 역사 관련 영상을 만들어보고 싶다'는 생각을 했던 저는 이번 기회에 직접 역사 동영상을 제작해보기로 했습니다. 그리하여 자료를 모아 독도 관련 영상과 고조선부터의 우리나라 역사를 정리한 영상을 만들었습니다. 그렇게 ○○대학교에 지원했고 운이 좋게도 1차 합격의 기쁨을 얻게 되었습니다.

면접에 충실히 대비하다

뛸 듯이 기쁜 것도 잠시, 2차 시험을 준비하기 위해 일주일간 잠을 서너 시간밖에 자지 못하면서도 온갖 예상 질문에 대한 답변을 준비했고, 각종 역사 관련 이슈들을 찾아 정리하였습니다. 1차 합격자 9명 중에서 3명만이 최종 합격의 영광을 안을 수 있었는데 발표와 개별면접을 하는 동안 밝은 표정을 유지했고, 차근차근 똑 부러지게 말하면서 교수님들께 제 진심이 전해질 수 있도록 노력했습니다. 드디어 합격자 발표일. 제 이름을 확인하자마자 그 자리에서 펑펑 울었습니다.

자신의 꿈을 성취하기 위한 도전은 아름답다

내신과 모의고사 성적이 낮은 제가 그 문턱 높은 ○○대학교에 갈 수 있으리라는 것은 제 자신도 상상하지 못했습니다. 다만 제가 남들과 다르다고 자신 있게 말할 수 있는 한 가지는 바로 확고한 꿈이 있었다는 점입니다. 제 주변의 친구들을 보면 아직도 대대수가 꿈을 찾지 못한 채 대학을 가기 위한 맹목적인 공부만을 하고 있는 것을 많이 보게 됩니다. 하고 싶은 게 없는 것. 이것이야말로 학생부종합전형에서는 치명적인 단점이 됩니다.

저는 제가 역사를 좋아한다는 것을 알았고 여러 활동을 하면서 교직 쪽에 소질이 있다는 걸 일찍 깨달았습니다. 그 때문에 6년이라는 시간동안 좋아하는 분야에 있어 나름대로의 내공을 쌓을 수 있었고 좋아하는 일을 하다보니 이렇게 소중한 기회가 주어지고 좋은 결과를 얻게 되었습니다. 내가 하고 싶은 것, 내가 좋아하는 것을 성취하려 도전하는 것. 이것만큼 아름다운 도전은 없을 것입니다. 누구든 항상 나에 대해 탐구하고, 미래에 대해 고민하고, 꿈을 향해 도전하는 사람이 되었으면 좋겠습니다.

12 학생부종합전형 합격자 수기(식품산업관리학과)

면접의 예절부터 익히다

저는 사람들 앞에 서면 목소리 자체에 떨림이 들어갑니다. 누구나 긴장하는 그 순간에 저는 마인드 컨트롤을 하지 못해 지금까지 이어져 온 습관입니다. 하지만 대학 입시 1차 합격을 하고 나서 하루 빨리 나쁜 습관을 버려야 한다는 생각이 들었습니다. 그래서 면접을 잘 보겠다는 굳은 결심을 하고 여러 방법으로 연습했습니다.

예상 질문과 답변을 정리하기 전, 면접 때 지켜야 할 예절과 인사법을 몸에 배도록 연습했습니다. 교수님들께서는 면접 시에 학생의 태도도 유심히 지켜보시기 때문입니다. 저는 들어가고 나갈 때 묵례를 하는 습관을 들였고 의자에 앉을 때 의자를 끌지 않는 연습도 하였습니다. 또한 의견을 말할 때 손이 무의식적으로 움직이지 않도록 두 손을 모아 무릎 위에 올려놓았습니다. 실전에서 실수하지 않도록 실제 면접처럼 분위기를 조성하여 연습하였습니다.

자기소개서를 완전히 숙지하다

면접의 질문들은 자기소개서로부터 나옵니다. 저는 자기소개서를 열 번 정도 정독해서 내용을 숙지했습니다. 그리고 다시 한 번 읽으면서 '내가 입학사정관이라면 이런 질문을 할 것 같은데'라는 생각으로 꼬리에 꼬리를 물며 예상 질문과 답변을 만들어 보았습니다. 그리고 거울을 보며 답변하는 연습을 했습니다. 거울을 보면서 연습하면 발표할 때의 저의 표정과 모습을 제 눈으로 볼 수 있기 때문에 실수를 금방 잡아낼 수 있었습니다.

신문을 자주 접하다

저는 신문을 매일 읽었습니다. 시사를 알기 위한 목적도 있었지만, 표제와 부제

그리고 내용구성들을 따지면서 읽으면 글쓴이가 강조하고 싶은 내용과 글 쓰는 요령을 터득하게 됩니다. 면접은 입으로 하는 논술입니다. 신문을 통해 논리적으로 사고하는 능력을 키우면 배경지식도 쌓이게 되어 면접 시에 예상치 못했던 질문이 들어와도 지혜롭게 해결할 수 있습니다.

토론 면접을 기본부터 충실히 대비하다

한편 사회과학대학의 대부분 학과는 토론면접을 실시하기 때문에 이 또한 준비해야 했습니다. 토론도 예절이 중요하다고 생각했기 때문에 상대방의 주장에 무조건 반박해서도 안 되고 감정적으로 대응하지 않는 것이 중요하다고 생각했습니다. 또한 최근 사회가 어떻게 변화되고 어떤 점이 논쟁되고 있는지를 파악해야 말할 수 있는 지식이 많아집니다. 저는 신문을 보면서 경제 민주화, 대형마트 영업규제, 사형제도 폐지 등 여러 시사문제를 찬반 의견으로 나누어 노트에 정리하였습니다. 그리고 정리한 노트를 매일 읽으며 제 생각의 폭을 넓혀나갔습니다.

많은 연습으로 실전 감각을 익히다

지원한 학과에 관련된 내용까지 다 정리가 되자 실전연습에 들어갔습니다. 저는 면접을 보는 제 친구들과 여러 시사문제를 주제로 논의하면서 서로 아직 생각하지 못했던 내용을 공유했습니다. 이 같은 연습으로 토론 중에 상대방이 제 주장에 반론을 제시할 때 당황하지 않고 자신감 있는 목소리를 유지하는 방법을 익혔습니다.

자신감 있는 태도와 예의로 면접 울렁증을 극복하다

드디어 다가온 면접일. 먼저 토론면접이 진행되었는데 면접순서가 1번이어서 고사장에 제일 먼저 들어가게 되었습니다. 제시된 문제를 보고 5분 동안 생각을 정리할 시간을 가졌는데 첫 번째로 말을 해야 한다는 압박감에 글을 쓰는 동안 손이 다소 떨렸지만 심호흡을 하며 마음을 가라앉혔습니다. 그리고 이어진 토론에서는 최근 쟁점이 되고 있던 시사문제가 많이 거론되어 제 생각을 정리해 놓은 노트의 도움을 많이 받았습니다.

토론면접 후 10분 동안의 쉬는 시간을 마치고 개인면접도 첫 번째로 들어가게 되었습니다. 당황해서 헤맬까봐 매우 걱정했었지만 제가 전공과 관련하여 평소에 알아두고 공부했던 내용을 질문하셔서 진솔하게 저의 생각을 말씀드릴 수 있었습니다. 면접을 마치고 저는 끝까지 긴장을 풀지 않고 공손하게 인사하고 문까지 걸어간 뒤 연습대로 묵례를 하려고 뒤를 돌아섰습니다. 교수님께서는 저를 끝까지 지켜보고 계셨습니다. 교수님을 향해 묵례를 하고 나오면서 흐트러지지 않은 제 태도에 스스로 만족감을 느꼈습니다.

면접에서 가장 중요한 것은 말을 잘하는 것이 아니라 자신감 있는 태도와 예의라고 생각합니다. 정말 열정이 있다면 그 어떤 난관도 이겨내고 자기 자신의 꿈을 향해 달려 나갈 수 있을 거라 믿습니다. 그 기회가 헛되지 않도록 앞으로의 수험생활을 알차게 보내시기 바랍니다.

13 특기자 특별전형(문학) 합격자 수기(국어국문학과)

무작정 정신을 발휘한 모험가가 되다

희곡 선정부터 배우 선정까지, 연출가의 또 다른 이름은 어쩌면 '선택가'가 아닐까 생각합니다. 끊임없이 선택을 해야만 하고, 그 선택이 좋은 연극을 만들지 결정하니까요. 대입 준비도 마찬가지라고 생각합니다. 좋은 선택은 목표에 한 발자국 다가갈 수 있는 발판이 될 거라고 생각합니다. 그렇다면 좋은 선택을 하기 위해 어떤 노력을 기울여야 할까요?

조금은 어처구니없게 들릴지도 모르겠지만, 학생부종합전형에 합격하기 위해서는 '무작정 정신'을 발휘해야 한다고 생각합니다. 중학교 3학년, 이청준 작가의 소설을 읽고 소설을 쓰겠다고 결심했습니다. 그리고 조금 더 좋은 소설을 쓰고 싶다는 생각에 무작정 예술 고등학교 문예창작과에 진학하게 되었습니다. 소설을 쓰다 보니 의미 있는 10대를 보내고 싶다고 무작정 생각하게 되었고, 재미있어 보이는 활동을 찾아다니게 되었습니다. 어릴 때부터 단련한 저질체력으로 '지리산 완전정복!'이라는 캠프에 참가해 울며 겨자 먹기로 산을 오르기도 했고, 음치·박치·몸치 삼박자를 고루 갖췄으면서 극단 오디션을 보기도 했습니다. 머니는 항상 실신하듯이 집에 들어오는 저를 보며 "네가 무슨 동해 번쩍 서해 번쩍 홍길동이니?"라고 말하기도 하셨습니다. 부모님은 이유는 모르게 무척이나 바빠 보이는 저를 걱정했지만, 저는 힘들다고 생각하지는 않았습니다. '해보고 싶다'라는 생각으로 시작한 일이었으니까요! 무작정 해보는 게 왜 좋은 선택이냐고요? 사실 저는 무작정 다문화에 대한 이해를 돕기 위한 잡지를 만들다가 실패하는 등 성공보다 실패가 많았습니다. 하지만 무작정 해보았기 때문에 무대를 풍성하게 꾸밀 수 있는 기회를 갖게 되었습니다. 해보고 싶은 일이 있으신가요? 그렇다면 지금 당장 시작하세요! 단 한 번뿐인 기회일지도 모르니까요.

최선을 결과를 얻어내기 위한 고민을 끊임없이 계속하다

한 편의 연극을 준비하는 데 있어 연기연습과 무대 동선 수정은 가장 많은 시간을 소모하는 부분입니다. 이때 배우와 연출가는 끊임없이 자신을 채찍질하고 격려해야만 합니다. 저는 그런 면이 입시와 맞닿아 있다고 생각합니다. 연출가가 '이 동선이 맞을까?'를 고민하듯 입시를 준비하다 보면 '내 선택이 맞나?'라는 의구심이 들기 마련입니다. 저 역시 그랬으니까요. 어쩌면 내가 지금 방황하고 있는 건 아닐까? 하루에 한 번 꼴로 저 자신에게 묻고는 했습니다. 해답은 나오지 않았지만 내가 방황하고 있지 않다는 답을 만들기 위해 더욱 채찍질하며 제가 하고 있는 활동에 최선을 다했고, 지금 이 시간이 헛되지 않을 거라고 믿으며 다독였습니다. 고민을 할 때면 열병을 앓은 것처럼 힘들었지만, 저는 어쩌면 고민이 원동력이 되어주었다고 생각합니다. 합격수기집을 넘기는 지금, 혹시 이런 고민을 갖고 계신가요? 그렇다면 꼭 말하고 싶습니다. 불안해하지 마세요. 지금 하고 계신 고민은 아주 당연한 겁니다. 지금 하고 있는 고민도 결국 과정 속의 일부일 뿐이니까요.

하고 싶은 일을 찾아 스포트라이트를 비추다

'자기소개서, 포트폴리오. 누구냐, 넌?' 학생부종합전형을 처음 접했을 때든 본 전형을 준비할 때든 어김없이 하게 되는 질문인 것 같습니다. 처음 듣는 생소한 단어이자 알면 알수록 뜻을 파악하기 어려운 단어이기 때문입니다. 하지만 연극 메모리 작업에서 지금까지 연습한 연기와 조명을 맞추듯, 자신이 준비했던 활동을 적절한 문장으로 비춰준다면 마냥 어려운 일은 아니라고 생각합니다. 그렇다면 이제 메모리 작업을 시작해볼까요?

'나는 어떤 활동을 했다. 나는 어떤 활동도 했다. 나는…….' 고등학교 2학년 겨울방학 때 처음 써 본 자기소개서는 제 자랑의 나열이었습니다. 대학에 저를 보여주는 작업인 만큼 많이 포장하고, 최대한 많은 활동을 보여주고만 싶었습니다. 그러다보니 자기소개서는 자연스럽게 '자기자랑서'로 변질되었고 읽는 사람도, 쓰는 사람도 불편한 글이 되어버렸습니다. 그때 선생님께서 따끔한 충고를 해주셨습니다. "이 글을 읽으면 읽을수록 네가 누군지 잘 모르겠어."

자기소개서는 말 그대로 자기를 소개하는 글입니다. 쉽게 말해 이 글을 통해 '내가 바로 ○○○이다!'라고 말해주는 글인 것입니다. 저는 그때부터 한 번도 생각해본 적 없는 지나온 시간을 돌이켜보았습니다. 딸이 송혜교처럼 태어나기를 바라시던 어머니의 뱃속에서 있었던 시간, 친구들에게 말도 안 되는 이야기를 지어내주었던 시간, 처음으로 소설을 써보던 시간까지. 눈 깜짝한 사이 19년이 훅 지나버린 줄만 알았는데, 알고 보니 제 인생은 하나의 몸을 구성하듯 시간세포로 이루어져 있었습니다. 그리고 그 시간들에는 뚜렷하진 않지만 인과관계가 존재했습니다. '고등학생 때 해온 활동만 나열해서는 진짜 ○○○를 보여줄 수 없다.' 그때 든 생각이었습니다. 하지만 19년의 시간을 나열하기에 자기소개서는 야속할 만큼 분량이 짧았습니다. 조사를 줄이고 문장을 과감하게 지워보아도 언제나 자기소개서 분량을 초과하기 일쑤였습니다. 분량을 초과한 자기소개서는 지루해져버렸습니다. 무대에 스포트라이트가 있듯이, 중요한 순간에 주위를 집중시키는 작업이 필요했던 것입니다. 저는 또다시 원점으로 돌아갔습니다. '왜 국어국문학과여야만 하는가?' 저는 가장 기본적인 동기부터 꼬리를 물고 나가기 시작했습니다. 지원 동기는 '왜 글을 쓰는가?'라는 질문으로 자연스레 이어졌고 지금까지의 제 시간과 활동들이 '이야기꾼이 되고 싶다'는 생각으로 연결되어 있다는 것을 발견할 수 있었습니다.

한 사람의 인생을 구성하는 모든 것에는 인과관계가 있듯이, 내가 하고 싶은 일은 결국 나의 꿈과 연결되어 있다고 생각합니다. 내가 왜 이 학교의 이 학과에 가고 싶은지, 내가 근본적으로 하고 싶은 것이 무엇인지 생각해보세요. 그리고 그곳에 스포트라이트를 비춘다면 분명 멋진 장면이 될 거예요!

걱정은 나를 머물게 하고 설렘은 나를 움직이게 만든다

1단계 합격자가 발표되었을 때, 눈앞에 다가온 면접의 두려움 때문에 사실 마냥 기쁘지만은 않았습니다. 준비할 시간이 일주일밖에 남지 않은 시간적인 압박도 있었지만, 토론대회에 한 번도 참여해 보지 않았기 때문에 주제토론 면접에 대한 걱정이 가장 컸습니다. 특히 또래 아이들과의 토론이 아닌 교수님들과 함께 전공 관련 토론을 해야 한다는 사실은 생각만 해도 속이 울렁거리는 일이었습니다. 하지만 걱정한다고 해서 변하는 것은 없기 때문에 저는 일단 무엇이든 시작해 보기로 했습니다. 첫 번째로 한 일은 개별면접 예상 질문을 만드는 일이었는데, 이것은 다른 사람들의 면접 후기와 제가 쓴 자기소개서를 바탕으로 만들었습니다. 그렇게 약 백여 개의 면접질문이 만들어졌지만, 또 하나의 벽이 생겼습니다. 어떻게 답변을 준비해야 하는 건지, 감이 오지 않았기 때문입니다. 그래서 마음을 차분히 하고 자기소개서를 쓸 때처럼 지금까지의 시간을 돌이켜 본 후에 솔직한 답변을 작성하고 그 답을 제가 직접 녹음하여 들어보았습니다. 처음에는 래퍼처럼 빠른 제 목소리가 마냥 낯설었지만 금세 익숙해져서 단점을 보완할 수 있었습니다.

개별면접 준비가 중간 정도 완성됐을 때까지도 주제토론면접에 대해서는 여전히 감을 잡지 못했습니다. 그래서 토론대회 동영상을 찾아보았고, 자신의 주장을 펼치는 참가자를 유심히 지켜보았습니다. 화면 속 제 또래의 아이들은 논리적으로 자신의 의견을 말했고, 들어오는 질문에 차근차근 대답하는 모습이었습니다. '아! 결국 아는 게 많아야 대답을 잘 할 수 있구나!' 뒤늦게 깨달은 사실이었습니다. 저는 그 뒤로 평소 관심이 있었던 현대문학사 이론 서적을 찾아 읽기 시작했습니다. 물론 시간이 얼마 남지 않은 관계로 꼼꼼하게 읽지는 못했지만 책의 흐름을 파악하고 요점을 찾아내는 데 주력했습니다. 그리고 전공과 관련된 사회이슈를 꼼꼼하게 조사하고, 제 의견을 말해보는 연습을 했습니다. 연습한 내용은 모두 핸드폰에 녹음해서 들어보았고, 말을 하는 게 어느 정도 익숙해지자 제가 말하고자 하는 중요한 부분에 억양을 넣는 연습과 어찌할 바를 모르는 손을 말에 따라 조금씩 움직여보는 연습을 했습니다. 처음에는 마냥 막막하기만 했던 면접 준비는 언제부터인가 하나의 '설렘'으로 바뀌어 가고 있었습니다. 걱정은 나를 머물게 하고 설렘은 나를 움직이게 만들어준다고 생각합니다. 리허설은 지금까지 준비했던 것을 정리하는 과정입니다. 걱정은 잠깐 버려두시고 내가 준비한 것을 내가 꿈 꾼 학교의 교수님께 보여준다는 설렘으로 준비해보세요. 분명 잘해 낼 수 있을 거라고 생각합니다.

'20대'의 연극을 준비하다

사실 저 역시 아직 10대의 끄트머리에 있고, 다가올 20대라는 시간을 설렘과 두려움으로 바라보고 있기 때문에 '내가 이 글을 써도 될까?'에 대해 많은 고민을 했습니다. 하지만 입시를 준비하면서 끊임없이 걱정하고 속상해했던 시간을 잊지 않은 채 말해줄 수 있는 건 지금뿐이라는 생각을 하게 되었습니다. 저도 물론 '무조건 긍정적이게 생각하세요!'라고 당당하게 말하고 싶습니다. 하지만 아무리 크게 하하하 웃어도 언제나 마음 한편에 불안감을 품었던 저이기에 '긍정'을 말하기엔 망설여집니다. 그런 제가 입시를 하는 친구들에게 하고 싶은 말이 있습니다. '나 자신이 곧 운명이다'

내가 움직이면 움직일수록 나의 삶은 움직이기 시작합니다. 하지만 내가 움직이지 않는다면, 내 운명도 그저 머물러 있을 뿐입니다. '20'대라는 연극을 준비하는 과정도 결국엔 마찬가지라고 생각합니다. 연출가가 움직이지 않는다면 연극은 완성될 수 없습니다. 조금은 두려워도 움직여보세요! 당신이 움직이는 순간, 당신의 '20대'라는 연극도 시작됩니다.

대입 준비와 진로 결정을 위한 추천 사이트

1 진로 상담/입시 정보 제공

진로와 진학에 대한 목표는 자신의 생각도 중요하지만, 부모님이나 담임교사 등 주변 분들의 도움도 받아야 합니다. 특히 아래 사이트를 이용하면 많은 정보를 얻을 수 있어 더 명확한 진로 선택을 할 수 있습니다.

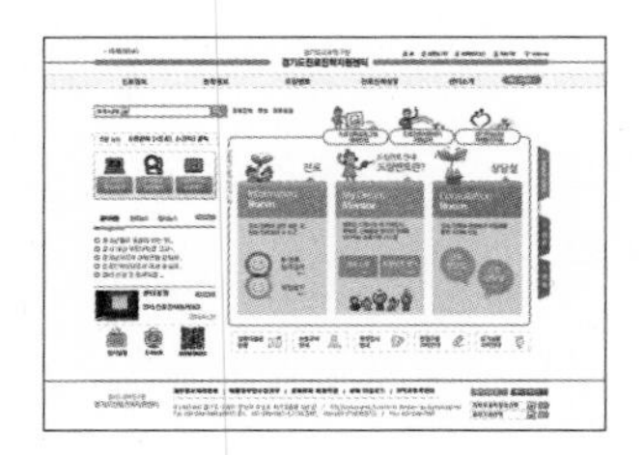

① 각 지방자치단체별 진로진학지원센터(예: 경기도+진로진학지원센터)

각 시/도별 교육청이나 연구원에서 운영하는 진로진학 정보 사이트입니다. 이 사이트에서는 가장 신속하고 정확한 진로진학 자료를 제공하기 위한 온/오프라인 상담실을 운영하고 있습니다.

http://univ.kcue.or.kr

② 대학입학상담센터

전국 4년제 대학 협의체인 한국대학교육협의회에서 운영하는 대학 입학정보 사이트입니다. 전국의 모든 대학별로 입시요강, 경쟁률, 기타 수험 정보 등의 입학 관련 정보와 대학/학과정보, 진학진로상담 서비스를 제공합니다.

③ 전문대학입학정보

전국 2년제 대학 협의체인 한국전문대학교육협의회에서 운영하는 대학 입학정보 사이트입니다. 각 학교별로 입시요강, 경쟁률, 기타 수험 정보 등의 입학 관련 정보와 대학/학과정보, 진학진로상담 서비스를 제공하고 있습니다.

http://ipsi.kcce.or.kr

④ 대학입학사정관제

한국대학교육협의회에서 운영하는 입학사정관제 안내 사이트입니다. 입학사정관제 소개와 대학별 학생부종합전형 시행현황, 그리고 해외대학 사례 및 각 대학별 전형자료와 홍보동영상을 제공합니다.

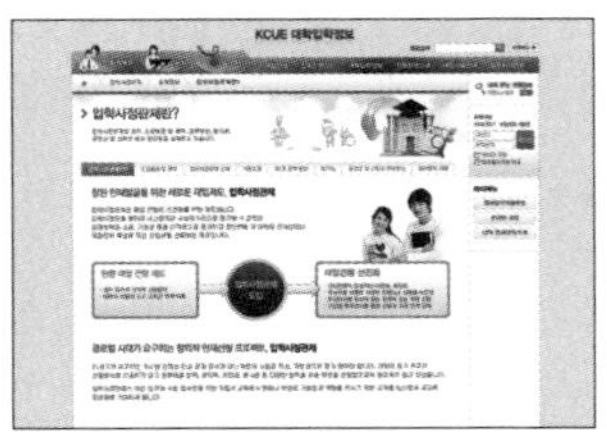

http://uao.kcue.or.kr

⑤ 전문계 고등학교 포털

전문계 고등학생의 진로 취업 대학진학 정보를 제공하는 사이트입니다. 전문계/특성화 고교 정보, 전문계 특별전형, 전문대/4년제 대학 입시정보, 취업정보, 입시상담서비스를 제공합니다.

http://passnjoy.co.kr

2 대학 정보공시

"선생님! ○○대학교가 좋아요? ○○대학교가 좋아요?"라는 질문을 받을 때마다 난감할 때가 많습니다. '좋은 대학교'라는 것은 본인이 어떤 기준으로 판단했느냐에 따라 달라질 수가 있기 때문입니다. 따라서 이름만 가지고 좋은 대학교와 나쁜 대학교를 가르는 것은 사실 무의미한 일일 수 있습니다. 학생이 관심 있는 대학의 역사, 교육과정, 등록금, 장학금 수혜율, 취업률, 기숙사 현황, 교수 1인당 학생 수, 교수 논문관련 정보, 통학거리, 주변 문화시설, 학습 분위기, 졸업생 취업현황, 선후배관계 등 다양한 자료를 통해 판단해야 하는 것이 바람직합니다. 따라서 아래 사이트에서 대학별 주요지표를 비교 검색하여 해당 대학의 상대적 경쟁력을 객관적으로 판단하는 것이 좋습니다.

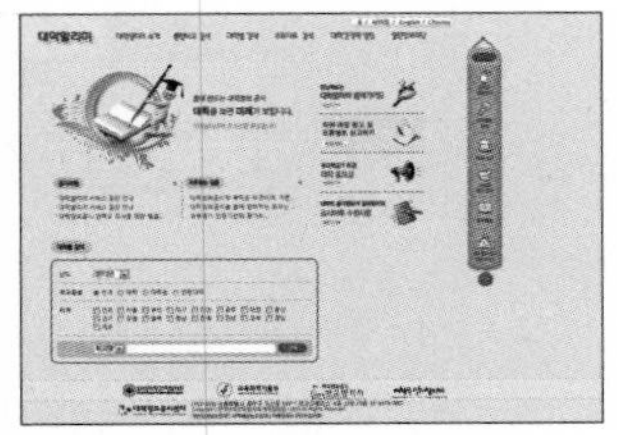

http://www.academyinfo.go.kr

① 대학알리미

한국대학교육협의회가 운영하는 국내 대학 정보공시 사이트입니다. 국내 대학의 학생현황, 교육 여건, 졸업생 취업현황, 대학재정/교육비, 대학운영에 관한 공시자료들을 검색할 수 있습니다. 또한 주요지표를 통해 대학별 경쟁력정보를 매우 쉽게 비교, 파악할 수 있습니다.

② 대학특성화알리미

대학의 특성화에 대한 정보를 체계적으로 수집·관리하여 제공하는 대학특성화종합정보시스템으로 학교별 특성화계획, 특성화 분야, 특성화 사업 추진실적, 참여 학과 취업률 및 충원률 등 총 16개의 특성화지표와 특성화 동향, 우수사례 등 특성화분류체계에 따라 학과별·지역별·분야별로 제공합니다.

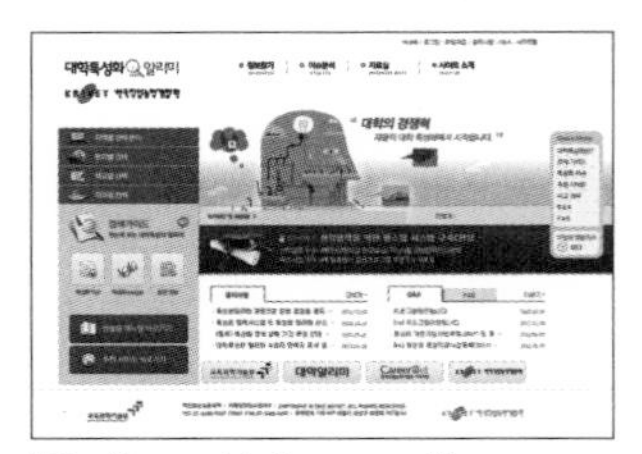

http://www.hiedumap.net/

③ 한국전문대학교육협의회

전국 전문대학간의 협의기구인 한국전문대학교육협의회의 홈페이지입니다. 전국 전문대학 통계 및 관련 소식, 해외 인턴십, 재정지원사업, 교직원 연수, 산학협력 등의 정보를 제공합니다.

http://www.kcce.or.kr

④ 교육통계시스템

한국교육개발원이 운영하는 각종 교육관련 통계사이트입니다. 교육기본통계, 교육예측통계, 취업통계, 국제통계, 평생교육통계 등의 자료와 그 외 교육통계 샘플링 서비스를 제공합니다.

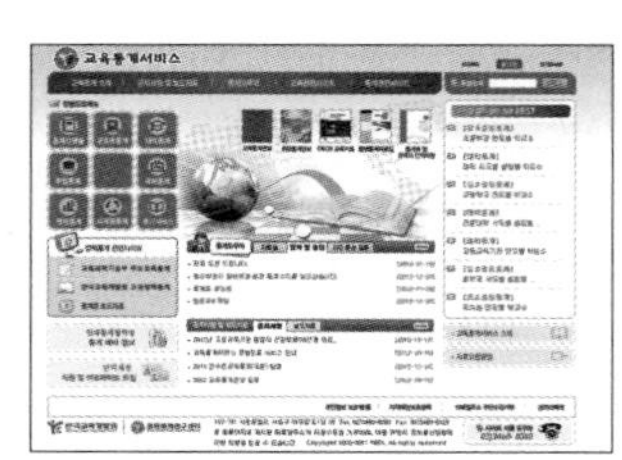

http://cesi.kedi.re.kr

3 고등학교 정보공시

http://www.hischool.go.kr

① 고교입시정보 포털

교육부에서 운영하는 고교입시정보 포털사이트입니다. 고교 유형별 특징과 입학전형 방법, 고교진학통계, 관련 사이트 정보 등을 제공하며, 교과부와 교육청, 일선학교 입학 담당자들의 커뮤니티도 운영합니다.

http://www.schoolinfo.go.kr

② 학교알리미

한국교육학술정보원이 운영하는 전국 초중고 학교정보공시 사이트입니다. 학업성취도, 학생·교원현황, 교육활동, 교육여건(시설, 급식, 학교폭력대책, 환경위생 현황 등), 예산, 결산 현황 등의 공시자료를 제공합니다.

http://meister.go.kr

③ 마이스터고

마이스터고 제도에 대한 소개, 마이스터고로 지정된 학교 현황, 마이스터고 입학 안내 등 마이스터고에 대한 종합적인 정보를 제공합니다.

4 학습(모의고사/수능/교과별) 자료

① 한국교육과정평가원

http://www.kice.re.kr

초중등 교육과정, 장학연수 프로그램, 성취도 평가, 대입자료 제공, 수능 원서 접수, 수험번호조회, 기출문제, 정답, 시험일, 성적통지 정보제공, 이의신청 안내, 유치원·초·중등 교원임용고시 시험, 일정, 배점, 기출문제 다운로드를 제공합니다.

② 에듀넷

http://www.edunet4u.net

한국교육학술정보원이 운영하는 교수학습 정보 사이트입니다. 진로교육 관련 자료를 포함한 초·중등 전 교과 영역에 대한 수업자료를 교사용 및 학생용으로 나누어 제공합니다.

5 자격증 정보

http://www.pqi.or.kr

① 민간자격 정보서비스

한국직업능력개발원이 운영하는 사이트로 민간자격 등록 및 관리업무와 민간자격 국가공인에 관한 신청 서비스를 제공합니다. 또한 국가공인 민간자격과 순수 민간자격으로 구분되어 있는 모든 민간자격에 관한 자격내용, 직무내용, 취득방법, 자격관리기관 등의 정보와 자격제도에 관한 연구 발간물 자료도 검색할 수 있습니다.

http://q-net.or.kr

② 큐넷

한국산업인력공단이 운영하는 종합 자격정보 사이트입니다. 각종 자격에 대한 소개, 시험일정, 자격취득자 통계 등의 정보를 제공합니다. 또한 자격시험 원서접수, 합격자 발표 등도 조회할 수 있습니다.

6 심리검사, 심리상담

① 어세스타(구. 한국심리검사연구소)

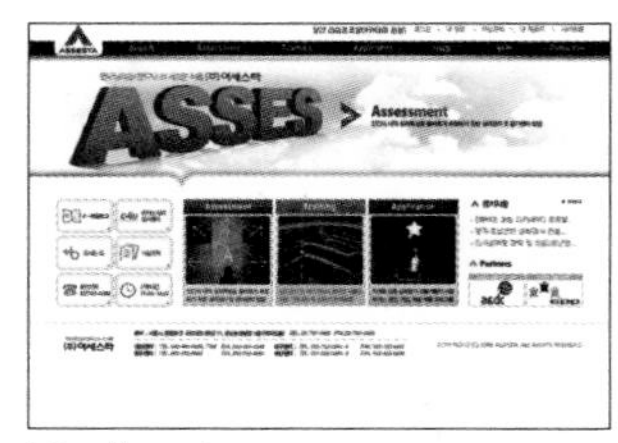

http://assesta.com

MBTI, STRONG, 학교표준화검사 등의 심리검사 개발 및 실시, 검사자격 전문가 양성훈련, 심리검사를 활용한 커리어 컨설팅 서비스(면대면 또는 단체)를 제공합니다.

② 한국청소년상담복지개발원

http://www.kyci.or.kr

전국의 청소년 상담기관을 총괄하는 한국청소년상담복지개발원의 홈페이지입니다. 청소년 상담에 관한 다양한 자료를 제공하며 개인상담, 집단상담, 전화상담, 가족상담, 학부모상담, 심리검사 등 다양한 형태의 전문적인 상담서비스를 제공합니다.

③ 한국가이던스

http://www.guidance.co.kr

온/오프라인을 통해 다양한 심리검사와 심리상담서비스를 제공하고 있는 한국가이던스의 홈페이지입니다. 학생부종합전형 대비 포트폴리오를 위한 심리검사, 학교표준화심리검사 서비스도 제공합니다.

7 창의적 체험활동

http://edupot.go.kr

① 에듀팟(창의적체험활동 종합지원시스템)

교육부가 운영하는 사이트로 학교내외에서 교과 이외의 활동을 학생 스스로 기록 관리하여 학교생활 포트폴리오를 만들 수 있도록 서비스를 제공합니다.

http://www.crezone.net

② 창의인성 교육넷(크레존)

교육부가 지원하고 한국과학창의재단이 운영하는 사이트로 창의적 체험활동 정보를 종합적으로 제공합니다. 지역별, 자원별, 주제별, 대상별 등으로 나에게 필요한 체험활동의 상세정보를 검색할 수 있습니다.

8 직업 분류/진로 검색

① 워크넷

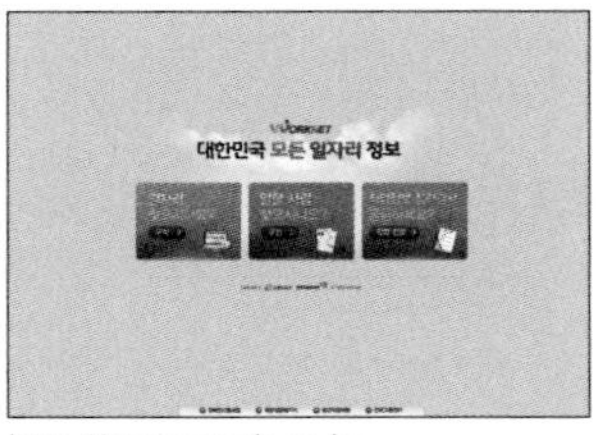

http://www.work.go.kr

노동부 산하 한국고용정보원이 운영하는 국내 최대 종합 취업정보 사이트입니다. 구인구직 채용 정보, 고용동향 정보, 취업관련정보, 직업상담원을 통한 직업상담 등의 취업지원서비스를 제공합니다.

② 워크넷 직업분류별 검색(잡맵)

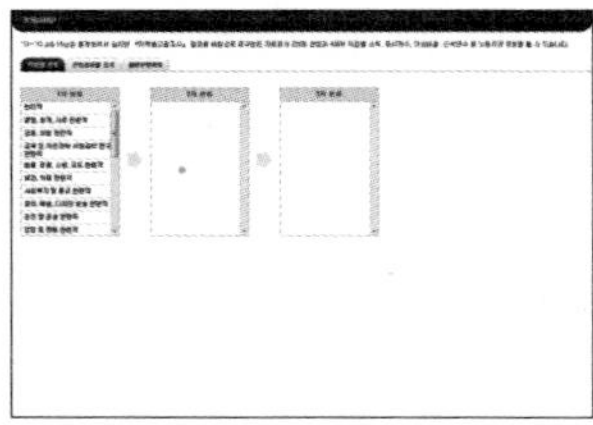
http://www.work.go.kr/jobMap/jobMapByName.do

산업별/직업별로 직업을 분류하여 해당 직업에 대한 종사자수, 임금소득, 평균근속년수, 남녀비율, 평균학력, 평균연령 외에도 주요업무, 자격조건, 유사직업명의 노동시장 정보를 검색할 수 있습니다.

③ 워크넷 한국직업사전

http://www.work.go.kr/consltJobCarpa/srch/jobDic/jobDicIntro.do

현장 직무조사를 거쳐 제작한 가장 방대한 직업 정보입니다. 각 직업의 직무 개요 및 내용, 직무를 수행하는데 필요한 교육 및 훈련기간, 요구되는 자격, 작업강도, 직업전망 등의 자료를 제공합니다.

http://know.work.go.kr

④ 한국직업정보시스템

한국고용정보원이 운영하는 직업정보/학과정보 사이트로 자신에게 맞는 직업/진로선택과 필요한 직업훈련 정보를 검색할 수 있습니다. 직업정보(하는 일, 되는 길, 임금/전망 등), 학과정보(학과소개, 적성/흥미, 관련학과, 취득자격 등), 커리어상담 서비스를 제공합니다.

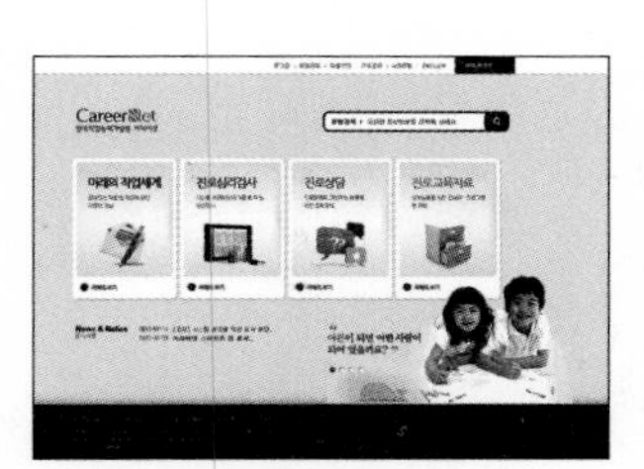
http://www.career.re.kr

⑤ 커리어넷

직업진로정보망, 직업사전, 적성, 심리검사, 학교, 학과, 자격증 정보, 진로상담안내, 온라인 리크루팅, 채용공고, 직업, 취업정보 등을 검색할 수 있습니다.

대입 준비를 위해 알아 두면 좋은 기관

1 경시대회 및 인증시험 기관

영어 관련 기관

대회명	주최	홈페이지
TOEFL IBT	미국 ETS사	www.toefl.org
TOEIC	한국 TOEIC위원회	http://exam.ybmsisa.com
TEPS	TEPS관리위원회	www.teps.or.kr
PELT	한국외국어평가원	www.pelt.or.kr
FLEX	한국외국어대학교	http://flex.hufs.ac.kr
ESPT	ESPT평가위원회	www.espt.org
G-TELP	한국 G-TELP위원회	www.gtelp.co.kr
국제영어대회(IET)	고려대학교 등	www.ietcentre.org
국제영어논술대회(IEEC)	고려대학교 등	www.ietcentre.org/ieec
국제영어글쓰기대회(IEWC)	연세대학교 등	www.iewc.co.kr
국제영어경시대회	코리아타임즈	www.timesenglishtest.com
전국 중·고등학교외국어경시대회	한국외국어대학교	www.eflex.co.kr

제2외국어 관련 기관

대회명	주최	홈페이지
HSK 중국어	HSK위원회	www.hsk.or.kr
JPT 일본어	국제교류진흥회	http://appjpt.ybmsisa.com/jpt/jpt_apply01.asp
JLPT 일본어	JLPT 위원회	www.jlpt.or.kr
ZD 독일어	독일문화원	www.goethe.de/seoul
TestDAF 독일어	TestDAF연구소	www.daad.or.kr
DELF 프랑스어	프랑스교육성	www.afcoree.co.kr
DELE 스페인어	스페인문화원	www.spain.or.kr

대회명	주최	홈페이지
TOREL 러시아어	한국TORFL센터	www.edulang.co.kr
FLEX 중국어, 일본어, 프랑스어, 독일어, 스페인어, 러시아어	한국외국어대학교	http://flex.hufs.ac.kr
SNULT 중국어, 일본어, 프랑스어, 독일어, 스페인어, 러시아어	서울대학교	www.teps.or.kr

국어 논술 관련 기관

대회명	주최	홈페이지
국어능력인증시험	한국언어문화연구원	www.tokl.or.kr
KBS한국어능력시험	KBS한국어진흥원	www.klt.or.kr
전국고교논술경시대회	한국인문사회연구원	www.bestnonsul.or.kr
자기소개서경연대회	한국인문사회연구원	www.bestnonsul.or.kr
전국고등학생논술경시대회	전국 주요 대학교	www.snu.ac.kr 등
전국 시·도 국어경시대회	각 시·도 교육청	www.sen.go.kr 등

문학상 관련 기관

대회명	주최	홈페이지
신춘문예	주요 일간지	www.joins.com 등
대산청소년문학상	대산문화재단	www.daesan.or.kr
마로니에전국청소년백일장	한국문인협회	www.mcmb.co.kr
전국만해백일장	대한불교청년회	www.kyba.org
전국고교생백일장	한국작가회의	www.hanjak.or.kr
청소년소월문학상	배재대학교	www.pcu.ac.kr
지용청소년문학상	옥천문인협회	www.okcc.or.kr
추계청소년문학상	추계예술대학	www.chugye.ac.kr
YMCA청소년문학상	서울YMCA	www.ymca.or.kr
맥지청소년글쓰기대회	맥지청소년사회교육원	www.macji.or.kr
전국청소년 단편시나리오공모전	한국방송예술진흥원	www.kbatv.org
전국고교백일장	전국 주요대학교	www.skku.ac.kr 등

한자 관련 기관

대회명	주최	홈페이지
한자급수자격검정	대한검정회	www.hanja.ne.kr

대회명	주최	홈페이지
한자능력검정시험	한국어문학회	www.hangum.re.kr
한자자격검정	한자교육진흥회	www.hanja114.org

사회 관련 기관

대회명	주최	홈페이지
한국사능력검정시험	국사편찬연구회	www.historyexam.go.kr
전국 고교생 경제한마당	한국개발연구원	http://click.kdi.re.kr
전국 고교 증권 경시대회	전국투자자교육협의회	www.kcie.or.kr
전국 고교생 생활법 경시대회	법무부	www.lawedu.go.kr
전국 고교생 모의재판 경연대회	법무부	www.lawedu.go.kr
전국 지리 올림피아드	대한지리학회	www.kgeography.or.kr
한국경제신문 경제 퀴즈배틀	한국경제신문사	http://event.hankyung.com

수학 관련 기관

대회명	주최	홈페이지
포항공대 수학경시대회	포항공과대학교	www.postech.ac.kr
한국수학인증시험(KMC)	한국수학교육학회	www.kmath.co.kr
한국수학올림피아드(KMO)	대한수학회	www.kmo.or.kr
성균관대학교 주최 전국 영어·수학 학력경시대회	성균관대학교	www.edusky.co.kr
전국 중고등학교 수학경시대회	각 지역 교육청	www.sen.go.kr 등

과학 관련 기관

대회명	주최	홈페이지
한국물리올림피아드(KPHO)	한국물리학회	http://kpho.kps.or.kr
한국화학올림피아드(KCHO)	대한화학회	www.kcsnet.or.kr
한국생물올림피아드(KBO)	한국생물교육학회	www.bioedu.kr
한국지구과학회(KESS)	한국지구과학회	http://kess64.net
한국천문올림피아드	한국천문학회	www.kasolym.org
국제학생창의력올림피아드	아주대학교	www.koreadi.or.kr
전국학생과학발명품경진대회	교육부	www.science.go.kr
전국학생 산업·기술·과학 논술대회	동아사이언스	http://essay.dongascience.com/essay/index.asp

대회명	주최	홈페이지
청소년 발명(과학)아이디어 경진대회	한양대학교 등	www.invent21.com
U-city 서비스 공모전	국토해양부	www.u-cityservice.org

컴퓨터 관련 기관

대회명	주최	홈페이지
한국 정보올림피아드(KOI)	정보통신부	www.kado.or.kr/koi
전국 정보과학 경시대회	한국정보과학진흥협회	www.kise.or.kr
전국 정보과학창의성대회	전국컴퓨터교육협의회	www.ncia.or.kr
전국 청소년 과학 경시대회	한국정보과학진흥협회	www.kise.or.kr
서울시 컴퓨터 경시대회	컴퓨터교육협의회	www.seoul.or.kr

영상/미디어 제작 관련 기관

대회명	주최	홈페이지
대한민국 청소년 미디어대전	서울특별시	www.mediacontest.net
한국청소년 영상제	맥지청소년사회교육원	www.macji.or.kr
청소년 영상페스티벌	서울YMCA	www.yvf.or.kr
대한민국 국제청소년 영화제	한국청소년문화연구소	www.kiyff.com
전국 청소년 광고공모전	한국방송예술진흥원	www.kbatv.org
전국 고등학생 광고공모전	한신대학교	www.hs.ac.kr

기타 기관

대회명	주최	홈페이지
비판적사고력인증시험	TOCT위원회	www.toct.org
전국 자원봉사 체험수기 공모	서강대학교	http://sarang.sogang.ac.kr
청소년자원봉사우수사례공모전	여성가족부	www.dovol.net
전국 청소년 사진사랑 공모전	한국방송예술진흥원	www.kbatv.org
전국 청소년 아나운서 경연대회	한국방송예술진흥원	www.kbatv.org
원자력 공모전(글짓기, 미술)	한국원자력문화재단	www.knef.or.kr
전국 청소년 저작권글짓기대회	저작권위원회	http://writing.copyright.or.kr

2 봉사 활동 기관(서울 기준)

관공서

기관명	연락처	주소
국립서울현충원	02-811-6352	서울 동작구 동작동 현충로 65
성동구건강가정지원센터	02-3395-9447	서울 성동구 행당동 15-1 한양대학교 동문회관 101호
서울발달심리상담센터	02-2252-9004	서울 중구 신당3동 349-69 유현빌딩 301호
한국보건사회연구원	02-380-8249	서울 은평구 불광동 산 42-14
국립수의과학검역원	02-2664-0601	서울 강서구 방화동 712-1 김포공항국제선청사 173호
늘푸른여성정보센터	02-322-1597	서울 마포구 서교동 398-15
마포평생학습관	02-3141-4765	서울 마포구 서교동 134-1
동대문우체국	02-2253-9451	서울 동대문구 신설동 117-23
어린이도서관	02-736-8912	서울 종로구 사직동 1-48
용산소방서	02-794-1190	서울 용산구 한강로2가 2-89
남산도서관	02-754-7494	서울 용산구 후암동 30-84
한국철도공사수도권동부지사	02-3299-7718	서울 동대문구 이문3동 7번지 한국철도공사 수도권 동부지사 경영관리팀

사회복지시설

기관명	연락처	주소
중계종합사회복지관	02-952-1131	서울 노원구 중계4동 358
영등포주간보호센터	02-848-2902	서울 영등포구 신길5동
이화여자대학교사회복지관	02-3277-3285	서울 서대문구 북아현동 1-461
북부종합사회복지관	02-934-7711	서울 노원구 상계1동 1257
서울복지관	02-1004-1004	서울 동작구 신대방동
사랑의복지관	02-3479-7735	서울 서초구 서초4동 1310-10
서울시마약퇴치운동본부	02-598-8395	서울 서초구 서초3동 1489-3 대한약사회 1층
굿네이버스서울동부지부	02-400-3113	서울 송파구 가락동 181-13 2층
구세군강북종합사회복지관	02-986-0988	서울 강북구 미아2동 791-1509
삼성소리샘복지관	02-824-1414	서울 동작구 상도4동 212-128 삼성소리샘복지관
한국보건사회연구원	02-380-8312	서울 은평구 불광동 산42-14 한국보건사회연구원 건강증진개발센터 207호
한사랑마을봉사 활동	02-2652-6879	서울 양천구 신정동 1406동 602호

기관명	연락처	주소
공릉가정봉사원파견센터	02-977-5112	서울 노원구 공릉3동 323-18
은파복지사업소	02-3487-3455	서울 서초구 서초3동 1530-4
하나사랑회	02-333-8314	서울 마포구 창전동 402-61
한빛종합사회복지관	02-2690-8762	서울 양천구 신월4동 540-1
성모자애복지관	02-3411-9581	서울 강남구 율현동 110번지 성모자애복지관
종로종합사회복지관	02-741-4926	서울 종로구 창신3동 23-344

아동복지시설

기관명	연락처	주소
꿈터지역아동센터	02-2236-8796	서울 성동구 금호동2가 421-4
성민장애아동어린이집	02-875-0960	서울 관악구 신림10동 300-1
성모자애보육원	02-9347-6900	서울 노원구 상계6동 771-1
참된어린이집	02-851-3606	서울 금천구 독산3동 898-14
세화어린이집	02-853-2558	서울 구로구 구로4동 745-74
구립바롬어린이집	02-516-4665	서울 강남구 신사동 647-6
세이브더칠드런	02-6900-4444	서울 마포구 창전동 169-2
푸른꿈공부방	02-972-7179	서울 중랑구 중화1동 중화한신아파트 104-1707
까리타스어린이집	02-996-1555	서울 강북구 수유3동 8-10
해성지역아동센터	02-876-0691	서울 관악구 봉천2동 동아아파트 A상가 3층
데시앙어린이집	02-2681-1570	서울 양천구 신정동 128 푸른마을 아파트 304-102
가산종합사회복지관	02-868-6856	서울 금천구 가산동 144-3
지온보육원	02-2662-3457	서울 강서구 개화동 325-11
경찰청어린이집	02-363-9675	서울 서대문구 미근동 경찰청어린이집

장애인 복지시설

기관명	연락처	주소
성북시각장애인복지관	02-923-4555	서울 성북구 동선동 4가 279-1
원광장애인종합복지관	02-438-2691	서울 중랑구 신내동 572-2
실로암시각장애인복지관	02-880-0591	서울 관악구 봉천본동 931-7
영등포장애인복지관	02-3667-0870	서울 영등포구 영등포동 2가 94-31
서울시립북부장애인종합복지관	02-2092-1736	서울 노원구 상계6동 771 북부장애인종합복지관
다솜장애인주간보호센터	02-372-4120	서울 서대문구 홍은3동 414-13
서울시장애인탁구협회	02-2201-9248	서울 광진구 구의동 16-3 정립회관 체육관 2층

기관명	연락처	주소
강북장애인복지관	02-989-4215	서울 강북구 번2동 306-12
한국장애인문화협회	02-859-8288	서울 영등포구 여의도동 17-13 이룸센터 4층
서울시정신지체인복지관	02-834-7065	서울 동작구 신대방2동 396(보라매공원 내)
한국청각장애인복지회	02-516-3471	서울 강남구 삼성1동 79 홍실상가 2층
한국장애인복지시설협회	02-718-9363	서울 마포구 도화동 173 삼창빌딩 1461호
은평점자도서실	02-387-1672	서울 은평구 구산동 191-1
성동장애인복지관	02-441-5001	서울 강동구 고덕1동 서울장애인종합복지관 치료교육부 언어치료팀
한국점자도서관	02-342-6741	서울 강동구 암사2동 510-23
서울시각장애인복지관	02-3433-3843	서울 송파구 삼전동 109 서울시각장애인복지관

노인 복지시설

기관명	연락처	주소
양천노인종합복지관	02-2649-8813	서울 양천구 신정7동 325-3
시립마포노인종합복지관	02-333-1040	서울 마포구 창전동 140
서울특별시노인보호전문기관	02-3472-1389	서울 서초구 방배2동 3274-3
노인복지회관	02-804-4058	서울 금천구 시흥1동 558-1
남부노인종합복지관	02-888-6144	서울 관악구 봉천동 728-3
연꽃마을마포재가노인복지센터	02-365-3677	서울 마포구 아현1동 96-2
송파노인종합복지관	02-2203-9400	서울 송파구 삼전동 172-2
서초노인종합복지관	02-478-1515	서울 서초구 양재동 7-44
시립성동노인종합복지관	02-2298-5117	서울 성동구 마장동 798-1
성가정노인종합복지관	02-481-2217	서울 강동구 고덕1동 317-25
성북구치매지원센터	02-918-2227	서울 성북구 하월곡2동 46-1 성북트리즘빌딩 5층
청암요양원	02-443-4048	서울 송파구 마천동 52
중랑노인종합복지관	02-493-9966	서울 중랑구 면목2동 178-8
시립중계노인종합복지관	02-972-9011	서울 노원구 중계2동 501-1
천사양로원	02-2602-4211	서울 강서구 화곡3동 1010
시립성북노인종합복지관	02-9297-7950	서울 성북구 종암동 66-25
강서노인종합복지관	02-3664-0322	서울 강서구 등촌3동
청암노인요양원	02-443-4048	서울 송파구 마천2동 52

청소년 복지시설

기관명	연락처	주소
청소년폭력여학생선도협의회	02-323-9578	서울 마포구 서교동 삼진빌딩 B1
밝은청소년지원센터	02-776-4818	서울 종로구 적선동 100-1 경복빌딩 4층
송파청소년수련관	02-449-0500	서울 송파구 문정동 150-8
시립서울청소년수련관	02-2266-8247	서울 중구 수표동 27-1
국가청소년위원회	02-775-3443	서울 중구 정동 15-5
청소년과사람사랑	02-986-7474	서울 강북구 미아3동 226-71
KT&G 복지재단	02-563-4458	서울 강남구 대치동 996-1 미래에셋타워 8층
어린이역사문화학교	02-725-8295	서울 종로구 중학동 110-7 3층
자녀안심재단	02-3463-2215	서울 서초구 양재동 14-4 모산빌딩 5층
시립청소년미디어센터	02-795-8000	서울 용산구 갈월동 101-5 청소년미디어센터
학교폭력대책국민협의회	02-325-2542	서울 서초구 서초동 1484-13 성훈빌딩 2층
구립서초유스센터	02-3486-0379	서울 서초구 서초3동 1535-6
구립창동청소년문화의집	02-908-0924	서울 도봉구 창3동 462-2
관악청소년회관	02-876-0636	서울 관악구 신림9동 1522
파라미타청소년자원봉사센터	02-723-6165	서울 종로구 수송동 46-22 1층
구립방배유스센터	02-3487-6161	서울 서초구 방배3동 1031-4
마포평생학습관	02-3141-6989	서울 마포구 서교동 341-1
마포자활후견기관	02-312-7945	서울 마포구 상암동 1640 마포창업복지관 306호
노원구청소년쉼터	02-3391-2662	서울 노원구 중계본동 93-28
국제청소년지원단	02-835-1419	서울 영등포구 신길6동 4491
한국청소년진흥센터	02-330-2800	서울 종로구 안국동 148 해영회관 4층
신월청소년문화센터	02-2604-7485	서울 양천구 신월3동 150-3
강동청소년회관	02-3426-6211	서울 강동구 명일1동 327-6
아이프렌드복지재단	02-549-7925	서울 강남구 신사동 607-19 201호
청소년수련관	02-2254-1172	서울 중구 신당3동 346-447
청소년활동진흥센터	02-849-0404	서울 동작구 신대방동 395 보라매공원 내
한국청소년진흥센터	02-6430-0954	서울 종로구 안국동 148 해영회관 4층

지역/관광 시설

기관명	연락처	주소
작은소망캠페인운동본부	02-452-1927	서울 광진구 자양동 219-5 서원빌딩 302호
서울국제가족영상축제	02-777-1444	서울 중구 정동 정동빌딩 1702
한강시민공원반포지구	02-3780-0788	서울 용산구 한남동 726-78

기관명	연락처	주소
서울숲사랑모임	02-462-0296	서울 성동구 성수동1가 685 서울숲 방문자센터 1층
여의도공원관리사무소	02-761-4078	서울 영등포구 여의도동 2번지
청소년연맹	02-459-3790	서울 강남구 일원1동 711
서울시녹지사업소	02-2181-1133	서울 동작구 신대방동 395 보라매공원 내
서울특별시한강사업본부	02-3780-0810	서울 성동구 성수동 1가 685-124

종교/사회단체

기관명	연락처	주소
여성문화예술기획	02-587-0590	서울 서초구 서초1동 서전빌딩 5층
지구촌나눔운동	02-747-7044	서울 종로구 운니동 가든타워 1701호
위례역사문화연구회	02-3401-0660	서울 송파구 방이동 193-17 광진빌딩 2층
서초여성인력개발센터	02-581-4433	서울 서초구 서초동 1617-55 더원빌딩
한국한부모가정연구소	02-425-6911	서울 송파구 신천동 잠실I-SPACE빌딩 1017호
내셔널트러스트문화유산기금	02-3675-3401	서울 성북구 성북2동 126-20
서울YWCA	02-3705-6009	서울 중구 명동1가 1-1
대한불교청소년연합회	02-733-5138	서울 종로구 낙원동 141 내인빌딩 802호
살레시오수녀회마자렐로센터	02-832-5796	서울 영등포구 신길5동 253-242
동북아평화연대	02-1688-7050	서울 마포구 마포동 236-1 덕성빌딩 B1
구세군봉천영문	02-888-4427	서울 관악구 봉천7동 300-11
KT&G복지재단	02-563-4458	서울 강남구 대치동 996-1 미래에셋타워 8층
한국에이즈퇴치연맹	02-927-4071	서울 성북구 돈암1동 30-6
대한은퇴자협회	02-6399-3000	서울 마포구 도화2동 삼창빌딩 702호
한국금연운동협의회	02-632-5173	서울 영등포구 당산동 6가 327 고암빌딩 4층
굿네이버스	02-486-3680	서울 강동구 길동 79-4 3층
흥사단교육운동본부	02-741-2013	서울 종로구 동숭동 1-28
글로벌케어	02-2654-7260	서울 양천구 목1동 405-33 3층
청년통일문화센터푸른공감	02-712-6150	서울 용산구 원효로1가 28-10 경동빌딩 5층
서울시중부여성발전센터	02-719-6307	서울 마포구 용강동 70-2
서울남부고용노동지청	02-2639-2100	서울 영등포구 선유로 120
장애우권익문제연구소	02-521-5364	서울 서초구 방배동 924-13 베이직하우스 6층
청소년참사랑운동본부	02-2632-7942	서울 강서구 방화1동 569-12 해성빌딩 7층

진로 결정에 도움이 되는 워크시트 서식

나의 역사
어렸을 적 내 장래희망과 꿈은 무엇이었나요?
어린 시절을 회상하며 아래 표를 작성해 봅시다.

	장래희망, 꿈	왜 그것이 하고 싶었을까요?	장래희망이 바뀌었거나, 포기했다면 그 이유는 무엇인가요?
초등학생			
중학생			
고교 1학년			
현재			

좋아하는 것과 잘하는 것

자신이 제일 좋아하는 것, 잘하는 것을 알고 있나요?
그것을 구체적으로 작성해 봅시다.

좋아하는 것
예: 축구를 좋아한다면 박지성의 경기를 보는 것을 좋아하는지 직접 축구하는 것을 좋아하는지, 좋아하는 TV프로그램이 무한도전인지 음악프로인지, 무한도전을 좋아한다면 좋아하는 멤버는 유재석인지 정준하인지, 왜 유재석을 좋아하는지 등 자세히 작성하세요.

잘하는 것
예: 축구를 잘한다면 수비를 잘하는지 공격을 잘하는지, 친구와 수다떠는 것을 잘한다면 듣는 것을 잘하는지 말하는 것을 잘하는지, 수학을 잘한다면 미적분을 잘하는지 통계를 잘하는지 자세히 작성하세요.

전공탐색

지금껏 고민해보았던 내 꿈과 내가 잘하는 것, 좋아하는 것을 참고하여 아래를 작성하며 구체적으로 목표를 설정해 봅시다.

1. 내 꿈이 나의 흥미와 적성과 어떠한 관련이 있나요?

예: 돌이켜보니 직업은 변해도 누군가에게 도움이 되는 일을 하고 싶어했던 것 같다. 선생님이 되어 제자들이 훌륭하게 성장할 수 있도록 돕고 싶다.

2. 그 꿈을 이루기 위해서 지금부터 어떤 준비를 해야 할까요?

예: 연구원이 되기 위해 UNIST 같은 연구 중심 대학으로 진학하는 것이 우선이다. 학교 생활에 충실하고 관심있는 분야의 독서도 틈틈이 해야겠다.

3. 그 꿈을 이루기 위해서 도움을 줄 수 있는 대학교와 학과(전공)을 찾아 아래를 작성해 봅시다.

	1순위	2순위	3순위	4순위
대학명	예: UNIST			
학과(전공)	예: 나노생명화학			
입학전형	예: 학업성적우수자			
입학을 위한 준비				

자기소개서

본인이 향후 지원을 희망하는 대학 중 한곳을 정해서 다음 각 항목에 대한 내용을 작성해 봅시다. 고등학교 생활을 중심으로 구체적인 사례를 중심으로 서술해 봅시다.

희망 대학 학과/학부/계열

1. 자신의 성장과정과 이러한 환경이 자신의 삶에 미친 영향에 대해 기술하세요.

2. 학교생활 중 배려, 나눔, 협력, 갈등 관리 등을 실천한 사례를 들고 그 과정을 통해 배우고 느낀 점을 구체적으로 기술하세요.

3. 지원동기와 지원 분야를 위해 어떤 준비와 노력을 해왔는지를 기술하세요.

4. 교내외 활동(리더로서의 경험, 봉사 활동 등) 중 본인에게 가장 의미있다고 생각되는 활동을 기술하세요.

5. 입학 후 학업계획과 향후 진로 계획에 대해 기술하세요.

강태호 선생님의 대입 컨설팅 시리즈 1

새로운
한 권으로 끝내는 학생부종합전형

1판 1쇄 펴낸날 · 2013년 05월 10일
3판 1쇄 펴낸날 · 2016년 04월 10일

지은이 · 강태호

펴낸이 · 서채윤
펴낸곳 · 채륜
책만듦이 · 김미정

등 록 · 2007년 6월 25일(제2009-11호)
주 소 · 서울시 광진구 천호대로 798 현대 그린빌 201호
대표전화 · 02-465-4650
팩 스 · 02-6080-0707
E-mail · book@chaeryun.com
Homepage · www.chaeryun.com

책값은 뒤표지에 있습니다.
ISBN 979-11-85401-13-3 43370

이 도서의 국립중앙도서관 출판시도서목록(CIP)은 서지정보유통지원시스템 홈페이지(http://seoji.nl.go.kr)와
국가자료공동목록시스템(http://www.nl.go.kr/kolisnet)에서 이용하실 수 있습니다. (CIP제어번호 : CIP2016007117)